보정판 BFL 총서 ⑮

증권 불공정거래의 쟁점(제2권)

보정판

BFL 총서 ⑮

증권 불공정거래의 쟁점(제2권)

정순섭 · 노혁준 편저

小花

▌일러두기

이 책의 논문들은 필자들이 소속된 기관과는 관계없는 개인의 의견임을 밝혀 둔다.

머리말

자본시장은 투자자들의 신뢰와 효율적인 시스템에 터 잡아 성장한다. 이를 좀먹는 증권 불공정거래는 자본시장 참가자들의 공정한 몫을 왜곡하고, 나아가 금융 전반의 경쟁력을 약화시킨다는 점에서 반드시 근절되어야 한다. 증권 불공정거래 규율은 전통적인 금융법 이슈이지만, 금융기법의 고도화에 따라 불공정행위의 수법도 다기하게 전개된다는 점에서 그 중요성이 더욱 커지고 있는 영역이다.

서울대학교 금융법센터에서는 2010년 9월 "자본시장 불공정거래 최근 동향과 법적 쟁점"(BFL 제43호), 2017년 11월 "증권 불공정거래행위의 쟁점"(BFL 제86호)을 특집으로 다루었다. 그 밖에도 다른 BFL 지면을 통하여 증권 불공정거래의 현안들을 수시로 다룬 바 있다. 이번 총서는 이렇듯 BFL 저널에 발표된 논문들을 중심으로 총 19편의 엄선된 글들을 담고 있다.

증권 불공정거래에 관한 이번 총서는 제1 · 2권 두 권으로 발간되는바, 각 권에 3부씩 합계 6부로 구성되어 있다. 제1부는 총설적 고찰로서 독자들로 하여금 증권 불공정거래의 현황과 규제시스템 전반을 조망할 수 있도록 마련되었다. 제2부는 미공개정보 이용을 다루는 장이다. 단기매매차익 규율에서 출발하여 미공개정보 이용 규제에 관한 자본시장법상 법리를 살펴본 다음, 중요사례를 구체적으로 살펴보는 형태로 구성되어 있다. 제3부는 시세조종과 부정거래행위를 함께 살펴보고 있다. 각 행위의 성립요건과 유형을 먼저 살펴보고 더 복잡한 이슈로서 주가연계증권에 관해 실무상 발생하는 문제점들을 분석하였다.

제2권의 시작인 제4부에서는 시장질서 교란행위와 공매도를 다루었다. 일반적 요건의 설명 이외에 시장질서 교란행위에 관한 조사 및 제재를 별도의 글로 분석하였다. 나아가 제5부는 불공정행위에 대한 민사책임을, 제6부는 그 형사책임을 상세히 다루고 있다. 최근 구체적인 판례가 나오기 시작하는 증권 관련 집단소송에 대하여도 별도의 지면을 할애하였다.

각종 통계에 따르면, 증권 불공정거래에 관한 규제가 강화되기 시작한 2010년대 중반 이후에도 증권 불공정거래의 접수 및 처벌 건수는 수그러들지 않고 있다. 이는 자본시장법에 시장질서 교란행위 등 새로운 위법유형이 추가된 데 따른 것일 수도 있고, 자본시장에서 불공정한 거래로 이익을 취하려는 시도가 여전함을 반영한 것일 수도 있다. 특히 이른바 화이트칼라 범죄인 증권 불공정거래의 경우, 규제에 발맞추어 그 회피방식도 정교해지는 특성이 있다. 법률가 입장에서는 새로운 이론과 실무로 발맞출 필요가 있음을 뜻한다. 이론과 실무를 체계적으로 조화시킨 본 총서가 이러한 수요를 다소나마 충족시킬 수 있기를 희망한다.

각 주제에 대하여 기고해 주신 필자들은 증권 불공정거래 관련 업무를 담당하면서 현업에서 활발하게 활동하고 있는 전문가들이다. 바쁜 일상 중에도 시간을 쪼개어 쉽지 않은 주제를 다루어 주신 필자 분들께 먼저 감사의 뜻을 전한다. 서울대학교 금융법센터의 설립 이래 동 센터와 BFL의 발전에 든든한 버팀목이 되어 주시는 김건식, 박 준, 한기정 교수님 등

전임 센터장님들께도 심심한 사의를 표하고 싶다. 이 책의 출간과정에서 번거로운 일을 도맡아 처리해 준 도서출판 소화의 관계자들과 금융법센터의 이경희 팀장에게도 깊이 감사드린다.

2019년 4월

편저자 정순섭 · 노혁준

▌편저자 주

보정판을 내면서 기존서술의 수정은 2024년 초 기준의 법령 업데이트 등 최소한으로 한정하였다. 본격적인 수정은 개정판을 통해 이루어질 예정이다.

차례

머리말 … 5

제4부 시장질서 교란행위와 공매도

제11장 시장질서 교란행위 규제의 의의와 한계 박임출

I. 처음에 … 23
II. 입법례 … 25
1. 이원적 규제체계
2. 일원적 규제체계
III. 시장질서 교란행위 규제의 개관 … 32
1. 시장질서 교란행위의 요건
2. 시세관여형 시장질서 교란행위
3. 시장질서 교란행위에 대한 제재
4. 적용 사례
IV. 규제의 의의 … 46
1. 규제범위의 확대
2. 행정제재수단의 도입
3. 규제 패러다임의 변경
V. 규제의 한계 … 53
1. 입법체계
2. 구성요건
3. 과실범
4. 부당이득기준 과징금
VI. 맺음말 … 71

제12장 시장질서 교란행위 조사실무와 개선방안 성희활 · 장인봉

I. 머리말 … 73
II. 시장질서 교란행위 시장감시 · 조사 · 제재실무 … 75
1. 거래소의 시장감시
2. 금감원의 조사

3. 증선위의 심의 · 조치
4. 시장질서 교란행위의 적용 예외
III. 시장질서 교란행위 제재 사례에 대한 검토 … 84
1. 정보이용형 교란행위 사례
2. 시세관여형 교란행위 제재 사례 : 단주매매를 통한 초단기 시세유인
IV. 제도적 개선방안 … 95
1. 시세관여형 교란행위유형의 확대
2. 시장질서 교란행위의 적용 예외 확대
3. 시장질서 교란행위에서의 부당이득 산정 시 인과관계 여부 명확화
4. 형사제재대상인 불공정거래와의 관계 명확화
5. 자율규제대상인 공정거래질서 저해행위와의 바람직한 관계 정립
V. 맺음말 … 103

제13장 자본시장에서의 공매도 규제와 운영실태 엄세용
— 실제 규제 사례를 중심으로 —
I. 서론 … 105
II. 공매도 규제 및 최근 동향 … 108
1. 현행 법규상 공매도 규제
2. 최근 각국의 공매도 규제동향
III. 우리나라의 공매도 관련 사례 분석 … 114
1. 공매도와 시세 영향 및 이익 실현
2. 공매도와 시세조종 : 성도이엔지 공매도 사건
3. 공매도와 결제불이행 : 현대금속 우선주 공매도 사건
4. 공매도와 착오매도주문 : C증권사의 상장주식수 초과매수
IV. 맺음말(향후 제언) … 133

제5부 불공정거래행위에 대한 민사책임

제14장 불공정거래행위에 따른 손해배상 청구권자와 인과관계 김주영
I. 서론 … 139
II. 자본시장법상 불공정거래행위에 관한 손해배상 책임조항과 해석상 문제점 … 142
1. 관련 법조항
2. 해석상 문제점

III. 자본시장법이 불공정거래행위의 손해배상책임 청구권자를 한정하여 규정한 취지 … 144
1. 2가지 견해
2. 우리나라 자본시장법의 입법취지와 문언규정방식
3. 미국 증권 판례에서의 시사점
4. 우리 대법원의 견해
IV. 증권 관련 손해배상 청구소송에서의 인과관계 … 162
1. 손해배상에 있어서의 인과관계 일반론
2. '거래 관련 불법행위'에 있어서의 상당인과관계
3. 자본시장법상 불공정거래행위에 따른 손해배상청구에 있어서의 인과관계
V. 미공개중요정보 이용행위에 따른 손해배상 청구권자의 범위와 상당인과관계 … 177
1. 쟁점
2. 해석기준
3. 검토
VI. 시세조종행위에 따른 손해배상 청구권자와 상당인과관계 … 186
1. 시세조종행위 규제의 목적과 보호법익
2. 종전 법규정과 그 문제점
3. 현행 법규정과 그 문제점
4. 상당인과관계가 인정되는 경우
5. 상당인과관계가 인정되지 않는 경우
VII. 부정거래행위에 따른 손해배상 청구권자의 범위와 상당인과관계 … 195
1. 자본시장법 제178조의 입법취지
2. 시세조종이나 내부자거래와의 관계
3. 자본시장법 제179조
4. 부정거래행위에 따른 손해배상청구에서의 상당인과관계
VIII. 결론 … 198

제15장 불공정거래행위에 대한 손해배상의 범위 임정하
I. 들어가며 … 201
II. 자본시장법상 불공정거래행위 규제 … 202
1. 자본시장법상 불공정거래행위 규제의 의의
2. 자본시장 불공정거래행위의 유형
3. 자본시장 불공정거래행위에 대한 제재수단

III. 자본시장 불공정거래행위에 대한 손해배상제도 … 207
1. 손해배상제도의 의의
2. 법적 근거에 따른 불공정거래행위에 대한 손해배상책임의 유형
IV. 자본시장법상 불공정거래행위 유형별 손해배상책임의 성립요건 … 210
1. 불공정거래행위 유형별 손해배상책임의 성립요건
2. 인과관계
3. 손해의 발생
V. 손해배상액의 범위 … 225
1. 손해배상액의 구체적 산정방법
2. 불공정거래행위 유형별 손해배상의 범위
3. 외국 입법례
VI. 자본시장 불공정거래행위에 대한 손해배상제도의 한계 … 238
1. 불공정거래행위 존재사실 인지의 어려움과 소멸시효 문제
2. 손해액 산정의 어려움
3. 과실상계와 손해배상액의 제한
4. 증권 관련 집단소송에 의한 손해배상 청구절차상 어려움
VII. 결론 … 245

제16장 증권 관련 집단소송의 진행 및 분배 함승완
I. 들어가며 … 247
II. 증권 관련 집단소송의 진행과 관련한 쟁점 … 249
1. 관할에 관한 쟁점(관련 재판적의 인정 필요성)
2. 총원에 관한 쟁점
3. 소송 허가요건에 관한 쟁점(법 제15조 제1항에서 정한 소송 허가요건 외의 사유를 이유로 소송을 불허가할 수 있는지 여부)
4. 손해배상액 산정에 관한 쟁점
5. 소송 허가결정 확정 전 화해 등에 관한 통제의 문제
6. 소송진행 상황의 고지에 관한 문제
III. 증권 관련 집단소송의 분배절차와 관련한 쟁점 … 270
1. 분배의 기준에 관한 쟁점(구성원별 분배금 산정의 문제)
2. 분배계획의 고지방법에 관한 문제(권리 신고 안내의 필요성)
3. 권리 신고기간 도과책임의 판단주체
4. 법원의 직권에 의한 변호사 보수 감액 가부
5. 가집행 선고 판결에 기한 분배절차 진행의 문제점
IV. 남소 가능성에 대한 의견 … 281

제17장 증권 관련 집단소송의 소송 허가요건 진상범
— 대상판결 : 대법원 2016. 11. 4.자 2015마4027 결정 —
I. 사건의 개요 … 284
1. 사실관계
2. 원심 결정의 요지
3. 재항고이유의 요지
4. 대법원의 결정요지
II. 이 사건의 쟁점 … 298
III. 재항고이유 제1점 … 300
1. 소송 허가절차와 본안소송절차의 분리
2. 소송 허가절차단계에서 실체심리를 할 수 있는지에 관한 국내 학설 등
3. 미국 증권집단소송의 경우
4. 연구대상 결정 사안의 경우
IV. 재항고이유 제2점 … 306
1. 총원의 범위
2. 선입선출법과 후입선출법
3. 선입선출법에 의한 총원범위 확정의 가부
4. 연구대상 결정 사안의 경우
V. 재항고이유 제3점 및 제5점 … 313
1. 재항고이유 제3점
2. 재항고이유 제5점
VI. 재항고이유 제4점 … 316
1. 쟁점의 공통성(집단소송법 제12조 제1항 제2호)
2. 적합성 및 효율성(집단소송법 제12조 제1항 제3호)
3. 연구대상 결정 사안의 경우
VII. 대상결정의 의의 … 317

제6부 불공정거래행위에 대한 형사책임

제18장 자본시장 불공정거래 범죄의 형사법적 쟁점 김영기
I. 서설 … 321
II. 불공정거래 범죄와 형법 적용의 쟁점 … 322
1. 구성요건 착오

2. 불공정거래 범죄와 공범
3. 불공정거래 범죄와 양벌규정의 적용
4. 불공정거래 범죄의 죄수
5. 불공정거래 범죄 부당이득액의 산정기준과 '인과관계'
III. 불공정거래 범죄와 형사소송법 적용의 쟁점 … 366
1. 공소사실의 특정 정도
2. 범의의 입증 : 특히 '정당한 시세조종과 헤지거래'의 구별
3. 불공정거래 범죄 적발 유관기관 작성 문서의 증거능력
4. 불공정거래 범죄 부당이득액 산정과 전문가 진술(expert witness)
IV. 자본시장 불공정거래 범죄의 형사제재 관련 개선방안 … 380
1. 불공정거래 범죄의 구성요건 관련하여
2. 불공정거래 범죄의 형사처벌절차 관련하여

제19장 증권 불공정거래와 부당이득 산정 노혁준
I. 서론 … 389
II. 부당이득의 법체계상 지위 … 393
1. 자본시장법 관련 조문의 연혁과 주요내용
2. 다른 제도와의 비교
3. 입법례
4. 소결론
III. 부당이득 산정의 기본방식 … 412
1. 총설
2. 미공개중요정보 이용의 경우
3. 시세조종의 경우
IV. 구체적인 실무상 쟁점 … 429
1. 인과관계의 입증과 단절
2. 이득의 귀속
3. 비전형적 이득 : 기업인수 · 합병과 유상증자 등
V. 결론 … 449

찾아보기 … 454
편저자 약력 … 462

【제1권】

제1부 총설

제1장 증권 불공정거래 법제 개관 정순섭

I. 서론 … 23
II. 공개매수 관련 미공개중요정보 이용행위 특칙의 적용범위 … 26
1. 의의
2. 주체
3. 범위
III. 연계시세조종행위와 '시장'의 개념 … 29
1. 의의
2. 이익목적시장과 시세조종시장의 범위
IV. 부정거래행위제도의 의의와 법적 지위 … 31
1. 부정거래행위의 의의와 기능
2. 부정거래행위의 유형화와 유형별 적용기준
3. 유형별 적용기준
V. 결론 … 50

제2장 증권 불공정거래 및 규제의 현황 박은석

I. 서론 … 52
II. 불공정거래의 현황 … 54
1. 총론
2. 미공개정보 이용행위의 현황
3. 시세조종행위의 현황
4. 부정거래행위의 현황
5. 시장질서 교란행위의 현황
III. 불공정거래의 규제현황 … 72
1. 불공정거래 규제의 변천
2. 불공정거래에 대한 제재유형
3. 불공정거래 규제기관
IV. 앞으로의 과제 … 76
1. 불공정거래 규제시스템 개편

2. 조사역량의 강화
3. 제재조치의 실효성 제고
4. 예방 활동의 강화
5. 제보활성화 유도
V. 결어 … 87

제2부 미공개중요정보 이용행위

제3장 미공개중요정보 이용행위 규제 개관 안수현
— 성립요건을 중심으로 —
I. 서론 … 91
II. 미공개중요정보 이용행위 적발현황 … 93
III. 자본시장법상 미공개중요정보 이용행위 규제 개관 : 성립요건을 중심으로 … 95
1. 규제 연혁 및 특징
2. 내부자거래 규제내용
3. 공개매수 등의 특칙
4. 주식 등의 대량취득 · 처분
5. 내부자거래 관련 기타 규제
IV. 결론 … 126

제4장 미공개중요정보의 중요성과 정보의 이용행위 노태악
— 대법원 2010. 2. 25. 선고 2009도4662 판결 등을 중심으로 —
I. 들어가면서 … 128
II. 미공개중요정보의 이용행위에 대한 규제와 그 연혁 … 130
III. 사안의 개요 … 131
1. 미공개정보의 형성과 피고인들의 내부자 지위
2. 피고인들의 주식거래행위와 플래닛팔이의 주가 추이
3. 사건의 경과
4. 쟁점의 정리
IV. 정보의 중요성과 구체성 … 135
1. 피고인들의 주장
2. 대법원의 판단
3. 검토

V. 정보의 미공개 여부 … 147
1. 피고인들의 주장
2. 대법원의 판단
3. 검토
VI. 정보의 취득과 이용행위 … 151
1. 피고인들의 주장
2. 제1심 및 원심의 판단
3. 검토
VII. 공소사실 특정의 정도 … 164
1. 피고인의 주장
2. 대법원의 판단
3. 검토
VIII. 맺으면서 … 165

제5장 주식 대량취득 · 처분정보의 이용 노혁준
— 대법원 2014. 3. 13. 선고 2013도12440 판례평석 —
I. 사실관계 … 168
II. 쟁점 및 법원의 판단 … 169
III. 평석 … 171
1. 들어가면서
2. 자본시장법 제174조 제3항의 의의
3. 규제 필요성
4. 사안의 분석
5. 맺으면서

제6장 단기매매차익 반환청구의 이론과 실무 김상철
I. 서론 … 211
II. 성립요건 … 213
1. 내부자
2. 특정증권등
3. 단기매매
4. 차익의 실현
III. 적용 예외사유 … 236
1. 자본시장법 시행령 제198조의 적용 예외사유

2. 해석에 의한 적용 예외사유
IV. 권리 행사 … 256
1. 발생사실의 통보와 공시
2. 청구절차
3. 권리의 행사와 해당 법인 이사의 충실의무
4. 단기매매차익 미환수현황의 공시
V. 결론 … 263

제3부 시세조종행위와 부정거래행위

제7장 시세조종행위의 성립요건과 유형 박 준
I. 시세조종행위 규제의 취지 … 267
II. 위장거래에 의한 시세조종 … 268
1. 개요
2. 요건
III. 현실거래에 의한 시세조종의 금지 … 285
1. 개요
2. 주관적 요건(유인목적)
3. 행위
IV. 표시 등에 의한 시세조종 … 328
1. 개요
2. 주관적 요건(유인목적)
3. 행위유형
V. 시세고정 · 안정행위 … 339
1. 개요
2. 주관적 요건
3. 행위
4. 시세고정 · 안정의 예외적 허용
VI. 연계시세조종의 금지 … 344
1. 개요
2. 행위주체
3. 대상 금융투자상품
4. 행위유형

제8장 부정거래행위의 성립요건과 유형 임재연

I. 부정거래행위의 연혁 … 356
1. 증권거래법 제188조의4 제4항의 규정
2. 자본시장과 금융투자업에 관한 법률의 포괄적 사기금지규정
3. 규정 상호 간의 관계
4. 죄형법정주의 명확성원칙

II. 미국 증권법과 일본 금융상품거래법의 포괄적 사기금지규정 … 364
1. 미국 증권법
2. 일본 금융상품거래법

III. 부정거래행위의 유형 … 370
1. 금융투자상품의 매매, 그 밖의 거래
2. 자본시장법 제178조 제1항 제1호(부정한 수단, 계획 또는 기교)
3. 자본시장법 제178조 제1항 제2호(부실표시 사용행위)
4. 자본시장법 제178조 제1항 제3호(거짓의 시세 이용)
5. 자본시장법 제178조 제2항(풍문의 유포, 위계 사용 등의 행위)

제9장 주가연계증권 관련 소송의 유형별 분석과 법적 판단기준 정순섭

I. 서론 … 403

II. 주가연계증권의 의의와 구조 … 405
1. 의의
2. 법적 성질
3. 유형
4. 위험구조

III. 주가연계증권 관련 소송의 유형별 분석 … 410
1. 소송유형
2. 불공정거래 관련 사례

IV. 주가연계증권 관련 소송의 법적 판단기준 … 442
1. 의의
2. 금융투자업자와 투자자의 이해상충
3. 적합성원칙 및 설명의무의 적용
4. 헤지거래와 불공정거래

V. 결론 … 454

제10장 주가연계증권 관련 소송을 통해 본 불공정거래 규제상 쟁점 김연미

I. 들어가며 … 456
II. 주요소송의 경과 … 459
1. 개요
2. 형사사건
3. 민사사건
4. 증권 관련 집단소송 사건
III. 자본시장법상 불공정거래의 성립 여부 … 466
1. 불공정거래 성립의 의미
2. 시세조종의 요건 및 해당 여부
3. 사기적 부정거래행위
4. 평가
IV. 나오며 … 491

찾아보기 … 493
편저자 약력 … 502

제4부

시장질서 교란행위와 공매도

제11장 시장질서 교란행위 규제의 의의와 한계
제12장 시장질서 교란행위 조사실무와 개선방안
제13장 자본시장에서의 공매도 규제와 운영실태

11

시장질서 교란행위 규제의 의의와 한계*

박임출**

I. 처음에

영국의 금융시장서비스법(Financial Services and Market Act 2000. 이하 'FSMA')은 금융시장의 완전성(integrity)을 유지하고 소비자를 보호하기 위해 시장남용행위(market abuse)를 규제하고 있다.[1] 시장남용행위를 부적절한 시장행동(improper market behavior), 예컨대 내부자거래, 시세조종, 기타 금융시장의 공정성과 효율성을 저해하는 행위로 규정하고 이를 위반하는 자에 대한 행정제재(civil offence)의 권한을 금융당국에 부여하고 있다.

우리나라도 위와 같은 시장질서 교란행위의 도입을 주된 내용으로 하

---

* 이 논문은 BFL 제75호(2016. 1)에 게재된 글을 수정 · 보완한 것이다.

** 코리아에셋투자증권 감사, 법학박사

1) Edward J. Swan / John Virgo, Market Abuse Regulation, Oxford University, p.1 (2010).

는 자본시장 및 금융투자업에 관한 법률(이하 '법') 일부개정 법률안이 2014년 12월 9일 국회에서 의결되어 2015년 7월 1일부터 시행되었다. 이는 2013년 4월 18일 정부가 발표한 "주가조작 등 불공정거래 근절 종합대책"에서 제시한 하나의 과제로서 불공정거래행위에 대한 금전적 제재수단의 도입을 실천하는 데에 의의가 있다.

그동안 금융당국의 불공정거래행위 근절 노력에도 불구하고 공정한 시장질서를 교란시키는 행위의 유형과 수법이 다양해지고 있지만, 종전 법령으로는 이러한 시장질서 교란행위에 대처할 수 없기 때문에 효과적인 규제를 위해 행정제재의 대상으로서 시장질서 교란행위 금지제도를 도입하였다. 이로써 시장질서 교란행위에 대한 규제공백이 해소되어 자본시장의 공정성과 투자자의 신뢰가 회복될 것으로 기대된다.[2] 실제로 증권선물위원회가 시장질서 교란행위에 대해 과징금을 부과한 사례가 나타나고 있다.

시장질서 교란행위에 대한 규제의 도입은 불공정한 증권거래에 대한 규제의 역사에서 획기적인 전환을 가져온 것으로 평가된다.[3] 불공정거래행위에 대해 유일하게 형사제재만이 가능한 종전 법제하에서 외국의 입법례와 같은 행정제재수단의 도입에 관하여 학계 등의 요구가 많았기 때문이다. 그러나 시장질서 교란행위 규제의 도입을 위해 금융위원회와 법무부가 서로의 의견을 조정하는 과정에서 각자의 제재영역을 존중함에 따라 이론적 · 실무적으로 여러 쟁점이 드러났다.

금융당국의 행정제재영역과 사법당국의 형사제재영역을 배타적으로

---

2) 금융위원회 보도자료, 시장질서 교란행위 규제를 위한 「자본시장과 금융투자업에 관한 법률」 일부개정법률안 국무회의 통과(2014. 12. 23), 5면.

3) 성희활, "2014년 개정 자본시장법상 시장질서 교란행위 규제 도입의 함의와 전망," 증권법연구 제16권 제1호(2015), 한국증권법학회, 138면.

구분하고 제재수단을 차별화함에 따라 시장질서 교란행위와 불공정거래행위가 명확히 구분되는 것을 전제하고 있다. 그러나 규제의 사각지대 해소의 명분으로 이미 부정거래행위 금지제도를 도입하였음에도 역시 같은 취지로 시장질서 교란행위 금지제도를 도입함으로써 두 제도가 중첩되는 부분이 있을 수 있다. 이에 따라 증권시장에서 제기된 조사의 단서만으로는 불공정거래행위인지 또는 시장질서 교란행위인지를 정확히 알 수 없기 때문에 초기단계에서 이를 구별하여 조사 또는 수사를 개시할 수 없고, 종국적으로 조사결과 드러난 사실관계와 입증의 정도에 따라 하나를 선택하여 적용할 수밖에 없게 되는 등의 문제점이 지적되고 있다.

II. 입법례

1. 이원적 규제체계

(1) 영국

종래 영국에서는 증권시장의 공정거래질서를 해치는 불공정행위에 대해 형사적 제재로 대처하였다. 그러나 이와 같은 대응방식으로는 적절하게 대응하기 어려운 행위, 즉 시장의 완전성을 해하는 행위이지만 불공정거래행위에 해당되지 않고 또한 형사범죄로 처벌하기 곤란한 행위에 대해 추가적으로 행정제재를 하기 위한 시장남용행위 개념이 도입되었다.[4] 그런데 불공정거래행위와 시장남용행위에 관하여 근거법률이나 제재유

---

4) Swan / Virgo, 앞의 책(주 1), pp.3-5.

형을 서로 달리하고 있기 때문에 이원적 규제체계라 할 수 있다. 즉 내부자거래는 형사법(Criminal Justice Act 1993), 시세조종은 금융서비스법(Financial Service Act 1986)에서 규제하고 있었으나, 금융서비스시장법(Financial Services and Markets Act 2000. 이하 'FSMA')을 제정하여 시세조종 규제와 더불어 시장남용행위에 대한 규제근거를 도입하였다.

형사법 제52조에서 가격에 영향을 미치는 내부정보를 가지고 있는 내부자가 해당 증권을 거래하거나 내부정보를 전달 또는 해당 증권을 거래 · 추천하는 내부자거래를 금지하고, FSMA 제397조에서 오해를 유발하는 허위 또는 기만적인 표시, 중요사실의 누락, 시장가격에 영향을 미치는 허위 또는 오해유발 표시를 하여 금융투자상품을 권유하거나 방해하는 시세조종을 금지하고, 이의 위반에 대해서는 형사적으로 제재하고 있다.

반면 행정제재의 대상이 되는 시장남용행위는 FSMA 제118조에서 보다 넓고 상세하게 규정하고 있다. 시장남용행위 규제의 주된 목적은 낮은 수준의 입증을 요하는 시장교란행위에 대해 탄력적으로 대응할 수 있도록 감독당국에 제재권한을 부여하는 것이다. 시장남용행위에 대한 형사제재와 행정제재의 결합은 감독당국에게 조사할 수 있는 권한과 위반행위에 대해 형사제재를 구하거나 행정상의 조치권한을 부여한다.[5)]

FSMA는 정보 이용과 관련된 시장남용행위로서 (i) 내부자의 내부정보에 의한 금융상품의 거래행위(insider trading),[6)] (ii) 내부정보의 부당한 누설(improper disclosure),[7)] (iii) 위 (i)과 (ii)에 해당되지 않는 행위로서 통상적인 시장이용자가 이용할 수 없는 정보에 의해 거래하는 행위(misuse

---

5) Swan / Virgo, 앞의 책(주 1), p.205.
6) FSMA 제118조 제2항.
7) FSMA 제118조 제3항.

of information)[8]를 규정하고 있다. 특히 (iii)은 기존 내부자거래 규제보다 광범위한 규제영역을 가진다. 또한 시세와 관련된 시장남용행위로서 (iv) 금융상품의 수요와 공급, 가격에 관하여 허위 또는 오해유발 표시를 하거나(false or misleading impression) 금융상품의 가격을 비정상적이거나 인위적인 수준으로 고정시키는 행위,[9] (v) 사기 또는 위계를 사용하는 행위,[10] (vi) 금융상품에 관한 허위유포행위(dissemination),[11] (vii) 위 (iv)~(vi)에 해당되지 않는 행위로서 금융상품의 수요와 공급, 가격을 왜곡시키는 행위(distort market)[12] 등을 열거하고 있다. 이와 같이 7가지 유형의 시장남용행위를 특히 (iii), (vii)과 같이 추상적 · 포괄적으로 규정함으로써 다양한 시장남용행위에 대해 탄력적으로 대응할 수 있고, FSMA 제123조의 규정에 의해 시장남용행위에 대해 민사제재금을 부과할 수 있다.

(2) EU

EU에서 종래 시장남용행위는 시장남용지침(Market Abuse Directive. 이하 'MAD') I 행정제재의 대상이었지만, 2014년에는 시장남용행위에 대해(MAD II) 행정제재는 시장남용명령(Market Abuse Regulation. 이하 'MAR')[13]으로 규제하고, 형사제재는 시장남용 형사제재지침(Criminal Sanctions for Market

8) FSMA 제118조 제4항.
9) FSMA 제118조 제5항.
10) FSMA 제118조 제6항.
11) FSMA 제118조 제7항.
12) FSMA 제118조 제8항.
13) Regulation (EU) No 596/2014 of the European Parliament and of the Council of 16 April 2014 on Market Abuse (Market Abuse Regulation).

Abuse Directive. 이하 'CSMAD')[14]로 규제하고 있다.

MAR은 내부자거래와 시세조종에 관하여 포괄적으로 규정하고 있다. 내부정보를 보유한 자가 자기 또는 제3자의 계산으로 해당 정보와 관계된 발행회사의 유가증권을 매매함에 있어서 해당 정보를 이용하거나 제3자의 거래를 추천하는 행위를 금지하고,[15] 내부정보의 불법적인 누설(unlawful disclosure)을 금지한다.[16]

또한 ① 금융투자상품의 수요와 공급, 가격에 관하여 허위 또는 오해유발 표시(false or misleading)를 하거나 금융투자상품의 가격을 비정상적 또는 인위적인 수준으로 확보하는 행위(secure), ② 위계 또는 사기적인 수단(fictitious device)으로 금융투자상품의 가격에 영향을 미치는 행위, ③ 인터넷 등의 미디어를 이용하여 금융투자상품의 수요와 공급, 가격에 관한 허위 또는 오해유발 표시를 유포하는 행위(disseminating), ④ 기준상품에 관하여 허위 또는 오해유발정보를 제공하는 행위(transmitting)를 시세조작행위로 규정하고,[17] (i) 금융투자상품의 수요와 공급을 지배하여 매매가격을 고정시키거나 불공정한 거래조건을 만드는 행위, (ii) 투자자를 오인시키기 위하여 시초가 또는 종가시간에 금융투자상품을 매매하는 행위, (iii) 전자수단(알고리즘 · 고빈도거래 등)을 사용하여 매매시스템의 기능을 저해, 또는 대량의 주문 등으로 투자자의 시세판단을 오인케 하거나, 시세와 다른 주문으로 금융투자상품의 수요와 공급, 가격에 대해 허위 또는 오해를 유발하는 취소 또는 정정주문을 제출하는 행위, (iv) 금융투자상품을 미리 매매한 후 이를 공시하지 않고 투자의견을 발표하고 그

14) Directive 2014/57/EU of the European Parliament and of the Council of 16 April 2014 on Criminal Sanctions for Market Abuse (Market Abuse Directive).

15) MAR 제8조.

16) MAR 제10조.

17) MAR 제12조 제1항.

에 영향을 받은 비정상적인 가격으로 매매하는 행위를 시세조작행위로 간주하고 있다.[18)]

반면에 CSMAD는 MAR과 마찬가지로 내부정보 이용행위, 거래추천행위, 불법적인 내부정보 유출을 내부자거래로 간주하고, 오해유발 표시, 위계 사용에 의한 가격 왜곡, 허위정보 유포행위, 허위정보 제공행위를 시세조작으로 간주하고 있지만, 고의적(intentionally)인 행위 또는 중대한 사례(serious cases)는 형사제재의 대상이다. 또한 선동 · 방조 · 미수행위도 형사제재의 대상[19)]이고, 개인은 2년 또는 4년 이하의 징역형,[20)] 법인의 경우 벌금 · 영업제한 등의 제재를 받는다.[21)]

2. 일원적 규제체계

(1) 미국

미국은 1984년 내부자거래 제재법(Insider Trading Sanction Act, ITSA), 1988년 내부자거래 및 증권사기 집행법(Insider Trading and Securities Fraud Enforcement Act, ITSFEA)을 제정하여 내부자거래 위반자에 대해 내부자거래로 얻은 이익 또는 회피한 손실액의 3배까지의 민사제재금(civil penalty) 부과를 법원에 청구할 수 있는 권한을 증권거래위원회(Securities and Exchange Commission. 이하 'SEC')에 부여하였다. 이후 1990년 증권집행 구제 및 저가주 개혁법(Securities Enforcement Remedies and Penny Stock

18) MAR 제12조 제2항.
19) CSMAD 제6조.
20) CSMAD 제7조.
21) CSMAD 제9조.

Reform Act)을 제정하여 내부자거래 및 연방증권관계법을 위반한 불공정거래행위 전반에 대해 민사제재금을 부과할 수 있고, 특히 SEC는 증권업 종사자들에게는 직접 민사제재금을 부과할 수 있다. 즉 SEC Rule 10b-5 위반 등의 불공정거래행위에 대한 금전적 제재수단으로서 민사제재금 부과대상과 부과금액을 확대하였다. 이는 불공정거래행위에 대한 형사제재는 합리적 의심을 넘어서는(beyond resonable doubt) 엄격한 입증이 요구되고 배심절차를 거쳐야 하는 등의 한계로 인하여 탄력적이고 효과적인 제재가 어려워짐에 따라, 이를 대체하거나 보완하기 위하여 금전적 제재수단을 마련한 것이다.

그런데 민사제재금 부과를 위하여 시장질서 교란행위와 같은 별도의 금지규정을 두지 않고, 형사제재의 대상이 되는 금지행위 위반에 대해 SEC가 선택적으로 민사제재금을 부과할 수 있다. 예컨대 1933년 증권법(Securities Act), 1934년 증권거래법(Securities Exchange Act), 1940년 투자회사법(Investment Company Act), 1940년 투자자문업자법(Investment Advisers Act)과 이 법률들에 의한 규정 및 규칙을 위반한 행위에 대해 형사제재와 별개로 민사제재금을 부과하고 있다. 이와 같이 행정제재와 형사제재의 근거가 되는 금지규정이 동일하기 때문에 일원적 규제체계라 할 수 있다.

(2) 일본

일본은 불공정거래행위의 억지를 도모하고 규제의 실효성 확보를 위하여 2004년 증권거래법(證券取引法) 개정에 의해 과징금제도를 도입하였다. 과징금 부과를 위해 별도의 금지규정을 신설하는 대신 종전의 시세조종, 내부자거래 금지규정을 동일하게 적용하고 있기 때문에 일원적 규제체계라 할 수 있다.

다만 과징금제도의 목적이 불공정거래행위의 억지이기 때문에 위반행위로 얻은 경제적 이득 상당액을 기준으로 대상행위별로 구체적인 산정방법을 금융상품거래법(金融商品取引法. 이하 '금상법')에서 규정하고 있다. 과징금은 형사제재와 목적 · 요건 · 효과를 달리하는 제도이기 때문에, 시세조종 · 내부자거래에 대해 형사적으로 제재하는 것과 별도로 과징금의 요건에 해당되는 사실이 입증되는 경우에는 과징금 부과대상이다.

나아가 종전부터 불공정거래행위에 대해 범죄행위로부터 얻은 재산을 몰수 · 추징하는 규정이 있었기 때문에, 범죄행위에 의한 경제적 이득을 포함하는 재산을 몰수 · 추징하는 경우까지 경제적 이득 상당액의 과징금을 전액 부과할 필요성은 없다. 이와 같은 정책적 관점에서 기소된 사건의 경우 과징금액에서 몰수 · 추징 상당액을 공제하고, 반대로 사후에 기소된 경우 몰수 · 추징금액에서 과징금 상당액을 공제하는 조정규정[22]을 두고 있다.

한편 과징금 도입 당시 위계 등 사용행위(금상법 제158조), 유인목적의 변동거래(동법 제159조 제2항 제1호), 내부자거래(동법 제166조 제1항 또는 제3항)에 대해서만 과징금대상 불공정거래행위로 제한하였지만, 2008년 법 개정에 의해 위장거래에 의한 시세조종(동법 제159조 제1항), 안정조작거래(동법 제159조 제3항)도 과징금대상이 되었다. 다만 금상법 제157조의 부정거래를 과징금 부과대상 행위에서 제외한 점이 특징이라 할 수 있다. 최근에는 과징금액의 상한을 높이고 대상범위도 확대하였다.[23]

---

22) 일본 금상법 제185조의7 제15항 및 제185조의8 제7항.
23) 박임출, "일본의 내부자거래 규제의 강화와 법적 시사점," 증권법연구 제15권 제3호 (2014. 12), 한국증권법학회 참조.

III. 시장질서 교란행위 규제의 개관

1. 시장질서 교란행위의 요건

(1) 정보이용형 시장질서 교란행위[24)]

정보이용형 시장질서 교란행위는 미공개정보 이용행위와 본질적으로 동일한 구조를 가지고 있지만, 내부자거래의 사각지대를 해소하기 위하여 규제범위를 확대하였다. 내부자거래 규제의 본질적 구성요건인 내부자, 내부정보, 금지행위 중 금지행위를 제외한 규제대상자로서의 내부자와 규제대상 정보로서의 내부정보의 범위를 대폭 확대하였다. 다만 투자자 보호 및 건전한 시장질서를 해할 우려가 없는 행위, 장내파생상품의 내부자거래, 미공개정보 이용행위, 부정거래행위에 해당하는 경우를 제외하고 있다(법 제178조의2 제1항 단서 및 동법 시행령 제207조의2).

1) 내부자의 범위

내부자의 범위는 4가지로 대별할 수 있다. (i) 법 제174조 각 항의 미공개정보를 알고 있는 자로부터 나온 미공개정보인 정을 알면서 이를 받거나 전득한 자이다. 즉 미공개정보를 알고 있는 회사내부자, 준내부자, 정보수령자로부터 직간접적으로 해당 정보를 받은 정보수령자이다. 법 제178조의2 제1항 단서에 의해 미공개정보 이용행위는 제외되기 때문에 1차 정보수령자는 형사제재의 대상인 반면, 2차 정보수령자와 그 이후

---

24) 법 제178조의2 제1항의 시장질서 교란행위는 법 제174조의 내부자거래와 유사하기 때문에 정보이용형 시장질서 교란행위라 한다.

다차 정보수령자는 행정제재의 대상이다. 다만 '미공개정보 또는 미공개정보인 정을 알면서'라는 주관적 요건을 두고 있기 때문에 미공개정보 등에 해당된다는 사정을 알지 못한 자는 규제대상에서 제외된다.

한편 법 제173조의2 제2항에 해당되는 행위도 제외되기 때문에 법 제178조의2 제1항 제1호 가목과 같은 별도의 규정이 없는 이상, 장내파생상품의 시세에 영향을 미칠 수 있는 정보를 알고 있는 자 또는 그로부터 내부정보를 수령한 정보수령자는 물론 2차 정보수령자 또는 다차 정보수령자는 규제대상이 아니다.

(i) 자신의 직무와 관련하여 지정 금융투자상품의 매매 등 여부 또는 조건에 중대한 영향을 줄 수 있는 정보를 생산하거나 알게 된 자이다. 미공개정보 이용행위의 경우와 마찬가지로 직무 관련성을 요하지만, 내부정보의 범위가 사실상 제한이 없어 내부정보를 가지고 있는 자 모두라고 할 수 있다.

(ii) 해킹 등 부정한 방법으로 정보를 알게 된 자이다. 지위 관련성, 직무 관련성, 업무 관련성이 없더라도 부정한 방법으로 내부정보를 알고 있는 자는 규제대상이다.

(iii) 또한 위 (i), (ii)의 내부자로부터 정보를 직간접적으로 수령한 자도 규제대상이다.

2) 규제대상 정보

미공개정보 이용행위의 규제대상 정보는 상장법인 등에 관한 정보로서 투자자의 투자판단에 중대한 영향을 미칠 수 있는 정보인 반면, 정보이용형 시장질서 교란행위의 규제대상 정보는 매매 여부 또는 매매조건에 중대한 영향을 미칠 수 있는 정보이기 때문에 사실상 해당 지정 금융투자상품의 거래에 이용할 수 있는 모든 정보라고 할 수 있다. 예컨대 회사의 내부정보는 물론이거니와 지정 금융투자상품과 관련되는 정책정보, 시장정보 등 외부정보가 이에 해당된다.[25] 따라서 정보이용형 시장질서 교란행위를 하는 자는 지정 금융투자상품의 거래에 해당 정보를 이용한 이상 그 정보는 매매 여부 또는 매매조건에 영향을 미칠 수 있는 정보로 볼 수 있다.

또한 중요정보의 중요성 판단은 법 제174조의 중요성 판단기준과 동일하게 규정하고 있어 미공개정보 이용행위에 관한 해석기준이 동일하게 적용될 수 있다. 따라서 이에 관한 대법원의 일관된 해석기준, 즉 합리적인 투자자라면 그 정보의 중대성과 개연성을 비교·평가하여 증권거래에 관한 의사를 결정할 수 있는 중요한 가치를 지닌 정보이다.

한편 법 제174조의 미공개정보 이용행위와 달리 정보공개의 방법과 주지기간에 관하여 아무런 규정을 두고 있지 않다. 이는 내부정보는 물론 외부정보까지 규제하는 시장질서 교란행위 금지제도의 특성상 공개방법이나 주지기간을 법정하는 것이 용이하지 않을 뿐만 아니라 죄형법정주의가 적용되지 않는 행정제재라는 측면에서 구체적인 사안별로 판단하는 것이 보다 합리적이기 때문으로 보인다.[26]

3) 규제대상 금융투자상품

규제대상 금융투자상품의 범위도 확대하였다. 즉 미공개정보 이용행위의 경우 주권상장법인이 발행한 증권〔채무증권(주식 관련사 채권 제외)·수익증권·파생결합증권 제외〕, 증권예탁증권, 앞의 증권과 교환을 청구할 수

25) 금융위원회 / 금융감독원 / 한국거래소 등, 안전한 자본시장 이용법 : 시장질서 교란행위 사례와 예방, 한국금융투자협회, 2015, 10면.
26) 정호경 / 이상수, "자본시장법상 시장질서 교란행위에 관한 연구," 금융감독법연구 제3권 제2호(2016), 금융감독원, 117면.

있는 다른 법인이 발행한 교환사채권, 앞의 증권만을 기초자산으로 하는 금융투자상품(특정증권)인 반면, 정보이용형 시장질서 교란행위의 경우 상장증권(상장예정법인 등이 발행한 증권 포함)뿐만 아니라 장내파생상품 또는 이를 기초자산으로 하는 파생상품(지정 금융투자상품)이다. 시장질서 교란행위의 규제대상인 지정금융투자상품과 미공개정보 이용행위 규제 대상인 특정증권 등의 범위에 차이를 두고 있는 합리적인 이유를 발견하기 어렵다.[27)]

2. 시세관여형 시장질서 교란행위[28)]

시세관여형 시장질서 교란행위는 시세조종, 부정거래의 일부 또는 완화된 구성요건으로 정의하고 있다. 다만 허위호가(fictitious quote) 제출은 시세조종의 별개 유형이고 통정매매는 특정목적을 요건으로 하며, 한편으로 시세조종이나 부정거래에 해당되는 경우 시세관여형 시장질서 교란행위에서 제외한다.

(1) 허위호가 제출형

허위호가 제출의 시장질서 교란행위는 (i) 거래성립 가능성이 희박한 호가를 대량으로 제출하거나 (ii) 호가를 제출한 이후 호가를 반복적으로 정정 · 취소하여 (iii) 시세에 부당한 영향을 주거나 줄 우려가 있는 행위이다. 일반적으로 매수 또는 매도를 하고자 하는 자는 다른 거래자의 주

27) 김정수, 내부자거래와 시장질서 교란행위, SFL그룹, 2016, 362면.
28) 법 제178조의2 제2항의 시장질서 교란행위는 법 제176조의 시세조종과 유사하기 때문에 시세관여형 시장질서 교란행위라 한다.

문 및 체결상황을 보여 주는 체크단말기의 호가화면을 살펴보고 필요한 호가를 제출한다. 그러나 해당 호가에 의한 매수 체결 또는 매도 체결 의사가 처음부터 없었기 때문에 거래가 성립될 가능성이 희박한 호가를 대량으로 제출하거나 거래성립 가능성이 조금이라도 엿보이는 때에 이미 제출된 호가를 취소하고 거래성립 가능성이 희박한 호가로 정정하는 행위로 이해할 수 있다.

또한 시세에 부당한 영향을 미치는지 여부는 기존 시세조종 여부의 판단과 마찬가지로 호가의 빈도 · 규모, 시장상황, 기타 사정을 종합적으로 고려하여 정상적인 수요 · 공급에 의한 가격 결정을 저해하거나 저해할 우려가 있는지를 살펴 판단한다.[29] 이와 같은 허위호가 제출이라도 해당 증권을 매매하는 다른 투자자의 시세판단을 잘못하게 하는 원인을 제공할 수 있기 때문에 시세에 부당한 영향을 주거나 줄 우려가 있다고 볼 여지가 있다. 그러나 이와 같은 허위호가는 '거래' 자체를 의도하고 있지 않기 때문에 '거래'가 존재하지 않는다.

(2) 가장 · 통정매매형

가장매매 시장질서 교란행위는 (i) 권리의 이전을 목적으로 하지 않고 (ii) 거짓으로 꾸민 매매를 하여 (iii) 시세에 부당한 영향을 주거나 줄 수 있는 행위이다. 즉 동일인이 동일한 증권에 대해 같은 시기에 같은 가격으로 매수주문과 매도주문을 제출하여 매매를 체결시키는 행위이다. 증권시장 참가자가 보기에는 독립적인 매수자와 매도자에 의해 이루어지는 거래와 구별할 수 없는 기록상의 거래이기 때문에 외관상 거래량을 증가

---

29) 금융위원회 / 금융감독원 / 한국거래소 등, 앞의 책(주 25), 12면.

시키고 경우에 따라서는 시세를 변동시킬 수도 있다. 그러나 권리 이전을 목적으로 하지 않아 해당 증권에 대한 실질적인 지배 · 처분의 변경이 없기 때문에 이와 같은 거래로 인한 경제적 이익은 발생하지 않는다. 예컨대 회사의 고유자금을 운용하는 다수의 트레이더 사이 또는 알고리즘을 통해 작동되는 다수의 거래시스템 사이 거래과정에서 기제출한 호가와 신규 제출한 호가가 교차적으로 체결되어 시세에 부당한 영향을 미칠 가능성이 있는 경우이다.[30] 가장매매는 시세변동을 목적으로 이루어진다기보다는 거래가 성황을 이루고 있는 듯이 잘못 알게 하려는 동기에서 이루어지는 행위이기 때문에 이와 같은 동기 또는 목적이 입증되는 경우에는 시세조종에 해당된다.

통정매매 시장질서 교란행위는 (i) 손익 이전 또는 조세 회피목적으로 (ii) 자기가 매매하는 것과 같은 시기에 같은 가격으로 (iii) 사전에 상대방과 짜고 매매하여 (iv) 시세에 부당한 영향을 주거나 줄 우려가 있는 행위이다. 즉 자기의 매도 또는 매수와 같은 시기에 미리 상대방과 통정하여 그 상대방이 같은 가격으로 해당 증권을 매수 또는 매도하는 행위로서 외관상 거래량이 증가하고 시세를 변동시킬 가능성도 있다. 가장매매가 한 사람에 의해 이루어지는 행위인 반면, 통정매매는 복수의 사람이 통정하여 이루어지는 행위라는 점에서 차이가 있다.[31] 또한 같은 시기 같은 가격이 요건이지만 약간의 시간 또는 가격의 차이가 있더라도 통정매매는 성립된다.

한편 법 제176조 제1항의 통정매매는 추상적인 성황목적 · 오인목적으

---

30) 금융위원회 / 금융감독원 / 한국거래소 등, 앞의 책(주 25), 14면.
31) 계산주체가 다른 여러 계좌의 매매를 동일인이 위임받아 각 계좌 사이에 매매하는 경우에도 그 매매를 위임받은 사람이 매매시간 · 가격 · 수량 등 다른 계산주체 사이의 매매조건을 미리 계획하고 그에 따른 매매를 한 이상 타인과 통정한 매매이다(서울고등법원 2009. 1. 6. 선고 2008노1506 판결).

로 규정하고 있는 반면, 시장질서 교란행위인 통정매매는 구체적인 목적요건으로 손익 이전 또는 조세 회피를 두고 있는 점이 차이가 있다. 그러나 이와 같은 목적요건을 두고 있는 것은 입증을 용이하게 하려는 시장질서 교란행위의 도입취지와 맞지 않고 다른 유형의 시세관여형 시장질서 교란행위와 정합성도 없다.[32)]

(3) 위계 사용형

위계 사용 시장질서 교란행위는 (i) 풍문을 유포하거나 거짓으로 계책을 꾸미는 등으로 (ii) 상장증권 등의 수요 · 공급상황이나 그 가격에 대하여 타인에게 잘못된 판단이나 오해를 유발하거나 (iii) 가격을 왜곡할 우려가 있는 행위이다. 이는 법 제178조 제2항의 매매거래 등의 목적요건을 제외하면 거의 동일하다. 위계 등을 사용하여 주가를 상승시켜 보유주식을 매도하거나 담보주식의 처분을 방지하려는 등의 경우, 법 제178조 제2항에 해당되기 때문에 동항을 적용할 수 있지만 동법 제178조의2는 적용할 수 없다. 따라서 위계 등의 사용행위는 입증할 수 있지만 이와 관련된 별도의 부당이득을 취득하고자 하는 행위, 즉 보유주식의 처분이나 담보주식의 처분을 방지하려는 등의 목적을 입증할 수 없는 제한된 경우에만 법 제178조의2를 적용할 수밖에 없을 것이다. 예컨대 매매 유인목적이 없이 증권포털 게시판이나 인터넷 메신저상에서 거짓소문을 퍼뜨린 경우, 그 행위가 투자자를 오인하게 하거나 가격을 왜곡할 우려가 있다면 위계 사용형 시장질서 교란행위에 해당된다.[33)]

---

32) 성희활, 앞의 논문(주 3), 158면.
33) 금융위원회 / 금융감독원 / 한국거래소 등, 앞의 책(주 25), 16면.

한편 각 유형에는 '시세에 부당한 영향을 주거나 줄 우려가 있는 행위'를 전제하고 있다. 이는 시세조종 또는 부정거래의 목적요건을 삭제함에 따라 제기될 수 있는 문제점, 즉 과징금 부과대상으로서 시세관여형 시장질서 교란행위의 지나친 확대 적용을 방지하기 위한 요건으로 이해할 수 있다. 그러나 이와 같은 행위는 정상적인 수요·공급에 의한 시장가격 결정 메커니즘에 영향을 미칠 수 있는 행위로서 판례, 경험칙에 비추어 볼 때 그러한 행위는 시세에 부당한 영향을 미칠 우려가 있는 행위로 볼 수 있다.

3. 시장질서 교란행위에 대한 제재

(1) 제재수단

시장질서 교란행위에 대한 과징금 부과를 규정하는 법 제429조의2에 의하면 금융위원회[34)]는 시장질서 교란행위를 한 자에 대하여 5억 원 이하의 과징금을 부과하는 것을 원칙으로 하되, 해당 행위와 관련된 거래로 얻은 이익 또는 회피한 손실액(부당이득금액)의 1.5배에 해당하는 금액이 5억 원을 초과하는 경우에는 부당이득금액의 1.5배에 상당하는 금액 이하의 과징금을 부과할 수 있다. 즉 금융위원회는 사법당국에 형사제재를 의뢰하지 않고 그 재량으로 부당이득금액의 규모와 관계없이 5억 원 이하의 과징금을 부과할 수 있고, 예외적으로 부당이득금액의 1.5배에 해당

34) 법 제429조의2에 의하면 과징금 부과주체는 금융위원회이지만, 법 제438조 제2항 및 동법 시행령 제387조 제1항 제3호에 의하면 과징금 부과권한을 증권선물위원회에 위임하고 있다. 그런데 법 제439조 제2호 바목에 의하면 금융위원회의 과징금 부과 처분은 미리 증권선물위원회의 심의를 거쳐야 한다고 규정하고 있어 금융위원회의 과징금 부과를 전제하고 있다. 다만 이 글은 특별한 경우가 아니면 과징금 부과주체를 금융위원회로 표기한다.

하는 금액이 5억 원을 초과하는 경우에는 최고금액의 제한 없이 부당이득금액의 1.5배에 상당하는 금액 이하의 과징금을 부과할 수 있다. 따라서 법 제429조의2 본문에 의한 과징금은 위반행위에 대한 행정제재금의 성격을 가지고, 단서에 의한 과징금은 부당이득 환수의 성격을 가진다.

그러나 금융위원회가 시장질서 교란행위에 대해 과징금을 부과하기 위해서는 해당 위반행위와 관련된 부당이득금액의 규모가 얼마인지를 산정해야 하는 것이 전제되어 있다고 볼 수 있다. 또한 부당이득 연동 벌금형과 달리 부당이득에는 미실현이익이 포함됨을 명시하고 있다. 금융위원회의 자본시장조사 업무규정 별표 제2호 과징금 부과기준에서 시장질서 교란행위와 관련된 거래로 얻은 부당이득금액을 기준금액으로 하여 구체적인 과징금 부과를 위해 부과비율, 감면사유 등을 정하고 있다. 종래 공시 위반에 대한 과징금을 부과하기 위해 제정된 구체적인 방법을 그대로 원용하고 있다.

한편 불공정거래행위 위반자가 금융투자업자 등인 경우 문책 등의 행정제재를 병과할 수 있지만,[35] 시장질서 교란행위를 한 금융투자업자 등은 법 제420조 또는 제422조에 의한 처분사유에 해당되지 않아 문책 등의 행정제재가 예정되어 있지 않다. 이는 제도 시행 초기임을 감안하여 금융투자업자 및 그 임직원에 대해 행정제재는 병과하지 않기로 한 때문이다.[36] 다만 법인의 행위로 평가받을 수 있는 특별한 사정이 있는 경우에는 법인의 주의 · 감독의무와 별개로 법인에 대해 과징금이 부과될 수 있을 것이다.[37]

---

35) 법 별표 1 "금융투자업자 및 그 임직원에 대한 처분 및 업무 위탁계약 취소 · 변경 명령사유" 제174~176호.

36) 금융감독원, 시장질서 교란행위 규제 설명회자료(2015. 6. 30), 29면.

37) 금융감독원, 앞의 자료(주 36), 29면.

(2) 형사제재와의 관계

시장질서 교란행위에 대해 형사제재를 배제하고 행정제재만 가능하기 때문에 과징금 부과 처분은 금융위원회의 재량행위로 볼 수 있다. 시장질서 교란행위와 불공정거래행위는 이론적으로 구분되지만, 일정한 조사의 단서를 기초로 금융당국이 조사를 개시할 때 처음부터 시장질서 교란행위인지 아니면 불공정거래행위인지를 구별할 수 없기 때문에 조사 결과에 따라 하나의 제재수단을 선택해야 한다. 그런데 금융당국의 임의조사는 한계가 있기 때문에 그 조사 결과 또한 검찰의 수사단서에 불과하여 조사 결과와 수사 결과가 다를 수 있다. 이와 같은 점을 감안하여 증권선물위원회는 시장질서 교란행위에 불공정거래행위의 혐의가 있다고 인정하는 경우에는 이를 검찰총장에게 통보하여야 한다(법 제178조의3).

시장질서 교란행위의 규제에 관한 이원적 체계이든 일원적 체계이든 외국의 입법례는 행정제재의 대상이 형사제재의 대상을 포괄하고 있고 금융당국 또한 강제조사권을 가지고 있기 때문에, 금융당국이 시장질서 교란행위에 대해 행정제재를 할 것인지 아니면 형사제재를 의뢰할 것인지 여부를 선택할 수 있는 재량을 가지고 있다.[38] 그러나 우리나라의 경우 증권선물위원회는 불공정거래행위에 대해 당연히 검찰에 이첩하여야 할 뿐만 아니라,[39] 시장질서 교란행위에 불공정거래행위의 혐의가 있다고 인정하는 때에도 검찰에 이첩하여야 하기 때문에 이에 관한 금융당국의 재량에는 일정한 한계가 있다.

한편 정보이용형 시장질서 교란행위는 행정제재와 형사제재의 영역이

---

38) 안수현, "금융행정 집행수단으로서 과징금제도 검토," BFL 제32호(2008. 11), 서울대학교 금융법센터, 88면.

39) 형사소송법 제234조 제2항, 제426조 제5항 및 동법 시행령 제376조 제1항 제11호.

구분될 수 있지만, 시세관여형 시장질서 교란행위는 시세조종 또는 부정거래 구성요건의 일부에 불과하기 때문에 행정제재의 영역과 형사제재의 영역을 구별하기 어려운 점이 있다. 따라서 일견 시세관여형 시장질서 교란행위로 보이더라도 불공정거래행위에 해당되는 경우 증권선물위원회는 과징금을 부과하지 않고 형사제재를 검찰에 의뢰할 것이다. 즉 조사결과 과징금 부과대상 시장질서 교란행위라 하더라도 증권선물위원회 등의 심의과정에서 불공정거래행위의 혐의가 있다고 인정하는 경우에는 과징금을 부과하지 않을 것이다.[40] 나아가 과징금 부과 이후 검찰의 기소가 있으면 직권으로 과징금 부과를 취소하고, 반대로 검찰의 불기소 또는 법원의 무혐의 판결이 있으면 직권재심을 통해 과징금 부과 여부를 검토하는 방식으로 규율하게 될 것이다.[41]

4. 적용 사례

(1) 3차 정보수령자[42]

개인투자자 甲은 A사가 제3자배정 유상증자를 실시한다는 미공개정보를 지인 乙로부터 듣고 해당 정보가 공개되기 전에 A사 주식을 매수하여 3,940만 원의 부당이득을 취득하였다. 한편 해당 정보는 준내부자인 丙이 그의 모친 丁에게 전달하고 이어 丁은 그의 남편 乙에게 전달하였기 때문에 乙은 2차 정보수령자, 甲은 3차 정보수령자에 해당된다.

2016년 12월 21일 증권선물위원회는 甲에 대해 법 제178조의2 제1항

40) 금융감독원, "시장질서 교란행위 FAQ," 2015, 15면.
41) 금융감독원, 앞의 자료(주 36), 30면.
42) 금융위원회 보도자료, 시장질서 교란행위 위반사례 첫 적발(2016. 12. 21).

제1호 가목을 위반하였다는 이유로 동법 제429조의2, 동법 시행령 제379조 제1항, 자본시장조사 업무규정 별표 제2호 과징금 부과기준에 의거하여 부당이득금액의 1.5배가 아닌 부당이득금액에 상당하는 과징금 3,940만 원을 부과하였다. 이 사건에서 甲은 매수한 주식을 모두 매도하였기 때문에 실현된 이익만 있고 미실현이익은 없었다. 다만 乙은 해당 정보를 甲에게 전달하는 과정에서 해당 정보를 이용하게 할 의도가 없었고, 직접 A사 주식을 거래하지 않았기 때문에 과징금 부과조치는 하지 않았다. 이는 시장질서 교란행위 금지제도가 시행된 2015년 7월 1일 이후 최초로 2차 정보수령자에 대해 과징금을 부과한 첫 번째 사례가 되었다.

그러나 내부자인 丙, 정보전달자인 丁과 乙은 한 가족이다. 그럼에도 불구하고 별도의 독립된 전달주체로 보아 정보수령자를 엄격히 구별한다면 법 제174조의 미공개정보 이용행위로서의 형사처벌 가능성을 회피하는 유인이 될 것이다.

(2) 시장정보 이용행위[43)]

甲(T홍콩의 대표이사 겸 수석운용역)은 2016년 1월 6일 18시 30분경 A소유의 H증권 주식 블록딜 주관회사인 CS 홍콩 소속 乙의 블록딜 수요예측(wall-crossing) 요청에 응하는 과정에서, H증권 주식의 대량매도(발행주식총수의 9.54퍼센트)에 관한 미공개중요 시장정보[44)](생성시점 2016.

43) 이상복, "시장질서 교란행위 관련 증권선물위원회의 의결 안건에 대한 검토," 법과 기업 연구 제7권 제3호(2017. 12), 서강대학교 법학연구소에 기술된 사실관계에 기초하였다.

44) 甲은 2016년 1월 6일 16시 30분경 지인인 乙과 전화 통화과정에서 블록딜정보(대상종목은 한국의 증권사, 시가총액 미화 10억 달러 이상, 최근 일일거래량 미화 500만 달러, 매각규모 미화 1억 달러, 예상거래일 2016. 1. 7)를 받았는데, 그 당시 기준으로

1. 4)를 지득하고 해당 정보가 공개(2016. 1. 7)되기 이전인 2016년 1월 7일 9시 1분부터 12시 4분 사이에 해당 정보를 이용하여[45] 트레팔가 트레이딩 펀드(Trafalgar Trading Fund)의 계산으로 BNP파리바 홍콩지점(50만 주)과 메릴린치인터내셔널 홍콩지점(5만 4,493주)을 통하여 H증권 주식 합계 55만 4,493주를 KOSPI시장에서 스왑거래방식[46]으로 매도하였다. 2016년 1월 12일 9시 44분경 甲은 운용역 丙에게 지시하여 블록딜로 배정받은 H증권 주식 380만 주 중 324만 5,507주를 CS 서울지점에 종가결정 단일가시간에 매도할 것을 요청하는 한편, BNP파리바 홍콩지점과 메릴린치인터내셔널 홍콩지점에 H증권 주식 합계 55만 4,493주를 스왑거래방식으로 매수하도록 요청하여 H증권 주식과 관련된 모든 포지션을 정리하였다.[47] 이로써 甲은 3억 7,766만 8,921원의 부당이득금액[48]을 취득하였다.

2017년 9월 27일 증권선물위원회는 甲의 이와 같은 거래에 대해 법 제178조의2 제1항 제1호 나목을 위반하였다는 이유로 甲에게 3억 7,760만 원의 과징금을 부과하였다. 시장질서 교란행위 금지제도가 도입된 2015년 7월 1일 이후 외국인 투자자에게 시장질서 교란행위 금지규정 위반으로

시가총액 · 거래량규모 등에 비추어 乙이 언급한 종목은 A증권 주식이라는 사실을 쉽게 인지할 수 있었다.

45) 甲은 블록딜 정보를 이용하여 매매할 목적으로 블록딜 수요 예측에 바로 응하지 않고 나중에 전화하겠다고 乙과 통화를 종료한 직후, 乙이 제공한 정보에 비추어 해당 종목이 A증권 주식임을 확인하였다. 대규모 매각에 따른 주가 급락을 예상하고 이에 따른 수익 실현을 위해 해당 주식을 기초자산으로 하는 스왑거래방식으로 매도하였다.

46) T Capital Management 홍콩(Trafalgar Trading Fund)과 BNP파리바 홍콩지점 및 메릴린치인터내셔널 홍콩지점 사이의 차액거래(Contract fo Difference, CFD)방식.

47) 2016년 1월 8~11일 사이에 甲은 乙로부터 배정받은 A증권 주식 380만 주 중 324만 5,507주를 매도하여 55만 4,493주를 보유하고 있었다.

48) 부당이득금액(a－b－c)＝(a) 미공개 중요정보의 공개 전 매도금액 3,269,293,920원－(b) 공개 후 매수금액 2,866,728,810원－(c) 총비용 24,896,189원.

과징금을 부과한 첫 사례로서 의의가 있다. 다만 위 사실관계에 의하면 정보수령자의 지위에 관하여 다음과 같은 문제점이 제기될 수 있다.

A는 H증권의 제2대 주주로서 보유주식을 매각하기 위해 모건스탠리증권 홍콩지점, 크레디트스위스증권 홍콩지점을 주관회사로 선정하였다. 乙은 A와 주관회사계약을 체결한 크레디트스위스 홍콩의 직원이기 때문에 법 제174조 제3항 제4호 및 제5호에 해당되는 계약상 준내부자에 해당된다. 따라서 乙로부터 해당 정보를 전달받은 甲은 2차 정보수령자가 아니라 1차 정보수령자라 볼 여지가 있다. 다만 乙은 甲에게 대량주식매각에 관한 정보를 전달하였지만, 업무로서 한 것이지 甲을 위해 해당 정보를 거래에 이용하게 할 의사가 없었기 때문에 법 제174조 제3항을 적용하지 않았던 것으로 보인다. 나아가 이 사건 과징금 부과처분에서 甲을 2차 정보수령자로 보았다고 할지라도 앞에서 설명한 바와 같이 1차 정보수령자와 마찬가지로 내부자거래 취지에 비추어 사회적 법익 침해의 정도가 약하다고 할 수 없기 때문에 형사처벌의 필요성이 있다. 따라서 형사제재를 회피하려는 동기를 차단하기 위해 영국 등의 입법례와 같이 2차 이상의 다차 정보수령자에 대해서도 미공개정보의 중요성이 유지되는 한, 형사적으로 처벌이 가능하도록 법 제174조를 개정하는 방안을 강구하여야 할 것으로 보인다.[49]

(3) 시세관여행위[50]

개인투자자 甲은 4개사 주식을 매매하는 과정에서 14거래일 중 84회

---

49) 같은 취지로는 조인호, "정보제공자책임과 정보수령자책임," 기업법연구 제23권 제1호(2017), 한국기업법학회, 370면.

50) 금융위원회 보도자료, 시세관여형 시장질서 교란행위 과징금 부과조치(2017. 6. 21).

에 걸쳐[51] 일정 규모의 수량을 선매수한 후 평균 2~3분 정도의 짧은 시간 동안 1주의 고가매수주문을 수백 회 반복하는 방법으로 시세에 관여하였다. 이에 따라 상승된 가격으로 매도하여 시세차익을 취득한 혐의로 증권선물위원회는 甲에게 4,500만 원의 과징금을 부과하였다. 이와 같은 반복적인 단주매매의 목적성 · 행위 정도 등이 시세조종에는 이르지 못하였지만, 단주매매를 통하여 시세에 부당한 영향을 미치고 타인에게 잘못된 판단이나 오해를 유발하였기 때문에 법 제178조의2 제2항 제4호의 시세관여형 시장질서 교란행위로 보았다.

그러나 허위호가 제출이나 가장 · 통정매매가 없는 상황에서 반복적인 단주매매를 위계 사용으로 볼 수 있는지는 의문이다. 나아가 유통주식의 수량이 적은 경우, 미리 해당 주식을 매수한 이후 보유주식을 고가로 매도하기 위하여 단주매매를 통해 해당 주가를 끌어올릴 유인이 충분하기 때문에 법 제176조의 시세조종으로 보아 형사처벌할 여지도 없지 않다. 또한 선매수한 주식을 고가로 매도하여 취득한 부당이득규모나 산정방법에 대하여 특별히 언급한 바가 없어 단정할 수 없지만, 4,500만 원의 과징금이 부당이득금액으로 보인다.

IV. 규제의 의의

1. 규제범위의 확대

자본시장법 제정 당시 미국의 증권거래법 제10조 (b)항, 일본 금상법

51) 선매수 → 단주거래 반복 → 매도하여 시세차익 취득.

제157조와 같은 포괄사기 금지조항으로서 부정거래(법 제178조) 금지제도를 도입하였다. 그러나 현행 불공정거래행위에 대한 규제법제는 여전히 규제의 사각지대가 존재하여 규제의 효과가 미흡하다는 지적이 있었다.[52] 즉 내부자거래의 경우 규제대상인 내부자와 내부정보의 범위가 협소하고, 시세조종의 경우 목적요건을 요함으로써 입증상의 어려움이 있었으며, 부정거래의 경우 죄형법정주의 위반 논란을 이유로 금융당국과 사법당국이 그 해석 · 적용에 소극적이었다. 이에 따라 정부는 기존 불공정거래행위에 비하여 위법성의 정도는 낮으나 시장의 건전성을 훼손하는 시장질서 교란행위에 대한 규제를 도입하였다.[53]

미공개정보 이용행위 금지조항은 내부자의 범위를 특정증권을 발행하는 회사와 관련되는 자로 한정하고, 내부정보의 범위를 특정증권을 발행하는 회사와 관련된 정보만을 규제대상으로 하여 내부자거래 규제가 외국의 입법례에 비하여 매우 소극적이었다. 이를 극복하기 위해 새로 도입된 정보이용형 시장질서 교란행위는 내부정보의 범위를 대폭 확대하여 규제의 사각지대를 획기적으로 해소하였다. 미공개정보 이용행위의 경우 발행회사와 관계되는 내부정보로 한정하면서 공개매수정보와 대량주식의 취득 · 처분정보를 예외적으로 인정하여 내부정보의 범위를 일부 확대하고 있는 반면, 정보이용형 시장질서 교란행위의 규제대상 정보에는 미공개정보 이용행위의 내부정보는 물론 지정 금융투자상품의 매매 여부 또는 매매조건에 관한 정보와 부정하게 취득한 정보도 포함되었다. 정보의 성격이나 출처를 불문하고 지정 금융투자상품에 중대한 영향을 미칠

52) 금융위원회, 앞의 보도자료(주 50), 1면.
53) 정무위원회, 자본시장과 금융투자업에 관한 법률 일부 개정법률안 심사보고서(2014. 12), 2면.

수 있는 모든 정보, 즉 시장정보 · 정책정보도 내부정보에 포함되어[54] 규제대상 내부정보가 확대되었을 뿐만 아니라 이와 같은 내부정보를 생산하거나 알게 된 자, 그리고 내부정보의 전득자(정보수령자) 모두가 규제대상에 해당됨에 따라 내부자의 범위가 기하급수적으로 확대되어 미공개정보 이용행위 금지조항으로 규제할 수 없었던 자들도 널리 규제할 수 있게 되었다.

또한 시세관여형 시장질서 교란행위의 도입으로 시세조종 또는 부정거래로 규제할 수 없었던 공정거래질서 저해행위,[55] 즉 목적요건이 없는 반복적인 허위호가 제출 · 가장매매 · 위계 등 사용행위를 규제할 수 있게 되었다. 특히 목적요건의 삭제에 따라 종래 목적성이 인정되지 않아 형사제재를 할 수 없었던 사례, 예컨대 허위주문 · 통정매매 등에 따라 해당 기업의 주가가 큰 폭으로 변동되어 시장교란이 발생하였으나 시세조종의 목적성이 입증되지 않아 무죄로 인정된 사례[56]도 시세관여형 시장질서 교란행위로 규제할 수 있게 되었다.[57] 또한 위계 등 사용행위는 법 제178조 제2항과 같은 거래목적 또는 시세변동목적이 없어도 가격을 왜곡시킬 우려가 있는 행위이면 시장질서 교란행위에 해당되기 때문에 그 자체로서 상당한 확장성을 가지고 있다.[58] 다만 시세조종 또는 부정거래로 의율할 수 없는 행위 모두를 포괄할 수 있는 포괄조항을 두지 않고 일부 행위만을 규제대상에 포함시킨 점에서 일정한 한계가 존재한다. 따라서 불공정거래행위에 대한 규제의 사각지대 해소라는 관점에서는 정보이용형 시장질서 교란행위가 시세관여형 시장질서 교란행위보다 도입취

---

54) 금융감독원, 앞의 자료(주 40), 5면.
55) 한국거래소 시장감시규정 제4조.
56) 대법원 2008. 11. 27. 선고 2007도6558 판결.
57) 금융위원회, 앞의 보도자료(주 50), 2면.
58) 성희활, 앞의 논문(주 3), 166면.

지에 더욱 부합한다고 평가할 수 있다.[59)]

2. 행정제재수단의 도입

주가조작 등 불공정거래행위는 막대한 금전적 이익을 수반하는 경우가 많아 이를 환수할 수 있는 충분한 금전적 제재가 필요하지만, 종래 불공정거래행위의 규제법제하에서는 효과적인 금전적 제재가 미흡하였다.[60)] 과거 불공정거래행위에 대한 금전적 제재[61)]로는 부당이득 3배 벌금형이 있었다. 제13차 구 증권거래법 개정(법률 제5254호 1997. 1. 13)에 의해 미국의 민사제재금제도의 변형된 형태로 부당이득과 연동된 3배 벌금형이 도입된 이래, 법 제443조 제1항에서 여전히 부당이득 연동 3배 벌금형을 유지하고 있다. 그러나 이와 같이 부당이득과 연동되는 벌금형이 있음에도 불구하고 불공정거래행위의 입증곤란, 부당이득 산정의 어려움 등으로 징역형이 우선되고 벌금형을 부과하지 않는 경우가 많았다.[62)] 이러한 배경하에서 불공정거래행위와 구별되는 시장질서 교란행위에 대해 금융위원회에 의한 과징금 부과라는 금전적 제재수단이 도입되었다.[63)] 즉 금융위원회가 시장질서 교란행위를 적발하여 그 재량으로 5억 원 이

59) 같은 취지로 성희활, 앞의 논문(주 3), 166면.
60) 금융위원회, 앞의 보도자료(주 50), 2면.
61) 특정증권 발행회사의 주요주주 · 임직원의 단기매매차익 반환제도가 있지만, 내부자거래에 대한 민사책임으로서 의미를 가질 뿐이었다.
62) 금융위원회, 앞의 보도자료(주 50), 2면 : 2013년 5월 28일 법 개정으로 부당이득의 1~3배에 해당하는 벌금형을 부과할 수 있고, 2014년 12월 30일 개정으로 부당이득이 없거나 산정하기 곤란한 경우에도 벌금형을 부과할 수 있는 근거가 마련되었을 뿐만 아니라, 징역형을 선택할 때에 벌금형을 필요적으로 병과하고 필요적 몰수 · 추정규정도 마련되었다.
63) 금융위원회, 앞의 보도자료(주 50), 2면.

하의 과징금을 부과하되, 그 위반행위와 관련된 거래로 인한 이익(또는 회피한 손실액)의 1.5배가 5억 원을 초과하는 때에는 그 금액 이하의 과징금을 부과할 수 있다. 이는 불공정거래행위에 대한 벌금 상한(부당이득금액의 3배 이하)을 감안하여 형사제재에 이를 정도가 아닌 시장질서 교란행위는 그보다 낮은 벌금 상한으로 규율하려는 것으로 이해된다.[64]

불공정거래행위에 대해서는 사법당국에 의한 형사제재만이 존재하였기 때문에 금융당국은 오래전부터 외국의 입법례에 같은 독자적인 행정제재수단을 확보하기 위해 노력해 왔다. 이러한 맥락에서 불공정거래행위와 배타적으로 구별되는 행위이지만 자본시장의 건전성과 공정성을 훼손하는 시장질서 교란행위에 대해 금융위원회가 과징금 부과라는 행정제재 수단을 확보할 수 있게 된 것은 상당한 진전이라고 할 수 있다.

더욱이 시장질서 교란행위에 대해서는 형사제재 대신 행정제재만이 가능하기 때문에 장시간이 소요되는 형사절차, 재판절차에 비하여 보다 신속히 진행되는 행정절차에 의해 과징금을 부과할 수 있게 되었다.[65] 일반적으로 불공정거래행위에 대한 형사제재는 금융당국의 조사→증권선물위원회의 의결(검찰 이첩)→검찰의 수사 및 기소→법원의 재판이라는 순서에 따라 처리절차가 진행되지만, 시장질서 교란행위는 금융당국의 조사→증권선물위원회의 의결(과징금 부과)이라는 순서에 따라 처리절차가 진행되기 때문에 과징금의 처리기간을 대폭 단축할 수 있게 되었다. 이에 따라 시장질서 교란행위에 대해 금융당국이 적극적으로 권한을 행사하여 빠른 시일 내에 진압할 수 있는 효과적이고 기동적인 대처가 가능해졌다.

---

64) 정무위원회, 앞의 보고서(주 53), 19면.
65) 정무위원회, 앞의 보고서(주 53), 18면.

3. 규제 패러다임의 변경

앞에서 설명한 바와 같이 형사제재를 위한 불공정거래행위와 별도로 행정제재만을 위한 시장질서 교란행위에 대한 규제의 도입은 우리나라 자본시장의 공정성 확보를 위한 조치로서는 획기적인 일이 아닐 수 없다. 구 증권거래법 제정 당시(1962. 1. 15) 미국 증권거래법 제9조와 같은 시세조종 금지조항(제91조)의 도입, 제10차 개정(1991. 12. 31)으로 일본 증권거래법과 같은 내부자거래 금지조항의 도입(제188조의2),[66] 자본시장법 제정 당시(2007. 8. 3) 미국 증권거래법 제10조 (b)항, 일본 금상법 제157조와 같은 부정거래 금지조항(법 제178조)의 도입과 더불어 우리나라 자본시장의 공정성 확보를 위한 규제법제의 질적인 변화가 이루어졌다.

미공개정보 이용행위에 대한 규제는 이른바 미국의 신인의무 이론에 입각하여 내부자의 범위와 내부정보의 요건이 특정증권을 발행한 회사의 관계성에 맞추어져 있다. 다만 이를 보완하기 위해 공개매수와 대량주식의 취득 · 처분의 내부자거래를 특별히 금지하고 있을 뿐이다. 반면에 정보이용형 시장질서 교란행위는 위와 같은 상장회사 중심의 규제에서 벗어나, 지정 금융투자상품과 관계되는 내부정보를 알고 있는 자 모두가 해당 정보의 비대칭을 이용하는 행위를 규제하고 있다. 이는 곧 상장회사 중심에서 시장 중심 규제체계로의 패러다임 변경을 의미한다. 즉 회사의 내부자나 그 회사와 일정한 관계에 있는 자에 의한 내부정보의 비대칭에 근거한 거래를 금지하는 회사 중심의 규제에서 특정증권과 관계되는 내부정보의 비대칭에 근거한 거래를 금지하는 내부정보의 이용규제로 이행

---

66) 제9차 개정(1987. 11. 28)으로 내부자거래 규제의 근거조항이 시세조종 금지조항인 구 증권거래법 제105조 제4항 제3호에 마련되었지만, 내부자거래를 규제하기 위한 구성요건이 명확하지 않고 실제 적용된 사례도 없었다.

한 것이다.

종래 내부자거래에 대한 규제를 강화하는 대책으로 우리나라는 주로 규제의 주체가 되는 내부자의 범위를 확대하는 것이었다. 이는 행위보다는 사람을 중심으로 규제하는 것이 더욱 효과적이라는 믿음 때문에 신분범위를 확대한 결과이다. 상장회사의 임직원에서 시작되어 해당 법인, 상장 6개월 이전의 임직원, 기타 우회 상장회사의 임직원 등으로 내부자의 범위가 확대되었다. 그런데 정보이용형 시장질서 교란행위의 행위주체가 2차 이후의 정보수령자로 확대된 것뿐만 아니라, 매매조건 등에 중대한 영향을 주는 정보 등으로 확대된 내부정보를 알고 있는 자로 정의하여 사실상 내부자의 범위가 기하급수적으로 확장되는 결과를 초래하였다. 나아가 직무와 관련하여 내부정보를 생산하거나 알게 된 자가 아니더라도 해킹, 절취, 기망, 협박, 기타 부정한 방법으로 내부정보를 알게 된 자도 규제대상에 포함시킴으로써 신분범에서 내부정보를 중심으로 하는 비신분범체계로 이행되었다.

한편 시세관여형 시장질서 교란행위는 시세조종 또는 부정거래 중에서 목적요건을 삭제하거나 거래와 연관성을 배제하는 행위를 열거하고 있다. 종래 가장매매, 고가매수 등으로 해당 주가가 큰 폭으로 변동되었음에도 불구하고 시세조종의 목적성이 입증되지 않아 무죄가 된 사례[67]에 대해 시세에 부당한 영향을 미치는 시장교란행위 자체를 규제할 수 있게 목적요건을 삭제하였다. 다시 말하면 구성요건적 고의 이외의 불법목적을 구성요건에서 제외하여 시세에 부당한 영향을 주는 비정상적인 거래 자체가 가지는 위험성에 중점을 두는 규제체계로 이행하였다. 예컨대 위계 등 사용행위가 있었지만 다른 거래에서 부당이득을 얻고자 하는 동기

67) 대법원 2008. 11. 27. 선고 2007도6558 판결.

를 입증할 수 없는 경우에도 위계 등 사용행위 자체에 과징금을 부과할 수 있을 것이다.

V. 규제의 한계

1. 입법체계

불공정거래행위의 규제에 관한 일원화체계이든 이원화체계이든 시장질서 교란행위가 불공정거래행위의 전부 또는 일부를 포괄하고 있다. 반면에 우리나라의 시장질서 교란행위는 외형상 불공정거래행위와 완전하게 분리하고 있는 것처럼 규정하고 있지만, 포괄적인 시장질서 교란행위가 없는 데다 포괄사기 금지조항법(법 제178조 제1항)이 여전히 존재하고 있기 때문에 상호 중첩될 수밖에 없다. 즉 불공정거래행위에 대한 규제체계가 미국 · 일본의 입법례와 유사하기 때문에 일원화체계에 맞추어 시장질서 교란행위를 도입해야 함에도 이원화체계를 다시 덧씌운 결과, 불공정거래행위와 시장질서 교란행위가 착종하게 된 것이다.[68] 이로 인하여 해당 법령의 해석 · 적용상의 문제점이 발생하고, 강제조사권이 없는 금융당국과 강제조사권이 있는 사법당국 간의 민감한 갈등이 예상된다.[69]

---

68) 외국의 입법례와 다른 특징을 이루고 있고 미국, 일본의 부정거래와 영국의 시장질서 교란행위를 모두 도입하고 있다는 점에서 규제수준이 매우 높다는 견해가 있다[정윤모, "시장질서 교란행위 규제에 따른 대응과제," 자본시장 Weekly 2015-38호, 3면]. 또한 시장질서 교란행위의 도입으로 부정거래법(제178조 제1항 제1호)의 영역이 일부 축소되었다는 견해가 있다(김학석 / 김정수, 부정거래행위, SFL그룹, 2015, 306면).

69) 불공정거래행위와 시장질서 교란행위를 구분하여 운영할 수 있는 기준 · 절차 등을

예컨대 금융당국이 2차 정보수령자의 내부정보 이용행위를 적발하여 과징금을 부과한 사안의 경우, 1차 정보수령자의 이용하게 하는 행위가 전제되어야 하는데 이는 형사제재의 영역이기 때문에 금융당국은 해당 1차 정보수령자를 적발하여 그의 이용하게 한 행위를 검찰에 이첩할 수 밖에 없다. 그런데 검찰이 해당 1차 정보수령자의 정보 제공행위에 대해 기소하는 경우 별문제가 없지만, 정보제공행위 자체가 존재하지 않는다는 등의 이유로 혐의 없음 처분을 하는 때에는 금융당국의 과징금 부과처분이 적절한지에 대한 논란이 제기될 수 있다. 마찬가지로 금융당국이 시세조종이 아닌 가장매매에 대해 과징금을 부과한 사안의 경우, 검찰이 수사한 결과 해당 가장매매가 시세조종의 일환으로 이루어진 행위임이 드러났을 때에도 종전 과징금 부과처분이 부당하다는 등의 논란이 제기될 것이다. 그러나 형사상 죄가 되지 않는 경우에도 행정제재는 이와 별개로 이루어질 수 있다[70]는 점에 비추어 보면, 검찰의 기소 여부에 따라 행정제재의 효력이 좌우되는 것이 과연 타당한지에 대해서는 의문이다. 요컨대 검찰의 수사 또는 법원의 판결이 있기 전까지는 금융위원회의 과징금 부과처분의 적법성 논란이 지속될 수 있다는 점에서 자본시장의 공정질서 확립을 위한 금융당국의 탄력적 대응이 어려울 것으로 우려된다.

더욱이 과징금 사건이 불공정거래행위의 혐의가 있다고 인정하는 경우 증권선물위원회가 검찰총장에 이를 통보해야 한다(법 제178조의3). 그런데 과징금 사건을 증권선물위원회가 과징금 부과처분을 내린 사건으로 이해한다면, 증권선물위원회가 시장질서 교란행위로 판단하였음에도 불구하고 불공정거래혐의도 있다고 인정하는 경우, 과징금 부과처분에도

마련하는 방안을 검토할 필요가 있다는 견해가 있다[정무위원회, 앞의 보고서(주 53), 17면].

70) 서울고등법원 1978. 5. 30. 선고 77구524 판결.

불구하고 이를 검찰총장에게 이첩해야 한다는 모순이 발생한다. 법 제429조의 과징금 사건은 공시 위반 등의 하나의 위반행위에 대해 형사제재와 행정제재가 가능하기 때문에 법 제178조의3의 규정은 타당할 수도 있겠지만, 시장질서 교란행위와 불공정거래행위를 배타적으로 금지하고 있는 법 제429조의2의 과징금 사건은 타당성이 없기 때문이다.

따라서 입법론적으로는 미국이나 일본과 같이, 그리고 자본시장법의 공시 위반에 대한 제재와 같이 하나의 금지조항을 두고 그 위반행위에 대해 형사벌칙과 과징금을 부과할 수 있는 제재근거를 별도로 마련하는 것이 입법체계상 일관성이 있었을 것이다. 나아가 영국이나 EU와 같이 형사처벌이 곤란하지만 공정한 시장질서 확립을 위해 비난 가능성이 낮은 불공정한 행위에 대해서만 행정제재를 부과할 수 있도록, 행정제재의 필요성과 법익 침해의 정도에 따라 형사제재와 구별되는 시장질서 교란행위를 유형화하는 것이 보다 합리적이라고 본다.

2. 구성요건

(1) 정보이용형 시장질서 교란행위

1) 미공개정보 이용행위와의 차이

정보이용형 시장질서 교란행위는 미공개정보 이용행위와 비교하여 법익 침해의 정도가 동일하지만 내부정보의 획기적인 확대로 입증이 더욱 어려워진 점에서는 도입취지에 맞지 않다. 불공정거래행위에 대한 규제의 사각지대를 해소하기 위하여 규제대상자와 규제대상 정보를 확대한 것이지만, 그것만으로는 법익 침해의 정도가 약하다거나 입증이 매우 곤란하지는 않기 때문이다. 오히려 이용하게 하는 행위에 정보전달행위와 추천행위가 동시에 존재하여야 하고 이를 입증하여야 하는 어려움이 있으므로 단순 정보전달행위 또는 거래추천행위에 대해 시장질서 교란행위로 규제하는 것이 합리적이라고 본다.

또한 외국의 입법례에 의하면 다차 정보수령자, 시장정보를 알고 있는 자 등의 내부정보 이용행위를 형사제재의 대상으로 규정하고 있는 반면, 우리나라의 경우는 이와 같은 내부정보 이용행위를 행정제재의 대상으로 규정하고 있기 때문에 내부자거래 규제의 취지에 비추어 법익 침해의 정도가 동등함에도 제재의 강도를 약화시킬 뿐만 아니라 제재의 형평성에 반하는 결과를 초래하고 있다.[71]

2) 정보수령자의 인식

미공개정보 이용행위의 정보수령자를 처벌하기 위해서는 구성요건적 고의로서 정보전달자가 회사관계자이고, 그 전달된 정보가 미공개정보라는 점을 인식하고 있어야 한다.[72] 그런데 정보이용형 시장질서 교란행위의 정보수령자에게 과징금을 부과하기 위해서는 미공개정보가 회사관계자로부터 나온 사정을 반드시 인식하고 있어야 한다. 따라서 우연히 미공개정보를 알게 된 자가 해당 정보를 타인에게 전달한 경우, 그 정보수령자가 해당 정보의 전득자로서 규제대상이 될 수 있는지는 분명하지 않다.[73]

과징금제도는 불법행위의 억지와 규제의 실효성 확보라는 행정상 목적을 달성하기 위한 행정상 조치로서 형사벌칙과 취지, 목적, 요건 등이 다

71) 같은 취지로는 정호경/이상수, 앞의 논문(주 26), 120면.
72) 박임출, "일본의 내부자거래 규제의 강화와 시사점," 증권법연구 제15권 제3호(2014), 한국증권법학회, 294면.
73) 김정수, 앞의 책(주 27), 376면.

르기 때문에 불법행위의 인식은 반드시 필요한 요건으로 볼 수 없다. 그럼에도 불구하고 미공개정보 이용행위의 정보수령자에게 명시적으로 요구하지 않는 인식의 요건을 정보이용형 시장질서 교란행위의 정보수령자에게 인식의 요건을 요구하고 있는 것은 부적절하다. 다만 정보수령자와 정보전달자는 상대방을 잘 파악할 수 있는 관계에 있는 경우가 일반적이기 때문에 회사관계자가 아니면 알 수 없는 미공개정보를 전달받은 이상, 정보전달자가 회사관계자라는 점에 대해 적어도 미필적 인식이 있는 경우가 대부분일 것이다.

3) 적용 제외

내부자거래의 본질적 구성요건 중 하나인 금지행위의 유형으로서 미공개정보 이용행위와 동일하게 정보이용형 시장질서 교란행위도 '보유기준(possession test)'이 아닌 '이용기준(use test)'을 채택하고 있다. 보유기준에 의하면 내부정보를 알고 있는 내부자는 해당 증권을 매수하거나 매도하는 행위 모두 금지행위에 해당되는 반면, 이용기준에 의하면 호재성 정보를 알고 있는 자가 매수하지 않고 매도하는 경우에는 금지행위에 해당되지 않고 매수한 경우에만 금지행위에 해당된다. 즉 내부정보를 알고 거래하는 행위를 금지하는 것이 아니라 내부정보를 알고 어떤 기회에 그 정보를 거래에 이용하는 행위를 금지하고 있다.

그런데 법 제178조의2 제1항 단서 전단은 "투자자 보호 및 건전한 시장질서를 해할 우려가 없는 행위는 동조 동항의 적용을 제외한다"고 규정하고 있다. (i) 상장회사 등의 내부자가 내부정보를 알게 되기 전에 지정 금융투자상품에 관한 계약을 체결하거나 투자중개업자 등에게 지정 금융투자상품의 매매 등에 관한 청약 또는 주문을 제출함에 따라 해당 권리를 행사하거나 의무를 이행하기 위하여 지정 금융투자상품을 매매 등을 하는 경우, 기타 우리사주조합원이 우리사주조합을 통하여 회사의 주식을 청약하는 경우(자본시장조사 업무규정 제55조 제1항),[74] (ii) 내부정보를 생산하거나 알게 된 자가 해당 정보를 생산하거나 알게 되기 전에 지정 금융투자상품에 관한 계약을 체결하거나 투자중개업자 등에게 지정 금융투자상품의 매매 등에 관한 청약 또는 주문을 제출함에 따라 해당 권리를 행사하거나 의무를 이행하기 위하여 지정 금융투자상품의 매매 등을 하는 경우,[75] (iii) 법령 또는 정부의 시정명령 · 중지명령 등에 따라 불가피하게 지정 금융투자상품의 매매 등을 하는 경우,[76] (iv) 기타 금융위원회가 정하여 고시하는 경우[77]를 예외사유로 열거하고 있다.[78] 이와 같이 정보이용형 시장질서 교란행위의 예외로서 열거하고 있는 것은 해당 내부자가 내부정보를 의도적으로 이용하지 않은 것으로 인정할 수 있는 사유이다. 즉 내부자의 의도와 관계없이 이루어지는 매매, 내부정보와 관계없이 이미 예정되어 있는 매매, 내부정보를 이용할 여지가 없는 매매 등으로서 내부정보를 이용한 것으로 도저히 평가할 수 없는 사유를 예외사유로 열거하고 있을 뿐이다. 이는 미국에서 이용기준과 보유기준에 관한 법적 논쟁에서 SEC가 보유기준을 채택하면서 Rule 10b5-1에서 예외로 인정하고 있는 것[79]과 마찬가지이다. 또한 일본 금상법이 보유기준을

74) 영 제207조의2 제1호.

75) 영 제207조의2 제2호.

76) 영 제207조의2 제3호.

77) 증권예탁증권의 예탁계약 해지에 따라 증권을 취득하는 경우, 주식배당 또는 준비금의 자본금 전입에 의해 주식을 취득하는 경우, 증권시장과 파생상품시장 간 가격 차이를 이용한 차익거래, 그 밖에 이에 준하는 행위로서 내부정보를 의도적으로 이용하지 아니하였다는 사실이 객관적으로 명백한 경우, 그 밖에 투자자 보호 및 건전한 시장질서를 해할 우려가 없는 경우로서 증권선물위원회가 의결로써 인정하는 경우(자본시장조사 업무규정 제55조 제2항).

78) 영 제207조의2 제4호.

79) 내부정보를 알기 전에 해당 유가증권의 매매와 관계되는 구속력 있는 계약을 체결하

채택하면서 적용 제외사유로 10가지 행위를 열거하고 있는 것(제166조 제6항)도 마찬가지이다. 요컨대 정보이용형 시장질서 교란행위는 금지행위에 관하여 이용기준을 채택하고 있음에도 불구하고, 보유기준을 채택하고 있는 입법례에서 필요한 예외사유를 불필요하게 명문화하고 있음에 다름 아니다.

4) 영업행위규칙과 경합

정보이용형 시장질서 교란행위에는 직무와 관련하여 미공개정보를 생산하거나 알게 된 자가 그 정보를 이용하여 거래하는 유형이 있다. 이는 금융투자업자가 준수하여야 하는 영업행위규칙의 유형 중 법 제54조의 직무 관련 미공개정보의 이용, 법 제71조 제1호에서 규정하는 선행매매(front running), 동조 제2호에서 규정하는 조사분석자료의 공표 전 이용행위(scalping)와 유사하다.[80] 그럼에도 불구하고 법 제178조의2 제1항 본문 단서에서 위와 같은 세 유형의 불법행위에 대해 그 적용이 배제되고 있지 않다. 따라서 금융투자업자가 예컨대 직무상 알게 된 미공개정보를 정당한 이유 없이 자기의 이익을 위하여 거래한 경우, 영업행위규칙 위반으로 형사처벌 또는 문책 등의 제재조치를 하거나 시장질서 교란행위로 의율하여 과징금을 부과하는 조치를 선택적으로 하거나 병과하여야 하는지가 명확하지 않다.[81]

였거나, 제3자에게 그의 계산으로 해당 유가증권의 매매를 지시하였거나, 해당 매매를 계획하고 있었다는 점을 서면으로 입증한 경우에는 내부정보에 기하여 이루어진 매매가 아니다.

80) 금융위원회 / 금융감독원 / 한국거래소 등, 앞의 책(주 25), 46-47면.

81) 김정수, 앞의 책(주 27), 370면.

(2) 시세관여형 시장질서 교란행위

1) 시세조종과 차이

시세관여형 시장질서 교란행위는 시세조종 또는 부정거래의 일부 유형 중 구성요건을 단순화한 것이라고 할 수 있지만, 실제로는 한국거래소 시장감시규정상의 공정거래질서 저해행위 중 일부를 법제화한 것으로도 볼 수 있다.[82] 한국거래소 시장감시규정 제4조는 한국거래소의 회원 및 그 임직원이 거래소시장에서 공정거래질서를 위하여 준수하여야 할 22가지 유형의 행위를 규정하고, 이를 위반한 회원 및 그 임직원에 대해 징계 등[83]을 요구할 수 있는 자율규제체계이다. 회원 및 임직원에 대한 조사는 가능하지만 증권시장에 참가하는 투자자에 대한 직접적인 조사가 불가능하여, 시세에 영향을 미칠 수 있는 행위의 구체적인 동기를 밝혀낼 수 없기 때문에 거래의 외관에 비추어 공정거래질서 저해 여부를 판단할 수밖에 없는 현실적인 한계를 반영한 결과이다. 나아가 그와 같은 공정거래질서 저해행위는 행위자의 의도나 동기를 불문하고 행위의 외관만으로 투자자가 아닌 회원에게만 제재할 수 있는 자율규제의 영역임에도, 이를 시장 참가자 모두에게 준수를 요구하고 제재할 수 있는 공적 규제의 영역으로 확대한 것이다. 따라서 불공정거래행위 규제의 사각지대를 해소하기 위한 별도의 행위 또는 포괄성을 가지는 행위가 아니라 조사 또는 수사과정에서 목적 또는 동기가 밝혀지면 불공정거래행위로 처벌하고, 그렇지 않으면 시장질서 교란행위로 처벌한다는 보충적 규제에 불과하다. 그러나 시세관여형 시장질서 교란행위에 해당하는 구체적인 행위들은 아

---

82) 성희활, 앞의 논문(주 3), 166면.

83) 회원의 제명, 회원자격 또는 거래의 전부 또는 일부의 금지, 10억 원 이하의 회원제재금, 기타 임직원의 해임 또는 면직 등 한국거래소 시장감시규정(제22조 및 제23조).

무런 목적이나 경제적 동기 없이 그리고 시세에 영향을 미칠 의도를 가지지 않고 반복적으로 이루어질 이유가 없다는 점에서 과징금을 부과할 수 있는 사례를 적발하기는 쉽지 않을 것이다.

2) 입증의 정도

시세관여형 시장질서 교란행위는 목적요건의 삭제로 입증이 용이해졌다고 하나, 목적 또는 동기 없이 그와 같은 시장질서 교란행위가 이루어질 가능성이 낮은 데다 실제로 목적 또는 동기가 없거나 이를 입증할 수 없다고 하더라도 그런 행위 자체가 시세에 부당하게 미치는 영향을 입증해야 하는 입증 부담은 여전히 존재한다. 나아가 대법원은 시세조종 목적요건에 대해 미필적 인식만으로도 충분하다[84]고 판단하여 목적성을 폭넓게 인정하기 때문에 불법목적을 가지지 않고 시세에 부당하게 영향을 미치는 행위를 구별하기는 곤란할 것이다. 더욱이 손익 이전 또는 조세회피목적의 통정매매는 구체적인 목적요건을 명시하고 있어, 규제의 사각지대 해소 또는 입증의 용이성을 위해 시장질서 교란행위를 도입하였다는 취지에 어긋나고 다른 유형의 시장질서 교란행위와도 균형이 맞지 않는다.[85]

또한 사실관계의 구성요건 해당성에 대한 입증문제는 금융당국이나 검찰 모두 동일한 조사수단을 가지고 있다는 전제하에 같은 노력을 하여도 입증이 불가능하기 때문에 형사제재보다 완화된 입증을 요하는 행정제재가 필요한 것이다. 그런데 임의조사에만 의존하는 행정조사의 성격상 목적요건을 입증하지 못하는 사례에 대해 검찰이 강제조사를 통하여 목적

---

84) 대법원 2015. 6. 11. 선고 2014도11280 판결 등.
85) 성희활, 앞의 논문(주 3), 158면.

요건을 입증하기가 훨씬 용이하기 때문에 실질적으로는 입증 정도의 차이가 아니라 조사수단의 차이에 불과하다. 이는 금융당국이 불공정거래행위에 대한 조사의 주도권을 가지고 필요한 경우에 형사제재를 의뢰하는 외국의 입법례와 다른 점이다.

3) 허위호가 제출

시세관여형 시장질서 교란행위는 시세조종 또는 부정거래의 구성요건을 일부 축소한 것에 불과하기 때문에 그 구성요건의 해석은 불공정거래행위의 구성요건에 대한 해석과 기본적으로 같다. 다만 허위호가 제출은 시세조종의 유형이나 구성요건에 해당되지 않지만, 시세조종기간 중에 성황목적 또는 오인목적이 인정되는 경우 시세에 관여하는 행위로서 해석 · 적용되었다. 그러나 목적 또는 동기가 없는 허위호가 제출은 그 해석 · 적용이 쉽지 않다.

법 제178조의2 제2항 제1호는 '(i) 거래성립 가능성이 희박한 호가를 대량으로 제출하거나 (ii) 호가를 제출한 후 해당 호가를 반복적으로 정정 · 취소하여 (iii) 시세에 부당한 영향을 주거나 줄 우려가 있는 행위'를 시장질서 교란행위의 하나로 열거하고 있다. 이와 같은 허위호가 제출[86]은 상하한가제도와 호가의 일부를 공개하는 우리나라의 매매체결시스템으로 인하여 발생 가능한 현상으로서, 시세조종 입증자료로 많이 활용되어 왔다. 그러나 이를 명문으로 금지하고 있는 입법례는 찾아보기 힘들다. 허위호가의 금지규정은 가장매매와 위계 등 사용행위 금지규정과 마

86) 우리나라 거래소의 매매체결시스템은 호가에 의한 가격결정(quote-driven market) 시스템이 아니라 주문 제출에 의한 가격결정(order-driven market) 시스템이기 때문에 호가 제출보다는 주문 제출이라는 표현이 더 정확하다.

찬가지로 한국거래소 시장감시규정 제4조 제1항 제5호[87])를 거의 그대로 법제화한 것이다.

현행 매매체결시스템은 현재가를 기준으로 매수·매도별 최우선호가를 비롯하여 현재가 대비 10단계(tick) 호가를 호가가격과 호가수량 그리고 이들 각 단계의 총호가수량을 공개하는 반면, 10단계를 초과하는 호가에 관한 정보는 공개하지 않는다.[88]) 호가가격과 호가수량이 공개되는 10단계의 호가는 각 주문자의 호가가격에 따라 호가수량이 누적·합산되어 공개되기 때문에 호가창을 보고 호가를 제출하는 다른 주문자의 투자판단에 영향을 미친다.[89]) 또한 모든 호가는 주문자의 매매 체결의사가 없더라도 타인의 주문과 결합되어 체결될 수 있기 때문에 거래가 성립될 가능성이 전혀 없다고 볼 수 없다. 따라서 호가를 제출한 이후 거래성립 가능성(체결 가능성)이 있는 때에 해당 호가를 정정하거나 취소하는 경우는 허위호가 여부를 판단하기가 비교적 용이하지만, 단순히 호가를 대량으로 제출하는 행위 자체를 거래성립 가능성이 없는 허위호가로 단정하기는 어렵다.

허위호가는 종래 매매 성황의 목적 또는 매매 유인목적으로 진정한 매매 체결의사가 없는 호가[90])라고 하는데, 시세관여형 시장질서 교란행위

---

87) 거래성립 가능성이 희박한 호가를 대량으로 제출하거나 직전가격 또는 최우선호가의 가격이나 이와 유사한 가격으로 호가를 제출하거나 당해 호가를 반복적으로 정정·취소하여 시세 등에 부당한 영향을 미치거나 미칠 우려가 있는 행위.

88) 유가증권시장 업무규정 시행세칙 제126조 제1항.

89) 매매계약의 체결에 이르지 아니하는 매수청약 또는 매수주문이라 하더라도 그것이 유가증권의 가격을 상승 또는 하락시키는 효과를 가지고 제3자에 의한 유가증권의 매매를 유인하는 성질을 가지는 이상, 단지 매수주문량이 많은 것처럼 보이기 위하여 매수의사 없이 하는 허수매수주문도 제176조 제1항 제1호의 시세조종에 속한다고 할 것이다(대법원 2002. 6. 14. 선고 2002도1256 판결).

90) 한국증권법학회, 자본시장법 주석서Ⅰ, 박영사, 2015, 1102면.

는 목적요건 없이 거래성립 가능성이 희박한 호가로 정의하고 있다. 이와 같이 주문자의 주관적 의사보다는 실제 호가행위로 나타난 표시의사를 중심으로 판단할 수 있게 하여 입증의 부담을 덜어 준 것으로 보인다. 그럼에도 불구하고 주문자의 호가행위에 거래성립을 원하지 않는 고의가 있었는지 여부를 파악하기 힘든 데다 제출된 호가의 가격이나 수량만으로 거래성립 가능성을 객관적으로 판단하는 것도 쉽지 않기 때문에 어떤 호가가 거래성립 가능성이 희박한 호가인지 여부를 판단하기 어렵다. 실무에서처럼 시세조종의 동기나 목적이 인정되는 기간 중에 나타나는 체결되지 않은 호가를 허위호가로 추정할 수 있겠지만, 시세조종의 동기가 인정되지 않는 기간 중의 체결되지 않은 호가를 허위호가로 단정할 수는 없다.

'거래성립 가능성이 희박한 호가'를 구체적인 상황에서 거래성립 가능성이 있는 호가와 어떻게 구분할 수 있는가. 즉 공개되는 10호가[91] 중에서 어떤 호가가 거래성립 가능성이 희박한 호가라고 할 수 있는지, 대량의 호가는 어느 정도의 호가수량으로 보아야 하는지를 헤아리기 어렵다. 예컨대 접속매매시간대에 매수 1호가 대비 얼마나 낮은 매수호가를 허위매수호가로 볼 것인가의 문제이다. 호가단위는 현재가의 0.1퍼센트 수준[92]이기 때문에 매수 10호가도 현재가 대비 약 1퍼센트 정도 낮은 정도에 불과하여 일중 시세변동의 폭(최대 60퍼센트)에 비하면 크다고 할 수 없다. 이와 같은 매수호가가 상당 시간 동안 체결되지 않았다고 하더라도 정상적인 호가와 비교하여 거래성립 가능성이 희박하다고 단정할 수는 없다.

---

91) 복수가격에 의한 개별 경쟁매매를 위한 호가접수시간 중에는 매도·매수별 최우선호가의 가격을 포함하는 연속 10개의 우선호가의 가격, 그 가격의 호가수량 및 해당 호가수량의 합계수량을 공표한다(유가증권시장 업무규정 시행세칙 제126조 제1항 제2호).

92) 유가증권시장 업무규정 시행세칙 제32조 제2항.

다만 실무에서는 체결되지 않은 매수호가 수준(통상 5~10호가까지), 전체 호가잔량에서 주문자의 호가잔량이 차지하는 비중(통상 30퍼센트 이상), 체결비중(통상 10퍼센트 이하), 그리고 시세조종기간의 호가인지 여부 등을 고려하여 허위호가 여부를 판단하고 있다. 이와 같은 수치기준은 거래성립 가능성이 낮은 호가라고 할 수 있지만 어떠한 상황에서도 거래성립 가능성이 없는 호가라고 단정할 수는 없다. 더욱이 허위호가 여부를 판단하는 관건은 시세조종으로 인정되는 기간 중에 제출된 호가인지 여부인데, 그렇다고 시세조종과 구별되는 시세관여형 시장질서 교란행위는 그와 같은 핵심요소를 고려할 수 없기 때문에 허위호가 여부를 판단하는 것은 더욱 어렵다. 또한 시초가 또는 종가 결정을 위한 단일가매매시간대에는 연속 3개의 예상 우선호가 및 예상체결가와 예상체결수량이 공개[93]될 뿐이어서 설령 예상체결가보다 높거나 낮은 호가를 제출하더라도 3호가를 초과하는 경우에는 거래가 성립될 가능성을 예측하기가 어렵다. 요컨대 매매체결시스템에 의해 허용되는 범위 내에 있는 모든 호가의 제출에 대해 거래성립 가능성 여부를 가려서 시장질서 교란행위로 보고 제재하는 것은 모순이라고 할 수 있다.[94]

3. 과실범

시장질서 교란행위에 대한 과징금 부과는 공시 위반에 대한 과징금 부과와 달리 과징금 부과대상자에게 각 위반행위에 고의 또는 중대한 과실

93) 유가증권시장 업무규정 시행세칙 제126조 제1항 제1호.

94) 그러한 행위들이 위법하다면 차라리 매매체결시스템에서 그러한 호가의 제출을 허용해서는 아니 된다〔이정수, "시장질서 교란행위 도입과 관련한 몇 가지 쟁점들," 증권법연구 제16권 제2호(2015), 한국증권법학회, 14면 각주 29〕.

이 있는 경우로 한정되지 않는다.[95] 시장질서 교란행위자는 고의 또는 과실 유무와 관계없이 위반행위가 인정되면 그것으로 과징금 부과를 면할 수 없다. 공시의무 위반자가 공시의무 위반행위에 중과실이 아닌 경과실이 있었다는 이유로 과징금 부과처분을 받지 않았던 사례와 사뭇 다르다. 이는 경과실 또는 무과실에 의한 시장질서 교란행위라 하더라도 시장질서를 훼손할 수 있는 위험성이 있는 행위로 보아 엄격하게 제재하겠다는 금융당국의 의지로 보인다.[96]

정보이용형 시장질서 교란행위의 경우 내부자 스스로 내부정보를 거래에 이용하거나 타인에게 내부정보를 이용하게 하는 행위가 금지되기 때문에 고의가 필요하고, 시세관여형 시장질서 교란행위의 경우 '거짓으로 꾸민 매매'를 하는 가장매매(제2호), 같은 시기에 같은 가격으로 매매할 것을 '사전에 짠 후'에 하는 통정매매(제3호), 풍문 유포 또는 거짓으로 계책을 꾸미는 등의 위계 등 사용행위(제4호)는 고의를 전제하고 있지만, 허위호가 제출(제1호)은 고의 또는 과실을 요하지 않는 것으로 보인다.[97] 따라서 허위호가의 제출을 시장질서 교란행위로 보아 과징금을 부과할 때 과실 여부를 고려할 필요가 있는지가 문제 된다. 특히 짧은 시간에 수많은 호가가 제출되는 알고리즘거래나 고빈도거래에서 주문자의 실수로 원하지 않은 대량의 호가가 제출되는 경우이다.

과실에 의한 위법행위의 경우 과실범에 대한 처벌규정이 존재하는 때에만 예외적으로 형사제재가 가능하다. 그러나 과징금 등의 제재적 행정처분의 경우, 원칙적으로 고의 또는 과실을 요하지 아니하나 위반자의 의

95) 법 제430조.
96) 금융감독원, 앞의 자료(주 40), 18면.
97) 법무법인 율촌이 2015년 5월 28일 개최한 "법상 시장질서 교란행위 세미나"에서 발표된 자료 중 최동열, "시세조종 관련 시장질서 교란행위," 45면.

무 해태를 탓할 수 없는 정당한 사유가 있는 등의 특별한 사정이 있는 때에는 부과할 수 없다.[98] 따라서 일반적인 호가 제출 또는 알고리즘거래와 고빈도거래의 호가 제출에 주문 입력 착오 등의 경과실이 있거나 과실이 없었다고 하더라도 시장질서 교란행위로 처벌하는 것은 당연하다고 할 수 있다.[99]

그러나 예컨대 저가매수를 위한 호가를 제출하고자 하였지만 과실로 고가매수를 위한 호가로 제출된 경우에는 매매가 체결될 것이고, 반대로 고가매수를 위한 호가를 제출하고자 하였지만 과실로 저가매수를 위한 호가로 제출된 경우에는 곧바로 매매가 체결되지는 않을 것이다. 전자는 매매 체결로 인하여 손해를 입은 경우이고, 후자는 매매가 체결되지 않아 매수 기회를 상실한 경우이다. 전자는 최우선 매수호가의 제출이므로 거래성립 가능성이 희박한 매매라고 할 수 없어 허위호가의 제출로 보기 어렵지만, 후자는 끝내 매매 체결이 이루어지지 않았다면 거래성립 가능성이 없는 호가를 제출한 것으로 볼 여지가 있다. 이때 허위호가의 제출로 보는 근거는 호가의 제출 자체로 시세에 부당한 영향을 주었거나 시세에 부당한 영향을 줄 우려가 있었다는 점이다. 물론 제출된 호가가 10호가 이내의 것이라면 호가창에 기록될 것이기 때문에 시세에 영향을 줄 수 있다고 볼 수 있지만, 만일 10호가를 벗어난 것이라면 호가창에 기록되지 않기 때문에 시세에 부당한 영향을 주지 않았다고 볼 수 있다.

따라서 주문 실수에 의해 대량의 호가가 제출된 경우, '시세에 부당한 영향을 주었는지' 여부는 당시의 시세상황을 정밀하게 분석하고 판단하여야 할 것이다. 특히 10호가를 벗어난 호가에 대해서까지 '시세에 부당

98) 대법원 2014. 10. 15. 선고 2013두5005 판결 등.
99) 이정수, 앞의 논문(주 94), 14면.

한 영향을 줄 우려'가 있는 행위로 보아 처벌하는 것은 시세에 영향을 줄 수 없는 호가는 없다는 점에서 지나치다고 본다. '부당한 영향을 줄 우려'를 건전한 시장질서에 위험을 초래한 것으로 막연히 해석할 수도 있겠지만, '부당' 또는 '우려'가 의미하는 바가 매우 추상적이기 때문에 이의 해석 · 적용에 일정한 기준이 마련되어야 할 것으로 본다.[100)]

4. 부당이득기준 과징금

법 제429조의2 본문에 따라 금융위원회는 부당이득과 관계없이 그 재량으로 5억 원 이하의 과징금을 부과할 수 있고, 단서에 따라 5억 원 이상의 과징금을 부과하기 위해서는 부당이득의 규모가 일정 요건(부당이득의 1.5배에 해당되는 금액이 5억 원을 초과하는 경우)을 충족해야 한다. 따라서 과징금의 법정 상한, 즉 5억 원 이상의 과징금을 부과할 수 있는지 여부를 판단하기 위해서는 위반행위와 관련된 거래로 얻은(회피한) 부당이득금액이 얼마인지를 산정하는 것이 마땅히 전제되었다고 볼 수 있다. 그럼에도 불구하고 부당이득(미실현이익 포함)의 산정방법에 대해 법령이나 규정에서 명시적으로 정하고 있지 않다.

'위반행위와 관련된 거래로 얻은 이익'은 '거래'의 존재를 전제하고 있기 때문에 위반행위와 관련된 거래가 존재하지 않는 경우에는 과징금을 부과할 수 없는 것으로 해석할 여지가 있다. 예컨대 청약에 불과한 호가 제출(법 제178조의2 제2항 제1호), 위계 등 사용행위(법 동조 동항 제4호)에는 거래 자체가 존재하지 않아 거래로 인한 이익금액을 산정할 수 없기 때문에 과징금을 부과할 수 없다는 결론에 이른다. 다만 이때에는 법 제

100) 이정수, 앞의 논문(주 94), 15면.

429조의2 본문에 따라 금융위원회가 5억 원 이하의 과징금을 부과할 수 있는 것으로 보인다.

이와 같이 부당이득금액의 산정이 곤란하거나 불가능한 경우라 하더라도 법 제429조의2 본문에 따라 금융위원회가 5억 원 이하의 과징금을 부과할 수 있다고 해석되지만, 그럼에도 불구하고 금융위원회의 과징금 부과기준은 "부당이득금액을 객관적으로 산출하기 곤란한 경우에는 3,000만 원을 과징금 부과를 위한 기준금액(부당이득금액)으로 한다"[101] 고 규정하고 있어 금융위원회가 스스로 지나치게 재량을 축소하고 있는 것으로 보인다. 또한 부당이득금액을 객관적으로 산정할 수 없는 경우란 '부당이득금액이 전혀 존재하지 않는다'는 의미가 아니라, '부당이득이 존재할 것이지만 다른 외적 요인에 의한 주가변동분을 제거하고 순수하게 해당 시장질서 교란행위와 관련된 거래로 얻은 이익, 즉 위반행위와 관련된 거래로 얻은 이익을 객관적으로 입증(산정)할 수 없다'는 의미로 이해한다면, 굳이 부당이득금액 또는 기준금액을 3,000만 원으로 한정할 필요는 없을 것이다. 더욱이 부당이득의 객관적 산정이 곤란하다는 이유로 대부분의 사례에서 부당이득금액을 3,000만 원으로 간주한 해당 기준으로 도피해 버리지는 않을까 우려된다. 또한 정보제공자와 정보수령자의 구성요건이 다르고 구성요건적 고의의 내용도 다르기 때문에, 대향범이나 공범 또는 방조범의 관계에 있지 않음에도 정보제공자의 부당이득을 정보수령자가 얻은 부당이득의 10퍼센트와 10억 원 중 적은 금액을 부당이득으로 보는 것,[102] 부당이득금액이 2,000만 원 미만인 경우 과징금을 면제하는 것[103] 도 의문이다.

---

101) 자본시장조사 업무규정 별표 제2호 과징금 부과기준 3.－바.－(1).
102) 자본시장조사 업무규정 별표 제2호 과징금 부과기준 8.－가.
103) 자본시장조사 업무규정 별표 제2호 과징금 부과기준 2.－나.－(7).

시세관여형 시장질서 교란행위는 시세조종 또는 부정거래의 구성요건 중 일부를 열거하고 있으면서 시세조종 또는 부정거래를 배제하고 있다. 따라서 불법목적이나 시세조작의 동기가 없는 행위(법 제178조의2 제2항 제3호 통정매매 제외)로서 다른 거래와 관련되지 않고, 시세관여형 시장질서 교란행위 자체로서 상장증권 또는 장내 파생상품의 시세에 영향을 주거나 줄 우려가 있는 행위이다. 허위호가 제출, 가장매매, 통정매매, 위계 등 사용행위는 그 자체로서 과징금 부과의 대상이 되기 때문에 시세조작을 위한 별도의 주문이나 거래를 요하지 않는 것으로 이해된다. 따라서 위와 같은 시세관여형 시장질서 교란행위가 별도의 불법목적을 가지거나 별도의 다른 시세조작을 위한 주문 또는 거래와 관련되는 경우에는 시세조종 또는 부정거래에 해당될 것이고, 나아가 시세관여형 시장질서 교란행위에서 배제될 것이다. 요컨대 시세관여형 시장질서 교란행위가 시세조종 또는 부정거래의 구성요건 중 일부와 동일하지만 시세조종목적이 없거나 다른 시세조작거래와 연결되지 않는 행위 또는 부정거래의 목적이 없거나 다른 부정거래와 연결되지 않는 행위에 대해서만 제한적으로 과징금을 부과할 수 있을 것이다.

한편 가장매매와 통정매매는 거래 자체가 존재하기 때문에 그와 같은 거래로 얻은 매매차익이 존재할 수 있다. 그러나 가장매매나 통정매매의 범위, 즉 같은 시기 또는 같은 가격이나 수량을 매우 좁게 해석하면 가격이나 수량이 일치하기 때문에 매매차익이 발생하지 않을 수도 있다. 더욱이 가장매매는 동일한 계산주체에 의해 권리의 이전을 목적으로 하지 않는 거짓으로 꾸민 매매이므로 매매차익이 존재할 수 없지만, 다수의 투자자가 참가하는 거래소시장 내에서의 거래이기 때문에 동일한 가격 또는 동일한 수량으로 주문을 제출하더라도 반드시 그 주문만의 매매 체결이 이루어지지 않는 경우가 있어서 매매차익이 발생할 수도 있다. 통정매매는 다른 계산주체 간에 이루어지고 또한 동일한 가격 또는 동일한 수량으로 주문을 제출하더라도 반드시 동일하게 매매 체결이 이루어지지 않는 경우가 있기 때문에 그와 같은 거래로 인하여 발생하는 매매차익이 존재할 수 있다. 다만 이와 같은 매매차익은 위반자가 의도하지 않은 결과이기 때문에 인과관계가 있는 부당이득이라고 보기는 어려울 것 같다.

VI. 맺음말

우리나라 자본시장의 불공정·불건전거래에 대한 규제체계가 새로운 패러다임으로 변경되는 전환점을 맞이하고 있다. 기존 불공정거래행위와 구별되고 차별화된 제재수단으로 무장한 시장질서 교란행위에 대한 규제의 도입이 가지는 의의는 아무리 강조해도 지나치지 않다. 시장질서 교란행위에 대해 과징금 부과라는 독자적인 제재수단을 확보한 금융위원회의 입장에서 오랫동안 추진하여 온 숙원과제 중 하나를 일차적으로 해결하였다는 점에서도 충분한 의의가 있다.

그러나 입법과정에서 서로 다른 규제주체의 입장으로 인하여 시행 초기단계에서 시장질서 교란행위의 구체적인 해석·적용에 적지 않은 문제점이 예상된다. 시행 이전 단계에서 금융당국이 설명회, 공청회 등을 개최하여 시장 참가자의 불안과 불신을 해소하기 위하여 노력하였음에도 자본시장을 위축시킬 것이라는 막연한 시장의 우려는 여전히 존재하고 있다. 더욱이 '시세에 부당한 영향을 주거나 줄 우려가 있는 행위'와 같은 추상적 규정은 규제의 목적 달성을 위해 불가피할 수 있지만, 포괄사기 금지조항과 같이 해당 규정의 적용에 소극적일 수도 있어 획기적인 규제의 도입에도 불구하고 법규집행력이 약화될 가능성도 보인다.

앞의 적용사례에서 살펴본 바와 같이 집행과정에서 여러 문제점이 제기될 수 있기 때문에 금융당국은 다양한 시장질서 교란행위에 대해 보다 정교한 논리를 구성하여 시장 참가자의 불신을 해소할 수 있는 법적 안정성을 확보하는 노력이 필요하다. 나아가 시장질서 교란행위에 대한 규제체계가 우리나라 자본시장의 현실에 맞게 정착되기 위해서는 좀 더 치밀한 입법적 개선이 필요하다고 본다.

12

시장질서 교란행위 조사실무와 개선방안*

성희활** · 장인봉***

I. 머리말

자본시장과 금융투자업에 관한 법률(이하 '자본시장법')법상 시세조종, 미공개정보 이용 등 불공정거래에 대한 민형사상 제재수단의 한계를 보완하기 위해 행정제재수단으로 2015년 7월부터 도입된 시장질서 교란행위 규제가 몇 건의 제재 사례를 통해 서서히 정착되어 가고 있다.[1)]

시세조종 등 자본시장법상 불공정거래 범죄에 대한 조사·수사는 한국

---

* 이 논문은 BFL 제86호(2017. 11)에 게재된 "시장질서 교란행위 조사실무와 최근 제재 사례 및 제도적 개선방안 고찰"을 수정·보완한 것이다.

** 인하대학교 법학전문대학원 교수

*** 한국거래소 팀장, 법학박사

1) 시장질서 교란행위도 자본시장법상 불공정거래의 일종이기는 하나, 이 글에서는 논의의 편의상 불공정거래는 제174조 내지 제178조에 규정되어 있는 범죄로서의 내부자거래·시세조종·부정거래를 의미하고, 시장질서 교란행위는 제178조의2에 규정되어 있는 행정처분대상이 되는 행위를 의미하는 것으로 한다.

거래소(이하 '거래소') 시장감시위원회(이하 '시감위')의 이상거래 시장감시 · 심리 및 금융감독원(이하 '금감원')의 불공정거래 조사를 통해 시세조종 등 혐의행위가 적발되어 금융위원회(이하 '금융위') 산하 증권선물위원회(이하 '증선위')의 결정을 거쳐 검찰 등 수사기관에 이첩되어 기소되는 과정을 거친다. 반면에 시장질서 교란행위는 거래소의 시장감시 · 심리 및 금감원의 조사단계에서 증권범죄 혐의행위에는 해당되지 않으나, 자본시장법상 시장질서 교란행위에 해당하는 혐의행위가 적발되면 증선위가 제재하도록 이첩하는 과정을 거친다.

그동안 불공정거래 규제이론 및 실무와 개선방향에 대해서는 실무, 학계 및 법조계로부터의 수많은 저서와 논문을 통해 해외제도를 포함하여 심도 깊이 다루어져 왔고 정부 및 국회는 제시된 개선의견들을 상당수 자본시장법에 반영하여 왔다. 상대적으로 시장질서 교란행위는 최근에 신설되어 연수가 짧은 제도이지만 학술적 논의가 꾸준히 이루어지면서[2)]학계 및 법조계의 주목을 받아왔고 앞으로도 다양한 제재 사례의 축적과 함께 이론적 발전과 개선이 계속 이루어질 영역임이 분명하다.

이 글에서는 먼저 이러한 시장질서 교란행위에 대한 거래소 및 금융당국의 시장감시 · 조사 및 제재실무를 자세히 살펴보고, 시장질서 교란행위에 대한 제재 사례를 정보이용형과 시세관여형의 유형별로 분석하여 시사점 및 문제점을 검토하여 보고자 한다. 또한 이러한 문제점과 규제

---

2) 시장질서 교란행위에 대해 법령 중심의 일반론적 고찰을 한 논문으로는 성희활, "2014년 개정 자본시장법상 시장질서 교란행위 규제 도입의 함의와 전망," 증권법연구 제16권 제1호(2015.4); 박임출, "시장질서 교란행위규제의 의의와 한계," BFL 제75호(2016. 1); 김태진, "자본시장법상 시장질서 교란행위 : 구성요건의 분석과 주요 위반사례의 검토", 경영법률 제29집 제3호(2019.4); 최진현 · 박선종, "시장질서 교란행위(허수성 호가)를 통한 HFT 사후적 규제의 문제점과 제언 - 시타델증권 과징금 처분 사안을 중심으로 -, 증권법연구 제24권 제2호(2023.8); 단행본으로는 김정수, 내부자거래와 시장질서 교란행위, SFL그룹(2016) 등 참조.

사각지대 해소를 위한 시세관여형 교란행위의 유형 확대, 최근에 도입된 시장조성자제도 등 자본시장에서의 유동성공급장치에 대한 시장질서 교란행위의 적용 예외 인정 등 개선의견을 제시하고, 제도적인 쟁점사항으로 시장질서 교란행위에서의 부당이득 산정 시 인과관계의 필요성 여부를 검토하며, 형사제재대상인 불공정거래의 조사, 자율규제대상인 공정거래질서 저해행위에 대한 거래소의 감리 등 유사규제와의 관계를 명확하게 정리하여 보고자 한다.

II. 시장질서 교란행위 시장감시 · 조사 · 제재실무

1. 거래소의 시장감시

(1) 시장질서 교란행위에 대한 시장감시 · 심리실무[3)]

시감위는 거래소시장에서의 비정상적인 거래양태를 모니터링하여 주로 주가변동률, 거래량, 주문(호가)의 움직임, 관련 계좌 간 관여율 등을 기준으로 정상적 범위를 크게 벗어난 경우를 이상거래 혐의종목으로 시장감시시스템을 통해 적출하는 시장감시업무를 담당한다. 또한 이렇게 적출된 혐의종목에 대해 매매거래자료, 위탁자정보 등에 의존하여 일정한 기준에 따라 불공정거래나 시장질서 교란행위 혐의 여부를 판단해 가는 심리과정을 거치는 단계적 추출방식을 활용하고 있다. 시감위는 혐의

3) 장인봉, "증권범죄에서 위법성 판단의 실제 : 조사 · 수사실무와 Market Making의 위법성조각 문제를 중심으로," 증권법연구 제8권 제2호(2007. 12), 한국증권법학회, 219면 참조.

자를 대면조사할 권한이 없어 목적 등 주관적 요건에 대한 접근은 불가능하고 행위의 외관에 대한 판단을 통한 객관적 요건 충족 여부에 집중할 수밖에 없으므로 시세조종 혐의종목의 경우 주가의 기간별 · 일별 흐름, 거래량의 흐름 · 집중 정도, 특정 호가의 회수 · 집중 정도, 특정계좌들의 관여 정도, 가격에 영향을 주는 풍문 여부 등을 조사 · 분석한다.

이러한 과정을 통해 시세조종 등 불공정거래요건의 충족 가능성이 있는 때뿐만 아니라 완화된 시장질서 교란행위요건의 충족 가능성이 있는 때에도 해당 사건을 금융당국에 이첩하게 된다. 다만 불공정거래나 시장질서 교란행위 혐의는 없으나 거래소 규정을 위반한 공정거래질서 저해행위 등 불건전한 거래에 해당할 경우, 자율규제 차원에서 거래소가 직접 회원제재금 등의 제재조치를 취할 수 있다.

(2) 공정거래질서 저해행위에 대한 감리와의 관계

거래소는 자율규제 차원에서 시세조종의 목적성은 없으나 건전한 시장질서의 유지 차원에서 규제가 필요한 시세관여적 행태들을 공정거래질서 저해행위로서 규정[4)]하고, 감리업무를 통해 이를 위반한 것으로 확인된 거래소회원인 증권 · 선물회사 등 금융투자업자에 대해서는 회원제재금 · 경고 · 주의 등의 징계조치를 취할 수 있다. 공정거래질서 저해행위의 유형은 종목별 저해행위로서 시세관여행위, 허수성호가, 분할호가 등 11가지[5)]와 증권과 파생상품 간 연계거래 관련 저해행위로서 9가지[6)]

---

4) 시장감시규정 제4조.
5) 시장감시규정 제4조 제1항 제1~11호. 기존의 제12호(그 밖에 시장의 공정거래질서를 저해하거나 공신력을 실추시키는 행위)는 유형에서 제외하였다.
6) 시장감시규정 제4조 제2항 제1~9호. 기존의 제10호(제1~9호 외에 연계거래와 관련하여 시장의 공정거래를 저해하거나 공신력을 실추시키는 행위)는 유형에서 제외하

를 열거하고 있다.[7)]

구체적으로 살펴보면, (i) 시가·최고가·최저가·종가 등 특정종목 시세 형성의 관여호가를 계속적·순차적으로 제출하여 시세 상승·하락·고정·안정을 초래하는 행위, (ii) 신규 상장종목 등 최초가격 결정에 집중적인 관여호가를 제출하는 행위, (iii) 시세 상승·하락·고정·안정 후 대량거래, (iv) 특정종목의 시장 수급상황에 비추어 과도한 거래로 시세 등에 부당한 영향 또는 오해 유발의 소지가 있는 거래, (v) 거래 성립 가능성이 희박한 호가의 대량 제출 또는 직전가 등으로 호가 제출 후 반복적인 정정·취소로 시세 등에 부당한 영향을 주거나 그 우려가 있는 행위(허수성호가), (vi) 동일 가격 호가의 일정 시간 분할 제출로 수량배분 또는 시세 등에 부당한 영향을 주거나 그 우려가 있는 행위(분할호가), (vii) 장종료 시 가격의 최고·최저가 등 형성을 위한 호가 제출, (viii) 당일 또는 일정 기간 계속 고가매수 후 저가매도, 저가매도 후 고가매수 또는 동일 가격으로 거래를 반복하는 행위, (ix) 취득·처분·권리 이전의 의사 없는 통정·가장거래, (x) 특정종목의 시세 등 변동목적의 풍문 등 유포, (xi) 예상 체결가격·수량 형성에 관여하는 호가 제출로 시세 등에 부당한 영향을 주거나 그 우려가 있는 행위 등 증권·파생상품시장의 특정종목에서 이루어지는 종목별 저해행위 11가지가 열거되어 있고, 증권과 파생상품 간에 연계된 거래에서 앞의 11가지 유형과 유사하게 이루어지는 연계거래 관련 저해행위 9가지가 열거되어 있다.

였다.

7) 성희활, 앞의 논문(주 2), 158면 주 33 참조.

2. 금감원의 조사

(1) 시장질서 교란행위에 대한 조사실무[8)]

시장질서 교란행위에 대한 금감원의 조사는, 첫째 단서수집단계로서 금감원의 자체 인지, 거래소 등 유관기관으로부터의 이첩,[9)] 내부 · 민원인의 제보, 풍문 등을 통해 시장질서 교란행위의 단서가 수집되는 것으로 조사가 개시된다. 둘째, 사건 수리 및 단서분석단계로서 시장질서 교란행위 관련 건으로 관련 부서(조사 1~3국 등)에서 사건이 수리되고 업종 · 사건의 특성을 고려하여 수집된 단서를 분석한다. 셋째, 조사실시단계로서 진술서 등 제출 요구자료가 징구되고 금융거래정보 요구가 수반될 수 있으며, 필요시 금감원으로의 출석 요구 및 문답조사가 이루어진다.[10)] 넷째, 처리의견서 등 작성단계로서 위반행위자 · 위반사실 · 처리의견 등을 기재한 처리의견서 및 조사결과 처리안이 작성된다. 다섯째, 심사 · 조정단계로서 금감원의 제재심의실 등이 처리의견서 등을 심사 · 조정하고 내용 · 형식 · 조치 타당성 등을 검토한다. 여섯째, 조치예정 사전통지

---

8) 금감원 불공정거래신고센터 홈페이지(http://cybercop.fss.or.kr/fss/scop/sub05_invest01.jsp) 참조.

9) 금융위 산하 자본시장조사단(이하 '자조단')에 의한 사건 배정을 포함한다[금융위 보도자료, 『자본시장조사단』 출범 및 「불공정거래 근절 종합대책」 추진실적(2013. 9. 16), 2면 참조].

10) 이 과정에서 피조사인의 기본권을 보장하기 위해 조사 시 변호사 입회가 부분적으로 허용되고, 사전통지 시 사실관계 · 조치근거 · 가중감경사유 등을 명시하고 있으며, 문답조사 시 피조사자의 심리적 안정을 위해 신뢰관계자(고령자 · 미성년자 · 장애인의 직계존속 · 배우자 등) 동석제도도 시행 중이다(2018. 8.부터). 아울러 향후 현장조사권의 법령 명시, 핸드폰 등 저장정보 확보를 위한 디지털포렌식 장비 도입, 금감원 직원의 특사경 지명이 추진될 예정이다. 자세한 내용은 금감원, 불공정거래 조사업무 혁신방안 : 조사업무 30년 평가와 향후 조사업무 추진방향(2018. 5. 11) 참조.

단계로서 조치예정 10일 전에 조치원인 · 근거 · 의견제출절차 등을 조치대상자에게 안내하는 것으로 시장질서 교란행위에 대한 조사가 마무리된다.

(2) 불공정거래 조사와의 관계

현행 자본시장법은 기존 불공정거래행위에 중첩적으로 시장질서 교란행위를 적용하는 경우 시장에 과중한 부담이 될 수 있고, 과징금대상인 시장질서 교란행위의 규제주체와 형사처벌대상인 기존 불공정거래의 규제주체 사이에 차이가 있다는 점을 고려하여 양자가 양립할 수 없도록 설계하였다. 구체적으로 살펴보면 자본시장법 제178조의2 각 항에서 해당 행위가 기존 불공정거래행위에 해당하는 때에는 시장질서 교란행위의 적용을 제외한다고 명시하였고, 동법 제178조의3 제1항에서는 시장질서 교란행위 사건이 기존 불공정거래행위에 해당하는 때에는 증선위가 검찰총장에게 통보할 의무가 있음을 명시하였다.

금융당국은 시세조종 등의 목적성 여부 판단은 당사자가 자백하지 않더라도 거래한 상장증권 등의 성격과 발행된 상장증권 등의 총수, 매매의 동기와 양태(순차적 가격상승주문 또는 가장매매, 시장관여율의 정도, 지속적인 종가관여 등), 그 상장증권의 가격 및 거래량의 동향, 전후의 거래상황, 거래의 경제적 합리성 및 공정성 등의 간접사실을 종합적으로 고려하여 판단한다고 판례의 입장을 정리하여 제시하고 있다.[11)]

---

11) 금융위 / 금감원 / 거래소 / 금융투자협회 / 한국상장회사협의회, 안전한 자본시장 이용법, 2015, 16면.

3. 증선위의 심의 · 조치

(1) 자조단의 조사총괄 및 시장질서 저해행위 심의 · 조치

금융위 산하 자조단은 불공정거래뿐만 아니라 시장질서 교란행위 관련 정보도 거래소 등을 통해 통보받는다.[12)] 자조단은 불공정거래 사건으로 통보받으면, 거래소 등으로부터 통보받은 정보를 토대로 신속 · 강제조사의 필요성 및 사회적 파장 등을 고려하여 긴급 · 중대사건 · 중요사건 및 일반사건으로 분류하고 금감원 등 관련 기관에 배정하는 역할을 한다. 여기에서 긴급 · 중대사건은 신속한 강제조사 · 수사 및 공소시효 정지가 필요하거나 사회적 물의를 야기하여 엄중한 처벌이 필요한 사안을 말하고, 중요사건은 압수 · 수색 등 강제조사 · 수사가 필요한 사안이며, 그 밖의 사안은 일반사건으로 분류된다. 시장질서 교란행위로 통보받은 때에는 사건 분류에 얽매이지 않고 일반적으로 금감원에 배정하되, 사회적 물의를 일으킨 사건 등 일부 사건의 경우 자조단이 직접 조사하고 필요하면 압수 · 수색권한을 통한 강제조사가 가능하다.[13)] 금감원(조사기획국 · 자본시장조사국 · 특별조사국 등)에 배정된 시장질서 교란행위 사건의 경우, 금감원은 앞에서 본 바와 같이 조사를 진행한다. 자조단 및 금감원은 조사결과에 따라 불공정거래행위 또는 시장질서 교란행위인지 여부 및 제재조치에 대한 검토의견이 포함된 안건을 작성하여 증선위에 상정한다.[14)]

---

12) 금융위, 앞의 보도자료(주 9), 2면.

13) 2016년 3월 시장질서 교란행위에도 압수 · 수색이 허용되는 자본시장법 개정이 이루어져 2016년 6월 30일부터 시행되었다.

14) 최근 증선위는 대심제 등 의견진술권 확대와 심의의 충실도를 강화하고 있다. 이러한 방어조치들로는, 제재대상자 퇴장 후 증선위원 추가질의 시 재입장 허용 등 의견진술권 확대, 복잡사건의 경우 소위 구성 및 사전논의 후 본심의에 반영, 개별 심의위원

한편 증선위가 시장질서 교란행위를 심의하고 조치하는 절차는 다음과 같다.[15] 먼저 자본시장조사 심의위원회(이하 '자조심') 심의단계로서, 증선위의 자문기구인 자조심에서 금감원 등에서 조사를 거쳐 상정한 시장질서 교란행위 사건을 심의한다. 다음으로 증선위가 시장질서 교란행위 해당 및 과징금 부과 여부를 의결하고 해당 위반자에게 조치를 통보한다. 증선위 의결을 통해 확정된 처리안에 대해서는 이의 및 불복절차가 가능하므로, 위반자는 조치를 통보받은 후 30일 내에 이의신청을 할 수 있고 증선위의 과징금 등 조치에 대해서는 90일 내에 행정쟁송이 가능하다.

(2) 과징금 부과기준

시장질서 교란행위는 그 본질적 속성이 비형사범이라는 점에서 검찰과 법원의 형사제재가 아니라 행정청의 행정처분의 대상으로 하는 것이 효과적이고, 행정처분 중에서는 부당행위에 대한 제재와 부당이득의 환수라는 관점에서 가장 효과적인 수단이 되는 과징금을 부과하도록 하였다.[16] 과징금의 부과규모는[17] 원칙적으로 5억 원 이하의 과징금을 부과하되, 그 위반행위와 관련된 거래로 얻은 이익(미실현이익 포함) 또는 이로 인하여 회피한 손실액에 1.5배에 해당하는 금액이 5억 원을 초과하는 때에는 그 이익 또는 회피한 손실액의 1.5배에 상당하는 금액 이하의 과

요청 시 제재대상자의 해당 위원에게 소명기회 허용 등 심의 충실도 제고, 증선위 의결안건 및 의사록 공개 등이다. 자세한 내용은 금융위, 자본시장 제재절차 개선방안(2018. 2. 1) 참조.

15) 금감원 불공정거래신고센터 홈페이지(http://cybercop.fss.or.kr/fss/scop/sub05_invest01.jsp) 참조.

16) 한국증권법학회, 시장질서 교란행위 과징금 부과기준 산정에 관한 연구(금융위원회 학술연구용역보고서, 2015. 12), 11면.

17) 자본시장법 제429조의2.

징금을 부과할 수 있는데, 이것은 과징금이 부당이득의 환수와 부당행위에 대한 징벌이라는 2가지 성격을 모두 포함하고 있음을 보여 준다.

시장질서 교란행위에 대한 과징금 부과기준을 살펴보면,[18] 관련 거래로 얻은 이익 또는 회피한 손실액의 규모, 미공개중요정보 등의 정보를 생산하거나 알게 된 경위(정보이용형 교란행위의 경우에만 해당), 위반행위가 시세 또는 가격에 미치는 영향, 위반행위의 반복성, 불공정거래행위 관련성 등을 종합적으로 고려한다. 구체적으로 과징금은 기준금액에 부과비율을 곱하여 산정하는데, 원칙적으로 기준금액은 위반행위로 얻은 이익 또는 회피한 손실액이되 그 이익이나 손실액을 객관적으로 산출하기 곤란한 때에는 3,000만 원으로 한다. 또한 부과비율은 위반행위의 중요도(상중하)와 조정사유(상향·하향)를 고려하여 기준금액의 50~150퍼센트 범위에서 결정한다. 한편 부당이득액이 2,000만 원 미만인 때에는 과징금의 면제가 가능하다.

과징금의 부과비율은 위반행위의 중요도 및 감안사유에 따라 〈표 1〉과

〈표 1〉 과징금 부과비율 판단기준[19]

위반행위의 중요도[20] / 감안사유[21]	상	중	하
상향조정사유 발생	100분의 150	100분의 125	100분의 100
해당 사항 없음	100분의 125	100분의 100	100분의 75
하향조정사유 발생	100분의 100	100분의 75	100분의 50

18) 자본시장법 시행령 제379조 제1항.
19) 자본시장조사 업무규정 별표 제2호 과징금부과기준 중 4.
20) 위반행위 해당 주문의 1일평균 횟수, 전체 주문량 대비 비중, 전체 매매대금 대비 비중, 해당 종목의 주가변동률, 불특정다수 대상 여부 등을 고려한다.
21) 상향조정사유로는 조사 시 자료의 허위나 제출 거부 여부, 과거 1년 이내 위반행위 여부, 3개 이상의 종목에 관여했는지 여부 등을 고려하고, 하향조정사유로는 자진신고·조사 협조 여부, 회생·기업구조조정절차 여부, 과징금 부과로 인한 소액주주 피해 여부 등을 고려한다.

같이 산정한다.

한편 최근 규정 개정을 통해 위반자가 여러 유형의 시장질서 교란행위를 한 때 위반행위별로 과징금을 각각 계산한다는 점을 명확히 하였다.[22)]

4. 시장질서 교란행위의 적용 예외

원칙적으로 미공개중요정보 이용 · 시세조종 · 부정거래 등 기존 불공정거래행위는 시장질서 교란행위에서 제외되며, 그 외에 정보이용형 교란행위에 한하여 '투자자 보호 및 건전한 시장질서를 해할 우려가 없는 행위로서 대통령령으로 정하는 경우'에도 시장질서 교란행위 적용대상이 아니라고 예외를 인정한다.[23)] 이에 따라 자본시장법 시행령에 규정된 정보이용형 교란행위와 관련하여 적용 예외사항은 (i) 정보를 알기 전에 계약을 체결하거나 투자매매업자 등에게 청약 또는 주문을 제출한 경우 등, (ii) 법령 또는 정부의 시정 · 중지명령 등에 따라 불가피하게 매매한 경우, (iii) 그 밖에 투자자 보호 및 건전한 시장질서를 해할 우려가 없는 경우로서 금융위 고시에 의한 경우이다.[24)] 그리고 금융위는 (i) 증권예탁증권의 예탁계약 해지에 따른 증권 취득, (ii) 주식배당 또는 준비금의 자본전입에 의한 주식 취득, (iii) 증권시장과 파생상품시장 간 가격 차이를 이용한 차익거래, 그 밖에 이에 준하여 정보를 의도적으로 이용하지 아니하였다는 사실이 객관적으로 명백한 거래, (iv) 투자자 보호 및 건전한 시장질서를 해할 우려가 없는 경우라고 증선위가 의결로써 인정한 경우를 적용 예외로 고시하고 있다.[25)]

---

22) 2016년 7월 자본시장조사 업무규정(별표 제2호 '과징금 부과기준' 2.사.)을 개정하였다.
23) 자본시장법 제178조의2 제1항 단서.
24) 자본시장법 시행령 제207조의2.
25) 자본시장조사 업무규정 제55조.

III. 시장질서 교란행위 제재 사례에 대한 검토

1. 정보이용형 교란행위 사례

(1) 유상증자 참여자(준내부자)로부터의 3차 정보수령 사례[26)]

1) 개요

개인투자자(A)가 상장법인(甲)의 제3자배정 유상증자 실시 미공개정보를 지인(B)으로부터 듣고 동 정보가 공개되기 전에 甲 주식을 매수한 사례로서, A는 3차 정보수령자로서 미공개중요정보 이용죄에 해당하지 않으므로 증선위는 A에게 정보이용형 교란행위를 인정하여 부당이득에 해당하는 3,940만 원을 과징금으로 부과하였다.

구체적인 내용을 보면 다음 〔그림 1〕처럼 유상증자 실시정보가 준내부자(D)로부터 그의 모친(C · 1차 정보수령자)과 부친(B · 2차 정보수령자)을 거쳐 3차 정보수령자인 A에게 전달되었고, A는 甲의 유상증자 실시정보

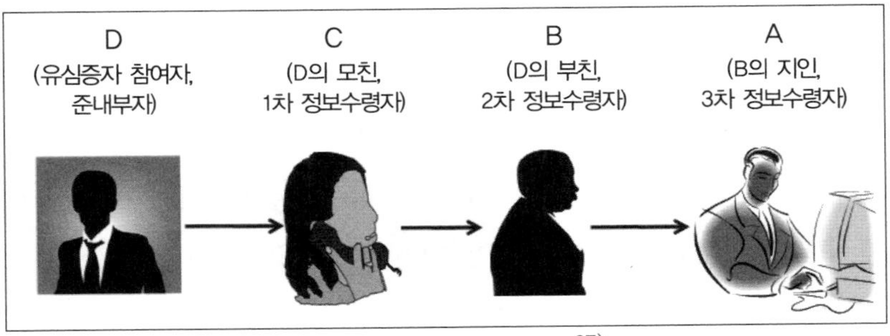

〔그림 1〕 미공개정보 전달경로[27)]

26) 금융위 / 금감원 보도자료, 시장질서 교란행위 위반 사례 첫 적발(2016. 12. 21) 참조.
27) 금융위 / 금감원, 앞의 보도자료(주 26), 2면.

가 유상증자 참여자인 D로부터 나온 사실을 알고 곧바로 증권계좌를 개설하여 甲사 주식을 매수하였던 것이다.

한편 2차 정보수령자인 B도 정보이용형 교란행위에 해당할 가능성이 있지만, 증선위는 B가 甲 주식을 매매하지 않았고 자신의 아들인 D가 상장법인 유상증자에 참여한다는 것을 지인(A)에게 자랑 삼아 이야기한 것이지 미공개정보 제공의 고의성은 없는 것이므로 그 제재조치대상이 아니라고 하였다.[28)]

2) 검토의견

이 사례를 통해 정보이용형 교란행위의 경우, 형사제재대상인 미공개중요정보 이용행위와의 관계에서 객관적 요건인 대상범위만 확대한 것이지 이용하거나 이용하게 하려는 고의, 즉 주관적 요건은 동일함을 증선위가 명확히 하였다는 점에서 의의가 있고 주목할 만한 사례라고 본다.

(2) 계약 해지사실의 유포 및 이용행위 사례[29)]

국내 제약사가 외국회사와 항암신약 관련 기술수출계약을 맺은 후 해당 항암신약의 임상 실험 실패로 계약이 해지된 사실을 공시하기 전에 내부직원으로부터 시작된 광범위한 정보 유포, 학연 · 지연을 통한 내부정보 취득 후 주식거래에 이용, 회사 내부정보를 이용한 직원 가족의 주식매매 및 회사 내부정보를 이용한 자기주식매매의 형태로 정보이용형 교란행위가 이루어진 사례이다.

---

28) 금융위 / 금감원, 앞의 보도자료(주 26), 2면.
29) 금융위 보도자료, ○○약품 시장질서 교란행위자 대규모 과징금 부과조치(2017. 5. 28) 참조.

1) 내부직원으로부터 시작된 광범위한 정보 유포와 여러 단계를 거쳐 정보를 전달받은 사람의 주식매매

먼저 ○○약품 법무팀의 계약업무 담당자(甲)가 사내메신저 등을 통해 '관계사와의 계약 해지 사실'을 △△사 인사팀 직원(乙)에게, 乙은 전화통화를 통해 지인(A)에게, A는 전화 통화를 통해 고등학교 동창(B)에게, B 또한 전화 통화를 통해 고등학교 후배(C)에게, C는 과거 같은 직장 동료였던 D에게 전달하였고, A · B · C · D는 동 정보가 미공개중요정보인 점을 알면서 ○○약품 주식을 매도하여 손실을 회피했다. 증선위는 A · B · C · D에게 정보이용형 교란행위를 인정하여 손실회피액인 4,600만 원, 2억 100만 원, 3억 8,190만 원, 13억 4,520만 원을 각각 과징금으로 부과하였다(〔그림 2〕 참조).

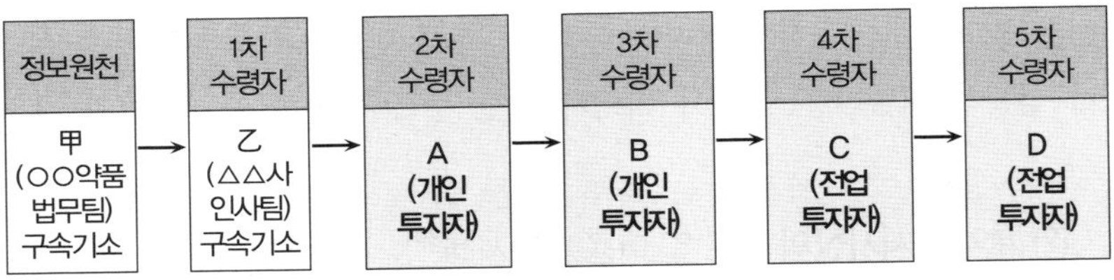

〔그림 2〕 미공개정보 전달경로[30)]

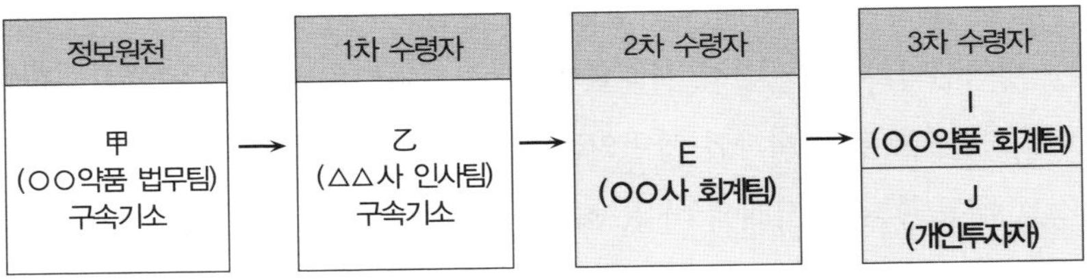

〔그림 3〕 미공개정보 전달경로[31)]

30) 금융위, 앞의 보도자료(주 29), 2면.
31) 금융위, 앞의 보도자료(주 29), 2면.

다음으로 乙이 사내휴게실에서 ○○약품 회계팀 직원(E)에게 '관계사와의 계약 해지 사실'을 전달하고 E는 회사 동료(I)와 전직 ○○약품 직원(J)에게 동 정보를 전달하였으며, E · I · J는 동 정보가 미공개중요정보인 정을 알면서 △△사 주식을 매도하여 손실을 회피했다. 증선위는 E · I · J에게 정보이용형 교란행위를 인정하여 손실회피액인 3,210만 원, 2,270만 원, 2,710만 원을 각각 과징금으로 부과하였다(〔그림 3〕 참조).

끝으로 乙이 '관계사와의 계약 해지 사실'을 회사 동료(F)와 자신의 처(G) 그리고 친동생(H)에게 전달하였고, F · G · H는 동 정보가 미공개중요정보인 정을 알면서 ○○약품 및 △△사 주식을 매도하여 손실을 회피했다. 증선위는 F · G · H에게 정보이용형 교란행위를 인정하여 손실회피액인 2,540만 원, 3,110만 원, 6,480만 원을 각각 과징금으로 부과하였다(〔그림 4〕 참조).

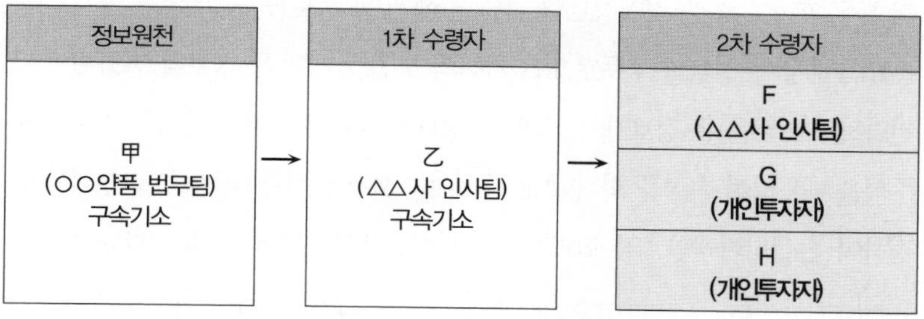

〔그림 4〕 미공개정보 전달경로[32)]

2) 학연 · 지연을 통해 2차적으로 내부정보 취득 후 주식거래에 이용

○○약품 법무팀의 계약업무 담당자(丙)가 고등학교 동창(丁)에게 '관계사와의 계약 해지 사실'을 유선으로 전달하고 丁 역시 고등학교 동창(K)에게 메신저를 통해 동 정보를 전달하였으며, K는 동 정보가 미공개중요

32) 금융위, 앞의 보도자료(주 29), 3면.

정보인 정을 알면서 △△사 주식을 매도하여 손실을 회피했다. 증선위는 K에게 정보이용형 교란행위를 인정하여 손실회피액인 6,010만 원을 과징금으로 부과하였다([그림 5] 참조).

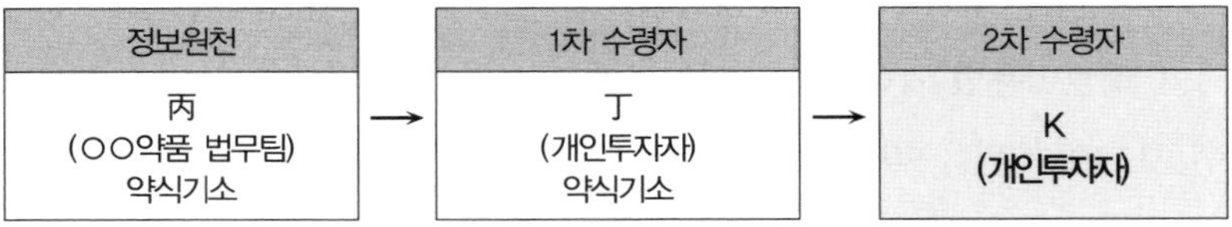

〔그림 5〕 미공개정보 전달경로[33)]

3) 최대주주의 직원이 지득한 회사 내부정보를 여러 단계를 거쳐 전달받은 회사 직원 가족의 주식매매

△△사 광고팀 직원(戊)이 임원 간 '관계사와의 계약 해지 사실' 대화를 우연히 들은 후 ○○약품 경영정보팀 직원(己)에게 동 정보를 구두로, 己 역시 직장 동료(L)에게 동 정보를 구두로, L은 자신의 부친(M)에게 동 정보를 전화 통화로 전달하였고, M은 동 정보가 미공개중요정보인 정을 알면서 ○○약품 및 △△사 주식을 매도하여 손실을 회피했다. 증선위는 M에게 정보이용형 교란행위를 인정하여 손실회피액인 1억 480만 원을 과징금으로 부과하였다([그림 6] 참조).

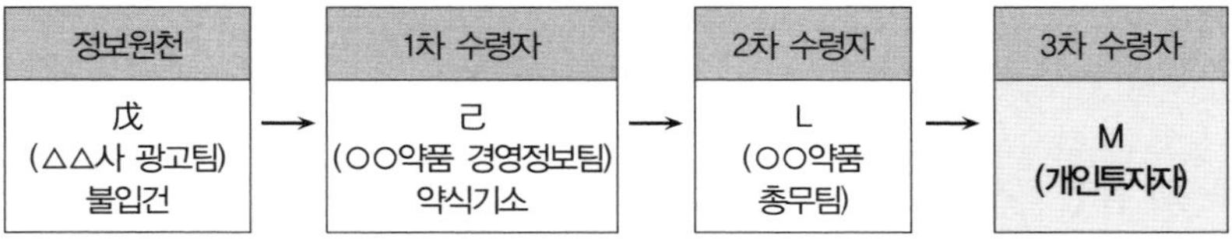

〔그림 6〕 미공개정보 전달경로[34)]

33) 금융위, 앞의 보도자료(주 29), 3면.
34) 금융위, 앞의 보도자료(주 29), 4면.

4) 담당직원으로부터 여러 단계를 거쳐 회사 내부정보를 전달받은 다른 직원의 회사주식 매매

○○약품 법무팀의 계약업무 담당자(庚)가 직장동료(辛)에게 '관계사와의 계약 해지 사실'을 전달하자 辛은 사내메신저를 통해 직장 동료(N)에게, N도 또 다른 직장 동료(O)에게 동 정보를 전달하였고, N과 O는 동 정보가 미공개 중요정보인 정을 알면서 보유 중인 ○○약품 및 △△사 주식을 매도하여 손실을 회피했다. 증선위는 N과 O에게 정보이용형 교란행위를 인정하여 손실 회피액인 3,270만 원, 2,220만 원을 각각 과징금으로 부과하였다([그림 7] 참조).

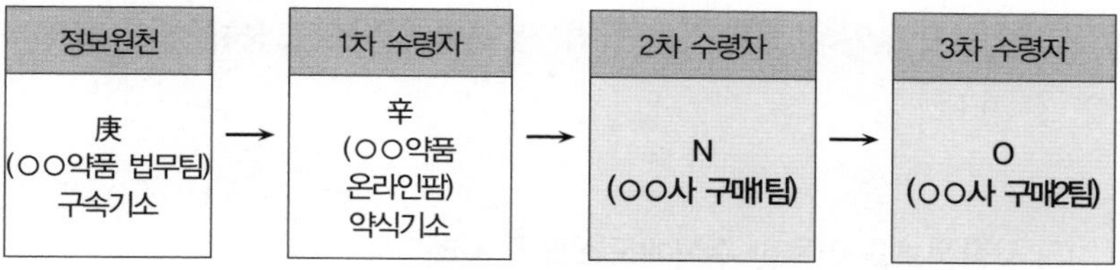

〔그림 7〕 미공개정보 전달경로[35]

5) 검토의견

앞 3)의 사례에서 戊는 증선위의 의결서에 따르면,[36] ○○약품 직원이 아닌 △△사 광고팀 직원이지만 '그 법인의 임직원 · 대리인'으로서 내부자라는 판단이고 '법인'은 계열회사를 포함하므로 △△사가 ○○약품의 계열회사인 것으로 추론된다. 다만 戊가 직무와 관련하여 계약 해지 사실이라는 미공개정보를 알게 된 것인지 여부는 명확하지 않은 점이 있다. 즉 증선위의 의결서에 따르면[37] 戊는 △△사의 다른 팀장과 임원 간의

35) 금융위, 앞의 보도자료(주 29), 4면.
36) 금융위, 증권선물위원회 의결서(2017. 5. 24), 4면.
37) 금융위, 앞의 의결서(주 36), 4면.

대화를 우연히 듣게 되어 동 정보를 알게 되었다는 정보 입수경위만이 기술되어 있다. 따라서 戊가 비록 팀은 달라도 같은 사무실에서 근무하는[38] 등의 이유로 직무 관련성을 인정할 수 있다는 점을 명확히 했어야 한다고 본다. 만약에 戊가 속한 팀의 직무 관련성이 부정된다면,[39] 내부자의 직무 관련 지득 미공개정보를 전제[40]로 2차 이상 정보수령자를 제재대상으로 하는 시장질서 교란행위의 구성요건도 충족될 수 없고 3차 수령자인 M에 대한 과징금 부과가 문제 될 수 있다.

한편 戊가 다른 팀장과 임원 간 대화를 우연히 들은 것이므로 해킹 등 부정한 방법으로 미공개정보를 취득한 자[41]로 볼 수 있지 않은가 생각할 수도 있으나, 우연히 들은 것을 불법 · 부정한 방법으로 문제 삼기는 어려울 것이다.[42]

(3) 시장정보를 이용한 주식매도스왑[43] 사례[44]

---

38) 하급심 중 같은 부서에서 근무하면서 다른 업무를 수행하는 직원이 파기한 서류를 통해 우연히 미공개중요정보를 알게 된 경우에도 직무 관련성을 인정하는 판결이 있다[김정수, 앞의 책(주 2), 126면].

39) [그림 6]을 보면 戊가 입건되지 않았다고 하므로 직무 관련성이 없어 미공개중요정보 이용행위 혐의가 없는 것으로 판단한 것이 아닌가 하는 추론도 가능하다.

40) 정보이용형 규제대상 정보는 자본시장법 '제174조 각 항 각 호의 어느 하나에 해당하는 자로부터 나온 미공개중요정보 또는 미공개정보'(제178조의2 제1항 제1호 가목)로서 제174조의 내부자 · 준내부자요건을 충족해야 하므로, '그 법인의 임직원 · 대리인으로서 그 직무와 관련하여 미공개중요정보를 알게 된 자'(제174조 제1항 제1호)이어야 한다.

41) 자본시장법 제178조의2 제1항 제1호 다목.

42) 성희활, 앞의 논문(주 2), 154면.

43) 신용파생상품인 총수익스왑(Total Return Swap. 이하 'TRS')의 일종이라고 할 수 있다. TRS는 준거자산(reference asset)의 신용 위험(credit risk)과 시장 위험(market risk)을 헤지하기 위해 거래 상대방에게 일정한 현금흐름(cash flow. 이자율 등)을 지급하는 대신 거래 상대방으로부터 준거자산의 총수익에 해당하는 금액을 수취하는 계약을 말한다. 여기에서 총수익을 지불하는 투자자는 총수익지급자(total return payer) 또는 보장매입자(protection buyer)이고, 거래 상대방은 총수익수취자(total return receiver)

1) 개요

홍콩 소재 자산운용사의 대표(A)가 2016년 1월 6일 오후 블록딜 주관회사(C)로부터 H사 주식에 대한 대규모 블록딜[45]이 1월 8일 장 개시 전 진행된다는 정보를 지득하고, 동 정보가 2016년 1월 7일 오후 일반인에게 공개되기 전인 당일 오전 자신이 운용 중인 펀드의 계산으로 H사 주식에 대한 사실상 공매도인 매도스왑거래를 한 사례이다. A는 매도스왑거래를 통해 부당이득을 취득하였고, 증선위는 A에게 정보이용형 교란행위를 인

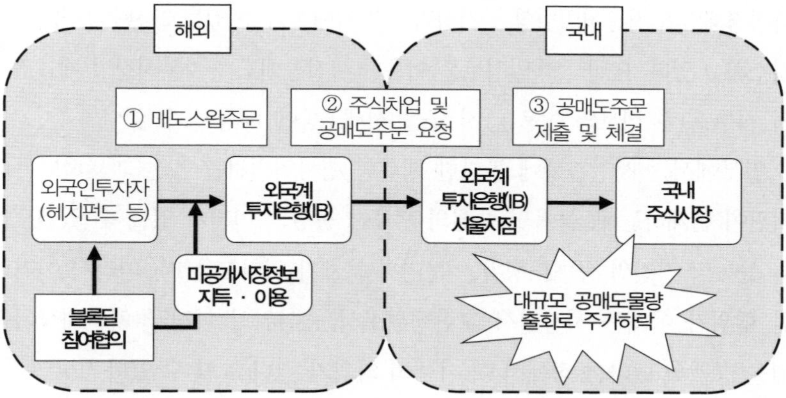

〔그림 8〕 시장정보를 이용한 주식매도스왑 거래구조[46]

또는 보장매도자(protection seller)이며, 총수익지급자는 실질적으로 계약기간 동안 준거자산에 대한 매도포지션(경제적 손익의 양도)을 취하는 것이며, 총수익수취자 또는 보장매도자는 준거자산에 대한 매입포지션을 취하는 효과를 부여하게 된다고 한다〔삼성증권, Derivatives Issue(2016. 10. 26), 2면 참조〕.

44) 금융위 보도자료, 금융당국, 외국인의 시장질서 교란행위 위반 사례 첫 적발(2017. 9. 30), 4면.

45) 시장질서 교란행위는 내부정보뿐만 아니라 시장정보까지 규제대상이 확대되었으므로 블록딜과 같은 대량거래정보도 당연히 포함된다. 실제로 동 정보로 인해 2016년 1월 7일 H사 주가는 3.9퍼센트 하락하여 블록딜거래(1. 8. 장 개시 전)의 가격에도 상당한 영향을 미쳤다.

정하여 부당이득액인 3억 7,767만 원을 과징금으로 부과하였다([그림 8] 참조).

2) 검토의견

블록딜과 블록딜 직전의 공매도는 오랫동안 시장의 관행으로 행해지다 최근 몇 년간 검찰이 범죄로 단죄하고 있다. 블록딜에 관한 정보는 상장법인의 업무 관련 정보가 아니고 시장정보이므로 범죄로서의 내부자거래에 해당되지 않아, 검찰은 블록딜을 개인적으로 주선하는 금융투자업자의 임직원들을 특정경제범죄 가중처벌법상 무기징역까지 처해질 수도 있는 알선수재혐의로 기소하고 있다. 또한 블록딜정보를 이용한 사전공매도는 자본시장법 제54조의 직무 관련 정보의 이용 금지 또는 시세조종에 해당될 수 있다.

일부에서는 시장관행에 불과한 행위를 형사처벌하는 것은 과도하다는 비판이 존재하는데, 블록딜 주선의 경우는 논란의 여지가 있을 수 있겠으나 블록딜 직전의 공매도행위는 분명히 문제가 있다고 본다. 따라서 이러한 행위가 이제는 시장질서 교란행위로서 증선위의 과징금 처분대상이 됨을 명백히 했다는 점에서 이 사례의 의의가 크다고 할 수 있다.[47)]

2. 시세관여형 교란행위 제재 사례 : 단주매매를 통한 초단기 시세유인

(1) 개요

몇몇 개인투자자가 짧은 시간 동안 몇 주의 고가매수주문을 내는 단주거

46) 금융위, 앞의 보도자료(주 44) 참조.
47) 블록딜 관련 논란에 대해서는, 머니투데이 2016. 10. 4.자, "증권업계 뒤흔든 '블록딜', 중범죄인가?" 참조.

래를 통해 시세를 유인한 경우이다. 먼저 어떤 개인투자자(A)는 2016년 9월 12일부터 10월 14일까지의 기간 중 (주)○○○ 등 4개사의 주식을 매수·매도하는 과정에서 14거래일 중 총 84회차에 걸쳐 일정 규모의 수량을 선매수한 후 평균 23분 정도의 짧은 시간에 1주의 고가매수주문을 낸 후 시세가 오르면 종전 매수물량까지 매도하여 차익을 취득하는 방법, 즉 단주거래를 수백 회 반복하였다. 다른 개인투자자(B)는 2016년 9월 13일부터 10월 13일까지의 기간 중 (주)○○○ 등 2개사의 주식을 매수·매도하는 과정에서 10거래일 중 총 25회차에 걸쳐 일정 규모의 수량을 선매수한 후 평균 2~3분 정도의 짧은 시간에 1주 또는 10주의 고가매수주문을 내는 단주거래를 수백 회 반복하였다. 끝으로 또 다른 개인투자자 2명은 여러 정황으로 미루어 볼 때 시세조종 의도가 있었다고 보기는 어려우나, 단기간 여러 종목을 번갈아 가면서 반복적으로 제출한 단주매매로 시세에 부당한 영향을 미쳤던 사례이다.

증선위는 이러한 단주매매방식을 시세관여형 교란행위 중 거짓계책 등으로 타인에게 상장증권의 수요·공급상황이나 가격에 대해 잘못된 판단·오해를 유발하거나 상장증권의 가격을 왜곡할 우려가 있는 행위[48]에 해당한다고 판단[49]하여 해당 개인투자자들에 과징금을 부과하였고, A·B의 경우 과징금이 각각 4,500만 원, 6,930만 원이었다.

(2) 검토의견

짧은 시간에 몇 주의 고가매수주문을 내는 단주매매방식은 실제로 거

48) 자본시장법 제178조의2 제2항 제4호.
49) 금융위, 증권선물위원회 의결서(2017. 6. 21), 3면.

래가 체결되므로 시세관여형 교란행위 중 하나인 허수주문[50)]이 아님이 분명하고, 거래 상대방의 협력이 필요한 통정 · 가장매매[51)]에도 해당되지 않을 것이다. 그리고 거짓계책 등을 통해 타인의 오판 · 오해를 유발하거나 가격을 왜곡하는 행위로 볼 수 있는가에도 의문이 든다. 해당 조항은 불공정거래 범죄유형의 하나인 부정거래행위 중 풍문 유포, 위계 사용 등 행위와 목적성요건을 제외하면 유사하다고 할 수 있다.[52)] 따라서 단주매매방식을 풍문 유포나 위계 사용의 방식으로 볼 수 있는가의 문제로 귀착된다. 풍문 유포는 대부분 언론 · 게시판 등 정보매체를 통해 이루어져 단주매매방식과는 다른 형태라고 보아야 할 것이므로 결국 단주매매방식이 '거짓으로 계책을 꾸미는', 즉 위계 사용에 해당될 것이냐[53)]의 문제로 좁혀진다. 그런데 위계에 대해 대법원은 '위계를 쓰는 행위라 함은 거래 상대방이나 불특정 투자자들을 기망하여 일정한 행위를 유인할 목적의 수단 · 계획 · 기교 등을 쓰는 행위'라고 정의하고, 기자간담회에서 감자의 능력과 추진의사가 없으면서도 외환은행 측에 의한 감자 가능성이 크다고 한 발언에 대해 합병가격을 낮추기 위한 위계임을 인정하였다.[54)] 반면에 단주매매의 경우, 행위자가 단주매매를 할 능력과 의사가 없는 것은 아니므로 단주매매방식 자체를 위계로 보는 것은 무리가 있어 보인다. 오히려 현실거래에 의한 시세조종형태, 즉 '증권의 매매가 성황을 이루고 있는 듯이 잘못 알게 하거나 그 시세를 변동시키는 매매'로 보는 것이 합

50) 자본시장법 제178조의2 제2항 제1호.

51) 자본시장법 제178조의2 제2항 제2호 및 제3호.

52) 박임출, 앞의 논문(주 2), 56면 참조.

53) 금융위 / 금감원 / 거래소 / 금융투자협회 / 한국상장회사협의회, 앞의 책(주 11), 53면에서 '거짓으로 계책을 꾸미는'을 '위계의 사용'으로 기술하고 있는 점을 볼 때 금융당국이 양자를 동일한 개념으로 이해하고 있는 것으로 보인다.

54) 대법원 2011. 3. 10. 선고 2008도6335 판결.

리적일 것이지만 이러한 현실거래에 의한 시세관여형 교란행위는 도입되어 있지 않은 상황이므로 제도적 개선을 검토할 필요가 있다.

IV. 제도적 개선방안

1. 시세관여형 교란행위유형의 확대

앞의 시세관여형 교란행위 제재 사례에서 문제점으로 지적된 단주거래 방식을 위계 사용으로 포섭하기 어려운 점을 개선하기 위해서는 현실거래에 의한 시세관여형 교란행위를 새로운 유형으로 도입하거나 '거짓으로 계책을 꾸미는'의 의미를 위계 사용보다 넓은 개념으로 확장하여 사실상 포괄적 시세조종성 교란행위조항으로 운영[55]할 필요가 있다.

먼저 현실거래에 의한 시세관여형 교란행위를 새로운 유형으로 도입할 때, 불공정거래인 시세조종의 유형 중 현실거래유형과 유사하되 '매매를 유인할 목적'은 제외한 '증권 또는 장내파생상품의 매매가 성황을 이루고 있는 듯이 잘못 알게 하거나 그 시세를 변동시키는 매매'를 포함시킬 수 있을 것이다. 다만 또 다른 현실거래유형인 '시세가 자기 또는 타인의 시장조작에 의하여 변동한다는 말을 유포'와 '매매를 함에 있어서 중요한 사실에 관하여 거짓의 표시 또는 오해를 유발시키는 표시'는 현행 시세관여형 교란행위 중 풍문 유포, 거짓계책 등을 통해 타인의 오판·오해를 유발하거나 가격을 왜곡하는 행위에 포함되는 것으로 해석할 경우 반드시 포함시킬 필요는 없다고 본다.

---

55) 성희활, 앞의 논문(주 2), 166면.

다음으로 '거짓으로 계책을 꾸미는'의 의미를 위계 사용보다 넓은 개념으로 확장하여 사실상 포괄적 시세조종성 교란행위조항으로 해석[56)]할 때에는 위의 제재 사례와 같은 경우 법 개정 없이 규제의 사각지대를 해소하는 방향으로 탄력적으로 운영할 수 있다는 장점은 있지만, 지나친 확대해석으로 법의 명확성원칙에 어긋날 수 있다는 비판을 받을 우려가 있다.

2. 시장질서 교란행위의 적용 예외 확대

자본시장법상 시장질서 교란행위의 적용 예외는 정보 이용형 교란행위의 경우만을 대상으로 하고 시세관여형 교란행위에 대한 적용 예외에 대해서는 침묵하고 있다. 그러나 시장조성자(market maker)와 같이 시장 안정화 내지 유동화를 위해 정책적으로 도입된 자의 행위에 대해서는 적용 예외를 인정해야 하지 않는가 하는 의문이 생긴다. 따라서 적용 예외조항의 확대문제에 대해 논의할 필요성이 있다.

최근에 유가증권시장에 도입된 시장조성자는 거래소와 시장조성계약을 체결하여 사전에 지정한 종목, 즉 시장조성 가능종목 중 유동성 평가

56) '거짓 계책 등'을 입법취지상 포괄적으로 보아 시세조종의 구성요건인 매매유인의 목적성과 시장에 오해 유발 가능성에서 목적성을 배제하고 오해 유발 가능성만 있어도 교란행위로 봐야 하므로 시타델증권의 IOC나 Passive주문은 충분히 시장에 오해 유발 가능성이 있다는 점에서 교란행위라는 금감원 주장[금융위, 제22차 증권선물위원회 의사록(의결안건 제70호 관련)(2022. 12. 14), 13면]도 유사한 입장으로 보이고, 증선위도 최근에 교란행위 규제는 기존 불공정거래행위에 비해 위법성 정도는 낮으나 시장 건전성을 훼손하는 행위를 금지하고 과징금을 부과함으로써 불공정거래의 사각지대를 해소하고 투자자를 보호하는 것이 입법취지라면서 법에서 규정된 '풍문 유포', '거짓 계책'은 예시로서 '통상 허용되지 아니하는 방법으로 시장의 건전성을 훼손하는 행위 일반'을 포함하는 것으로 해석하는 것이 합리적이라는 입장[금융위 보도참고자료, 해외 소재 A 증권사의 고빈도 알고리즘 매매 관련 시장질서 교란행위 혐의에 대한 과징금 조치 증선위 의결(2023. 1. 26), 2 · 9면]을 밝혔다.

결과, 거래량 또는 스프레드가 일정 기준에 해당하여 각 회원사가 지정한 종목에 대해 지속적으로 호가를 제출하면서 계약에서 정한 가격범위 이내로 양방향호가를 상시 유지하는 역할을 한다.[57] 원래 우리나라의 장내 자본시장은 거래소가 중개 역할을 하고 금융투자업자는 중개의 주선을 하는 시스템으로 발전하여 왔으므로, 미국 등 일부에서처럼 매매 체결의 직접 당사자가 되면서 시장의 수급량 및 가격변동을 조절하는 시장조성자가 따로 없고 거래소가 가격제한폭제도 등을 통해 그 역할을 수행하여 왔다. 그러다가 2005년 말부터 유동성이 부족한 주식, 주식선물 등을 대상으로 매수 및 매도호가 간 간격이 일정 범위를 벗어난 경우, 의무호가를 제출함으로써 거래의 원활화 및 적정한 가격 형성을 유도하는 방식으로 소극적인 시장조성을 하는 유동성공급자(Liquidity Provider. 이하 'LP')[58] 및 시장조성자제도를 도입하였고[59] 마침내 선진시장처럼 공식적인 딜러로서 공급 및 가격안정화를 위해 적극적인 시장조성이 가능한 시장조성자로 발전된 것이다.

그런데 유동성공급, 가격안정화 등의 순기능에도 불구하고 시장조성 자체가 시장원리가 아닌 인위적인 조정의 성격이 있어 시세조종이나 시장질서 교란행위에 해당할 가능성은 상시 존재한다. LP와 관련하여서는 시장관리자인 거래소가 허용한 시장조성이라는 점, LP 간에 사전담합이 금지되므로 통정매매는 아니라는 점, 기본적으로 권리 이전의 목적을 가진 호가이므로 가장매매는 아니라는 점, 의무호가 제시는 가격조작과 관련된 매매거래 유인의 목적이 아닌 거래 성립의 목적이 있으므로 현실거

57) 거래소 보도자료, 주식시장 시장조성자(Market Maker)제도 시행(2017. 9. 20), 1면.
58) 거래소 보도자료, 주식시장 유동성공급자(LP : Liquidity Provider)제도 도입(2005. 11. 25), 1면.
59) 거래소 보도자료, 시장조성자제도 도입 등 선물시장제도 개선(2005. 10. 30), 1면.

래에 의한 시세조종은 아니라는 점 등을 지적하면서도 시장조성이 거래소규정이나 호가가이드라인을 준수하더라도 일정한 방향으로 연속호가를 제출하여 가격의 상승 또는 하락을 유인하는 등의 경우에는 시세조종 요건을 충족할 수 있음을 인정하는 견해가 있다.[60] 그러나 문제는 LP나 시장조성자가 규정이나 가이드라인이 허용하는 범위 내에서 시장조성을 하였는데 유인의 목적 등 주관적 요건은 현실적으로 자백하거나 시세조종의 의도가 드러나는 행위가 있지 않는 한 밝혀내기 어렵기 때문에, 정황이나 결과에 따라 간접적으로 목적성이 추인되는 경우 비록 규정을 준수하는 등 사회상규상 정당하게 보일지라도 시세조종의 위법성을 인정할 수밖에 없게 되거나 목적성이 필요 없는 시장질서 교란행위요건에 해당할 우려가 크다면 시장조성 활동은 상당히 위축될 수밖에 없을 것이다.[61]

따라서 시장조성자의 시장조성에 대한 위법성 조각사유의 인정 여부[62]는 논외로 하더라도 최소한 시장질서 교란행위에 대한 적용 예외는 필요하다고 본다. 예를 들어 자본시장법에 시세관여형 교란행위에 대한 적용 예외조항을 신설하되, 세부내용을 대통령령에 위임하고 자본시장법 시행령에서 금융위가 승인한 자본시장 관련 법규상 시장조성자 등에 의한 유동성공급 내지 시장조성 활동의 경우를 예외사유로 명시하는 등[63]의 방

60) 한국증권법학회, 유동성공급자제도의 법률문제(증권거래소 연구용역보고서, 2004), 91면에서 LP제도 자체는 증권거래법상 불공정거래조항과 충돌되지는 않는다면서도, 85면에서는 LP가 법이 금지하고 있는 시세조종행위를 행할 개연성은 일반투자자와 동일하고 위법성 조각사유로까지 명시할 필요는 없다고 한다.

61) 장인봉, 앞의 논문(주 3), 233면.

62) 보다 상세한 내용은 장인봉, 앞의 논문(주 3), 232면 이하 참조.

63) 최근에 증선위는 시장조성자의 시장질서 교란행위 여부에 대해 위법이 아닌 것으로 의결했는데 그 판단 근거로 시장조성자의 의무 이행에 수반되는 리스크 관리 등을 위한 시세변동에 대응한 호가의 정정·취소 불가피성, 국내 시장조성자의 호가 정

법으로 입법 개선을 추진할 수 있다.

3. 시장질서 교란행위에서의 부당이득 산정 시 인과관계 여부 명확화

자본시장법은 시장질서 교란행위의 부당이득 산정에 대하여 불공정거래와는 다소 표현을 달리하고 있다. 불공정거래의 경우 '위반행위로 얻은 이익 또는 회피한 손실액'이라 하는 데 비하여, 시장질서 교란행위에 대한 과징금 부과조항(자본시장법 제429조의2)의 경우 '위반행위와 관련된 거래로 얻은 이익 또는 이로 인하여 회피한 손실액'이라 한다. 이 표현의 차이는 생각보다 큰 의미를 내포한다. 즉 불공정거래의 경우 위반행위와 부당이득 간 엄격한 인과관계가 요구되어, 상당수 사건에서 검찰 측이 이 인과관계를 증명하지 못하여 부당이득이 큰 때에도 가중처벌이나 벌금의 필요적 병과가 되지 못하고 기본형만 선고되고 있는 실정이다. 시장질서 교란행위는 도입 당시 불공정거래에서의 이러한 문제를 고려하여 엄격한 인과관계 증명을 피하고자 표현을 달리한 것이다. 즉 직접적인 인과관계가 없거나 증명이 되지 않더라도 위반행위와의 관련성만 인정되어도 널리 부당이득으로 포섭하겠다는 의미인 것이다.[64] 자본시장의 특성을 감안하면 시장질서 교란행위의 입법취지는 타당하다고 본다. 다만 이 입법

정 · 취소율이 외국에 비해 높은 수준이라고 보기 어려운 점, 금융당국이 승인한 제도하에서 시장조성자의 특정 행위유형이 교란행위에 해당할 수 있다는 사전 가이드라인이 없었다는 점을 제시했다.[금융위 보도참고자료, 주식시장 시장조성자의 불공정거래 혐의에 대한 증선위 의결(2022. 7. 19), 1 · 2면] 따라서 이러한 증선위 입장이 시장조성 활동에 일종의 No Action Letter 역할을 할 수밖에 없을 것으로 보인다.

64) 이에 대한 자세한 내용은 성희활, "증권 불공정거래 범죄에 따른 부당이득 산정에서 인과관계 증명의 문제," 기업법연구 제31권 제3호(2017. 9), 한국기업법학회 참조.

취지를 충분히 살리려면 다음과 같은 고려와 개선이 필요하다.

우선 현행 조사업무규정 별표 제2호의 과징금 부과기준의 문제인데, 동 기준은 부당이득과 관련하여 일관되게 '위반행위로 얻은 이익'이라는 표현을 쓰고 있다. 이는 불공정거래와의 차별화를 시도한 자본시장법의 규정에 배치되고, 이 기준을 근거로 제재대상자는 불공정거래의 사례와 같이 인과관계 증명의 문제를 다툴 수도 있다. 따라서 별표 제2호의 표현을 자본시장법의 표현과 동일하게 수정하는 것이 바람직하다.

다음으로 시장질서 교란행위 관련 부당이득 산정기준을 법이 보다 넓은 의미를 가지는 표현을 사용하였다고 해도 법원이 이를 그대로 인정할지는 알 수 없다. 행위의 기간이 길어서 가격변동에 미치는 요소가 많을 경우, 제재대상자는 틀림없이 인과관계문제를 다투며 부당이득의 규모를 줄이고자 할 것이다. 따라서 이에 대한 대응이 필요한데, 이를 위해서 사건연구방식과 같은 금융경제학적 방식을 도입하는 것을 고려할 필요가 있다. 불공정거래에 대한 형사재판에서는 이러한 금융경제학적 방식을 법원이 아직 수용하지 않고 있는데, 행정제재와 그 이후의 행정소송에서는 형사소송의 엄격한 원칙이 그대로 적용된다고 볼 수 없으므로 그 타당성이 충분히 인정될 수 있으리라 본다.

4. 형사제재대상인 불공정거래와의 관계 명확화

자본시장법상 미공개중요정보 이용, 시세조종 등 불공정거래행위에 대한 형사제재의 사각지대를 행정제재인 과징금을 부과함으로써 해소하고자, 제재대상범위를 확대하여 시장질서 교란행위의 개념에 포섭하였으므로 뒤 〈표 2〉와 같이 구분되는 불공정거래행위와 시장질서 교란행위 간에 그 개념과 범위가 상호 충돌되지 않도록 체계적으로 잘 적용해야

〈표 2〉 불공정거래행위와 시장질서 교란행위의 비교

구분	(기존) 불공정거래행위	(신설) 시장질서 교란행위
규제목적	증권범죄 방지	시장의 건전성 보호
주관적 요건	목적 등 요구	목적요건 불요
범죄의 성격	형사범	행정범
제재	징역 또는 벌금	과징금
최종 제재기관	법원	행정기관(금융위)

한다.[65)]

실제로 시세조종의 목적이 없는 시세조종행위를 시장질서 교란행위로 규율하려 하고 있으나, 시장질서 교란행위로서의 시세조종과 형사제재대상인 시세조종은 '목적'의 유무에서만 차이가 있을 뿐 객관적 구성요건이 동일함에 따라 양자를 객관적으로 구별한다는 것은 사실상 불가능하므로, 행정기관이 형사제재대상이 되는 시세조종을 시장질서 교란행위인 시세조종으로 의율하여 과징금을 부과하더라도 이를 원천적으로 막기 어려워 행정기관의 행정처분에 의하여 형사처벌이 배제되는 결과가 초래될 것으로 우려된다는 비판적 입장이 존재한다.[66)] 목적성 없는 시세조종에 대한 규제를 확대함으로써 규제의 사각지대를 해소하고 자본시장의 공정한 가격 형성을 도모하려는 입법취지가 타당함에도 시세조종의 목적성이 있는지를 판단하는 것이 쉽지 않은 점[67)]을 고려할 때, 시장질서 교란행위인

65) 구기성, "자본시장과 금융투자업에 관한 법률 일부개정법률안 '의안번호 5502, 김재경 의원 대표발의' 검토보고서," 정무위원회, 2013. 12, 9면.

66) 법무부의 입장이라고 한다[구기성, 앞의 검토보고서(주 65), 12-13면]. 실무상은 증선위가 금감원이 상정한 시장질서 교란행위 조사결과 조치 안건들 중에서 재판중인 건들은 형사판결 확정전까지 과징금 부과를 유예하고 나머지 기소유예된 건 등 형사처벌과 중복되지 않는 건들만 과징금 부과 조치하는 것으로 수정의결한 사례[금융위, 제14차 증권선물위원회 의사록(2018. 7. 18), 68면]가 있다.

67) 시세조종혐의 사례에 대하여 법원 원심은 시세조종목적이 인정된다고 보아 유죄로

시세교란과 형사제재대상인 시세조종을 구별하기 어려운 경우도 발생할 것으로 예상되므로 시세조종의 목적성이 있는 것과 없는 것의 두 유형에 대한 명확한 가이드라인이 제시될 필요가 있다.

5. 자율규제대상인 공정거래질서 저해행위와의 바람직한 관계 정립

공정거래질서 저해행위 중 허수성호가, 통정 · 가장거래, 풍문 등 유포 행위는 시장질서 교란행위에 명시된 4가지 유형과 중복되어 있어 양자 간의 구분이 필요하고 공적 규제와 자율규제 간 중복제재로 인한 과잉제재 해소를 위해 동일한 행위에 대해 시장질서 교란행위로서 과징금이 부과된 경우 회원제재금은 감면되어야 한다는 견해도 존재한다.[68] 일리 있는 지적이기는 하나 이 문제는 중복규제로 접근할 성격이라기보다는 규제기관 간 역할 분담의 문제로 접근하는 것이 타당하다고 본다. 왜냐하면 실무상 시감위에서의 회원제재대상은 거래소회원인 업자에 의한 허수성호가 등의 행위라는 상당히 제한된 범위이고, 공정거래질서 저해행위로서 제재하는 경우에도 자조단 등 금융당국과의 사전협의[69]를 통해 행정제재대상으로 이첩하지 않는다는 공감대를 전제로 할 것이기 때문이다. 만약 금융당국에서 행정제재가 필요하다고 판단되면, 기관 간 협조[70]를

보았으나, 대법원은 목적이 입증되지 않은 것으로 보아 무죄로 판시한 사례(대법원 2008. 11. 27. 선고 2007도6558 판결)도 있음을 고려할 필요가 있다.

68) 정호경 / 이상수, "자본시장법상 시장질서 교란행위에 대한 연구," 금융감독연구 제3권 제2호(2016. 10), 금감원, 127면.

69) 금융위 소속 자조단에서 불공정거래 등 관련 거래소 등의 사건인지부터 금감원의 조사, 검찰기소까지 진행현황을 전반적으로 총괄하고 각 기관 간 역할 분담을 조정하고 있다[금융위, 앞의 보도자료(주 9), 2면].

70) 금융감독당국, 검찰 및 거래소(시감위)는 (i) 허위풍문의 확대 · 재생산을 통한 시장교

통해 시감위는 해당 사건을 금융감독당국에 이첩하면 될 것이므로 실무상 중복규제의 문제는 거의 발생하지 않을 것으로 본다.

V. 맺음말

이상에서 시장질서 교란행위에 대한 거래소의 시장감시 · 심리 및 금감원의 조사실무는 종전의 불공정거래의 경우와 유사하게 진행하되, 증선위의 심의 · 제재는 공시 위반의 경우와 유사하게 과징금 부과절차가 진행됨을 보았다. 또한 시장질서 교란행위에 대한 제재 사례에서는 정보이용형 교란행위 사례 3건을 통해 제도의 도입취지대로 2차 이상 정보수령자 및 시장정보 이용행위에 대한 제재가 광범위하게 가능해졌다는 긍정적인 평가가 가능한 반면, 시세관여형 교란행위 사례 1건을 통해 단주거래를 이용한 초단기매매 유인을 규제하기 위해 시세관여형 교란행위유형 중 '거짓계책을 꾸미는'에 해당하는 것으로 보는 것이 무리한 해석이 될 수 있음도 보았다.

따라서 제도적 개선방안으로, 첫째 시세관여형 교란행위의 유형을 확대하여 단주거래를 이용한 초단기매매 유인뿐만 아니라 다른 형태의 현실거래에 의한 시세관여를 규제할 필요가 있고, 둘째 최근에 도입된 시장

란 : 불특정 시장참여자들의 거래와 관련하여 허위사실을 유포(확대 · 재생산 등)하여 시장을 교란하는 경우, (ii) 이상매수호가를 통한 시장교란 : 과도한 매매호가의 반복적 제출(단주주문 등)로 단기간 시세에 영향을 주는 경우, (iii) 상한가 대량매수주문을 통한 시장교란 : 장중 대량의 상한가 매수과다주문 등을 반복하며, 상한가 형성 · 유지에 높은 관여를 하는 경우에 시장질서 교란행위규제를 적용하기로 하였다[금융위 / 금감원 / 거래소 보도자료, 「테마주 등 이상급등종목 신속대응」을 위한 관계기관 합동세미나(2016. 12. 6), 5면].

조성자제도 등 자본시장에서의 유동성공급장치에 대한 시장질서 교란행위의 적용 예외를 인정하여 시장조성자의 활동이 위축되지 않도록 지원할 필요가 있으며, 셋째 시장질서 교란행위에서의 부당이득 산정 시 위반행위와의 엄격한 인과관계를 요구하지 않는 것으로 해석하여 과징금 제재의 실효성을 높일 필요가 있고, 넷째 시장질서 교란행위인 시세교란과 형사제재대상인 시세조종을 구별하기 어려운 경우가 발생할 것으로 예상되므로 시세조종의 목적성이 있는 때와 없는 때의 두 유형에 대한 명확한 가이드라인이 제시될 필요가 있으며, 다섯째 시장질서 교란행위에 대한 행정제재와 공정거래질서 저해행위에 대한 거래소의 회원감리 간의 관계는 중복규제가 아닌 규제기관 간 역할 분담의 문제로 접근하여 거래소와 금융당국 간 사전협의 및 유기적인 업무 협조를 통해 충분히 해결될 수 있음을 제시하였다.

앞으로도 다양한 시장질서 교란행위 사례가 축적되고 학계 및 법조계 등의 지속적인 문제 제기 및 검토를 통한 제도적인 개선이 계속 이루어짐으로써, 어렵게 도입된 과징금제도가 자본시장에서의 불공정한 행태 및 관행을 신속하고 효과적으로 제재할 수 있는 수단으로 하루 속히 정착하기를 기대한다.

13

자본시장에서의 공매도 규제와 운영실태*

—실제 규제 사례를 중심으로—

엄세용**

I. 서론

2008년 하반기 미국의 서브프라임 모기지 부실로 발단된 금융위기에 대응하여 미국, 영국 등 금융선진국에서 공매도(short sale) 규제에 대한 논의가 심도 있게 이루어진 바 있으며, 금융위기의 먹구름이 조금씩 걷히고 있는 2010년 들어서는 공매도 규제의 완화에 대한 방법과 시점에 대하여 활발한 논의가 전개되었다.[1)]

이처럼 공매도가 금융위기의 중심에 서서 주목을 받게 된 것은 공매도가 단순히 금융거래기법의 하나가 아니라 금리나 환율에 버금가는 한

---

* 이 논문은 BFL 제43호(2010. 9)에 게재된 "자본시장의 공매도 규제와 운영실태에 관한 소고"를 수정 · 보완한 것이다.

** 법무법인 린 전문위원, 법학박사

1) 우리나라도 2008년 10월 공매도를 전면금지하였고, 2009년 6월 금융주를 제외한 주식에 대하여 공매도 금지조치를 해제한 바 있다.

국가의 금융정책의 중요수단으로서 또는 자본시장 및 경제에 큰 영향을 미치는 금융제도로서 파급력이 큰 제도임을 반증하는 것이라 할 수 있다. 잘 알려진 바와 같이 1929년 미국 증권시장 대폭락 시 공매도가 주범으로 지목되었고 그 결과 1934년 증권거래법에서 그에 대한 규제가 법제화되기 시작되었으며, 2008년 금융위기 이후에도 증권거래위원회(Securities and Exchange Commission. 이하 'SEC')의 공매도 규제 향방이 월가의 큰 관심을 끈 바 있다.

일반적으로 공매도란 매도 당시 소유하고 있지 않은 상장증권을 매도하거나 차입한 상장증권으로 결제하고자 하는 매도를 말한다. 통상적으로 전자를 무차입공매도(naked short sale), 후자를 차입공매도(covered short sale)[2)]라 일컫는다. 시세가 하락하는 장세에서 무차입공매도를 한 자는 인도 시까지 증권을 매입하여 거래를 결제하고, 반면 차입공매도를 한 자는 나중에 증권을 매수하여 빌려준 자에게 되돌려 줌으로써 이익을 얻게 된다. 이러한 거래구조에 비추어 공매도는 주가가 하락할 때 수익이 발생하는 매매전략이라 할 수 있다.

공매도는 주식의 가(假)공급을 통한 가격 결정의 효율성 제고라는 순기능에도 불구하고 시장의 가격변동성(volatility)을 증가[3)]시키고, 공매도를 행한 자의 주가 하락 루머 유포 등 불공정행위 유발, 주가 상승 시 공매도를 행한 자의 이론상 손실의 무한 확대 등의 위험과 특히 시장에서의 결제불이행 위험 증가 등 부정적 인식[4)]이 상존하는 매매전략

2) 차입공매도와 대차거래의 차이에 대하여는 임재연, 자본시장법, 박영사, 2009, 834면 참조.

3) 우리나라의 경우, 가격제한폭제도(유가증권시장의 경우 기준가 대비 상하 15퍼센트)가 마련되어 있어 그 한도 내에서 상대적으로 가격 하락의 진동폭이 좁혀져 있다고 할 수 있다.

4) 영국 금융청(Financial Service Authority, FSA)이 2009년 2월 발표한 공매도에 관한 토론

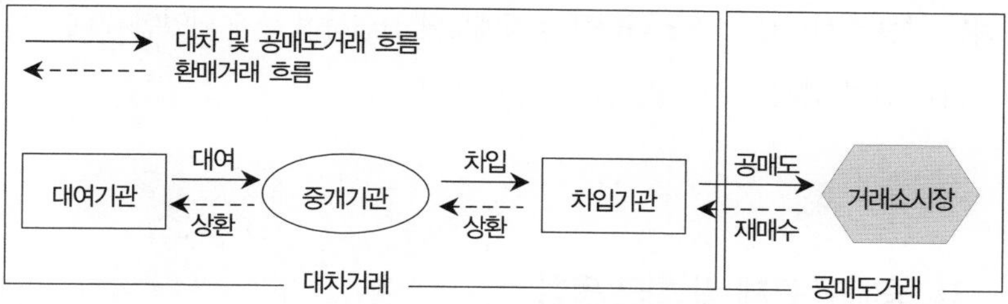

〔그림 1〕 대차 및 공매도거래 흐름[5)]

이다.[6)]

공매도 규제의 방향 및 강도에 있어서는 국가별로 사정이 다른데 금융위기 이전에 영국·독일 등은 공매도 규제가 없었고 미국은 업틱 룰(up-tick rule)을 폐지하는 등 대부분 느슨한 규제를 적용해 왔으나, 2008년 글로벌 금융위기 이후 각국의 규제당국은 공매도에 대한 규제를 강화하는 추세로 전환하고 있다.

공매도에 대한 제도 관점에서의 논의는 많이 있지만 실제 현장에서 공매도 위반이 어떻게 이루어지고 있는가에 대한 정보는 많지 않다. 자본시장에서의 구체적인 위반 사례를 살펴보고 이를 분석·평가하는 것도 공매도에 대한 정확한 시각과 올바른 방향을 설정하는 데 도움이 될 것으로 생각한다. 아래에서는 우리나라의 공매도 규제내용과 미국·유럽 등 주요국의

보고서(discussion paper)에서는 다음과 같이 공매도의 4가지 부정적 영향을 지적하고 있다.

i) 시세조종 : 주가 하락을 부추기는 신호로 이용
ii) 추종매매 : 투자자의 과도한 매도심리를 자극
iii) 투명성 결여 : 공매도 관련 정보의 비대칭 문제 발생
iv) 결제불이행 위험 : 무차입공매도 시 결제주식 미확보에 따른 위험

5) 금융위원회 보도자료, 공매도 관련 제도 개선방안(2008. 9. 24), 8면.
6) 변제호 / 홍성기 / 김종훈 / 김성진 / 엄세용 / 김유석, 자본시장법, 지원출판사, 2015, 758-760면.

최근 경향을 살펴보고, 우리나라에서 공매도와 관련하여 문제 되었던 구체적인 사례와 관련 판례를 차례로 살펴보고자 한다.

II. 공매도 규제 및 최근 동향

1. 현행 법규상 공매도 규제

자본시장과 금융투자업에 관한 법률(이하 '자본시장법')은 종전의 단편적인 내부자거래 억제를 위한 장치로서의 공매도 규제를 넘어 공매도가 갖는 결제 위험 가중 및 가격교란의 위험성에 착안하여 이를 종합적으로 규제할 수 있는 틀을 마련하고 있다.[7]

자본시장법은 공매도를 원칙적으로 금지하고 예외적으로 차입형 공매도에 대하여는 업틱 룰, 확인 및 표시의무 등 일정한 요건하에 이를 허용한다. 공매도 규제대상은 임직원 등 '내부자'에 한정하지 않고 일반화하여 '누구든지'라고 규정함으로써 모든 투자자로 확대하고 있다. 다만 공매도를 하려는 투자자가 당해 상장법인의 임직원인 경우에는 이 사실을 수탁회원사에게 알리도록 하여 회사 내부자의 공매도에 대하여는 특별한 관리를 도모하고 있다. 규제대상 증권은 주식 및 주식 관련 사채권 외에 수익증권, 파생결합증권, 증권예탁증권 등을 포함하고 있다.[8] 차입공매도에 대한 투명성 제고를 위하여, 상장증권을 차입공매도한 자는 해당 증

7) 자본시장법상 공매도 규제의 주요내용에 대하여는 김건식 / 정순섭, 자본시장법, 두성사, 2009, 338-340면 참조.

8) 자본시장법 제180조 제1항.

권에 관한 매수, 그 밖의 거래에 따라 보유하게 된 순보유잔고가 발행주식수의 일정 비율을 초과하는 때(일별 순보유잔고의 비율이 음수로서 그 절댓값이 1만 분의 1 이상 또는 일별 순보유잔고의 평가액이 10억 원 이상)에는 매도자의 순보유잔고에 관한 사항과 그 밖에 필요한 사항을 금융위원회와 거래소에 보고하여야 한다(자본시장법 제180조의2). 또한 상장주권의 종목별 발행총수 대비 매도자의 해당 증권에 대한 종목별 순보유잔고의 비율이 대통령령으로 정하는 기준(일별 순보유잔고비율이 음수로서 그 절댓값이 1,000분의 5 이상인 경우)에 해당하는 때 매도자는 매도자에 관한 사항, 순보유잔고에 관한 사항, 그 밖에 대통령령으로 정하는 사항을 공시하여야 한다(자본시장법 제180조의3).

공매도 규제 위반에 대한 제재에 있어서는 행정벌인 1억 원 이하의 과태료[9)]가 부과된다.[10)] 공매도 규제 위반에 대한 제재와 관련하여, 최근 금융위원회는 2018년 4월 6일 삼성증권에서 우리사주조합원에 대한 현금배당을 주식배당으로 착오입고하면서 발생한 사고를 계기로 공매도 위반에 대한 제재 강화를 위해 형사처벌 근거조항 신설 및 부당이득 환수를 위한 과징금 도입방안 검토를 발표하였다.[11)]

공매도 규제에 있어서는 해당 매도행위가 공매도에 해당하는지 여부를 판단하는 것이 중요한데, 실무적으로 다양한 양태의 공매도가 나타나기 때문에 그 판단이 용이하지 않다. 이에 대한 지침으로 금융감독원이 제정한 「공매도 관련 업무처리 가이드라인」을 참고할 수 있으며, 동 가이드라인에서는 공매도 해당 여부에 대하여 다음과 같은 기준을 제시하고 있다.

---

9) 자본시장법 제449조 제1항.

10) 자본시장법 제449조 제1항 제39호.

11) 금융위 / 금감원 / 거래소 / 예탁결제원 / 한국증권금융 / 코스콤 / 금융투자협회, 배당사고 재발 방지 및 신뢰 회복을 위한 주식매매제도 개선방안(2018. 5. 29), 8면.

첫째, 공매도 여부는 매도 주문시점에 해당 상장증권에 대한 매도주문 수량만큼의 순매수포지션(net long position)이 있었는지 여부에 의한다. 순매수포지션은 해당 증권에 대한 동일인의 모든 포지션을 합산(netting)하여야 하고, 합산 처리되는 동일인은 법인의 경우 원칙적으로 법인격을 기준으로 하며, 합산증권은 원칙적으로 해당 증권에 한정한다. 또한 순포지션 산정은 원칙적으로 금융투자업자가 거래소에 호가하는 시점을 기준으로 실시간으로 이루어져야 한다. 둘째, 차입주식은 매도주문 이전에 해당 주식을 차입하거나 차입계약이 확정된 경우에만 소유한 것으로 인정된다. 셋째, 대여증권의 경우 원칙적으로 매도주문 이전에 반환을 요청한 경우 소유주식으로 인정된다. 다만 매도주문 이후 반환을 요청한 경우라도 대차계약 및 업무 처리 관행에 근거하여 결제일까지 결제가 가능하다고 합리적으로 예측 가능한 경우에는 소유주식으로 인정한다.[12)]

한편 거래소 업무규정은 자본시장법 위임에 따라 공매도 호가의 방법 및 절차 등에 대한 규정을 두고 있는 외에 회원의 공매도 사후관리에 대하여도 자세한 규정을 두고 있다. 우선 회원은 결제일에 결제수량이 부족한 위탁자로부터 차입계약서 또는 증권보유 잔고내역 등 관련 자료를 제출받아 소유하지 아니한 증권 또는 결제일까지 결제가 가능하지 않은 증권을 매도하였는지 여부를 확인하고 이를 기록 · 유지하여야 한다. 거래소는 상기 회원이 확인한 내용 및 관련 자료를 제출하도록 요청할 수 있다. 거래소는 상기 제출된 자료 및 감리 등을 통해 위탁자가 최근 6개월 동안 공매도 규정 위반을 확인한 경우 또는 금융위원회로부터 위탁자의 법 제180조 제1항 위반사실을 통보받은 경우에는 위반내용 및 그에 해당하는 위탁자정보를 해당 회원에게 통보하고, 해당 회원은 이를 다른 회원

---

12) 금융감독원, 공매도 관련 업무처리 가이드라인(2009. 5. 6) 참조.

에게 즉시 통보하여야 한다.[13)] 회원은 해당 위탁자의 차입공매도 시에는 수탁 시마다 일정 기간(위반일수 및 금액규모에 따라 각 20일, 40일 또는 60일) 동안 매도증권의 사전납부를 확인하여야 한다.[14)]

2. 최근 각국의 공매도 규제동향

2008년 9월 미국 리먼사의 파산보호신청 이후 전 세계 증시가 동반 폭락하는 등 증시 불안에 대응하여 각국은 시장안정화 조치의 일환으로 공매도거래를 한시적으로 금지하는 비상조치를 내린 바 있다. 미국 · 영국 등은 일부 금융주에 대해, 일본 · 호주 등 아시아 지역에서는 전 종목에 대해 공매도를 한시적으로 금지하였고 우리나라도 2008년 10월 1일 상장종목 전체에 대해 공매도를 전면 금지한 바 있다.[15)]

그후 금융위기가 진정되고 일부 경제 회복의 징후가 보임에 맞추어 미국 · 영국 등의 주요시장에서는 한시적인 공매도 금지조치를 해제하였고, 금지조치 해제를 연장한 국가들도 경제 회복 및 시장안정화 추세에 따라 대부분 해제한 상태이다.

한편 2010년 상반기 남유럽국가의 재정위기가 악화됨에 따라 일부 국가에서 공매도 금지조치를 재시행하였는데, 2010년 4월 28일 그리스 규제당국은 아테네거래소 전 상장종목에 대해 2개월간 공매도를 전면 금지하였고, 독일 금융감독청(Bundesanstalt für Finanzdienstleistungsaufsicht, BaFin)은 2010년 5월 18일 주요금융주 및 유로존 발행 국채 등에 대한 공매도를

13) 유가증권시장 업무규정 제18조의2 제1항 및 제2항.
14) 유가증권시장 업무규정 제18조의2 제3항.
15) 이는 전 세계 상장주식의 약 33퍼센트(시가총액기준 약 80퍼센트)에 해당하는 주식에 대해 공매도가 금지되는 효과를 가져왔다.

금지하였다.

국제증권감독기구(International Organization of Securities Commissions, IOSCO)는 2009년 6월 각국이 자국 규범으로 고려할 수 있는 공통규범으로서 '공매도 규제 4원칙'[16]을 권고하였는데, 공매도가 효율적 가격 발견, 시장버블 경감, 유동성 증진, 헤지 및 위험 관리기능 촉진 등 시장효익을 증진시키는 중요한 역할을 하는 반면, 극단적인 시장상황에서는 공매도 거래를 악용하는 행위가 건전한 시장질서를 훼손할 수 있음에 유의하고 있다. 또한 대량 공매도포지션 보고제도를 통해 시장상황에 대한 모니터링을 강화하고 시장 남용행위를 억제할 것을 권고하였다.[17] 이후 대부분 국가의 공매도 규제는 공매도 포지션 공시를 통한 거래 투명성 강화에 초점을 두고 있다. 미국 SEC는 미청산 공매도에 대한 정보 공시를 통해 개별주식의 일별 공매도수량 및 거래내용을 월 2회 발표하도록 하고 있다. 2010년 3월 EU 증권규제위원회(Committee of European Securities Regulators, CESR)는 공매도 공시제도 권고안을 발표하여 공매도의 투명한 정보 제공을 통해 잠재적 시장 위험에 규제당국이 신속하고 효과적으로 대응할 수 있도록 하였으며,[18] 2012년 11월에는 회원국 공동의 공매도 및 신용부도스왑(Credit Default Swaps. 이하 'CDS') Regulation을 제정하였

16) 국제증권감독기구의 공매도 규제 4원칙은 아래와 같다.
  (i) 공매도의 잠재(결제) 위험에 대한 적절한 통제장치 도입
  (ii) 공매도정보가 적시에 파악될 수 있도록 하는 공시장치 마련
  (iii) 공매도거래에 대한 효율적 준법 감시 및 집행체계 구축
  (iv) 시장기능에 긍정적 영향을 미치는 특정 유형의 공매도거래는 규제대상에서 예외조치

17) Technical Committee of the International Organization of Securities Commissions, Regulation of Short Selling (Final Report), June, 2009.

18) Committee of European Securities Regulations, CESR Recommends the European Institutions Introduce a Pan-European Short Selling Disclosure Regime, Press Release (Ref : CESR / 10-298, 02 March 2010).

는바,[19] 이에 따라 영국 · 프랑스 · 독일 · 스페인 등 유럽 주요국이 공매도포지션 보고제도를 도입하였다. EU는 공매도포지션 보고제도의 도입 목적에 대하여, (i) EU 증권투자자가 보유하고 있는 공매도포지션의 투명성 제고, (ii) 차입 또는 무차입공매도에 연계된 결제 리스크 및 기타 리스크의 축소, (iii) 무차입 CDS에 의해 노출된 국채시장의 안정성에 대한 위험 축소, (iv) 비정상적 상황에서 회원국이 공매도 및 CDS로부터 발생하는 시스템 리스크와 금융 안정 및 시장 신뢰성에 대한 위험을 축소시키기 위해 개입할 수 있는 권한을 명확하게 보장, (v) 비정상적 상황에서 회원국과 유럽증권시장감독청(European Securities Markets Authority, ESMA) 간의 협력체제 구축 등 5가지를 제시하고 있다.[20]주요국의 공매도 규제내용을 요약하면 아래 〈표 1〉과 같다.

〈표 1〉 주요국 공매도 규제내용

구분	공매도유형		가격 규제 (up-tick rule)	공매도 표시 (flagging)	포지션 공시
	차입 (covered)	무차입 (naked)			
미국	허용	금지	제한적 적용*	적용	적용
영국	허용	허용	미적용	-	적용
홍콩	허용	금지	적용	적용	적용
일본	허용	금지**	적용	적용	적용
한국	허용	금지	적용	적용	적용

* 2010년 5월 10일부터 시행, 업틱 룰은 10퍼센트 이상 하락종목에 한한다.
** 2010년 10월 31일까지 한시적 금지.

19) Regulation (EU) No 236 / 2012 of the European Parliament and of the Council of 14 March 2012 on Short Selling and Certain Aspects of Credit Default Swaps.
20) https://www.esma.europa.eu/regulation/trading/short-selling.

III. 우리나라의 공매도 관련 사례 분석

공매도의 운영현황과 규제실태에 대한 이해를 위해 공매도와 직접 또는 간접으로 관련된 이슈를 수 개 선정하여 사례 중심으로 설명하고자 한다. 첫째 공매도와 시세 영향 및 이익 실현과정과 공매도 해당 여부 판단에 대한 사례, 둘째 공매도와 시세조종이 연관된 사례, 셋째 종목명 착오로 공매도가 발생하여 결제불이행 위험까지 초래된 사례, 넷째 주문 담당 직원의 착오로 전체상장주식수를 초과하여 결과적으로 초과매수주문이 제출된 사례를 공매도와 연관하여 차례로 설명하고자 한다. 이를 통해 공매도과정 및 그에 의한 이익 실현, 시장의 공정가격 왜곡, 결제불이행 위험으로 인한 시장의 안정성 훼손 등 공매도의 부작용이 어떻게 발생·진행 및 완결되는가에 대한 이해를 돕고자 한다.

〈표 2〉 공매도 규정 위반유형, 쟁점 및 특성(요약)

	유형	쟁점/특성	영향
I	공매도와 시세 영향 및이익 실현	· 매수의향 사전통보 후 매도 시 공매도 규정 위반 여부 · 자본시장법 제정 이전의 위반에 대한 적용법규 · 공매도로 시세 영향 및 이익 실현	· 자본시장법 시행 전 공매도 위반에 거래소 구 업무규정 적용 · 거래소에서 위반 회원사 제재(회원제재금 부과)
II	공매도와 시세조종	· 공매도과정에서의 시세조종	· 증권선물위원회에서 시세조종혐의로 검찰고발 · 기관투자자 등에 대한 결제 가능 여부 확인장치 마련
III	공매도와 결제불이행	· 종목명 착오에 의한 공매도로 인한 결제불이행	· 저유동성 종목 매도 시 매도증권 전부를 위탁증거금으로 징수 · 종목당 5% 호가제한제도 도입
IV	공매도와 착오매도 주문	· 수량 착오에 의한 상장주식수를 초과하는 공매도에 대한 평가 * 사례는 초과매수주문 사안	· 해당 회원사(홍콩 계열사)가 자체 임직원 징계(감봉) · 알고리즘거래에 대한 내부통제 강화 필요성 대두

1. 공매도와 시세 영향 및 이익 실현

(1) 사건의 개요

이 사건은 주식을 소유하지 않은 상태에서 실질적으로 해당 주식을 공매도하여 상당한 이익을 취득한 사건으로 당해 회원(증권사)은 거래소 감리대상이 되어 공매도 규정 위반혐의로 시장감시위원회로부터 회원제재금 제재[21]를 받은 사례이다.

A증권사는 위탁자인 甲펀드 및 乙펀드로부터 XXX, YYY 및 ZZZ 3개 종목 주식에 대하여 공매도주문을 수탁처리하고, 이후 동일한 수량으로 당해 종목들을 장중 대량매수하였다. 이는 주식을 소유하기 전에 선매도 주문을 수탁처리한 것으로 당시 공매도에 관한 유가증권시장 업무규정[22]을 위반한 사안이었다. 또한 동 증권사는 스스로 자기상품계좌를 이용하여 WWW 보통주(코스닥종목) 58만 2,638주를 장중 공매도하고, 이후 시간외 대량매매를 통해 동일 수량의 주식을 매수하였는데, 이는 주식을 소유하기 이전에 선매도호가를 제출한 것으로 코스닥시장 업무규정[23]을 위반한 것이었다.[24]

이 사안에서는 위탁자가 당해 공매도 전일에 해당 종목에 대한 장중 대량매매 계획을 통보한 것만으로도 공매도 규제 위반에서 면책될 수 있

21) 회원제재금은 거래소 시장감시위원회가 위규회원에 대하여 내리는 제재 중 하나인 금전적 제재로서 1,000만 원 이상 10억 원 이하의 금액이 부과된다.

22) 동 규정 제17조 제1항.

23) 동 규정 제9조의2 제2항.

24) 상기 계좌는 법인영업부 책임자인 ○○○ 상무가 A증권사 입사(2008. 7. 2) 이전부터 관리해 온 계좌로서 입사와 동시에 상기 계좌들을 신규 개설하여 관리해 왔으며, 매매패턴은 매수수량을 당일에 대부분 매도하는 등 초단기 매매양태를 보여 왔다. 동 계좌들은 ○○○ 상무의 S증권사 퇴직과 동시에 그가 전입한 증권사로 이관되었다.

는지 여부 및 자기상품계좌 공매도의 경우 공매도 이전에 해당 주식매수 약정(약정 당사자는 타 증권사와 상장법인이며 대상주식은 해당 상장법인의 자사주)을 한 것만으로 공매도요건을 준수한 것이냐가 쟁점으로 논의되었다.

(2) 공매도과정 및 경위

1) 공매도주문의 수탁처리

A증권사 법인영업부는 위탁자인 甲펀드 및 乙펀드 계좌의 주문수탁 처리과정에서 (i) 2008년 10월 23일 XXX 보통주 18만 1,070주를 장중 대량매수하기 이전에 공매도주문을 수탁처리하고, YYY 보통주 6,000주를 장중 대량매수하기 이전에 공매도주문을 수탁처리하였으며, (ii) 2008년 12월 22일 ZZZ 보통주 15만 700주를 장중 대량매수하기 이전에 공매도

〈표 3〉 공매도주문의 수탁처리

	10월 22일	10월 23일	
(i) XXX주	위탁자 : 회원사에 10월 23일 대량매수 예정 통보	매도주문 14 : 41 : 02	매수주문(장중 대량) 14 : 53 : 24

	10월 22일	10월 23일	
(ii) YYY주	위탁자 : 10월 23일 대량매수 예정 통보	매도주문 14 : 46 : 35	매수주문(장중 대량) 14 : 52 : 05

	12월 19일	12월 22일	
(iii) ZZZ주	위탁자 : 12월 22일 대량매수 예정 통보	매도주문 14 : 41 : 44	매수주문(장중 대량) 14 : 53 : 31

주문을 수탁처리하였다.

위탁자(甲펀드 및 乙펀드)는 공매도 전일인 10월 22일과 12월 19일 각각 다음 날 해당 종목의 장중 대량매수주문이 있을 것이라는 사실을 A증권사에 통보하였다.

2) 자기매매(상품)계좌를 이용한 공매도주문

A증권사는 자기매매(상품)계좌를 이용하여 2009년 1월 20일 WWW 보통주를 시간외 대량매수를 하기 이전에 장 개시 후 9시 1분부터 장 종료시까지 총 52건(접속매매시간대 50건, 장종료 단일가매매시간대 2건)에 걸쳐 58만 2,638주의 매도호가를 제출하였다.

B증권사와 (주)WWW는 2009년 1월 19일 자사주 50만 주를 시간외 대량매매로 매도하기로 계약(1. 20. 종가대비 5퍼센트 할인가격)하였고, A증권사는 1월 20일 동 종목 44만 8,759주를 매도한 후(나머지 5만 1,241주는 시간외 단일가 및 익일 시초가에 전량 매도) B증권사의 동종목 시간외 대량매도의 매수 상대방이 되어 종가 대비 5퍼센트 할인된 가격인 1,070원에 50만 주를 매수하였다.

〈표 4〉 자기매매(상품)계좌를 이용한 공매도주문

WWW주	1월 19일	1월 20일	
	B증권사와 (주)WWW 간 자사주 매도계약 체결	매도주문 09 : 01 : 40 ~ 14 : 57 : 40	매수주문(시간외 대량) 15 : 18 : 12

〈표 4〉에서 보는 바와 같이 선매도 후 이루어진 매수 조치 사이에는 불과 10여 분 내외의 짧은 시간 간격이 존재하는데 공매도 판단에 있어서는 매도와 매수의 선후만이 문제일 뿐 시간의 장단은 고려하지 않았다.

(3) 공매도 당시의 시장상황 및 시세에의 영향

상기 공매도는 당시 글로벌 금융위기에 따라 국내외 주가가 급락하여 증시위기를 극복하기 위한 대응책으로서 공매도에 대한 강력한 규제가 시행되던 시기인 2008년 9월 이후 발생한 사안이다. 즉 2008년 10월 1일부터는 기존의 무차입공매도 금지는 물론 차입공매도도 전면 금지했으며, 공매도 방지를 위해 금융당국의 경고성 발표가 수차례 있었다. 특히 XXX 및 YYY의 공매도호가를 제출한 2008년 10월 23일은 KOSPI가 폭락(전일대비 △84.88P, △7.5%)하여 증시 위기감이 고조되는 시기였다.

〔그림 2〕의 그래프는 상기 공매도행위가 이루어진 시기의 KOSPI지수의 상황을 보여 주는데, 공매도가 일어난 시점에 KOSPI지수가 상당한 하락세를 보이고 있음을 알 수 있다.

해당 공매도호가 및 시세 영향을 살펴보면, XXX 보통주의 경우 甲펀드 및 乙펀드 계좌로부터 제출된 4건의 공매도주문 수탁처리로 주가가 장중 △350원(직전가 대비 △2.7%[25]) 하락하였으며, YYY 보통주(2008. 10. 23)는 甲펀드 및 乙펀드 계좌로부터 제출된 2건의 공매도주문 처리로 장중 △500원(직전가 대비 △0.4%)의 주가 하락에 영향을 미쳤고, 다만 ZZZ 보통주(2008. 12. 22)는 乙펀드 계좌로부터 제출된 1건의 공매도주문 처리로 인한 주가 영향은 없었다.

다음으로 WWW 보통주(2009. 1. 20)의 경우 자기상품계좌로 장 개시 후 접속매매시간인 9시 1분부터 장 종료 시까지 지속적으로 총 52건의 공매도호가를 제출(총매도호가수량 58만 주, 호가비중 23.1퍼센트)하는 과정에서, 대다수의 호가를 직전가 대비 동일 가격(20건) 또는 저가(25건)로

25) (Σ 공매도호가 체결로 인한 직전가 대비 체결가 하락금액 / 직전가) × 100.

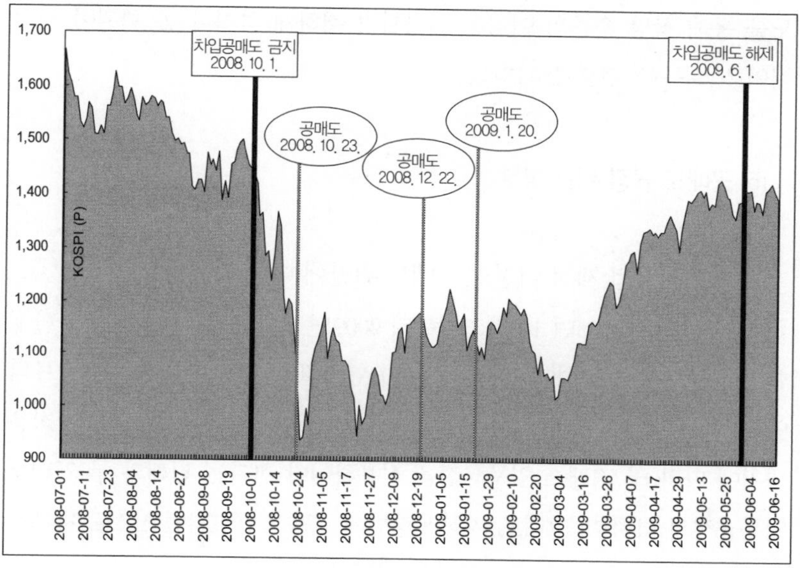

〔그림 2〕 공매도 전후 일별 KOSPI 추이

제출하는 양태[26)]를 보임으로써 동 종목의 장중 주가 하락(직전가 대비 △19.3%[27)])에 영향을 미쳤다.

공매도호가의 체결관여율을 살펴보면, XXX 보통주(3.5퍼센트), YYY 보통주(0.4퍼센트) 및 ZZZ 보통주(1.8퍼센트)는 매도 체결관여율이 높지 않았으나, 2009년 1월 20일의 자기매매(상품)계좌로 제출한 WWW 보통주의 매도 체결관여율(수량기준)은 33.1퍼센트로 높게 나타났다.

(4) 공매도와 실현이익

A증권사는 위탁계좌 및 자기(상품)계좌를 이용한 3일간 4종목의 공매

26) 직전가 대비 고가호가는 7건.

27) (Σ 공매도호가 체결로 인한 직전가 대비 체결가 하락금액 / 직전가) × 100.

도를 통해 상당 수준의 이익을 위탁자가 취하게 하거나 동 회원이 직접 이익을 획득한 것으로 파악되었다.

(5) 공매도 규정 위반 여부

1) 자본시장법 제정 이전의 공매도 위반에 대한 적용법규

해당 사안은 2008년 10월 23일부터 2009년 1월 20일 사이에 걸쳐 발생한 것으로 자본시장법이 시행되는 2009년 2월 4일 이전에 행위가 종료되었다. 해당 공매도행위에 대한 적용법규를 결정함에 있어 행위시 법 적용원칙에 따라 구 거래소 업무규정을 적용하여야 한다는 견해와 구 거래소 업무규정의 내용이 그대로 자본시장법에 흡수·반영되었으므로 자본시장법을 적용하여야 한다는 견해가 있었다.

적용법규에 있어서 자본시장법 시행 이전에는 거래소 규정으로만 규제되고 있었으나, 자본시장법 시행 이후에는 거래소 규정이 그대로 입법화되었으므로 자본시장법을 적용하여야 한다는 주장은 채택되지 않았으며, A증권사 혐의사실은 구 거래소 업무규정이 적용되는 시점에서 발생하였으므로 행위시 법 적용원칙에 따라야 한다는 판단에 따라 행위 당시의 거래소 업무규정에 기초하여 시장감시위원회의 제재조치가 이루어졌다.

〈표 5〉 위규행위시점 및 적용법규

	구 거래소 업무규정		자본시장법 및 개정 업무규정
위규행위 및 제재시점	2008년 10월 23일 위규행위 2008년 12월 22일 2009년 1월 20일	2009년 2월 4일 (자본시장법 시행)	2009년 9월 20일 (시장감시위원회 제재)

한편 해당 사안에 대한 시장감시위원회의 조치에 대하여 금융위원회에 별도의 유권해석을 요청하려는 시도가 있었으나, 자율규제기관의 정상적 규제 활동의 위축 및 금융위원회의 민원 처리 기관화 초래 우려와 시장감시위원회의 제재에 불복하는 경우 이의 신청 또는 민사소송을 통하여 구제 신청이 가능한 점을 들어 거래소의 조치를 수용하는 방향으로 정리되었다.

2) 공매도 규정 위반 여부

이 사안에서 합의를 통해 계약상 권리가 확보된 경우 공매도 규제 예외를 인정하는 규정 해석에 대하여 거래소와 해당 회원사 간에 의견차이가 있었다. 즉 장외에서 구두만으로 주식을 받기로 한 합의가 공매도 예외사유에 해당하느냐가 문제 되었는데, 해당 회원사는 동일 운용사 펀드 간 계약이라고 주장하며 특별한 증빙을 제시하지 않았다.

공매도 예외규정은 매도대상 주식을 공매도시점에서 보유하고 있는 것이 아니기 때문에 설사 계약이 존재하더라도 이행되지 않는다면 결제불이행 사태가 발생할 수 있다. 여기에서 계약의 이행 가능성[28]을 어느 정도까지 고려할 것인가에 따라 공매도 예외범위의 운용 폭이 달라지는데, 금번 사안에서는 차입계약은 이행을 실질적으로 보장하는 수준이 요구되며 거래관행상 물적 증빙이 따르는 것이 통상적이라는 판단하에 다소 엄격하게 해석하여 해당 회원사의 위규성을 인정하는 방향으로 결론을 내렸다.

---

28) 현행 금융감독원의 「공매도 관련 업무처리 가이드라인」에 의하면, 차입계약의 수준에 대하여 이행을 실질적으로 보장하는 실효성을 갖추고 locate · hold · borrow의 단계 중 'borrow' 수준의 이행을 필요로 한다고 한다(동 가이드라인 4면 참조).

3) 제재조치

거래소 시장감시위원회는 이 사건과 관련하여 주식을 소유하지 않은 상태에서 대량매수 이전에 선매도하는 등 공매도 규정을 위반한 해당 A증권사에 대하여 회원제재금 3,000만 원을 부과하였다.[29)]

2. 공매도와 시세조종 : 성도이엔지 공매도 사건

공매도는 통상 그로 인해 주가가 하락하는 결과를 가져오므로 특정증권의 가격을 인위적으로 상승·고정 또는 하락시킴으로써 자연적인 수요·공급에 의한 공정가격을 왜곡시키는 행위인 시세조종에 해당하는지 여부가 문제 된다. 시세조종이 자본시장에서의 자연스러운 수요·공급에 의하여 형성되어야 할 가격에 인위적으로 개입하여 정상적인 가격 형성을 방해하는 행위로 정의되고 있으므로, 이론상으로는 주가 하락 시도에 의한 시세조종 가능성이 얼마든지 열려 있다고 보아야 할 것이다. 다만 공매도는 인위적인 가격 하락의 효과를 발휘하지만 법령에서 허용된 행위인만큼 관련 절차와 요건을 준수하는 범위 내라면 당해 공매도 사실만을 들어 시세조종혐의로 처벌하기는 쉽지 않을 것이다.

이러한 관점에서 성도이엔지 사건은 공매도로 시세차익을 얻으려는 측과 자사주 가격 상승을 도모하려는 시세조종세력이 충돌한 사건[30)]으로, 공매도이더라도 경우에 따라서는 시세조종과 연결되어 처벌될 수 있음을 보여 주는 사안으로 시사하는 바가 크다고 할 것이다.[31)]

---

29) 한국거래소 보도자료, 회원감리 결과 회원 및 임직원에 대한 조치(2009. 9. 30). A증권사는 2009년 9월 시장감시위원회가 부과한 회원제재금 3,000만 원을 전액 납부완료하였다.

30) 머니투데이 2000. 12. 31.자, "공매도—작전충격 벗나—성도이엔지" 참조.

31) 공매도를 이용한 시세조종 사례로 성도이엔지 사건 외에 1999년에 발생한 신광산업

동 사건은 2000년 3월 우풍상호신용금고가 대우증권 사이버트레이딩을 통해 코스닥종목인 성도이엔지 주식 34만 주(유통물량은 28만 6,000주)를 공매도로 주문하여 매매 체결이 이루어졌으나 동사 주식이 연속 상한가를 내는 바람에 결제일까지 결제를 이행하지 못한 사안으로, 당시 이 소식이 알려지면서 우풍상호신용금고는 개인고객들의 인출 요구로 큰 혼란이 빚어졌던 사건이다.

당시 성도이엔지 주식은 해당 공매도 이전 시점인 2000년 2월부터 동사 대주주 등이 인위적으로 주가를 조작하여 상승시키고 있는 중이었다. 시세조종 세력은 자신들이 시세조종하던 주식에 갑자기 우풍상호신용금고가 공매도하면서 주가를 급락시키자, 대우증권의 결제를 저지할 목적으로 매도물량을 흡수하고 성도이엔지 대주주인 S씨에 대한 보유주식 대차요구를 거부함으로써 급기야 결제불이행이 발생하게 된 것이다.

이 사건에서 성도이엔지의 대주주 측은 독자적으로 시세조종행위를 하였으며, 우풍상호신용금고는 주가를 하락시키기 위해 2차에 걸쳐(각각 31만 주, 3만 주) 추가로 공매도하였다.[32] 증권선물위원회는 2000년 11월 8일 이들을 각각 시세조종혐의로 검찰에 고발·통보 또는 수사를 의뢰하였다.[33]

이 사건 이후 기관에 대하여도 개인과 마찬가지로 매도주문을 낼 때 결제 가능 여부를 반드시 확인토록 의무화하였다. 또한 공매도 규정을 위반한 위탁자(기관투자자 등)에 대하여는 3개월간 매수대금 또는 매도증권

공매도 사례가 있다. 자세한 네용은 김정수, "시세조종 규제의 이론과 실제," 주식 2001. 7.호 참조.

32) 한국증권법학회, 자본시장법[주석서 I], 박영사, 2009, 973면 참조.

33) 성도이엔지 S사장과 주식담당자 Y씨, 우풍상호신용금고 주식담당자 L씨 등 7명은 검찰고발, 우풍금고 P사장과 한화증권 C상무, L본부장 등 6명은 수사의뢰, W벤처 L사장은 검찰통보되었다.

전부를 위탁증거금으로 징수하도록 하였다. 동 사건은 무차입공매도를 금지하는 결과를 가져오는 데 영향을 미치기도 하였다.

3. 공매도와 결제불이행 : 현대금속 우선주 공매도 사건

현대금속 우선주 공매도 사건은 증권사들이 기관들에 대해서도 결제 가능 여부를 확인하도록 하였으나, 실제에 있어 증권사들이 기관들에게는 보유주식물량을 구두로만 확인할 뿐 사실상 면제해 주는 관행에서 비롯되었다고 할 수 있다.

현대금속은 1997년 11월 부도가 발생한 이후 법원의 법정관리 결정을 받아 관리를 받아 오던 중 2001년 12월 법원의 정리계획안 변경승인에 따라 감자 및 제3자 배정방식의 유상증자가 이루어졌다.[34] 이와 같은 재무구조 개선으로 자본잠식상태에서 벗어난 현대금속은 2002년 2월 9일 서울지방법원에 회사정리절차 종결신청서를 제출한 상태였다.[35]

현대금속 우선주 공매도는 2002년 2월 7일 정리금융공사가 보유 중인 현대금속2 우선주를 처분하려는 과정에서 종목명을 혼동해 현대금속1 우선주에 대한 매도주문을 내면서 발생한 것이다.[36] 공매도 사실이 알려지자 높은 가격에 주식을 팔려는 주주와 기관의 공매도에 불만을 가지고

---

34) 2002년 2월 5일 신주가 교부되었고, 이에 따라 주권은 1월 14일부터 2월 5일까지 매매가 중단되었다.

35) 현대금속1 우선주는 2월 6일 매매 재개와 함께 사흘 연속 상한가로 2월 8일 종가는 1만 1,550원까지 급등하였는데, 이는 보통주의 당일종가 2,105원의 5배를 넘는 가격이었다.

36) 당시 주문 착오의 책임에 대하여, 정리금융공사는 현대금속2 우선주 주문을 동원증권이 실수로 다른 종목을 주문했으므로 자신들은 책임이 없다는 것이고, 동원증권은 정리금융공사 측이 주문 착오를 일으킨 것이라고 주장했다.

있던 일부 현대금속1 우선주 보유 주주들은 물량을 내놓지 않았는데, 결국 증권거래소는 2월 14일 이 종목에 대한 거래를 정지시키고 동원증권에 결제대용증서를 발행하여 결제를 2월 19일까지 연장시켜 주었다.

동원증권은 2월 19일 장외에서 개인주주 50여 명으로부터 현대금속1 우선주 1만 5,000주를 사들여 결제를 완료함으로써 가까스로 결제불이행사태를 모면하였다. 현대금속1 우선주는 2월 20일부터 매매거래가 재개되었는데, 동원증권이 장외에서 사들인 현대금속1 우선주가격은 매매거래 정지 전날 종가인 1만 1,550원의 2배 수준인 2만 원선으로 알려졌다.[37]

이 사건 이후 한 종목당 단일호가를 상장주식의 5퍼센트로 제한하는, 이른바 단일호가 5퍼센트 제한제도가 마련되기도 하였다.[38] 현대금속 우선주의 경우 결제불이행사태는 방지되었지만, 미국의 경우에도 이미 상품시장에서 공매도자들의 커버링을 방해하여 이들을 결제불이행 위험에 노출시킨 후 상당한 프리미엄을 받고 보유주식을 넘겨주는 이른바 매점(cornering)[39] 또는 공매도자 압박(short squeeze)[40]

---

37) 머니투데이 2002. 2. 14.자, "현대금속우 공매도 누구 실수인가" 참조.

38) 이 사건 이후 거래소는 상장주식수가 5만 주 미만인 저유동성 종목을 매도하는 경우에는 해당 매도증권 전부를 위탁증거금으로 징수하도록 하는 내용의 업무규정을 개정하였다(업무규정 제70조의2).

39) 매점은 법적으로 존재하는 주식수 이상의 주식을 매수하는 행위로 공매도자로 하여금 환매를 위해서는 해당 매수자에게 매우 높은 시장가격을 지급하지 않고서는 해당 공매도포지션을 해소할 수 없도록 하는 것을 말한다. 매점은 해당 주식의 전망이 매우 비관적이어서 헤지펀드나 운용사와 같은 금융기관들이 해당 주식의 가격이 추가로 하락하거나 파산신청서를 제출하게 될 것을 기대하면서 공매도하는 주식을 대상으로 하여 이루어진다.

40) 공매도자 압박하기(short squeeze)는 롱 포지션을 취하고 있는 투자자가 공매도자에 대하여 증권 실물을 인도할 것을 요구하고 공매도자가 숏 포지션을 '커버'하기 위하여 시장에서 더 많은 주식을 매수하도록 함으로써 해당 주가를 상승시키는 행위로서 시세조종행위로 규제하고 있다. 이때 공매도자는 이와 같이 수도결제를 위한 물량을

행위가 발생하였음을 교훈삼아 필요한 제도 정비에 참고하여야 할 것이다.[41)]

4. 공매도와 착오매도주문 : C증권사의 상장주식수 초과매수

공매도는 일반적으로 해당 공매도를 행하는 자가 사전에 치밀한 거래계획을 세우고 실행하는 것으로, 이를 통해 부당한 이득을 취하고 해당 종목의 가격의 급락을 가져오지만 자본시장의 전산화 및 무인화 진전에 따라 거래가 성립되고 결제되는 환경하에서 비자발적 또는 착오에 의한 유사 공매도가 나타날 수 있다.

아래 사례는 매도방향이 아니라 매수주문과정에서 발생한 것이므로 공매도와는 직접적인 관련성은 없다고 할 수 있으나, 매매방향만 바뀌면 공매도 문제가 생길 수 있는 사안[42)]이라 할 수 있을 것이다.

(1) 사건의 개요

2010년 6월 28일 C증권사에서 거래소직접접속(Direct Market Acess. 이하 'DMA')계좌[43)]로 기아차 보통주 약 5억 주의 매수주문이 1,623회에 걸쳐 분할주문으로 시장에 제출되었다. 더 자세히 살펴보면 5억 76만 420주

확보하기 위하여 시장에서 주식을 매입할 때 '프리미엄'을 제공하게 된다.

41) 한국증권법학회, 앞의 책(주 32), 1219-1220면 참조.

42) 실제로 2000년 6월 5일 LG전자 보통주에 대하여 기관투자자가 한화증권을 통해 전체 상장주식수의 절반인 5,000만 주의 매도주문을 낸 사고가 발생하였는데, 추후 해당 기관은 주문 입력 착오라고 해명한 바 있다(동아일보 2000. 6. 7.자, "금감원 공매도 제한, 현실적 효과 못 거뒀다" 참조).

43) DMA주문은 주문속도를 높이기 위해 투자자(위탁자)가 주문(가)을 회원시스템에 입력하지 않고 직접 거래소시스템에 주문을 입력하는 것을 말한다.

를 3만 2,450원에 매수주문(30만 8,540주씩 1,623회 분할주문을 제출, 이 중 29만 5,910주는 체결되고 5억 46만 4,510주는 취소)한 것이다. 이 주문은 기아차 전체상장주식수 3억 9,000만 주를 약 157.5퍼센트 초과하는 주문이었다.[44)]

〈표 6〉 C증권사의 상장주식수 초과매수

구분	주문시간	주문내역			체결수량
		수량	분할횟수	가격	
매수호가	09 : 56 : 44~ 09 : 57 : 17	5억 76만 420주	1,623회	3만 2,450원	29만 5,910주
취소호가	10 : 00 : 26~ 10 : 09 : 46	5억 46만 4,510주	1,623회	-	-

해당 증권사의 해명 및 거래소 감리를 통해 동 사안은 주문 직원의 착오로 인한 것으로 판명되었다. 즉 C증권사 그룹계열사인 위탁자가 홍콩에서 DMA주문을 제출하였는데 기아차 5만 주 매수주문을 입력과정에서 5억여 주로 착오입력하였고, C증권사 내부 주문시스템상 100억 원 이상의 주문은 자동분할 주문되도록 되어 있었기 때문에 1,623회에 걸쳐 주문이 쪼개져 전달되었다. 다행히도 C증권사(서울) 직원이 기아차 호가상황을 살피는 과정(DMA 모니터링시스템, ECOM)에서 호가잔량이 과다한 사실을 확인하고 신속하게 취소함으로써 파장이 확대되는 것이 방지되었다.

44) 머니투데이 2010. 6. 28.자, "기아차 5억 주 주문–패턴을 보니" 참조.

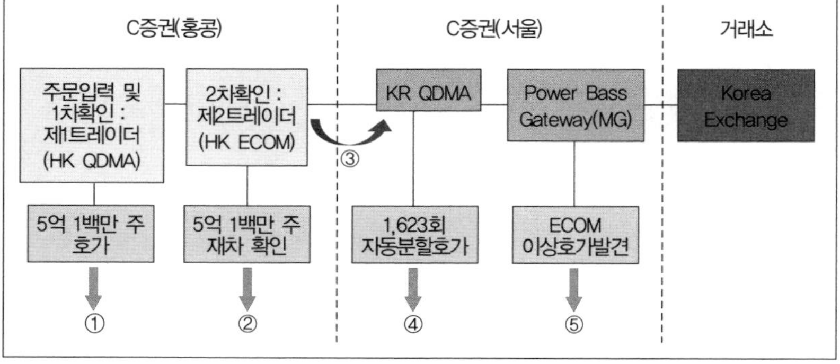

〔그림 3〕 기아차 상장주식수 초과주문 발생 개요

(2) 단일호가 5퍼센트 제한제도

공매도를 직접 규제하기 위한 것은 아니나 주문 착오로 인한 비의도적(unintentional) 공매도 초래 및 이로 인한 결제불이행사태를 사전에 방지하기 위한 메커니즘으로서 거래소는 한 종목당 단일호가를 상장주식의 5퍼센트로 제한하는 이른바 단일호가 5퍼센트 제한제도를 마련하고 있다. 이 제도는 앞에서 설명한 2002년 2월 현대금속 우선주 공매도와 관련하여 발생한 결제불이행사태로 마련되었다.

당시 기준을 "5퍼센트"로 정함에 있어서는 주식대량보유 보고제도(5% Rule)의 수량기준을 참고하였다. 그러나 동 제도도 5퍼센트 초과 '단일호가'가 아닌 '분할호가'에 대하여는 호가 제한이 없어 총상장주식수량의 한도를 체크하는 데에는 한계를 안고 있었는데, 이는 단일호가가 아닌 누적주문에 대한 호가 제한은 시스템상 수용에 어려움이 있기 때문이다.[45]

45) 2009년 3월 거래소 업무규정 개정을 통해 호가 1회당 입력수량 제한(1억 주)을 두던 것을 삭제하였는데, 이는 당시 유의성 체크로 인한 거래소시스템 부하를 고려하여 단일호가 5퍼센트 제한규정과 중복적으로 규제할 필요성이 없다는 판단에 근거한 것이다.

(3) 착오매도주문과 공매도

매도물량을 확보하지 않은 상태에서 착오로 매도주문을 내거나 매도물량을 초과하여 매도주문을 낸 경우, 표면상으로는 "증권을 소유하지 아니하고 매도한 경우"이므로 자본시장법이 금지하는 공매도에 해당하는 것으로 볼 수 있다. 착오주문은 거래소 업무규정에 의하여 회원이 물량을 인수하여 해결하도록 하는 등 처리방안을 정형화하여 규정하고 있으나, 이때 공매도 규제도 적용하여야 하느냐가 문제이다.

공매도 규제의 위반에 대하여 형벌로써 제재를 가하는 경우에는 범죄성립의 주관적 구성요건으로서 '고의'가 필요하며, 과실범에 대한 처벌규정이 따로 마련되어 있다면 당연히 '과실'로 인한 위반에 대하여도 처벌이 가능할 것이다. 하지만 우리 자본시장법은 공매도 규제 위반에 대하여 5,000만 원 이하의 과태료를 부과하고 있다.[46] 따라서 형벌이 아닌 행정질서벌로서 과태료를 부과하는 현행 자본시장법 체계상 고의 또는 과실과 같은 주관적 구성요건을 필요로 하는지가 문제 된다.

행정질서벌인 과태료 부과요건으로서 고의 또는 과실을 요하는지에 대하여 확립된 학설은 존재하지 아니하나, 대법원 판례는 과태료와 같은 행정질서벌을 부과하기 위하여는 위반자의 고의 · 과실을 요하지 아니한다는 입장을 취하고 있다. 다만 판례는 위반자가 그 의무를 알지 못하는 것이 무리가 아니었다고 할 수 있어 그것을 정당시할 수 있는 사정이 있을 때 또는 그 의무의 이행을 그 당사자에게 기대하는 것이 무리라고 하는 사정이 있을 때 등 그 의무해태를 탓할 수 없는 정당한 사유가 있는

46) 자본시장법 제449조 제1항 제39호.

때에는 이를 부과할 수 없다고 판시하고 있다.[47)]

우리 자본시장법이 공매도 규제 위반에 대하여 행정질서벌인 과태료로써 규제하고 있는 이상, 그 부과요건으로서 형벌과 동일 차원의 고의 · 과실의 주관적 요건을 요한다고 볼 수 없을 것이다. 다만 고의 또는 과실 여부는 과태료 부과수준에 참고될 것이다.

그러면 현행 자본시장법과 거래소 업무규정 체계 내에서 어떤 경우가 고의에 의한 공매도 위반이고 어떤 경우가 착오 또는 과실에 의한 공매도 위반 또는 착오매매인가? 일반적으로 보면 공매도는 해당 행위자가 주식을 소유하지 않은 사실을 인식하고 이익을 얻기 위해 공매도를 함에 반하여, 착오매도주문은 해당 회원이 매도물량을 보유하고 있는 것으로 오인하거나 주문입력과정에서 과실로 매도주문의 수량을 착오입력하거나 종목을 착오입력하는 경우에 생긴다. 따라서 공매도 전후의 상황, 해당 매도행위의 성격, 매도 이후의 행태 등을 종합적으로 고려하여 판단하여야 할 것이다. 예를 들어 회원이 해당 공매도 직후 지체 없이 위반 해소를 위해 해당 사실을 거래소에 알리고 이를 상품으로 인수하여 처리하는 등 적절한 사후조치[48)]를 한 경우에는 공매도 위반으로 보는 것보다는 착오매매로서 처리하는 것이 합리적일 것이다. 반면 설사 착오로 인한 공매도라고 주장하더라도 주위 정황상 전혀 매도물량 확보 없이 공매도를 통해 이익을 획득하려는 것이라고 인정할 수 있는 경우에는 자본시장법상 공매도 위반으로 보아야 할 것이다.

---

47) 대법원 2000. 5. 26. 선고 98두5972 판결 : 과태료 등 부과처분 취소.

48) 거래소 업무규정은 착오매매가 있는 경우 T+1일 15시까지 거래소에 신청하여야 하며, 착오분은 회원의 상품으로 인수하여 정정하도록 하고 있다(유가증권시장 업무규정시행세칙 제45조).

(4) 착오매매 정정과 공매도 위반에 대한 제재

거래소 업무규정은 회원이 호가하는 과정에서 착오가 발생한 경우 매매체결내용을 정정할 수 있도록 허용[49]하는데, 이때 당해 규정이 착오(과실)로 인한 공매도 위반에 대하여 면책사유로 인정될 수 있는지 문제된다. 거래소 업무규정은 자본시장법의 위임을 받아 금융위원회의 승인을 거쳐 제정되는 규범으로, 법령상 근거를 가지고 있는 규정이다(자본시장법 제393조 및 제412조). 공매도 제한 규정도 자본시장법에서 직접 명시되고 있다(제180조).

법령에서 양자의 효력관계에 관하여 특별한 언급이 없으므로 각각 정당한 법령근거를 갖고 개별적으로 효력을 갖는 것으로 보는 것이 타당할 것이다. 따라서 착오매매로 인한 공매도 규제 위반에 대하여는 자본시장법에 의한 과태료 제재와 거래소 업무규정상 규제를 가하는 것은 병립 가능하다고 보아야 할 것이다. 다만 착오매매 정정절차를 통하여 모든 문제가 원활히 해소된 경우에는 이를 다시 공매도 위반으로 처리하는 것은 중복제재 문제가 생길 수 있으므로 신중하게 접근하여야 할 것이다.

(5) 시스템적 해결의 한계

기관투자자를 중심으로 그 이용이 급격히 증가하고 있으나 모니터링이 상대적으로 취약한 DMA주문의 증가 추세에 대응하여 상기와 같은 착오로 인한 공매도 가능성을 근원적으로 방지하기 위해 시스템적 해결이 필요하다는 의견이 제시되고 있다. 시스템적 해결방안은 상장주식수를 초

---

49) 유가증권시장 업무규정 제28조.

과하는 호가가 제출되는 경우 이를 체크하고 동 주문의 시장 전달을 원천 차단하는 것인데, 이론상으로 이러한 시스템이 구축될 때 유사한 형태의 공매도는 원천적으로 차단되는 효과를 거둘 수 있게 된다.

그러나 현 시점에서는 계좌별 단일호가가 아닌 누적호가에 대하여 시스템상 제한은 물리적으로 불가능한 것으로 판단되고 있다. 즉 제한을 두기 위해서는 계좌별 · 종목별 모든 주문을 시스템적으로 실시간 계속적인 유의성 체크장치를 마련하여야 하나, 거래소시스템에 과부하를 초래하고 각 회원사에도 과도한 부담을 지우게 되므로 현 시점에서는 비용 · 효익 분석상 수용하기 어렵다고 할 것이다.

(6) 소결

상기 사례의 경우 거래소 업무규정[50]의 상장주식수 5퍼센트 초과수량 입력 금지 위반에는 해당하지 않는 것으로 판명되었다. 다행히도 취소가 신속하게 이루어졌고 가격 영향이 크지 않아 파급이 적었지만, 대량의 매수수량이 공개됨으로써 일시적으로나마 투자자들의 투자판단에 영향(주문 이후 취소까지 약 10분간)을 미친 점이 있어 이에 대한 검증이 필요한 사안이었다. 또한 C증권사 주장에 따르더라도 내부통제에 문제가 있었던 것으로 파악되므로 내부통제를 강화하기 위한 조치[51] 역시 필요할 것으로 생각된다. 해당 C증권사는 자체적으로 홍콩 소재 계열사의 관련 임직원 2명에 대하여 감봉 등의 징계조치를 내린 것으로 알려졌다.

50) 동 규정 시행세칙 제14조.
51) 동 사례와 관련하여 거래소는 DMA주문 수탁 시 내부통제 강화를 위한 유의사항 또는 지침의 제정 여부를 검토하고 있다.

IV. 맺음말(향후 제언)

자본시장법 제정에 따라 공매도에 대한 규제는 글로벌 수준으로 정비되었지만 일부 보완되어야 할 사항도 눈에 띄고 있다. 시장에서 발생하는 공매도 관련 행태는 생각보다 다양하며, 결제불이행에 연결되거나 시세조종 등 불공정거래와 연관된 사안이 발견되고 있다. 특히 최근에는 알고리즘거래(algorithmic trading)[52]를 포함한 시스템거래의 확산에 따라 여기에서 파생하는 착오주문 또는 과대주문 등에 의한 공매도형태도 발생하고 있어 이에 대한 적절한 대응이 요청된다. 이러한 인식에 따라 공매도의 효율적 규제에 의한 시장의 안정 및 투자자 보호를 위해 몇 가지 제언을 하고자 한다.

첫째, 글로벌기준에 비추어 볼 때 현행 자본시장법은 상장법인 임직원에 대한 공매도 금지조항을 폐지하고 상장법인 임직원의 주문 시 수탁증권사에 대한 고지의무를 부과하는 것으로 변경하고 있으나, 미국 1934년 증권거래법 SEC 16(c)에서와 같이 상장법인 임직원에 대하여는 공매도 자체를 금지하는 것이 바람직한 것으로 보인다.

둘째, 공매도 규제 위반에 대하여 일률적으로 행정벌이 형사벌체제에서 과태료체제로 변경되고 있지만, 상기의 임직원 공매도 금지를 환원하는 경우 최소한 이에 대한 위반에 대하여는 미국 · 일본에서와 같이 내부자거래 또는 시세조종 금지 위반에 준하여 형사벌을 부과하는 것이 균형

52) 알고리즘거래란 거래기회의 포착 및 주문시점 · 방식 등을 컴퓨터 프로그래밍화하여 일정 조건 부합 시 자동으로 주문이 체결되도록 하는 거래방식을 말한다. 대량거래에 따른 시장 충격 축소 및 거래정보의 노출을 피하기 위하여 짧은 시간(1초 미만) 내에 대규모주문을 소량으로 분할하여 고빈도(high frequency)의 주문을 제출하게 된다. 알고리즘거래는 미국 · 유럽의 주식시장에서 출발하여 최근에는 파생 · 외환 · 채권시장으로 그 영역이 넓어지고 있으며, 특히 기관투자자 사이에서는 일반화되고 있다.

있는 입법 태도라고 생각된다. 최근 금융위원회가 공매도 규제 위반에 대한 제재를 강화하는 방안으로 형사처벌 근거 마련을 검토하는 것은 주목할 만하다.[53)]

셋째, 현행 자본시장법은 유통시장에서의 공매도 금지만을 규제하고 발행시장 등에 대하여는 별다른 언급을 하지 않고 있다. 공매도로 인한 폐해 또는 부작용이 반드시 유통시장에 국한된 것은 아닌 만큼 입법론적으로는 미국의 Regulation M Rule 105에 의한 발행시장에서의 공매도 규제 또는 Regulation 14E Rule 14e-4에 의한 공개매수 관련 공매도 규제, 기타 사모증권의 공매도 규제의 도입 여부도 검토할 필요가 있다고 판단된다.[54)]

넷째, 공매도 규제에 대한 내부통제의 효율성을 높여야 한다. 최근 알고리즘거래 등 신유형의 거래방식이 급속히 확대되고 그로 인한 비자발적 공매도 가능성 및 결제불이행 위험이 커지고 있다. C증권사의 사례에서 보는 바와 같이 수습이 곤란할 정도의 대규모 공매도 위탁주문이나 그에 대한 모니터링이 강화되지 않는 경우, 해당 회원사의 존립 및 시장의 안정에 치명적인 타격을 가할 가능성이 높아졌다. 공매도 주문제도 및 시스템을 정비하여 알고리즘거래에 의한 초과주문 등 비의도적 공매도성 거래에 대한 모니터링을 강화하고 시스템의 불안정성을 야기할 수 있는 거래에 대하여 적극적 대응조치를 하여야 할 것이다.[55)]

---

53) 금융위 / 금감원 / 거래소 / 예탁결제원 / 한국증권금융 / 코스콤 / 금융투자협회, 앞의 자료(주 11), 30면.

54) Regulation M Rule 105에 의한 발행시장에서의 공매도 규제 또는 Regulation 14E Rule 14e-4에 의한 공개매수 관련 공매도 규제의 자세한 내용에 대하여는 성희활, "글로벌 금융위기에 따른 공매도 규제의 변화와 시사점 : 최근 미국의 공매도 규제변화를 중심으로," 한양법학 제20권 제3집(2009. 8), 한양법학회, 296-298면 참조.

55) 이와 관련하여 거래소 시장감시위원회는 회원에 대하여 아래의 「알고리즘 트레이딩 관련 가이드라인」을 마련하여 회원에게 배포한 바 있다. 동 가이드라인의 주요내용은

다섯째, 공매도를 포함한 매매의 유형에 대한 증권사 자체의 확인을 강화하여야 한다. 특히 증권사는 위탁자(투자자)가 다른 기관에 보관하고 있는 증권의 매도를 수탁하는 경우 차입 여부에 대한 확인이 어려운 경우가 많다. 신탁기관 등 주식보관기관의 보유잔고현황에 대하여 정확한 자료가 제공되고 확인될 수 있는 체제를 갖추어야 한다.[56)]

끝으로 공매도 규제는 금융감독원과 거래소가 담당하고 있는데, 자본시장법이 주된 내용을 거래소 업무규정에 위임을 하고 있어 감독영역이 중복되거나 규제공백이 발생하는 부문이 생기고 있다. 공매도 규제에 대한 감독당국 간 원활한 업무 분담과 협조가 필요한 것으로 생각된다.

다음과 같다.

〈알고리즘 시스템의 설계 시 유의사항〉

· 회원은 자기거래 등을 위한 알고리즘시스템을 설계하는 경우 거래소 시장감시규정 등 관련 법규를 참고하여, 공정거래질서 저해행위 등이 발생하지 않도록 설계하여야 함.

〈시스템 관련 고려사항(예시)〉 * 잦은 신규 · 정정 · 취소, 분할호가로 호가정보 및 시세에 부당한 영향을 줄 소지가 있는지 여부 * 동일 계좌 내 복수의 시스템 또는 동일 시스템의 복수 운용으로 인한 동일인의 매도 · 매수호가 간 매매가 체결될 가능성이 있는지 여부 * 특정종목 등에 집중적인 신규 · 정정 · 취소, 분할호가 제출로 인한 시장운영 부담이 증가할 가능성이 있는지 여부 * 착오주문 제출을 예방할 수 있는 주문 확인절차 등의 구비 여부 * 시스템에러 감시 및 이에 대한 후속 절차 구비 여부 * 기타 공정거래질서 저해 및 거래소업무 관련 규정 위반 가능성 여부

〈알고리즘 트레이딩에 대한 적절한 내부통제〉

· 회원은 알고리즘 트레이딩이 공정거래질서 저해 등 위규행위가 발생할 우려가 없는지에 대해 지속적으로 모니터링하고, 필요시 적절하게 알고리즘시스템을 수정하는 등 위규행위가 발생하지 않도록 시스템을 운용하여야 함.

· 회원은 알고리즘 트레이딩 관련 문서화된 내부통제 및 모니터링절차를 갖출 것을 권장함.

56) 금융위 / 금감원 / 거래소 / 예탁결제원 / 한국증권금융 / 코스콤 / 금융투자협회, 앞의 자료(주 11), 25면.

제5부

불공정거래행위에 대한 민사책임

제14장 불공정거래행위에 따른 손해배상 청구권자와 인과관계
제15장 불공정거래행위에 대한 손해배상의 범위
제16장 증권 관련 집단소송의 진행 및 분배
제17장 증권 관련 집단소송의 소송 허가요건

14

불공정거래행위에 따른 손해배상 청구권자와 인과관계*

김주영**

I. 서론

자본시장과 금융투자업에 관한 법률(이하 '자본시장법')은 내부자거래, 시세조종, 부정거래행위 등 각종 불공정거래행위에 따른 손해배상책임을 규정하고 있다. 자본시장법상 불공정거래행위는 위법행위에 해당하여 민법상 불법행위책임이 성립하므로 자본시장법에 별도의 조항이 없더라도 민법에 따른 손해배상청구를 할 수 있다. 하지만 자본시장법은 선의의 투자자가 보다 신속하게 그 피해를 구제받을 수 있도록 하는 한편, 유가증권시장의 안정을 도모하기 위하여 손해배상책임의 발생요건을 특정하고,

* 이 논문은 증권법연구 제15권 제1호(2014)에 "자본시장법상 불공정거래행위에 따른 손해배상청구의 청구인적격에 관한 검토 : 인과관계요건과의 관계성을 중심으로"라는 제목으로 게재된 것을 수정 · 가필한 글임을 밝힌다.

** 법무법인 한누리 변호사

입증책임을 전환하고 책임을 물을 수 있는 기간을 단기적으로 제한하는 별도의 법정책임을 규정하고 있는데, 이것이 자본시장법 제4편 불공정거래행위의 규제에 규정된 손해배상책임이다.[1] 이러한 자본시장법상 손해배상책임과 민법상의 불법행위책임은 청구권 경합관계에 있다는 것이 학설과 판례의 일치된 입장이다.[2]

그런데 민법상 불법행위책임을 규정한 민법 제750조는 "고의 또는 과실로 인한 위법행위로 타인에게 손해를 가한 자는 그 손해를 배상할 책임이 있다"고 규정하여 특별히 손해배상 청구권자의 범위를 명시하지 않고 있는 반면, 자본시장법상 각종 불공정거래행위에 따른 손해배상책임을 정하는 규정들은 손해배상 청구권자의 범위를 한정하는 문구를 포함하고 있다.

예컨대 미공개중요정보 이용에 따른 배상책임을 규정한 자본시장법 제175조는 미공개중요정보 이용금지 규정 위반자는 '해당 특정증권 등의 매매, 그 밖의 거래를 한 자'가 입은 손해를 배상할 책임이 있다고 규정하고 있어 손해배상 청구권자를 '해당 특정증권의 매매, 그 밖의 거래를 한 자'로 제한하고 있다. 부정거래행위에 따른 배상책임을 규정한 제179조도 '위반행위로 인하여 금융투자상품의 매매, 그 밖의 거래를 한 자'로 청구권자의 범위를 한정하는 문구를 담고 있다. 이러한 청구권자의 범위에 관한 규정들은 '해당 특정증권', '그 밖의 거래', '인하여'와 같이 불확정 개념들을 사용하고 있어 구체적인 사안에 있어 이를 어떻게 해석 · 적용하여야 하는지가 문제 된다.

1) 대법원 1999. 10. 22. 선고 97다26555 판결.

2) 김건식 / 정순섭, 자본시장법, 두성사, 2009, 146면 ; 김정수, 자본시장법원론, 서울파이낸스앤로그룹, 2011, 1168면 ; 위 주 1의 판결.

또한 자본시장법은 불공정거래행위에 따른 손해배상청구와 관련하여 '그 매매, 그 밖의 거래와 관련하여 입은 손해를 배상할 책임을 진다'(제175조 제1항 및 제179조 제1항)는 식으로 손해의 '거래 관련성'을 요구하는 규정을 두고 있는데, 일반 불법행위책임이나 채무불이행책임에서 요구되는 '상당인과관계'와는 다른 인과관계(causation)가 요구되는 것이 아닌가 하는 의문이 제기된다. 실제로 미국의 증권사기 사건 관련 판례의 경향을 따라 우리 증권법 학자들 역시 대부분 불공정거래행위에 따른 손해배상청구와 관련하여 '거래인과관계(tansaction causation)'와 '손해인과관계'가 요구되는 것으로 설명하고 있으며, 판례도 언제부터인가 '거래인과관계'라는 표현을 심심치 않게 사용하고 있다. 따라서 증시 불공정거래행위 관련 손해배상책임의 범위를 논함에 있어서 요구되는 인과관계가 통상의 불법행위책임에 있어서 요구되는 '상당인과관계'와 실질적으로 다른 것인지, 다르다면 어떻게 다른지가 문제 된다.

이 글에서는 우선 자본시장법상 불공정거래행위에 관한 손해배상 책임조항과 그 해석상 쟁점을 먼저 소개한 후(II) 이러한 손해배상 책임조항에서 청구권자의 범위를 한정한 것이 불공정거래행위로 상당인과관계가 있는 손해를 입은 피해자의 범위를 표현하는 차원으로 이루어진 것임을 논증하고자 한다(III). 더 나아가 거래인과관계나 손해인과관계라는 개념 역시 미국 판례들이 증권 사건에서의 인과관계를 좀 더 분석적으로 설명하기 위해 사용하는 개념으로서, 우리나라 법 해석상 요구되는 '상당인과관계'와 실질적으로 다른 것이 아니라는 점을 설명하고자 한다(IV). 결국 자본시장법의 손해배상 책임조항은 해당 불공정거래행위로 상당인과관계 있는 손해를 입은 피해자(청구권자)가 입은 상당인과관계 있는 손해를 배상하도록 하는 것이 본래 취지인바, V. 이하에서는 이러한 입장에서 내부자거래 · 시세조종행위 등 각종 불공정거래행위에 있어서의 손해배상 청구권자의 범위와 상당인과관계를 어떻게 정할 것인지를 논하고자 한다 (V~VII).

II. 자본시장법상 불공정거래행위에 관한 손해배상 책임조항과 해석상 문제점

1. 관련 법조항

자본시장법상 불공정거래행위는 광의로는 공시의무 위반이나 영업행위 규제 위반을 포함하는 개념으로 정의할 수도 있지만, 좁은 의미로는 자본시장법 제4편 불공정거래행위의 규제에서 규정하는 '내부자거래행위'·'시세조종행위' 그리고 '부정거래행위' 이 3가지를 의미한다고 볼 수 있다. 이러한 불공정거래행위에 따른 손해배상책임을 정한 조항들은 다음과 같다.

〈불공정거래행위에 따른 손해배상책임 관련 조항〉

제175조(미공개중요정보 이용행위의 배상책임)

① 제174조를 위반한 자는 해당 특정증권 등의 매매, 그 밖의 거래를 한 자가 그 매매, 그 밖의 거래와 관련하여 입은 손해를 배상할 책임을 진다.

….

제177조(시세조종의 배상책임)

① 제176조를 위반한 자는 다음 각 호의 구분에 따른 손해를 배상할 책임을 진다.

1. 그 위반행위로 인하여 형성된 가격에 의하여 해당 증권 또는 파생상품에 관한 매매 등을 하거나 그 위탁을 한 자가 그 매매 등 또는 위탁으로 인하여 입은 손해

2. 제1호의 손해 외에 그 위반행위(제176조 제4항 각 호의 어느 하나에 해당하는 행위로 한정한다)로 인하여 가격에 영향을 받은 다른 증권, 파생상품 또는 그 증권·파생상품의 기초자산에 대한 매매 등을 하거나 그 위탁을 한 자가 그 매매 등 또는 위탁으로 인하여 입은 손해
3. 제1호 및 제2호의 손해 외에 그 위반행위(제176조 제4항 각 호의 어느 하나에 해당하는 행위로 한정한다)로 인하여 특정 시점의 가격 또는 수치에 따라 권리 행사 또는 조건 성취 여부가 결정되거나 금전 등이 결제되는 증권 또는 파생상품과 관련하여 그 증권 또는 파생상품을 보유한 자가 그 위반행위로 형성된 가격 또는 수치에 따라 결정되거나 결제됨으로써 입은 손해

….

제179조(부정거래행위 등의 배상책임)

① 제178조를 위반한 자는 그 위반행위로 인하여 금융투자상품의 매매, 그 밖의 거래를 한 자가 그 매매, 그 밖의 거래와 관련하여 입은 손해를 배상할 책임을 진다.

….

2. 해석상 문제점

자본시장법상 불공정거래행위에 따른 손해배상 청구권자의 범위를 규정한 조문의 문구들은 불확정 개념을 사용하고 있어 문제가 되는 매매나 거래종류, 시점이나 범위 등에 관하여 여러 해석상 논란이 일 수 있다.

예컨대 미공개중요정보 이용행위의 경우 '해당 특정증권 등의 매매, 그 밖의 거래를 한 자'의 범위를 어디까지로 보아야 하는가, 즉 실제로 미공개중요정보 이용행위를 한 자와 직접 상대방이 되어 거래를 한 자로 보아야 하는가, 아니면 미공개중요정보 이용행위가 발생한 후 그러한 사실이 공개되기 전까지 같은 종목을 거래하였다면 모두 포함시킬 것인가 의문

이 발생한다. 부정거래행위의 경우에도 "그 위반행위로 인하여 금융투자상품의 매매, 그 밖의 거래를 한 자가 그 매매, 그 밖의 거래와 관련하여 입은 손해를 배상할 책임이 있다"라고 했을 때 '매매, 그 밖의 거래'라는 것은 어디까지를 말하는 것이며, '관련하여'라는 것이 어떤 의미인지 즉 그러한 매매, 그 밖의 거래가 위반행위 이후 착수된 것이어야만 하는지, 신주의 청약이나 합병 등의 실행도 매매, 그 밖의 거래에 포함되는지에 관하여 논란이 있을 수 있다.

III. 자본시장법이 불공정거래행위의 손해배상책임 청구권자를 한정하여 규정한 취지

1. 2가지 견해

자본시장법이 불공정거래행위에 따른 손해배상 청구권자를 한정하여 규정한 취지는 무엇일까. 2가지 견해를 상정해 볼 수 있다. 첫째는 자본시장법상 불공정거래행위가 성립되는 경우 그에 따른 손해배상청구를 일정한 범위의 자에게만 제한적으로 인정함으로써 자본시장법상 불공정거래행위에 따른 손해배상청구를 정책적으로 제한하기 위한 취지라는 견해이다. 이러한 견해에 따른다면, 자본시장법상 불공정거래행위에 의하여 상당인과관계 있는 손해를 입은 피해자라 하더라도 법이 정한 자격이 없으면 자본시장법상 손해배상청구를 못하는 것이 당연할 수 있다. 둘째는 해당 자본시장법상 불공정거래행위와 상당인과관계 있는 손해를 배상하도록 법문상 명확히 하는 과정에서 편의상 청구권자의 범위를 제한하는 방식으로 구성요건이 표현된 것이라는 견해이다. 이러한 견해에 따른다면, 청구권자의 범위를 해석함에 있어서 결국 상당인과관계라는 관점에 비추어 해석하게 될 것이고, 이렇게 되면 자본시장법상 불공정거래행위로 인해 어떠한 손해를 입은 피해자가 있고 이러한 피해자의 손해와 불공정거래행위 간에 상당인과관계가 있다고 판단될 때에는 가급적 배상책임이 인정되도록 해석하게 될 것이다.

2. 우리나라 자본시장법의 입법취지와 문언규정방식

자본시장법 제175조, 제177조 및 제179조에서 손해배상 청구권자의 범위를 한정하는 문구를 두고 있는 것은 동법 제174조, 제176조 및 제178조 위반행위에 대하여 손해배상책임을 규정하면서 그 청구권자를 일정 범위로 제한하기 위한 정책적 고려에 따른 것인가, 아니면 그러한 자본시장법 위반행위에 따라 상당인과관계 있는 손해를 입은 피해자의 범위를 보다 명확히 규정하고자 하는 취지에서 이루어진 것인가.

자본시장법의 제정 당시 입법 관련 자료에는 이 문제에 관한 논의를 찾아보기 어렵고 자본시장법의 모법에 해당하는 증권거래법의 입법자료에도 이 문제에 관한 논의는 찾아보기 어렵다. 1962년 제정된 증권거래법 제92조는 '시세조작의 배상책임'이라는 제목 아래 "전 조의 규정에 위반하는 자는 그 위반행위로 인하여 형성된 가격에 의하여 그 유가증권시장에서 해당 유가증권의 매매거래 또는 위탁을 한 자가 당해 매매거래 또는 위탁에 관하여 입은 손해를 배상할 책임을 진다"라고 규정하였고, 이러한 규정은 자본시장법에 이르기까지 그대로 이어졌는데 이 조항은 시세조종행위에 대한 민사적 책임을 규정한 것으로 해석되어 왔다. 학자들도 자본시장법 제175조, 제177조 및 제179조는 동법 제174조, 제176조 및 제178조 위반행위로 피해를 입은 투자자를 보호하기 위해 민사책임을 규정한 조항들로서 일반 불법행위로 인한 손해배상청구의 특칙이라는 견해를 취하고 있다.[3] 학자 중 자본시장법 제175조, 제177조 및 제179조가 동법 제174조, 제176조 및 제178조 위반에 따른 손해배상책임을 특별히 일정 범위의 피해자에게 제한적으로 부여하기 위한 조항이라고 해석하는 견해는 찾아보기 어려우며, 오히려 일반 불법행위책임에 관한 민법 제750조에 의하면 내부자거래 등 불공정거래행위에 대하여 손해배상청구권을 행사하기 어렵다는 점을 감안한 특칙이라고 설명한다.[4]

문언으로 볼 때도 자본시장법 제175조, 제177조 및 제179조에서 손해배상 청구권자의 범위를 한정하는 문구들은 금지규정에 해당하는 동법 제174조, 제176조 및 제178조에 이미 나와 있는 요건을 되풀이한 것에 불과한 것으로 보인다. 예컨대 자본시장법 제175조의 '해당 특정증권 등의 매매, 그 밖의 거래를 한 자'라는 문구는 이미 자본지방법 제174조에 나와 있는 "미공개중요정보를 특정증권 등의 매매, 그 밖의 거래에 이용하거나 타인에게 이용하게 하여서는 아니 된다"라는 문구에서 사용된 문구이며, 동법 제179조에서 쓰인 '그 위반행위로 인하여 금융투자상품의 매매, 그 밖의 거래를 한 자'라는 문구는 그 금지규정에 해당하는 동법 제178조의 "누구든지 금융투자상품의 매매, 그 밖의 거래와 관련하여 다음 각 호의 어느 하나에 해당하는 행위를 하여서는 아니 된다"라는 규정에 쓰인 문구를 그대로 사용한 것이다.

결국 우리나라 자본시장법의 입법연혁이나 문언규정방식에 비추어 볼 때 자본시장법 제175조, 제177조 및 제179조는 각각 동법 제174조, 제176조 및 제178조 위반행위로 피해를 입은 투자자를 보다 두텁게 보호하기 위

---

3) 한국증권법학회, 자본시장법〔주석서 1〕, 박영사, 2009, 880면, 938면, 961면 ; 김정수, 앞의 책(주 2), 1034면.

4) 임재연, 자본시장법, 박영사, 2010, 840면 ; 김건식 / 정순섭, 앞의 책(주 2), 146면.

해 민사책임을 강조하여 규정한 조항이며 손해배상 청구권자를 정책적으로 제한하기 위해 둔 규정은 아닌 것으로 보인다.

3. 미국 증권 판례에서의 시사점

국내 학자들이 증권소송에서의 원고적격(청구인적격)을 논하는 것이나 우리나라 구 증권거래법 또는 자본시장법의 규정이 청구권자의 범위를 한정하는 듯 표현한 것은 미국의 증권소송 관련 판례에서 영향을 많이 받은 것으로 보인다.[5] 즉 미국 증권소송 판례에서 형성된 '원고적격(standing)', '매수인 · 매도인요건(purchaser or seller requirement)' 또는 '매매 관련성(in connection with)요건' 관련 논의에서 상당한 영향을 받은 것이다. 이하에서는 미국 증권소송에서 형성된 청구인적격(standing) 관련 논의의 내용과 배경을 살펴봄으로써 우리나라 증권소송에서의 손해배상 청구권자의 범위를 어떻게 해석해야 하는지에 관한 시사점을 얻고자 한다.

(1) Rule 10b-5와 청구인적격

미국 증권투자자소송으로 가장 많이 활용되는 것이 미국 1934년 증권거래법 제10조(b)〔이하 'SEA 10(b)'〕 및 그 부속규정인 연방증권거래위원회(Securities and Exchange Commission. 이하 SEC) Rule 10b-5(이하 'Rule

5) 학자 중에는 '원고적격'이라는 용어를 사용하는 경우〔김정수, 앞의 책(주 2), 1173면〕와 '손해배상 청구권자'라는 개념을 사용하는 경우〔김건식 / 정순섭, 앞의 책(주 2), 303면 ; 임재연, 앞의 책(주 4), 842면〕가 있는데, 앞에서 말한 바와 같이 원고적격이라는 소송법상 용어보다는 본안적격을 의미하는 손해배상 청구권자라는 용어가 적합하다고 본다.

10b-5')에 의한 소송인데 미국 증권소송에 있어서 청구인적격에 관한 논의는 Rule 10b-5에 의한 소송에서 가장 활발하게 전개되어 왔다. 즉 미국 증권소송에서 청구인요건은 Rule 10b-5에 의한 소송을 다룬 번바움(Birnbaum) 사건에서 처음으로 정립되었고, 그후 연방대법원이 다룬 블루칩(Blue Chip) 사건에서 확립되었다고 일컬어지고 있다. 이외에도 다수의 미국 연방법원 판결들이 Rule 10b-5에 근거한 소송과 관련하여 청구인적격 문제를 다루고 있다. 포괄적 증권사기를 금지하는 것으로 해석되는 SEA 10(b)와 Rule 10b-5의 내용은 다음과 같다.

SEA 10(b)[6)]

제10조 시세조종적이거나 사기적인 수단의 금지

누구든지 직접 또는 간접으로 주간통상의 방법 또는 수단이나 우편 또는 국가적인 증권거래소의 시설을 이용하여, 다음에 게기하는 행위를 하는 것은 위법이다.

….

b. 위원회가 공익이나 투자자보호를 위하여 필요·적절하다고 인정하여 정하는 규칙에 위반하여, 국법증권거래소에의 등록증권이나 비등록증권 또는 증권에 연계된 어떠한 스왑계약(Gramm–Leach–Bliley 법 206B의 규정에 정의된 것)의 매매에 관하여 시세조종적이거나 사기적 수단 또는 책략을 이용하는 것

6) **Securities Exchange Act of 1934**

Section 10 Manipulative and Deceptive Devices

It shall be unlawful for any person, directly or indirectly, by the use of any means or instrumentality of interstate commerce or of the mails, or of any facility of any national securities exchange —

….

b. To use or employ, in connection with the purchase or sale of any security registered on a national securities exchange or any security not so registered, or any securities-based swap agreement(as defined in section 206B of the Gramm-Leach-Bliley Act), any manipulative or deceptive device or contrivance in

Rule 10b–5[7)]

누구든지 주간통상의 방법이나 수단, 우편 또는 증권거래소의 시설을 이용하여 증권의 매수 또는 매도와 관련하여 직접 또는 간접으로 다음 각 호에 게기하는 행위를 하는 것은 위법이다.

(a) 사취(defraud)를 행하기 위한 책략(device), 계략(scheme) 또는 술책(artifice)을 이용하는 것,

(b) 중요한 사항에 관하여 사실과 다른 표시를 하는 것, 또는 그것이 작성된 당시의 상황에 비추어 그 표시에 관하여 오해를 회피하기 위하여 필요한 중요사항의 기재를 생략하는 것 또는

(c) 어떤 자에 대하여 사기(fraud) 또는 기만(deceit)이 되거나 사기 또는 기만이 될 우려가 있는 행위, 관행 또는 업무방법을 행하는 것

위 조문에서 보듯이 이 조항들은 증권사기행위를 포괄적으로 금하는 금지규정일 뿐 그러한 위반행위로 인하여 손해를 입은 투자자에게 배상청구권을 인정하는 조항이 아니다. 따라서 손해배상 청구권자의 자격이나 범위를 제한하는 문구도 없다. 하지만 미국 법원은 위 조항에 의거하

contravention of such rules and regulations as the Commission may prescribe as necessary or appropriate in the public interest or for the protection of investors.

7) **Rules and Regulations Promulgated under the Securities Exchange Act of 1934**
Rule 10b-5 Employment of Manipulative & Deceptive Devices
It shall be unlawful for any person, directly or indirectly, by the use of any means or instrumentality of interstate commerce, or of the mails or of any facility of any national securities exchange,
To employ any device, scheme, or artifice to defraud,
To make any untrue statement of a material fact or to omit to state a material fact necessary in order to make the statements made, in the light of the circumstances under which they were made, not misleading, or
To engage in any act, practice, or course of business which operates or would operate as a fraud or deceit upon any person, in connection with the purchase or sale of any security.

여 이른바 묵시적 소권을 인정하여 이러한 증권사기에 의해 피해를 입은 투자자에게 손해배상 청구소송을 제기할 수 있도록 허용하였다.

(2) 청구인적격요건을 정립한 미국 판례들

Rule 10b-5 위반에 따른 묵시적 소권에 의한 소송이 Kardon v. National Gypsum Co. 사건[8])을 통해 처음으로 법원에 의해 인정된 지 6년 만인 1952년 제2순회 연방항소법원은 Birnbaum v. Newport Steel Corp. 사건에서 Rule 10b-5 소송의 원고는 사기적 행위의 근거가 되는 증권의 매도인이거나 매수인이어야 한다고 판시하였다.[9])

이른바 번바움원칙을 만들어 낸 Birnbaum v. Newport Steel Corp. 사건 판결은, 피고회사(Newport Steel)의 사장 겸 지배주주가 기존에 진행 중이던 합병계획을 무산시키고 대신 자신이 소유하는 40퍼센트의 지배주식을 협상 상대방에게 시장가의 두 배의 가격에 매도한 사안에 관한 것이었다. 피고회사의 주주들로서 대주주의 지배지분 고가매각에 동참하지 못하게 된 원고들은 합병의 무산 및 지배지분의 양도과정에서 피고회사의 사장이 주주들에게 보낸 서신에 거짓말이 담겨 있었고 대주주지분의 양도거래 이후에도 그 양도가격과 양도의 효과에 관하여 사실을 은닉했다는 이유로 Rule 10b-5에 의한 소송을 제기하였다.

이러한 청구와 관련하여 번바움 재판부는 원고들이 매도인 또는 매수인이 아니라는 이유로 청구를 기각한 제1심 판결을 승인했다. 번바움 재판부는 그 이유로 Rule 10b-5가 증권의 매수인 또는 매도인에 대한 사기

---

8) Kardon v. National Gypsum Co., 69 F.Supp. 512 (E.D.Pa.1946).

9) Tomas Lee Hazen, The Law of Securities Regulation (3rd ed.,), West Group, p.775 (1996).

를 겨냥한 규정이지 회사 임원의 신인의무 위반(설령 그것이 비매수인 또는 비매도인에 대한 기망을 구성하는 경우라 하더라도)과는 무관하다는 점을 들었다.[10] 즉 번바움판결은 Rule 10b-5 소송을 회사 내부자의 주주들에 대한 신인의무 위반에 적용하려는 것을 저지하는 판결에 해당하였는데, 이 판결은 Rule 10b-5 소송에 있어서 매수인 · 매도인요건을 처음으로 정립한 판결로 일컬어진다.

한편 이 번바움원칙을 승인하여 Rule 10b-5 소송에 있어서 매수인 · 매도인요건을 확고하게 정립한 연방대법원 판결은 이 번바움판결이 나온 지 약 20여 년이 지나서 나온 블루칩판결이었다. 이 사건에서 스탬프 제조회사였던 피고회사는 독점금지법 위반을 이유로 정부로부터 자사의 주식을 염가에 피고회사의 대리점들에게 매각하도록 명하여졌다. 이 매각명령에 따라 피고회사는 대리점 중 하나인 원고에게도 매수를 제안하였는데, 원고는 피고회사의 제안에도 불구하고 피고회사의 주식을 매수하지 않았다. 원고는 나중에 피고회사의 주식을 매수하지 않은 것은 피고회사의 사기, 즉 피고회사가 사업설명서에 회사의 사업에 관하여 과도하게 비관적으로 기재하였기 때문이라고 주장하면서 Rule 10b-5 소송을 제기하였다. 이 사건에 대한 대법관들의 견해는 나뉘었는데, 다수의견은 원고들이 비록 독점법 관련 정부명령에 따라 증권의 매수 제안을 받은 자이기는 하지만 독점법 관련 정부명령의 당사자도 아니었고 이러한 정부명령에 따라 어떠한 사적 권리가 발생하지도 않아 1934년 증권거래법에서 말하는 증권의 매수인이나 매도인이라고 볼 수 없다는 이유로 원고들의 청구인적격을 부정하였다.[11]

---

10) Birnbaum v. Newport Steel Corp., 193 F.2d 461 (2d Cir. 1952).

11) Blue Chip Stamps v. Manor Drug Stores, 421 U.S. 723, 95 S.Ct. 1977, 44 L.Ed.2d 539 (1975).

이 사건에서 다수의견을 대표한 렌퀴스트(William Rehnquist) 판사는 1934년 증권거래법에 따른 사적 손해배상 청구소송에서의 배상을 '실제 손해(actual damage)'에 한정하고 있는 1934년 증권거래법 제28(a)조가 매수인·매도인요건을 뒷받침한다고 하면서 다음과 같이 설시했다.

"비록 Section 10(b) 소송에서 매수인이나 매도인이 입은 손해액을 산정하는 것이 종종 어려운 일이기는 하지만, 대체로 그러한 매수인이나 매도인은 적어도 규명될 수 있는 거래 주식 수에 따라 손해액을 청구할 수 있다. 반면 매수인도 아니고 매도인도 아니며, 다만 매수 또는 매도할 비계약상의 기회(noncontractual opportunity to buy or sell)를 상실한 것에 따른 경제적 피해를 구하는 추정적인 원고(putative plaintiff)는 원고의 주관적인 가정에 입각한 주식 수에 기초한 다분히 추정적이고(conjectural) 투기적인(speculative) 청구를 하게 될 것이다."

이상에서 보는 바와 같이 미국 증권사기 관련 Rule 10b-5 소송에서의 청구인적격은 법령규정에 의해 정해진 것이 아니라 판례에 의해 형성되었으며, 증권사기의 직접적인 피해자가 아닌 주주에 의한 회사 내부자의 임무해태에 대한 소송을 배제하거나 추정적인 원고에 의한 추정적이고 투기적인 청구를 방지하기 위한 차원에서 형성된 개념으로서, 결국에는 인과관계 고찰의 산물임을 알 수 있다.

(3) 청구인적격을 유연하게 인정한 미국 판례들

앞에서 본 바와 같이 매수인·매도인요건을 정립한 번바움판결이나 블루칩판결은 회사의 주주가 회사 임원의 주주에 대한 신인의무 위반에 따른 손해배상청구를 Rule 10b-5 소송으로 제기하는 것을 배제하기 위해 또는 아무런 계약상의 권리가 없는 추정적 원고에 의한 추정적이고 사변적 청구를 배제하는 차원에서 형성된 것으로서 형식적 · 도식적으로 원고가 증권의 '매수인' 또는 '매도인'일 것을 요구하는 판결이 아니다. 이 때문에 실질관계에 비추어 매수인 · 매도인요건의 예외를 인정하는 듯한 다수의 미국 판례가 형성되었다. 이는 결국 매수인 · 매도인요건이라는 것이 어떠한 증권사기행위 이후 매수 또는 매도를 행한 자를 의미하는 완고(頑固)하고 기계적(機械的)인 요건이 아니라 '당해 증권사기행위로 인해 상당인과관계〔미국법상으로는 직접적 인과관계(proximate cause)〕가 있는 실제 손해를 입은 자'에로 청구권자를 한정하기 위한 개념이라는 것을 뒷받침한다.

1) 신탁의 수익자

미국 법원은 신탁이 증권사기로 인해 주식을 매각하였다고 하였을 때, 그 신탁의 수익자(beneficiaries)도 Rule 10b-5 소송의 청구인적격이 있다고 판시하고 있다.[12] Hackford v. First Sec. Bank of Utah. N.A. 사건에서 수익자들은 수탁은행의 주식매도행위를 문제 삼아 Rule 10b-5에 의한 소송을 제기하였다. 이 사건에서 수탁은행은 주식을 매도한 것이 자신이지 수익자가 아니므로 블루칩판결에 따라 수익자들에게 청구인적격이 없다고 주장했다. 이 사건에서 유타연방지방법원은 비록 신탁 수익자들이 기계적으로 주식매매를 한 자는 아니지만 블루칩판결에서 말하는 구경꾼(bystander)이 아니므로 이들에게 청구인적격을 인정해야 한다고 판시하였다.[13]

위 판결에서 판시했듯이 매수인 · 매도인요건을 엄격하게 해석하면 신

12) Hazen, 앞의 책(주 9), p.776.

13) Hackford v. First Sec. Bank of Utah, N.A. 521 F.Supp. 541 (D. Utah, 1981).

탁의 수익권자는 해당 증권사기행위가 행해진 증권의 매수인 또는 매도인이 아니다. 수익자는 어떤 증권사기행위로 속아서 해당 증권을 매수하거나 매도한 자도 아니고 해당 증권사기행위에 속아 수익권을 비로소 취득한 자도 아니다. 단지 증권사기행위로 수익권자가 기존에 갖고 있던 이익에 침해가 이루어진 경우라고 볼 수도 있다. 하지만 이러한 때 신탁수익자에게 매수인 또는 매도인의 지위를 인정한 것은 매수인·매도인요건이 보다 실질적 관점에서 해석되어야 함을 의미한다.

2) 합병 또는 주식교환 대상회사의 주주

합병이나 주식교환에 의해 자신이 보유하고 있던 주식이 신설회사나 모회사의 주식으로 자동적인 교환이 이루어진 경우, 그러한 교환의 대상이 된 주식의 주주도 매수인·매도인의 지위를 갖는 것으로 미국 법원은 판시하고 있다. Zweig v. Hearst Corp. 사건에서는 어느 신문 칼럼니스트의 주가조작성 기사가 문제 되었다. 신문 칼럼니스트인 피고는 ASI와 RGC라는 약자를 가진 두 회사의 합병을 앞두고 한쪽 합병당사 회사인 ASI에 관하여 무척 호의적인 기사를 작성하였는데, 피고는 그 기사를 내기 전에 ASI로부터 시가보다 훨씬 싼 가격에 그 회사의 주식 5,000주를 매입한 상태였다. ASI와 RGC는 특정한 날짜의 주가수준에 따라 주식을 교환하도록 되어 있었는데, 피고가 문제의 기사를 낸 후 ASI의 주가는 폭등하여 문제의 특정일에 주가가 오름에 따라 정상적으로는 54만 주의 ASI주식을 받도록 되어 있었던 RGC 주주인 원고들은 그보다 훨씬 적은 ASI주식을 받게 되었다. 이 사안과 관련하여 법원은 Rule 10b-5 소송을 승인하였다.[14]

---

14) Zweig v. Hearst Corp. 594 F.2d 1261 (9th Cir. 1979).

미국 법원은 이른바 강제매도자(forced seller)라는 개념을 도입하여 합병조건에 영향을 미친 증권사기행위에 대한 합병 당사회사 주주들의 청구인적격을 인정했는데, 사실상 특정 증권사기행위에 속아 투자결정을 한 것이 아니라는 점에서 이들을 매도인과 동일하게 취급할 수 없다. 또한 이들은 증권사기가 이루어지기 전부터 주식을 보유하고 있었을 뿐이고 자동적으로 그 주식이 바뀌었을 뿐이라고 볼 수도 있다. 이들이 매수인 · 매도인요건을 충족하는 것으로 보는 것은 매수인 · 매도인요건이 인과관계의 관점에서 실질적으로 해석되어야 함을 의미한다.

3) 성사되지 않은 매매계약의 당사자

매매계약이 체결되었지만 끝내 성사되지 않은 경우 매수계약자는 매수인에 해당하는가. 이에 관하여 미국 법원은 이른바 좌절된 매수인 · 매도인원칙(aborted purchaser-seller doctrine)을 발전시켜 왔는데, 이는 비록 끝내 성사되지 않은 경우라 할지라도 일단 매매계약이 체결되었으나 그 후 어떤 증권사기행위로 매수 · 매도가 좌절되었으면 매수 또는 매도계약자는 Rule 10b-5 소송의 청구인적격을 갖는다는 것이다. 이러한 원칙은 블루칩판결 이전부터 있어 왔지만 그후에도 존속하면서 블루칩원칙을 폭넓게 해석하는 도구로 활용되고 있다.[15] 성사되지 않은 계약의 당사자는 비록 계약상의 권리는 있지만 증권사기로 유인되어 증권을 사거나 판 매수인 · 매도인이 아니다. 이런 계약 당자자에게도 청구인적격을 인정하는 것은 매매 관련성을 실질의 관점에서 폭넓게 해석함을 의미한다.

15) Mosher v. Kane 784 F.2d 1385 (9the Cir. 1986).

4) 이행단계의 구두매수 계약자

미국 법원은 이행단계에 있는 구두매수 계약자에게도 청구인적격을 인정했다. Horst v. W.T. Cabe & Co. 사건에서 부부 사이인 원고들은 뉴욕 남부 연방지방법원에 증권중개회사와 그 직원을 상대로 소송을 제기하였다. 원고들 주장에 따르면, 원고는 1975년 12월 원고들의 계산으로 크레인사(Crane Company) 주식을 당시 시가에 500주 매수하도록 피고들에게 지시하였다. 곧이어 피고들은, 실제로 당해 매수주문이 결코 실행되지 않았음에도 원고들에게 당해 주식이 매수되었다고 통보하였다. 소장에 따르면 피고들은 후에 원고들에게 사무 처리상의 오류로 주문이 실행되지 못했지만 주문이 처리될 것이라고 알렸다고 한다. 그러자 원고들은 1,700달러에 해당하는 수표를 피고들에게 보냈고, 피고들로부터 해당 주식이 매수되었다고 재차 통보 받았다. 그러나 이러한 고지내용은 거짓이었다. 원고들은 피고들의 행위가 SEA 10(b) 및 Rule 10b-5에 위반하는 '시세조종 및 사기적인 수단 및 기교'를 구성한다고 주장하였다. 원고들은 이러한 행위로 해당 주식의 가격이 상승한 시점까지 당해 주식이 매수되었다고 신뢰하게 되었고, 이로 인해 손해를 입었다고 주장하였다. 이 사건에서 피고들은 원고들이 증권의 '매수자'나 '매도자'가 아니기 때문에 SEA 10(b)상 원고적격이 인정되지 않는다고 주장하며 법원에 SEA 10(b) 청구에 대한 소 각하 결정을 신청하였다.

하지만 법원은 증권을 매수하기 위한 구두의 이행 종결 이전 단계의 계약의 경우에도 SEA 10(b)상 원고적격을 인정할 충분한 근거가 된다고 판단하여 피고들의 소 각하 결정신청을 받아들이지 않았다. 그뿐 아니라 법원은 Rule 10b-5상 요구되는 매매 관련성요건, 즉 해당 사기적 행위가 증권의 매수 또는 매도와 '관련되었다(in connection with)'는 점에 관하여 증권매매계약 체결 후 이행이 종결되기 이전 단계에서 사기행위가 발생

한 경우에도 해당 사기행위가 증권의 매매와 관련되었다고 할 수 있다고 판시하였다.[16]

5) 신주인수권자

정관상 또는 계약상 신주인수권을 갖고 있는 자가 신주인수권을 침해하는 사기적인 행위자를 상대로 제기한 Rule 10b-5 소송에서 법원은 신주인수권을 갖고 있는 자도 청구인적격을 갖고 있다고 판시하였다.[17] 엄격히 말하면 신주인수권을 갖고 있을 뿐 실제로 매수 또는 매도를 하지 않은 자는 매수인·매도인이라고 보기 어려움에도 불구하고 청구인적격을 인정하는 것은 매수인·매도인요건이 실질의 관점에서 해석되어야 함을 의미한다.

6) 전환사채 보유자

미국 제3연방 항소법원이 심리한 볼티모어 오하이오 철도회사 사건은 전환사채 보유자의 청구인적격을 인정한 사례이다.[18] 이 소송은 회사(볼티모어 오하이오 철도회사)가 발행한 전환사채의 기존 보유자들이 회사 등을 상대로 제기한 손해배상 청구소송이었는데, 회사는 보통주 주주들에 대한 주식배당을 계획하고 있었음에도 이를 숨기고 있다가 1977년 12월

---

16) Lisa S. Hunter, "Securities Law — Rule 10b-5 — Oral Executory Contract to Purchase Securities Held to Provide Sufficient Basis for Standing to Bring Private 10b-5 Action, and Fraud Occurring during the Pendency of the Executory Contract Held to Be "In Connection With" the Purchase of Securities," Horst v. W.T. Cable & Co. 〔1977-1978 Transfer Binder〕 FED. SEC. L. REP. (CCH) ¶ 92, 466-467 (S.D.N.Y. Oct. 31. 1997), 24 Villanova Law Review 170 (1979).

17) Brennan v. EMDE Medical Research, Inc. 652 F.Supp. 255 (D. Nev. 1986).

18) Pittsburgh Terminal Corporation, Appellant v. The Baltimore and Ohio Railroad Company 680 F. 2d. 933 (3rd Cir. 1982).

13일 배당에 참여할 주주를 확정하는 기준일 당일에야 주식배당계획을 발표함으로써 전환사채 보유자들이 전환권 행사를 통해 주식을 배당받을 수 있는 기회를 사실상 갖지 못하게 하였다. 피츠버그터미널 주식회사를 비롯한 기발행 전환사채 보유자들은 회사의 이러한 행태가 SEA 10(b)와 Rule 10b-5에 따른 사기적 부정거래행위라고 하면서 이에 따른 손해배상을 청구하였는데, 이에 대하여 피고 측은 거래인과관계 및 청구인적격을 엄격히 요구하는 블루칩판결을 이유로 전환사채 보유자들인 원고들에게 청구인적격이 인정되지 않는다고 주장하였다. 이에 대하여 원고들은 전환사채 보유자들이 전환사채 계약조건상 보통주를 인수할 수 있는 권리를 보유하고 있으므로 증권의 매수인 · 매도인에 해당하며(주위적 주장), 그렇지 않더라도 회사의 주식배당 자체가 증권의 매수 또는 매도에 해당한다고 주장하였다(예비적 주장). 미국 제3연방 항소법원은 전환사채 보유자인 원고들도 '증권의 매매와 관련하여'라는 요건을 충족시키므로 청구인적격이 있다고 판시하여 예비적 주장에 관하여는 더 나아가 판단할 필요 없이 청구인적격이 인정되어야 한다고 판시하였다. 이 사건에서 전환사채 보유자들이 문제가 된 사기적 부정거래행위 이전부터 전환권을 보유하고 있었을 뿐 새로이 취득한 것은 아니고 전환권을 행사하여 증권을 취득한 것이 아님에도 불구하고 청구인적격을 인정했다는 것은, 매수인 · 매도인 요건이 실질의 관점에서 유연하게 해석된다는 점을 뒷받침한다.

7) 옵션 보유자

옵션이나 기타 권리의 보유자에게도 매수인 · 매도인요건의 충족을 인정하여 청구인적격을 인정한 판례들이 있다. SEC v. Masri 사건[19)]은 피고

---

19) SEC v. Masri 523 F.Supp. 2d 361 (S.D.N.Y. 2007).

가 대량의 풋옵션을 매도하여 만기일이 다가오면서 동 풋옵션이 행사될 가능성이 높아 보이자, 만기일 장 마감 전 1시간 전부터 주식을 대량매수하여 주식가격 상승을 통해 풋옵션 행사를 저지한 사안으로서 Rule 10b-5에 의한 소송의 청구인적격을 인정했고, Nanopierece Technologies, Inc. v. Southridge Capital Mgmt. 사건[20]은 주식을 대가로 금전을 대여한 피고가 금전대차 특약사항으로 특정일기준 주식가격이 하락할 경우 원고에게 추가적인 주식 발행의무를 부과하였는데 동 특약사항을 악용하고자 대량매도를 통해 주식의 가격을 하락시킨 사안으로, 이 건 역시 원고에게 Rule 10b-5에 의한 소송의 청구인적격을 인정했다. 앞의 마스리(Masri) 사건은 사기적 행위로 인해 기존 옵션 보유자의 옵션 행사가 저지된 경우에 불과할 뿐, 사기적 행위로 옵션을 취득한 것도 옵션의 행사로 주식을 취득한 것도 아님에도 불구하고 매수인 · 매도인요건 또는 청구인적격을 인정한 것인바, 이는 부정거래행위나 시세조종행위로 기존의 계약상 권리 · 의무에 중대한 영향을 미치는 때에도 청구인적격을 인정할 수 있다는 것을 의미한다.

4. 우리 대법원의 견해

이상에서 본 바와 같이 우리나라 자본시장법의 배상책임조항의 입법취지, 연혁, 문언방식에 비추어 보거나 우리 법이 영향을 받은 미국 증권법상 청구인적격으로서의 매수인 · 매도인요건의 형성배경, 그리고 그 해석에 관한 판례에 비추어 볼 때 불공정거래행위에 따른 손해배상 청구권자

---

20) Nanopierece Technologies, Inc. v. Southridge Capital Mgmt. 2002 WL 31819207 (S.D.N.Y. 2008).

의 범위를 한정하고 있는 우리 자본시장법 조항은 결국 각각의 불공정거래행위에서 문제가 되는 상당인과관계 (또는 직접적 인과관계) 있는 피해자의 범위를 표현하기 위한 것이지, 특별히 청구권자를 정책적으로 제한하기 조항은 아니라고 보아야 한다.

이와 관련하여 우리 대법원이 자본시장법 제179조에 따른 손해배상청구(부정거래행위에 대한 손해배상청구)와 관련하여 입법취지나 인과관계 고찰을 통해 청구권자의 범위를 비교적 넓게 해석하는 결정을 내린 바 있어 주목할 만하다. 즉 금융기관이 주가연계증권의 만기에 기초자산을 대량매도하는 시세조종행위를 하여 기존에 주가연계증권을 보유하고 있던 고객들에게 지급할 상환금액에 영향을 미쳐 제기된 증권 관련 집단소송의 소송허가 사건과 관련하여 당초 원심은 "피고가 만기평가일인 2009년 4월 22일 기초자산 중 하나인 ＊＊보통주를 대량으로 매도한 행위(부정거래행위)로 인하여 원고들이 이 사건 주가연계증권을 매매, 교환, 담보제공 등 적극적으로 거래한 바가 전혀 없다. 원고들은 취득일(발행일)인 2008년 4월 25일부터 만기일인 2009년 4월 27일까지 계속해서 이 사건 주가연계증권을 소극적 · 수동적으로 보유하고 있었을 뿐이다. 원고들이 자본거래법 제179조에서 정하는 손해배상청구권을 행사하지 못한다"고 판시하여 자본시장법 제179조에 규정된 청구권자의 범위를 문언에 충실하게 기계적이고 완고하게 해석하고, 이에 따라 문제가 된 부정거래행위 이후 매매 등 거래를 한 자만 손해배상 청구권자가 된다는 취지로 판시하였다[서울고등법원 2013. 5. 31.자 2012라764, 2012라765(병합) 결정].

그러나 대법원은 "자본시장법의 입법목적 · 조문체계 · 내용 등을 종합하여 볼 때, 어느 행위가 금융투자상품의 거래와 관련하여 자본시장법 제178조에서 금지하고 있는 부정행위에 해당하는지 여부는, 해당 금융투자상품의 구조와 거래방식 및 거래경위, 그 금융투자상품이 거래되는 시장의 특성, 그 금융투자상품으로부터 발생하는 투자자의 권리 · 의무 및 그 종료시기, 투자자와 행위자의 관계, 행위 전후의 제반 사정 등을 종합적으로 고려하여 판단하여야 한다. 따라서 특정시점의 기초자산가격 또는 그와 관련된 수치에 따라 권리 행사 또는 조건 성취 여부가 결정되거나 금전 등이 결제되는 구조로 되어 있는 금융투자상품의 경우에 사회통념상 부정하다고 인정되는 수단이나 기교 등을 사용하여 그 금융투자상품에서 정한 권리 행사나 조건 성취에 영향을 주는 행위를 하였다면, 이는 그 금융투자상품의 거래와 관련하여 부정행위를 한 것으로서 자본시장법 제178조 제1항 제1호를 위반한 행위에 해당하고, 그 위반행위로 인하여 그 금융투자상품의 투자자의 권리 · 의무의 내용이 변경되거나 결제되는 금액이 달라져 투자자가 손해를 입었다면 그 투자자는 그 부정거래행위자에 대하여 자본시장법 제179조 제1항에 따라 손해배상을 청구할 수 있다"고 판시하여 문제가 된 부정거래행위 이전에 매매, 기타의 거래를 한 원고들의 청구인적격을 인정하였다(대법원 2015. 4. 9.자 2013마1052, 1053 결정).

결국 청구권자의 범위를 규정한 자본시장법 규정의 불확정 개념을 해석함에 있어서는 무엇보다도 '규범목적 등 제반 사정에 비추어 해당 불공정거래행위와 상당인과관계가 있는 손해를 입은 피해자에 해당하는지 여부'에 초점을 맞추어야 한다. 이하에서는 증권 관련 손해배상 청구소송에서의 상당인과관계가 일반 불법행위에 있어서의 상당인과관계와 비교해서 다른지, 다르다면 어떤 점에서 다른지를 살펴보고자 한다.

IV. 증권 관련 손해배상 청구소송에서의 인과관계

1. 손해배상에 있어서의 인과관계 일반론

(1) 상당인과관계

우리나라 민법은 채무불이행이나 불법행위에 따른 손해배상의 범위에 관하여 다음과 같이 규정하고 있다.

> 제393조(손해배상의 범위)
> ① 채무불이행으로 인한 손해배상은 통상의 손해를 그 한도로 한다.
> ② 특별한 사정으로 인한 손해는 채무자가 그 사정을 알았거나 알 수 있었을 때에 한하여 배상의 책임이 있다.
> ….
> 제763조(준용규정) 제393조, 제394조, 제396조, 제399조의 규정은 불법행위로 인한 손해배상에 준용한다.

민법 제393조는 채무불이행의 경우에 있어서 불이행과 손해와의 사이의 인과관계를 규정한 것으로서, 상당인과관계설 그리고 그중에서도 절충설을 천명한 것이라는 것이 통설 및 판례의 입장이다. 상당인과관계설은 원인과 결과의 관계에 서는 무한의 사실 가운데 객관적으로 보아 어떤 전행사실로부터 일반적으로 초래되는 후행사실이 있는 때 양자 간에 '상당인과관계'가 있다고 보고, 그러한 범위의 손해에 대해서만 배상하는 것을 말한다. 그리고 상당인과관계설을 취하더라도 채무불이행이나 불법행위는 언제나 일정한 사정하에 성립하는 것이므로 채무불이행이라는 행위와 더불어 그 사정도 고찰해야 하는데, 어느 정도의 사정을 고찰대상으로 하여야 하는지에 관하여는 채무불이행 당시의 보통인이 알 수 있었던 사정과 채무자가 특히 알고 있었던 사정을 함께 고려하여야 한다는 것이 절충설이다. 따라서 민법 제393조 제1항은 상당인과관계의 원칙을 선언한 것이며, 제2항은 절충설의 입장에서 고찰의 대상으로 삼는 사정의 범위를 규정한 것이라는 것이다.[21]

(2) 법적 가치판단의 문제

인과관계를 분류함에 있어서 사실적(자연적) 인과관계와 법적 인과관계로 구분하는 것이 일반적이다. 사실적 인과관계란 어떠한 "전행사실이 없었다면 후행사실도 없을 것이다(Conditio sine qua non. 영미법상 But for test)"라는 논리학상의 사고방식에 따른 인과관계로서 무한대로 확대될 수 있는 자연적 인과관계라고 한다.[22] 그런데 원인과 결과의 연쇄관계에 있는 모든 손해를 채무자가 배상해야 한다면 채무자가 배상해야 할 손해의 범위는 무한히 확대될 수 있고, 그 결과 채무자의 부담이 지나치게 커져서 당사자 간의 공평을 꾀하려는 손해배상제도의 취지에 어긋나기 때문에 채무불이행이라는 원인사실과 인과관계에 있는 여러 손해 중 채무자가 배상해야 할 손해를 일정한 범위로 제한하기 위한 것이 법적 인과관계라고 한다.[23] 법적 인과관계의 일종인 상당인과관계는 자연적 인과관계를 법적으로 평가하여 일정한 한계를 지우려는 문제이므로 법적 가치판단의 문제라고 볼 수 있다.

---

21) 곽윤직, 채권총론, 박영사, 1995, 213면 이하.
22) 곽윤직, 민법주해 제9권, 박영사, 1999, 491면.
23) 김상용, 채권총론, 법문사, 1996, 203면.

(3) 규범목적의 고려

손해배상에서 상당인과관계설은 예견 가능성에 초점을 둔 것인데, 이에 대하여는 사실상의 개연성이나 예견 가능성과 무관하게 책임귀책과 제한의 필요성이 제기됨에도 불구하고 사실적 개연성이나 예견 가능성으로 책임을 제한하거나 귀속시키는 획일적이고도 도식적인 사고로 일관하고 있다는 비판이 있으며,[24] 상당인과관계설에 의할 경우 침해된 규범이 규정하고 있는 유책성과 위법성의 내용, 행위의 위험성 등을 고려하지 않으므로 책임귀속 이론으로 적합하지 않다는 비판도 있다.[25] 이에 따라 독일에서 발달한 규범목적설은 손해배상책임을 발생시키는 규범의 보호범위 안에 포함되는 손해만을 행위자에게 귀책시켜야 한다는 이론이다.[26] 이러한 규범목적설의 근본사항은 모든 의무와 모든 규범은 일정한 이익범위를 포함하고 있으며 행위는 이러한 보호범위의 침해에 대해서만 책임져야 한다는 것이고, 따라서 손해배상책임의 전제조건은 항상 손해가 보호되는 이익의 범위 안에 포함된다는 점이다.[27] 우리나라의 판례는 상당인과관계를 판단함에 있어서 일반적인 결과 발생의 개연성은 물론 의무를 부과하는 행동규범의 목적, 그 수행하는 직의 목적 내지 기능으로부터 예견 가능한 행위 후의 사정 및 가해행위의 태양이나 가해의 정도 등을 종합적으로 고려한다고 설시함으로써 규범목적설의 주장을 수용하고 있다.[28]

---

24) 이종복, "일반조항 불법행위법에 의한 손해배상책임의 제한," 사법행정 제29권(1988. 10), 한국사법행정학회 22-23면〔곽윤직, 앞의 책(주 22), 504면에서 재인용〕.

25) 곽윤직, 앞의 책(주 22), 505면.

26) 곽윤직, 앞의 책(주 22), 505면.

27) 곽윤직, 앞의 책(주 22), 506면.

28) 곽윤직, 앞의 책(주 22), 529면.

(4) 책임범위뿐만 아니라 책임성립에도 적용

학자 중에는 책임성립에 있어서의 인과관계와 책임범위에 있어서의 인과관계를 나누어 책임성립에 있어서의 인과관계는 책임원인사실이 있고 손해가 발생하면 족하므로 조건적 인과관계로 족하며, 다만 그렇게 되면 책임의 범위가 무제한으로 확대되므로 그 범위를 제한하기 위해서 책임의 범위를 일정한 범위로 제한하게 되는데, 이때 그 범위를 제한하기 위해서 필요한 인과관계는 법적 인과관계이고 그중 하나가 상당인과관계라고 한다.[29] 하지만 어떤 채무불이행이나 불법행위가 있었지만, 그로 인해 채권자 등이 상당인과관계에 있는 손해를 입은 바 없는 경우 책임이 성립된 후 없어지는 것이 아니라 아예 책임이 성립되지 않은 것이다. 예컨대 A회사의 주주 甲이 주식을 보유하고 있던 중 주가조작 세력이 A회사의 시세에 개입하여 두 배로 폭등하였다가 다시 폭락하였지만 甲은 기존 주식을 계속 보유하였을 뿐 주식을 사거나 팔지 않았다고 할 경우, A회사의 주주가 비록 그 시세조종으로 정신적 스트레스를 받고 더 나아가 그 시세조종으로 A회사가 상당한 구설수에 휘말리게 되어 그로 인한 회사의 영업 위축으로 말미암아 주주가 피해를 입었다고 할 경우에도 정신적 스트레스나 회사의 영업 위축으로 인한 간접적 손해는 상당인과관계가 있는 손해라고 보기 어렵다. 이러한 경우에는 손해배상책임이 성립되었지만 배상할 액수가 없는 것이 아니라 손해배상책임이 아예 성립되지 않는 것으로 보아야 한다. 따라서 상당인과관계는 손해배상책임의 성립뿐만 아니라 배상범위의 결정 모두에 관계되는 인과관계로 이해되어야 하고 실무도 그러하다.

---

29) 김상용, 앞의 책(주 23), 202면.

(5) 영미법의 직접적 인과관계도 유사한 개념

영미법에서는 1854년 Hadley v. Baxendale 사건에서 계약 위반에 의하여 배상받을 수 있는 손해의 범위는 계약 체결 시 당사자에 의하여 예견할 수 있었던 손해에 한정한다고 판결한 이래, 채무불이행으로 인한 손해배상의 범위는 당사자의 예견 가능성 있는 범위로 한정하는 제한배상주의를 취하고 있으며, 불법행위책임에 관하여는 직접적 원인관계(proximate cause)에 있는 손해에 한정하고 있는데 이 역시 예견 가능성의 범위 내 손해를 의미한다.[30] 영미법의 이러한 원칙을 천명한 1854년 Hadley v. Baxendale 사건 판결이 프랑스 민법 제1150조 및 제1151조를 기초로 하고 있으며 일본 민법 제416조 역시 1854년 Hadley v. Baxendale 판결에서 유래한다는 점, 그리고 우리나라 민법 제393조가 일본 민법 제416조를 모범으로 하고 있는 점을 고려한다면,[31] 결국 영미법상의 직접적 원인관계나 우리나라의 상당인과관계는 같은 맥락이라고 볼 수도 있다. 결국 영미법에서 채무불이행이나 불법행위에 따른 손해배상의 존부 또는 범위를 정함에 있어서도 우리나라와 마찬가지로 상당인과관계 또는 직접적 원인관계에 있는 손해에 한정한다고 보아야 한다.

2. '거래 관련 불법행위'에 있어서의 상당인과관계

(1) 거래 관련 불법행위

불법행위 중에서는 직접 타인의 신체나 명예를 침해하는 불법행위(상

30) 김상용, 앞의 책(주 23), 211면.
31) 김상용, 앞의 책(주 23), 199면.

해 · 명예훼손)나 타인의 재산을 침해하는 불법행위(절도 · 횡령)도 있지만, 기망 · 고지의무 위반 · 허위광고 또는 부실한 공부의 비치 등 피해자의 거래행위를 유인하거나 피해자와의 거래의 성부나 조건에 영향을 미치는 불법행위도 있다. 이러한 불법행위를 '거래 관련 불법행위'라고 부를 수 있는데,[32] 이러한 '거래 관련 불법행위'로 손해를 입었다는 이유로 불법행위에 따른 손해배상청구를 하는 경우, 우리나라나 미국 모두 실제로 기망 · 고지의무 위반 · 허위광고 또는 부실한 공부를 신뢰하고 어떤 처분행위를 하거나 그러한 불법행위가 거래조건에 영향을 미친 경우에만 법적 인과관계를 인정하고 있다.

(2) 우리나라의 경우

거래 관련 불법행위에 따른 손해배상청구의 근거규정인 민법 제750조는 명시적으로 청구권자의 범위를 한정하고 있지 않다. 하지만 법원은 거래 관련 불법행위의 경우 그러한 거래를 신뢰하고 어떠한 작위나 부작위를 하여 이로 인해서 손해를 입은 때에 한하여 상당인과관계를 인정한다. 예컨대 A라는 회사가 상가의 소유권을 갖고 있는 B회사로부터 소유권을 취득하지도 않았음에도 불구하고 마치 자신이 소유권을 취득한 양 속여서 사기분양을 한 경우, 이러한 사기행위로 분양을 받은 수분양자들이 입은 손해는 당연히 상당인과관계가 있다고 보아야 한다. 그런데 그러한 사기분양으로 인하여 분쟁에 휘말린 나머지 소송비용 등을 지출하고 상가

---

32) 학문적으로 이러한 용어가 통용되는 것은 아니지만 신체나 재산, 인격에 대한 직접적 침해행위와는 달리 거래를 통해서 재산상 피해를 유발한다는 측면에서 이러한 불법행위유형을 따로 정의해 볼 수 있다고 생각한다. 미국 불법행위법상 'misrepresentation' 이라는 용어에 유사하지만 이보다 포괄적인 의미로 이해할 수 있겠다.

분양이 지연되는 등 피해를 입은 B회사가 A회사를 상대로 제기한 소송에서 하급심 법원은 A회사의 기망행위와 B회사의 손해 간에 상당인과관계가 없다는 이유로 손해배상청구를 기각하였다.[33)]

또한 대법원은, "공무원의 직무상 과실로 허위의 주민등록표와 인감대장이 비치된 결과 허위의 인감증명서가 발급됨으로써 부실의 근저당권 설정등기를 마친 저당권자가 그 저당권의 불성립으로 손해를 입었다면, 공무원들의 그와 같은 직무상 과실과 그와 같은 손해 사이에는 상당인과관계가 있다고 보아야 할 것"이라고 판시하여 역시 부실한 공부가 어떠한 거래의 성부에 영향을 미칠 경우 상당인과관계를 인정하고 있다.[34)]

(3) 미국의 경우

이는 미국 보통법(common law)상 사기적인 허위표시(fraudulent misrep-

---

33) 서울민사지방법원 1994. 12. 15. 선고 93가단176641 판결은 이와 관련하여 다음과 같이 판시하였다. "불법행위에 인한 손해배상의 범위를 정함에 있어서는 불법행위와 손해와의 사이에 자연적 또는 사실적 인과관계가 존재하는 것만으로는 부족하고 이념적 또는 법률적 인과관계 즉 상당인과관계가 있어야 할 것인바, 앞서 든 증거를 종합하면 위 주장과 같은 보전처분의 집행으로 인하여 피고의 위 상가분양이 지연되는 등 상당한 지장을 초래한 사실과 위 주장과 같은 응소비용을 지출한 사실은 충분히 인정할 수 있고 이러한 결과는 사실상 소외 회사의 위 불법행위에 기인한 것이라고 할 수는 있을 것이다. 그러나 위 각 증거에 의하면 위 피분양자들은 대부분 소외 회사가 피고로부터 위 상가를 매수 또는 분양에 관한 권한을 위임받는 등 어떤 형태로든 그 처분권한을 갖고 있었던 것으로 사실을 오인하였거나 아니면 그 법률적 평가를 잘못하여 보전처분을 행하고 나아가 본안소송을 제기한 것으로 인정되는 한편, 이 사건 전 거증에 의하더라도 소외 회사가 위 불법행위 당시 위와 같이 피분양자들이 보전처분을 행하거나 본안소송을 제기하고 그로 인하여 피고의 분양업무가 지연되거나 변호사 선임비용을 지출하는 손해를 입을 것이라는 것을 예견할 수 있었다고 보기는 부족한 이 사건에서, 피고 주장의 이 부분 손해가 소외 회사의 위 불법행위와 상당인과관계가 있다고 보기는 어렵다."

34) 대법원 1991. 7. 9. 선고 91다5570 판결.

resentation)에 따른 청구의 경우에도 마찬가지다. 미국의 경우 증권거래법이 제정되기 이전 보통법상으로도 사기적 허위표시에 따른 손해배상청구는 허용되어 왔는데 이때 손해배상책임이 성립되기 위해서는 (i) 우선 허위의 표시가 있어야 하고, (ii) 그것이 중요한 (iii) 사실에 관한 것이어야 하며, (iv) 피고는 악의 또는 중과실로 그 허위표시를 원고가 신뢰하도록 할 목적으로 이루어졌어야 하고, (v) 원고는 정당하게 그 허위표시를 신뢰(reliance)하였어야 하고, (vi) 그 결과로서 손해를 입었어야 한다.[35] 여기에서 '신뢰'라는 요건을 주목해야 하는데, 신뢰가 성립하기 위해서는 원고가 그러한 표시로 인해서 원고가 어떠한 행동을 하든 아니면 삼가든 간에 그러한 표시로 인하여 선택을 했어야 한다. 만약 어떤 거래를 한 원고가 피고의 허위표시를 진실인 것으로 믿지 않았거나 거래가 종결되기 전에 그러한 허위표시를 알지 못했거나 허위표시가 있건 없건 그러한 거래를 맺었을 것이라고 한다면 그 원고는 '신뢰'를 하지 않은 것이 된다.[36] '신뢰'라는 요건은 피고의 표시가 비록 유일한 원인은 아니더라 하더라도 원고의 손해의 사실상 원인 중 하나일 것임을 요구하는 요건에 해당한다.[37]

사기적인 허위표시에 따른 손해배상책임과 관련하여 원고의 신뢰와 이에 따른 행동이 법적 인과관계의 요소라는 점은 미국 불법행위 보통법전집(Restatement of Torts)에 잘 정리되어 있다.[38]

미국 불법행위 보통법전집 제546조와 제548A조는 다음과 같이 규정하고 있다.

---

35) 석명철, 미국증권관계법, 박영사, 2001, 805면.
36) Dan B. Dobbs, The Law of Torts (Hornbook Series), West Group, p.1358 (2000).
37) Dobbs, 앞의 책(주 36), p.1335.
38) Restatement of Torts에 관한 자료는 American Law Institute(www.ali.org).

> 第546조 사실상의 인과관계(Causation in Fact)
> 사기적 허위표시를 한 자는 그러한 허위표시의 진실성을 정당하게 신뢰한 자가 입은 금전적 손해에 대하여, 만약 그의 신뢰가 그의 손실을 야기한 행동의 내용을 결정하는 중요한 요소인 경우에 책임을 부담한다.
> The maker of a fraudulent misrepresentation is subject to liability for pecuniary loss suffered by one who justifiably relies upon the truth of the matter misrepresented, if his reliance is a substantial factor in determining the course of conduct that results in his loss.
> ….
> 第548A조 금전적 손해의 법적 인과관계(Legal Causation of Pecuniary Loss)
> 사기적 허위표시는 이를 신뢰하고 행한 어떠한 작위 또는 부작위로 인해 야기되는 금전적 손실과 오직 그러한 손실이 그러한 신뢰로부터 합리적으로 예측되는 경우에만 법적인 인과관계가 있다
> A fraudulent misrepresentation is a legal cause of a pecuniary loss resulting from action or inaction in reliance upon it if, but only if, the loss might reasonably be expected to result from the reliance.

'거래 관련 불법행위'의 경우 청구권자의 신뢰와 그러한 신뢰에 따른 거래를 손해배상책임의 요건으로 규정하는 이유는 무엇일까. 그 이유를 상당인과관계론의 측면에서 보면 사기나 허위표시 등 거래 관련 불법행위에 따라 통상 예견되는 손해는, 그러한 거래 관련 불법행위로 인해서 피해자가 어떠한 거래에 나아갔거나 그러한 거래의 조건에 영향을 미쳐서 입은 손해에 한정되기 때문이라 볼 수 있다.

특히 상당인과관계를 판단함에 있어서 우리 판례가 고려하도록 하고 규범목적이라는 측면에서 보면 보다 분명해진다. 거래 관련 불법행위의 경우 보호법익은 '거래에 있어서의 진실성과 그로 인한 거래의 안전과 신속'에 해당한다. 따라서 그러한 '거래 관련 불법행위'로 인해서 어떤

정신적 손해를 입었다든지 아니면 그러한 거래 관련 불법행위로 인해서 거래상 손해가 아닌 다른 부수적인 손해(예컨대 앞에서 든 예에서와 같이 그러한 사기의 상대방이 아니라 사기의 목적물이 된 회사가 지출한 금전적 불이익)를 입은 경우는 해당 불법행위로부터 보호하려는 법익과는 거리가 멀기 때문에 상당인과관계 있는 손해의 범주에 들지 않는다고 볼 수 있다.

3. 자본시장법상 불공정거래행위에 따른 손해배상청구에 있어서의 인과관계

(1) 자본시장법상 불공정거래의 특징 : 거래 관련 불법행위의 일종

자본시장법상 불공정거래행위인 시세조종, 내부자거래, 부정거래행위는 모두 자본시장의 가격 형성기능을 해치고 투자자에게 손해를 입히는 사기적 행위로서 이러한 불공정거래행위에 대한 손해배상책임을 인정하는 이유는, 이러한 불공정거래행위를 금지하여 자본시장에 대한 신뢰를 확보하고 이를 통해 거래의 안전과 신속을 도모하고자 하는 것이다.[39] 따라서 자본시장법상 불공정거래행위는 그 행태나 보호법익 면에서 볼 때 위에서 말한 '거래 관련 불법행위'의 일종이라고 할 수 있고, '자본시장법상 불공정거래행위'에 따라 통상 예견되는 손해는 그러한 '불공정거래행위'로 인해서 피해자가 어떤 거래에 나아갔거나 실제로 거래조건에 영향을 미쳐서 입은 손해에 한정된다고 볼 수 있으며, 가정적이고 추정적이거나 간접적인 손해는 제외된다고 보아야 한다. 또한 자본시장법상 불공

39) 한국증권법학회, 앞의 책(주 3), 799면 ; 김건식 / 정순섭, 앞의 책(주 2), 271면.

정거래행위로 인해 어떤 정신적 손해를 입었다든지 아니면 그러한 불공정거래행위로 인해 거래상의 손해가 아닌 다른 부수적인 손해를 입은 경우는 자본시장법이 보호하려는 법익과는 거리가 멀기 때문에 상당인과관계 있는 손해의 범주에 들지 않는다고 볼 수 있다.

(2) 우리 증권소송 판례에 나타난 인과관계

우리나라 증권소송 판례들도 일반 불법행위배상 청구에 관한 판례들과 마찬가지로 '상당인과관계'를 기초로 손해배상 청구권자의 범위를 파악하여 왔다. 대법원은 증권거래법상 시세조종에 따른 손해배상 청구소송 사건에서, 시세조종행위라는 위법행위와 그 주식의 매매거래 또는 위탁을 한 자가 입은 손해의 발생과 사이에 상당인과관계가 존재하는지를 따지고 있다.[40] 또한 비록 증권거래법상 책임을 따진 것 아니라 상법 제401조에 따른 이사의 제3자에 대한 손해배상책임을 다룬 것이기는 하지만, 옵셔널캐피털(옵셔널벤처스의 후신)과 관련한 사기사건을 다룬 대법원 판결은 증시 불공정거래행위에 따른 손해배상책임을 따짐에 있어서 상당인과관계에 대한 심리가 필요하다고 판시한 바 있다.[41]

또한 대법원 판례는 상당인과관계의 판단기준과 관련하여 결과 발생의 개연성은 물론 주의의무를 부과하는 법령, 기타 행동규범의 목적과 보호법익, 가해행위의 태양 및 피침해이익의 성질 및 피해의 정도 등을 종합적으로 고려하여야 한다고 판시하고 있는바,[42] 결국 자본시장법상 불공

40) 대법원 2007. 11. 30. 선고 2006다58578 판결.
41) 대법원 2012. 12. 13. 선고 2010다77743 판결.
42) 대법원은, "금융기관이 본인확인절차 등을 제대로 거치지 아니하여 모용계좌가 개설되었다는 사정만으로 그 모용계좌를 통하여 입출금된 금원 상당에 대하여 언제나 손해배상책임을 져야 한다고 볼 수는 없고, 그 손해배상책임을 인정하기 위해서는 금융

정거래행위에 따른 손해배상의 상당인과관계를 논하기 위해서는 해당 불공정거래행위로 말미암은 결과 발생의 개연성(시세조종이나 내부자거래 등으로부터 통상 발생하는 손해인지 여부)은 물론 자본시장법의 목적과 보호법익, 불공정거래행위의 태양 및 피침해이익의 성질 및 피해의 정도 등을 종합적으로 고려하여야 할 것이다.

(3) 거래인과관계와 손해인과관계

증권법 학자들은 증권소송에서의 인과관계를 거래인과관계와 손해인과관계로 나누어 설명하는 것이 일반적인데, 이는 증권사건에서의 인과관계 분석을 '거래인과관계'와 '손해인과관계'의 두 범주로 구분하여 행하는 미국 법원의 영향을 받은 것으로 보인다. 거래인과관계란 그러한 위법행위가 없었더라면 그 거래가 적어도 실제 이루어진 방식대로는 이루어지지 않았을 것이라는 것(but for the wrongful conduct, the transaction would not have gone through, at least in the form that it eventually took)을 의미한다.[43] 그렇지만 여타의 인과관계 분석과 마찬가지로 이 개념들은 목적을

기관의 주의의무 위반과 피모용자 또는 제3자의 손해 발생 사이에 상당인과관계가 있음이 인정되어야 하고, 상당인과관계의 유무를 판단함에 있어서는 일반적인 결과 발생의 개연성은 물론 주의의무를 부과하는 법령, 기타 행동규범의 목적과 보호법익, 가해행위의 태양 및 피침해이익의 성질 및 피해의 정도 등을 종합적으로 고려하여야 한다"고 판시하였다(대법원 2007. 7. 13. 선고 2005다21821 판결).

43) 거래인과관계는 경직된 형태의 'but for' 인과관계를 의미하는 것은 아닌데, 왜냐하면 그것은 단지 거래의 조건들(terms of the transaction)이 중대한 허위 또는 누락에 중대하게 영향을 받았을 것만을 요구하기 때문이다. 주장된 10b-5 위반이 없었더라면 거래가 이루어지지 않았을 것이라는 점을 입증할 필요는 없다(Transaction causation does not represent the strictest form of 'but for' causation because it requires only that the terms of the transaction have been significantly affected by the material misstatement or omission. It is not necessary to prove that the transaction would

위한 수단에 불과하다.[44]

이렇게 거래인과관계와 손해인과관계로 나누어 분석하는 것은 증시 불공정거래행위가 '거래 관련 불법행위'로서 거래를 유발하거나 거래에 영향을 미치는 성격의 불법행위이므로 이렇게 나누어 고찰하는 것이 편리하기 때문이다. 앞에서 인과관계론 일반에서 살폈듯이 손해배상책임의 성립에 있어서의 인과관계와 범위의 인과관계를 나누어 고찰하는 경우도 있는데, 증권소송에서는 손해배상책임의 성립에서의 인과관계를 거래인과관계로 그리고 범위에 있어서의 인과관계를 손해인과관계로 나누어 고찰하는 것이라고 설명하는 사람이 있다. 그리고 미국 학자 중에는 종종 전자는 자연적 인과관계에 해당하고 후자는 규범적 인과관계에 해당한다고 주장하는 이들도 있다. 하지만 앞에서 본 바와 같이 책임 발생에서의 인과관계와 책임범위에서의 인과관계를 나누는 것은 별 의미가 없으며, 이 2가지 모두 법적 인과관계로서 법적 가치판단이 필요하다고 보아야 한다. 따라서 거래인과관계와 손해인과관계 모두 법적 판단으로서의 상당인과관계의 개념에 포함되며, 다만 상당인과관계 분석의 도구적 개념이라고 보아야 한다.

(4) 신뢰, 매매 관련성과의 관계

원고(청구인)적격뿐만 아니라 신뢰나 매매 관련성요건 등 미국 판례에서 등장하는 유사개념들도 결국은 상당인과관계의 관점에서 파악해야 한다. 미국 증권소송 판례에서도 신뢰는 거래인과관계의 다른 표현이라고

---

not have occurred but for the alleged 10b-5 violation).

44) Hazen, 앞의 책(주 9), p.817.

하고 있으며[45] 매매 관련성요건이 사기와 손해 간 인과관계를 의미한다고 하면서 이를 사실상 동일시하고 있다.[46] 결국 미국 판례는 거래인과관계, 원고적격, 매수인 · 매도인요건, 매매 관련성요건, 신뢰 등 다양한 개념을 사용하고 있지만 이 개념들은 모두 법적 가치판단으로서의 상당인과관계를 해석하는 도구적 개념들에 불과하다고 보아야 한다. 증권사기가 있었지만 그로 인해서 어떤 거래에 돌입하거나 거래조건에 영향을 주지 않고 그냥 정신적 피해만 입은 경우(transaction causation이 없는 경우), 상당인과관계 있는 손해가 없는 경우이다. 또한 증권사기가 있었지만 그러한 것을 신뢰하지 않은 경우(reliance가 없는 경우), 비록 그후에 어떤 거래가 있어 손해가 있었다 하더라도 그것은 상당인과관계가 있다고 볼 수 없다. 또한 매수 · 매도인이 아니고 매수의사를 갖고 있었다고 할 경우(purchaser-seller가 아닐 경우), 원고의 손해는 추상적 잠재적 손해이어서 원고는 상당인과관계 있는 피해를 입은 자라고 볼 수 없다. 자사의 발행주식에 관하여 자행된 어떤 증시불공정거래행위로 인해서 발행회사가 입은 엉뚱한 파생적 피해는(in connection with 요건이 충족되지 않는 경우이므로) 상당인과관계가 없는 경우에 해당한다. 종종 원고와 피고 간 쟁점 제기방식 등에 따라 달리 표현되기도 하지만, 이러한 개념들을 각기 다른 개념으로 보고 고찰하는 것은 오히려 혼동을 가져올 수 있다.

영미법은 기본적으로 판례를 중심으로 법원칙이 형성되어 왔으므로 영미의 판례들은 성문법이 규정한 어떤 개념을 해석하는 방식보다는 구체적인 사안마다 판사가 자신이 지지하고자 하는 결론을 보다 설득력 있게 설명하기 위해서 개념을 만들어 내는 방식을 취하는 경우가 많다. 즉 사

45) Harris v. Union Electric Co., 787 F.2d 355, 366 (8th Cir.), Wilcon v. Ruffa & Hanover ; P.C. 844 F.2d 81, 86 (2d Cir. 1988).

46) Roberts v. Peat, Marwick, Mitchell & Co., 857 F.2d 646 (9th Cir. 1988).

실상은 같은 쟁점인데도 어떤 사안에서는 '거래인과관계'라는 개념을 정립한 후 이를 통해서 결론을 설명하고, 또 다른 사안에서는 '신뢰'라는 개념을 통해 결론을 설명하는 식이다. 자본시장에서의 불공정거래행위를 규율하는 자본시장법의 전신에 해당하는 증권거래법은 1962년 1월 15일 제정되었는데 1962년 증권거래법은 1948년 일본의 증권거래법(證券取引法)을 모방한 것이고 일본법은 다시 미국의 증권법, 특히 1977년의 증권법과 1934년 증권거래법을 모방한 것이므로 기본적으로 우리 자본시장법은 미국법을 모방한 것이다. 따라서 미국 판례에서 형성시킨 다양한 개념을 그대로 우리 증권법 해석에 활용하는 와중에 이러한 현상이 발생한 것으로 보인다. 하지만 손해배상책임이라는 영역을 관장하는 민법영역에서 대륙법체계를 따르고, 사법시스템 역시 대륙법계를 따르는 우리나라에서 이렇게 영미의 판례에서 발달한 개념을 그대로 차용하는 것은 문제가 있다. 자본시장에서의 불공정거래행위에 따르는 손해배상책임이라는 영역은 미국법을 계수한 자본시장법과 대륙법을 계수한 민법이 만나는 영역이라고 할 수 있으므로, 미국 판례에서 형성된 법원칙들도 우리나라의 민법이나 사법체계에 맞추어 해석할 필요가 있다.

이런 관점에서 볼 때 자본시장법상 불공정거래행위에 따른 손해배상청구권자의 범위는 해당 불공정거래행위로 인해 상당인과관계 있는 손해를 입은 자에게 인정되어야 한다고 간명하게 해석하는 것이 우리의 법체계상 타당하다. 아울러 이러한 상당인과관계의 존부를 판단함에 있어서는 해당 불공정거래행위로 말미암은 결과 발생의 개연성, 자본시장법의 목적과 보호법익, 불공정거래행위의 태양 및 피침해이익의 성질 및 피해의 정도 등을 종합적으로 고려하여야 할 것이다. V. 이하에서는 이러한 관점으로 미공개중요정보 이용행위, 시세조종 등 각종 불공정거래행위에 따른 손해배상 청구권자와 상당인과관계 있는 손해의 범위를 검토해 보고자 한다.

V. 미공개중요정보 이용행위에 따른 손해배상 청구권자의 범위와 상당인과관계

1. 쟁점

법문상 미공개중요정보 이용행위에 따른 손해배상 청구권자는 '해당 특정증권 등의 매매, 그 밖의 거래를 한 자로서 그 매매, 그 밖의 거래와 관련하여 손해를 입은 자'이다. 문제는 해당 특정정권의 매매, 그 밖의 거래를 한 자를 어느 범위까지로 보느냐이다. 이와 관련해서 3가지 견해가 존재하는데, 첫째 내부자거래의 직접 상대방으로 한정하는 견해이고, 둘째 내부자가 내부자거래를 한 시점부터 미공개중요정보가 공개된 시점 사이에 거래한 자를 모두 포함하는 견해, 셋째 내부자와 같은 시기에 반대방향으로 거래한 자들로 보는 견해로 나뉜다.[47] 세 번째 견해를 취하더라도 '내부자와 같은 시기에 거래한 자'의 범위를 어떻게 볼지가 어려운 문제이다. 내부자가 거래한 시기를 좁게 해석할 경우 내부자가 거래한 순간만 의미한다고 보므로 결국 첫 번째 견해와 동일하게 될 것이고, 이를 넓게 해석할 경우 내부자가 거래한 '날' 또는 내부자가 거래를 개시한 시점과 종료한 시점 간의 기간 중 반대방향으로 거래한 모든 자를 포함하게 된다.[48]

---

47) 이외에도 내부자거래가 행해지고 있는 시기에 내부자와 같은 방향으로 거래를 행한 자에게 청구인적격을 인정하는 견해도 있으나, 이는 내부자거래를 일종의 시세조종으로 보는 견해라 할 수 있다〔석명철, 앞의 책(주 35), 559면〕.

48) 미공개중요정보 이용행위에 따른 민사책임의 손해배상 청구권자, 손해배상액 산정기준 등에 관하여는 김정수, 앞의 책(주 2), 1034면 이하가 비교적 상세히 다루고 있다.

2. 해석기준

미공개중요정보 이용행위에 따른 손해배상 청구권자의 범위를 정하는 것도 인과관계론의 관점에서 살펴보아야 한다. 즉 미공개중요정보 이용행위의 손해배상 청구인적격은 미공개중요정보 이용행위와 상당인과관계 있는 손해를 입은 자에게 인정되어야 할 것이다. 그리고 이러한 상당인과관계의 존부를 판단함에 있어서는 미공개중요정보 이용행위로 말미암은 결과 발생의 개연성, 미공개중요정보 이용행위 규제의 목적과 보호법익, 미공개중요정보 이용행위의 태양 및 피침해이익의 성질 및 피해의 정도 등을 종합적으로 고려하여야 할 것이다. 그렇다면 이하에서는 미공개중요정보 이용행위에 통상 수반한다고 보는 예견 가능한 손해는 무엇이고 미공개중요정보 이용행위의 규제목적과 보호법익은 무엇이며, 미공개중요정보 이용행위의 행위태양과 피침해이익의 성질과 피해의 정도는 어떠한가를 살펴봄으로써 미공개중요정보 이용행위의 손해배상 청구인적격을 검토해 보고자 한다.

3. 검토

우선 미공개중요정보 이용행위 규제의 목적과 보호법익은 무엇일까. 미공개중요정보 이용행위를 포함한 내부자거래 규제의 필요성으로는 '형평성', '분배적 효율성', '재산권' 등 3가지를 든다. 이 중 가장 중요한 근거로는 형평성을 드는데, 비밀정보를 이용하여 거래하는 내부자와 거래한 상대투자자는 정보에 있어서 불리한 입장에 있기 때문에 이러한 거래는 '형평성' 또는 '공정성'을 무너뜨리게 된다는 것이다. 그리고 내부자거래가 가져오는 또 다른 폐해로는 분배적 효율성을 해치는 것을 들 수 있다.

즉 내부자거래를 허용할 경우, 내부자들이 호재든 악재든 중요한 정보의 공시를 지연시킴으로써 공시를 통한 시장의 분배적 효율을 저해할 것이라는 것이다. 세 번째 재산권 측면은 기업의 정보가 기업의 영업재산권이므로 기업의 내부자가 개인적인 부의 취득을 위해서 기업의 허락 없이 사용할 수 없다는 것이다. '형평성'에 입각할 경우 시장의 건전성 및 신뢰와 더불어 거래 상대방의 이익을 보호법익으로 할 것이고, '분배적 효율성'에 입각할 경우 거래 상대방보다 일반 투자자의 이익이 좀 더 강조될 것이다. '재산권'을 근거로 하면 그 보호법익이 '기업의 정보에 대한 소유권'이 될 것이다.

내부자거래에 대한 민사적인 제재 중 단기매매 차익반환은 정보 소유자인 기업에 대한 부당이득반환을 골자로 한 것이어서 규제목적 측면에서 재산권에 초점을 둔 것으로 보아야 한다. 하지만 미공개중요정보 이용행위에 따른 거래 상대방의 손해배상책임을 규정한 것은 형평성을 규제목적으로 인식한 것이라고 할 수 있다. 이럴 경우 미공개중요정보 이용행위의 보호법익은 시장의 건전성과 신뢰 및 거래 상대방의 이익이 될 것이다. 이와 대비되는 것이 '공시규제'이다. 공시규제는 분배의 효율성을 주된 규제목적으로 하고 불공정거래행위자의 거래 상대방보다는 일반투자자의 이익을 보호법익으로 한다고 보아야 한다.

대법원은 소위 신정제지 사건에서 미공개중요정보 이용행위 규제의 필요성으로서 형평성을 최우선적으로 들면서 이를 통한 분배적 효율성도 언급한 바 있다.[49] 헌법재판소 역시 미공개중요정보 이용행위에 대한 규

49) 대법원 1994. 4. 26. 선고 93도695 판결은 다음과 같이 판시하였다. "유가증권시장이 기업의 자금조달과 국민의 증권투자를 통한 자산운용이라는 양 측면의 요구를 서로 연결시키는 터전으로서 자금을 효율적으로 배분하는 국민경제상 중차대한 기능을 적절하게 수행하기 위하여는 무엇보다도 일반투자자들이 유가증권의 거래가 공정하게 이루어지는 것으로 믿고 유가증권시장의 건전성을 전제로 안심하고 유가증권의 거래

제의 목적을 '증권매매에 있어 정보 면에서의 평등성'에서 찾음으로써 형평성을 최우선적으로 강조한 바 있다.[50)]

이러한 규제목적과 보호법익의 측면에서 볼 때 미공개중요정보 이용행

에 참여할 수 있게 하는 것이 필요하다. 그런데 상장법인의 내부자가 당해 법인의 업무 등과 관련하여 접근이 허용되었던 법인의 공개되지 아니한 내부정보 중 유가증권의 투자판단에 영향을 미칠 수 있는 중요한 정보를 이용하여 유가증권의 거래에 관여할 경우에는, 그 내부자에게 부당한 이익을 용이하게 취득하게 하고 그로 인하여 유가증권시장에서의 거래 당사자의 평등을 해치게 되어 유가증권거래의 공정성과 유가증권시장의 건전성에 대한 일반투자자들의 신뢰를 손상시킴으로써 유가증권시장이 국민자금을 효율적으로 배분하는 기능을 저해하는 결과를 초래하게 되는 것이므로, 유가증권시장이 그 기능을 다하여 국민경제의 발전에 적절하게 기여하도록 하기 위하여는 이와 같은 내부자거래에 대한 엄격한 규제가 필요불가결하기 때문에 '법'이 위와 같이 내부자의 거래를 금지하고 있는 것으로 이해된다."

50) 헌법재판소 2002. 12. 18. 선고 99헌바105, 2001헌바48(병합) 결정은 다음과 같이 판시하고 있다. "내부자거래라 함은 회사의 임원 · 직원 또는 주요주주 등 회사의 내부자가 그 직무 또는 지위에 의하여 얻은 내부정보를 이용하여 자기회사의 주식을 거래하는 것을 말한다. 이러한 거래가 규제의 대상이 되는 이유는, 내부자의 경우 자기 회사의 주가에 영향을 미칠 만한 회사의 기밀, 예컨대 유무상증자, 자산 재평가계획, 합병, 신상품 개발, 부도 발생 등 중요한 정보를 미리 알게 될 기회가 많으므로 주식거래에 있어 일반투자자보다 훨씬 유리한 입장에 있는 반면, 일반투자자로서는 손해를 보게 될 가능성이 크기 때문이다. 일반적으로 주식투자에 수반되는 위험은 주로 회사의 영업실적, 시장이나 경제동향 등에 대한 투자자의 판단이 불완전한 것에 기인하는 것이므로, 투자자가 타인이 갖고 있는 정보를 이용하지 못했거나 그릇된 분석으로 인하여 손실을 입었더라도, 이는 증권거래 자체의 고유한 특성일 뿐 법적으로 고려할 일은 아니다. 그러나 내부자거래로 인한 상대방의 손실은 능력의 부족이나 부주의로 정보를 몰랐기 때문에 발생하게 되는 것이 아니라, 내부자가 자신의 이득을 위하여 회사의 미공개 내부정보를 이용하였기 때문에 발생한다고 볼 수 있으므로 이러한 행위는 쉽게 용납될 수 있는 것은 아니다. 만일 이를 방치한다면, 일반투자자로서는 그러한 증권시장에 불신감을 갖게 되어 투자를 주저하게 될 것이므로 증권시장을 통한 회사의 자금조달이 어렵게 될 것이고, 이로 인하여 증권시장의 건전한 발전이 저해될 것임은 물론 국민의 효율적 자산운영을 막는 결과를 초래할 것이다. 요컨대 내부자거래에 대한 규제의 목적은 증권매매에 있어 정보 면에서의 평등성, 즉 공정한 입장에서 자유로운 경쟁에 의하여 증권거래를 하게 함으로써 증권시장의 거래에 참여하는 자로 하여금 가능한 한 동등한 입장과 동일한 가능성 위에서 증권거래를 할 수 있도록 투자자를 보호하고 증권시장의 공정성을 확립하여 투자자에게 그 신뢰감을 갖게 하려는 데에 있는 것이다."

위의 손해배상 청구인적격을 넓게 인정하는 견해(내부자가 내부자거래를 한 시점부터 미공개중요정보가 공개된 시점 사이에 거래한 자를 모두 포함하는 견해)는 타당하지 않다고 보아야 한다. 미공개정보를 제때 공시하지 않았을 경우 사안에 따라 공시의무 위반이 성립할 수도 있다. 이러한 공시의무 위반에 따른 손해배상 청구권자는 그러한 공시의무 위반이 해소되는 시점까지 거래한 자들까지 포괄하게 된다. 하지만 미공개중요정보 이용행위 규제는 공시규제와 달리 미공개정보를 공시하지 않았다는 것이 아니라 이를 이용하여 부당이득을 취함으로써 형평에 어긋나는 결과를 가져왔다는 것을 규제하기 위한 것이므로, 이에 따른 손해배상 청구권자는 미공개중요정보 이용행위에 대응하는 '거래 상대방'에 한한다고 보아야 한다(첫 번째 견해나 세 번째 견해).

즉 미공개중요정보 이용행위는 형평성에 어긋나는 '반칙행위'인데, 이러한 반칙행위로 인해서 반대방향으로 거래하게 된 사람들은 이로 인하여 정상가격(미공개정보가 공개되었더라면 형성되었을 가격)보다 낮은 가격에 팔거나 고가에 사는 손해를 입었으므로 이러한 반칙행위를 억제하는 차원에서 반대방향으로 거래한 사람들에게 그 손해배상을 청구할 수 있도록 하기 위해 미공개중요정보 이용행위에 따른 손해배상책임을 규정하고 있다고 보아야 한다.

앞에서 든 헌법재판소 결정은 "투자자가 타인이 갖고 있는 정보를 이용하지 못했거나 그릇된 분석으로 인하여 손실을 입었더라도, 이는 증권거래 자체의 고유한 특성일 뿐 법적으로 고려할 일은 아니다. 그러나 내부자거래로 인한 상대방의 손실은 능력의 부족이나 부주의로 정보를 몰랐기 때문에 발생하게 되는 것이 아니라, 내부자가 자신의 이득을 위하여 회사의 미공개 내부정보를 이용하였기 때문에 발생한다고 볼 수 있으므로 이러한 행위는 쉽게 용납될 수 있는 것은 아니다"라고 판시하여 내부자거래에 따른 거래 상대방의 손실은 내부자가 자신의 이득을 위하여 회사의 미공개 내부정보를 이용한 데 따라 대향적으로 발생한 손실임을 주목하고 있다.

그렇다면 첫 번째 견해(내부자거래의 직접 상대방으로 한정하는 견해)와 세 번째 견해(내부자와 같은 시기에 반대방향으로 거래한 자들로 보는 견해) 중 어느 견해가 상당인과관계의 관점에서 볼 때 타당한가. 이는 결국 당해 내부자거래의 태양과 이로 인한 결과 발생의 개연성 그리고 피해의 정도 등을 살펴서 판단해야 할 것이다.

미공개중요정보 이용행위의 행위태양을 보면 불리한 정보를 공개하지 않은 상태에서 주식을 매도하거나 유리한 정보를 공개하지 않은 상태에서 주식을 매수하는 형태로 나타나는데, 이러한 매매는 하루에 집중적으로 이루어지기도 하지만 여러 날에 걸쳐 이루어질 수도 있다. 이 경우, 과연 날짜별로 미공개중요정보 이용행위가 따로 성립하는 것으로 보아야 하는가 아니면 기간별로 성립하는 것으로 보아야 하는가. 미공개중요정보 이용행위는 미공개정보를 이용해서 거래하는 것에 초점을 맞춘 것이므로 여러 날에 걸쳐 이용행위가 일어난 경우, 각각 미공개중요정보 이용행위가 발생한 것으로 보아 손해배상청구권이 각각 발생하는 것으로 보아야 할 것이다.

그리고 미공개중요정보 이용행위를 위한 매매거래는 주로 시장을 통한 경쟁매매방식으로 이루어지겠지만, 장외거래나 시장가격을 기준으로 한 대량매매방식으로 이루어질 수도 있다. 거래 상대방이 특정된 장외거래나 대량매매방식으로 매매가 이루어지는 경우에는 첫 번째 견해에 따라 그러한 거래 상대방만이 손해배상의 청구권자가 된다고 보는 것이 행위의 태양과 피침해이익의 성질 및 피해의 정도에 비추어 합리적일 것이다(이런 거래가 다른 매매거래에 영향을 준다고 보기도 어렵기 때문이다).

매매가 경쟁매매방식으로 이루어질 경우 어떻게 할 것인가. 이러한 때에도 거래 상대방을 특정하는 것이 불가능하지는 않다. 주문의 체결과정을 검증해 보면 과연 내부자의 주문이 어떤 주문과 매치되어 거래가 체결되었는지를 파악할 수 있다. 하지만 우연히 그 시점에 반대방향으로 주문을 내서 거래가 체결된 거래 상대방에 한하는 것은 불합리하다. 내부자가 시장에서 주문을 낸 경우, 그러한 주문으로 인해 거래가 촉발되어 반대방향의 주문이 제출되고 이로 인해서 체결 상대방이 아닌 자들도 거래가 체결됨으로써 피해를 입었다고도 볼 수 있다. 또한 체결된 거래 상대방이 누구인지는 검증해 보아야 하는데, 만약 체결된 거래 상대방만 손해배상 청구를 할 수 있다면 사실상 피해자들이 불확실성을 감수하고 소송을 제기하는 것은 기대하기 어렵고 내부자는 불로소득을 그대로 보존하는 셈이 된다.

따라서 행위의 태양이나 피침해이익의 성질 그리고 피해의 정도에 비추어 볼 때, 이러한 경우에는 세 번째 견해에 따라 '내부자와 같은 시기에 반대방향으로 거래한 자들'로 보아야 할 것이다. 그런데 이렇게 같은 시기에 반대방향으로 거래한 자의 범위를 어떻게 볼 것인가. 이 역시 행위의 태양과 피해의 정도 등을 고려해야 하는데 너무 좁게 볼 경우 결국 부당이득 반환이라는 소기의 목적을 달성하기 어렵고 반면 너무 넓게 볼 경우 부당하게 과도한 배상책임을 지게 할 우려가 있는 점, 시장에서의 거래가 하루 단위로 이루어지고 특정주문의 효과는 대략 그 주문 이후부터 영향을 미칠 수 있다는 개연성을 감안할 때, '미공개중요정보 이용행위가 발생한 바로 그 거래일 중 미공개중요정보 이용행위가 있은 시점 이후부터 장 마감 후 시간외 종가거래가 마무리된 시점까지의 반대방향 매매자'가 손해배상의 청구권자가 될 수 있다고 보는 것이 타당할 것이다. 그리고 손해배상액수는 내부자거래로 얻은 이익의 범위 내로 제한해야 한다는 견해가 있으나, 우리나라의 경우 미국과는 달리 명문의 규정이 없으므로 그렇게 할 이유는 없을 것이고 결국 이 동시기 거래자들이 입은 손해를 모두 배상하도록 하는 것이 타당할 것으로 판단된다.[51)]

이러한 견해에 따라 하나의 사례에서 청구권자의 범위를 살펴보면 아래와 같다.

> A사의 임원인 甲은 A사가 유망기업인 B사와 합병을 앞두고 있다는 내부정보를 이용하여 2013년 5월 1일 오후 2시 정각과 5월 3일 오후 1시 정각에 각각 A사의 주식을 매수하였다. 그런데 5월 7일 오후 2시 합병 예정 사실이 알려지면서 주가가 급등하였다.
>
> – 이 사례에서 5월 1일 오전 11시 정각에 A사의 주식을 매도한 乙은 → 미공개중요정보 이용행위 이전이므로 청구권자 아님.
>
> – 이 사례에서 5월 1일 오후 2시 정각에 A사의 주식을 매도한 丙은 → 미공개중요정보 이용행위와 동시에 반대방향 거래자로서 청구권자임.
>
> – 이 사례에서 5월 2일 오전에 A사의 주식을 매도한 丁은 → 미공개중요정보 이용행위가 일어난 날에 거래한 자가 아니므로 동시거래자가 아니라서 청구권자 아님.
>
> – 이 사례에서 5월 3일 오후 3시에 A사의 주식을 매도한 戊는 → 비록 미공개중요정보 이용행위와 1시간 차이는 있지만 같은 날 미공개중요정보 이용행위 이후 거래가 이루어졌으므로 동시거래자로서 청구권자임.
>
> – 이 사례에서 5월 6일 오후 1시에 A사의 주식을 매도한 己은 → 비록 미공개정보 공개 전이기는 하지만 미공개중요정보 이용행위가 일어난 날 거래한 자가 아니므로 동시거래자가 아니라서 청구권자 아님.

미공개중요정보 이용행위에 따른 손해배상책임을 다룬 서울남부지방법원 92가합11689호 판결은 내부자거래에 대한 손해배상 책임조항의 의

51) 다만 이 배상액을 어떻게 산정할 것인지 어려운 문제가 대두되는데, 결국 그 당시 미공개정보가 공개되었더라면 형성되었을 가격을 추정하여 이 가격과 실제거래가격 간의 차이를 손해로 볼 수밖에 없을 것이다.

의와 거래 상대방의 의미에 관하여 다음과 같은 판시를 하였는데, 이 판결도 미공개중요정보 이용행위에 따른 손해배상 청구인적격을 인과관계의 문제로 파악하면서 상당인과관계의 관점에서 '거래 상대방'의 범위를 정한 것으로 볼 수 있다.[52)]

> 증권거래법 제188조의3 제1항은 같은 법 제188조의2의 규정에 위반하여 내부자거래를 한 자는 당해 유가증권의 매매, 기타 거래를 한 자가 그 매매, 기타 거래와 관련하여 입은 손해를 배상할 책임이 있는 것으로 규정하고 있는바, 위 규정은 비대면적·집단적으로 이루어지는 증권시장 거래의 특성상 시장참여자의 불공정거래행위로 손해를 입은 투자자가 가해자를 확정하고 그의 고의, 과실 및 그의 가해행위와 자신이 입은 손해 사이의 모든 인과관계의 과정을 밝혀 불법행위 책임을 묻는 것이 사실상 불가능에 가까운 점에 비추어, 다른 시장참여자에게 손해를 가할 수 있는 불공정거래행위의 한 유형으로서 내부자거래를 규정하고 내부자거래가 인정되는 범위에서는 인과관계의 입증책

52) 이 판례가 다룬 사안에서는 아래와 같이 피고가 매도주문을 제출하여 순차로 체결이 이루어진 시간 중간에 원고가 제출한 매수주문이 체결되어 원고의 주문과 피고의 주문 간 동시성을 인정하기 어렵지 않았으나, 이러한 경우에만 한정되는 것으로 보긴 어렵다. "이 사건의 경우를 보건대, 피고 전북은행이 1992년 4월 29일 9시 27분경 증권거래소 개장 직전에 소외 대신증권주식회사 영동지점을 통하여 신정제지의 주식 7만 1,000주 전량에 대한 매도주문을 냄으로써, 그날의 시초가를 형성하기 위한 동시호가장에서 금 6,020원씩에 800주가 전산체결매도가 되고, 나머지 주식 7만 200주는 위 동시호가장이 마감된 직후인 같은 날 9시 40분경부터 10시 9분경까지 사이에 금 6,020원씩에 2,990주, 금 6,010원씩에 7,900주, 금 6,000원씩에 5만 8,510주(24회로 나뉘어)가 각 순차로 전산체결매도된 사실 및 원고가 같은 날 9시 37분경에 소외 한진투자증권주식회사 소공동지점을 통하여 신정제지의 주식 1만 주에 대하여 1주당 금 6,000원씩에 매수주문을 내어, 위 동시호가장이 마감된 후인 같은 날 9시 46분경에 그에 따른 전산체결매수가 일시에 이루어진 사실은 원고와 피고 전북은행 사이에 다툼이 없는바, 그렇다면 원고는 피고 전북은행이 매도한 것과 같은 종목의 주식을 동시기에 위 피고와는 반대방향으로 매수하였다 할 것이므로, 피고 전북은행은 증권거래법 제188조의2의 내부자거래 금지규정을 위반하여 신정제지 주식의 매도거래를 한 자로서 같은 법 제188조의3 제1항에 따라 위 거래와 관련하여 원고가 입은 손해를 배상할 책임이 있다"(서울지방법원 남부지원 1994. 5. 6. 선고 92가합11689 판결).

임도 완화하기 위한 규정으로 보아야 할 것이다.
그런데, 위 규정에 의하여 내부자거래를 한 자가 손해배상책임을 부담하는 상대방인 '당해 유가증권의 매매, 기타 거래를 한 자'를 내부자가 거래한 것과 같은 종목의 유가증권을 거래한 모든 사람으로 해석한다면 내부자가 거래한 유가증권의 수량이 당해 유가증권의 전체 시장규모에 비추어 극히 미미한 경우에까지 당해 유가증권 거래자 모두에게 손해배상책임을 부담하는 것으로 되어 내부자거래를 한 자에게 지나치게 가혹할 뿐만 아니라, 그러한 경우에는 내부자거래행위와 손해 발생 사이의 인과관계를 인정하기도 어려울 것이므로 위 규정의 위와 같은 입법취지에도 맞지 아니하고, 반면에 '당해 유가증권의 매매, 기타 거래를 한 자'를 당해 유가증권의 매매거래에 있어서의 내부자의 직접 거래 상대방만으로 한정한다면 위와 같이 거래 상대방의 확인이 어려운 경우가 대부분인 증권시장의 특성상 위 규정이 적용될 경우는 거의 없어 그 입법취지가 몰각된다 할 것이다.
그러므로 위 규정의 입법취지에 비추어 볼 때 내부자거래를 한 자가 손해배상책임을 부담하는 상대방인 '당해 유가증권의 매매, 기타 거래를 한 자'라 함은 내부자가 거래한 것과 같은 종목의 유가증권을 동시기에 내부자와는 반대방향으로 매매한 자를 의미한다고 해석함이 상당하다 할 것이다.

VI. 시세조종행위에 따른 손해배상 청구권자와 상당인과관계

1. 시세조종행위 규제의 목적과 보호법익

증권의 가격은 시장에서 수요·공급의 법칙에 따라 정해지는 것이 원칙인데, 인위적인 조작에 의하여 이러한 가격을 조정하는 행위를 시세조종이라고 한다.[53] 자유롭고 공정한 시장은 증권거래에 있어서 핵심적인

53) 임재연, 앞의 책(주 4), 774면.

전제조건이며 투자자들은 증권의 시장가격이 왜곡되지 않았다는 것을 신뢰하여 투자한다. 증권의 가격에 영향을 미치는 행위는 다양한 종류가 있는데, 이 중에는 자연적인 수요 · 공급의 법칙에 따라 증권가격의 상승 또는 하락을 가져오는 행위도 있지만 이와 상관없이 인위적으로 가격을 조작하는 행위도 존재한다. 후자는 증권시장에 대한 투자자의 신뢰를 상실시킴으로써 투자자들이 시장을 떠나도록 하는 요인이므로 규제되어야 한다.[54)] 이런 관점에서 볼 때 시세조종행위 규제의 목적은 증권시장의 신뢰를 유지하기 위한 것이며 그 보호법익은 증권시장의 신뢰를 통해 형성되는 거래의 공정성과 원활성이라고 하는 사회적 법익이라고 할 수 있다. 대법원 판례 역시 시세조종행위라는 범죄의 보호법익은 유가증권시장 또는 협회중개시장에서의 유가증권거래의 공정성 및 유통의 원활성 확보라는 사회적 법익이고 각각의 유가증권 소유자나 발행자 등 개개인의 재산적 법익은 직접적인 보호법익이 아니라고 판시함으로써 이를 분명히 한 바 있다.[55)]

이러한 맥락에서 볼 때 시세조종의 본질은 자연적 수요 · 공급의 원칙에 의해 결정되어야 할 증권의 시장가격에 인위적인 영향을 미치는 행위라는 점에서 찾아야 하며, 그러한 행위를 통해서 다른 투자자들의 오인을 유발하여 그러한 증권의 거래를 하도록 유인함으로써 재산상 이득을 편취하려는 계획에서 찾을 것은 아니라고 본다. 물론 증권의 시장가격에 인위적인 영향을 미치는 것인지 아니면 자연스러운 수요 · 공급에 의한 영향을 미치는 것인지를 판단하기 어려우므로, 금지대상이 되는 시세조종행위의 범위를 정하기 위해서 일정한 거래의 태양이나 주관적 의도를 요

54) 윤영신, "현실거래에 의한 시세조종," 증권법연구 제2권 제1호(2001), 한국증권법학회, 3면.

55) 대법원 2011. 1. 13. 선고 2010도9927 판결.

구할 수 있다. 하지만 이러한 거래의 태양이나 주관적 의도는 어디까지나 인위적 시세조종인지 아니면 자연스러운 수요 · 공급에 의한 거래인지 여부를 판단하는 수단적 개념으로 보아야 할 것이다.

실제로 미국의 판례나 SEC 결정례는 거래 유인목적(다른 사람으로 하여금 증권을 매수 또는 매도하도록 유인할 목적)을 해석함에 있어서 그 문언대로 해석하기보다는 시장교란행위의 경우 이를 유연하게 인정하고 있는데, 예컨대 시가보다 높은 가격으로 상당한 양의 증권을 매수할 옵션을 보유하고 있는 경우, 시세조종자가 소유자이거나 증권 인수인으로서 분매계획을 가지고 있는 주식에 대해 현재 시가보다 높은 가격에 분매하고자 하는 경우, 순조롭지 못한 공모 이후 인수인에게 남아 있는 주식에 대해 현재 시가보다 높은 가격으로 분매하고자 하는 경우, 대출상환 압력을 받고 있는 은행대출에 대하여 담보로 제공된 증권의 가치를 높이고자 하는 경우, 공개매수를 성공시키거나 저지하고자 하는 경우, 워런트 행사의 대상이 되는 주식의 가격을 변동시켜서 워런트 행사를 촉발시킴으로써 자금을 조달하려는 경우 등에도 거래유인의 동기가 있다고 해석한다.[56)]

2. 종전 법규정과 그 문제점

종전의 자본시장법상 시세조종행위에 대한 손해배상 책임조항은 "제176조를 위반한 자는 그 위반행위로 인하여 형성된 가격에 의하여 해당 상장증권 또는 장내파생상품의 매매를 하거나 위탁을 한 자가 그 매매 또는 위탁으로 인하여 입은 손해를 배상할 책임을 진다"라고 규정하여 상장증권이나 장내파생상품의 시세조종행위로 인하여 손해배상청구를 할

56) 윤영신, 앞의 논문(주 54), 15면.

수 있는 자를 '당해 시세조종행위로 형성된 가격에 해당 상장증권 또는 장내파생상품의 매매를 하거나 위탁을 한 자'에게만 한정하였다. 즉 주식의 시세를 인위적으로 변동시켰다면 그 주식을 인위적으로 변동된 시세에 거래한 자로, 장내파생상품의 시세를 인위적으로 변동시켰다면 그 장내파생상품을 인위적으로 변동된 시세에 거래한 자로 손해배상 청구권자를 제한한 것이다. 이는 '거래유인설'에 입각하여 시세조종의 본질을 인위적인 시세의 변동을 통한 거래의 유인으로 파악한 것에 해당한다고 볼 수 있다. 하지만 이 규정은 자본시장법 제176조가 연계시세조종행위를 포함한 다양한 형태의 시세조종을 규정하고 있음에도 불구하고 이러한 시세조종행위에 따른 배상책임을 제대로 규정하지 못하고 있다는 비판에 직면하여 곧바로 법 개정으로 이어졌다.

3. 현행 법규정과 그 문제점

현행 자본시장법 제177조에 의하면 시세조종을 한 자에 대하여 손해배상청구를 할 수 있는 자는 (i) 그 위반행위로 인하여 형성된 가격에 의하여 해당 증권 또는 파생상품에 관한 매매 등을 하거나 그 위탁을 한 자, (ii) 그 위반행위(제176조 제4항 각 호의 어느 하나에 해당하는 행위로 한정)로 인하여 가격에 영향을 받은 다른 증권, 파생상품 또는 그 증권·파생상품의 기초자산에 대한 매매 등을 하거나 그 위탁을 한 자, 그리고 (iii) 그 위반행위(제176조 제4항 각 호의 어느 하나에 해당하는 행위로 한정)로 인하여 특정시점의 가격 또는 수치에 따라 권리 행사 또는 조건성취 여부가 결정되거나 금전 등이 결제되는 증권 또는 파생상품과 관련하여 그 증권 또는 파생상품을 보유한 자이다.

종전의 자본시장법 제177조는 (i)의 경우만 손해배상청구를 할 수 있도록 되어 있었고 '해당 증권 또는 장내파생상품'의 매매 등을 하거나 위탁한 자로 되어 있어, 문언해석상 동법 제176조 제4항[57]에 의해서 금지된 소위 '연계시세조종행위'로 피해를 입은 투자자가 동법 제177조의 규정에 의한 손해배상청구를 하지 못하는 문제가 발생하였다. 즉 기초자산의 가격을 조작하여 그 기초자산에 연계된 증권이나 파생상품에 투자한 투자자에게 손해를 입힌 경우, 피해자는 시세조종의 대상이 된 '해당 증권 또는 장내파생상품'의 매매를 하거나 위탁을 한 자가 아니므로 손해배상청구가 불가한 것으로 규정되어 있었다. 이는 연계시세조종행위를 금지하는 자본시장법 제176조나 시세조종에 따른 배상책임을 규정한 동법 제177조의 입법취지에 맞지 않는 것이었으므로 이를 시정하기 위해 자본시장법이 개정된 것이다. 이를 통해 어떤 증권이나 파생상품의 가격을 조작하여 이에 연계된 증권이나 파생상품에 투자한 자(가격조작 이후 투자한 자뿐만 아니라 기존에 보유한 증권이나 파생상품의 거래조건에 영향을 미친

57) ④ 누구든지 증권, 파생상품 또는 그 증권·파생상품의 기초자산 중 어느 하나가 거래소에 상장되거나 그 밖에 이에 준하는 경우로서 대통령령으로 정하는 경우에는 그 증권 또는 파생상품에 관한 매매, 그 밖의 거래(이하 이 항, 제177조 및 제443조 제1항 제7호에서 '매매 등'이라 한다)와 관련하여 다음 각 호의 어느 하나에 해당하는 행위를 하여서는 아니 된다. 〈개정 2009. 2. 3, 2013. 5. 28〉
1. 파생상품의 매매 등에서 부당한 이익을 얻거나 제삼자에게 부당한 이익을 얻게 할 목적으로 그 파생상품의 기초자산의 시세를 변동 또는 고정시키는 행위
2. 파생상품의 기초자산의 매매 등에서 부당한 이익을 얻거나 제삼자에게 부당한 이익을 얻게 할 목적으로 그 파생상품의 시세를 변동 또는 고정시키는 행위
3. 증권의 매매 등에서 부당한 이익을 얻거나 제삼자에게 부당한 이익을 얻게 할 목적으로 그 증권과 연계된 증권으로서 대통령령으로 정하는 증권 또는 그 증권의 기초자산의 시세를 변동 또는 고정시키는 행위
4. 증권의 기초자산의 매매 등에서 부당한 이익을 얻거나 제삼자에게 부당한 이익을 얻게 할 목적으로 그 증권의 시세를 변동 또는 고정시키는 행위
5. 파생상품의 매매 등에서 부당한 이익을 얻거나 제삼자에게 부당한 이익을 얻게 할 목적으로 그 파생상품과 기초자산이 동일하거나 유사한 파생상품의 시세를 변동 또는 고정시키는 행위

자)도 손해배상 청구권자에 포함되게 되었다.

이러한 법 개정은 결국 시세조종행위로 인하여 상당인과관계 있는 피해를 입은 자임에도 시세조종행위에 따른 배상책임을 청구할 수 없는 불합리를 해결하기 위한 것이었다. 하지만 개정 후의 현행 자본시장법 제177조 역시 배상청구권자를 열거적으로 규정하고 있어 시세조종행위에 따라 상당인과관계 있는 피해를 입은 자임에도 여전히 배상청구를 하지 못하는 경우가 발생할 수 있다. 예컨대 펀드매니저가 성과보수를 높이기 위해 펀드에 편입된 종목의 연말 주가를 높인 경우, 이로 인해 성과보수를 많이 지급하게 되어 손해를 본 펀드 및 그 수익자들은 여전히 시세조종에 따른 배상청구를 하기 어렵다. 물론 이러한 때에는 뒤에서 설명하는 부정거래행위(자본시장법 제178조 위반)를 이유로 자본시장법 제179조에 따른 책임을 물을 여지는 있지만 동법 제177조가 동법 제176조 위반에 따른 손해배상책임을 추궁한다는 본래의 취지(시세조종행위로 인하여 상당인과관계 있는 손해를 입은 자들에 대한 배상책임)를 달성하기 위해서는 "제176조를 위반한 자는 이러한 위반행위로 인하여 증권 또는 파생상품의 거래와 관련한 손해를 입은 자의 손해를 배상할 책임이 있다"는 식으로 포괄적으로 기술하는 것이 바람직할 수 있다.

그리고 자본시장법 제177조가 개정되었지만 여전히 현행 조항하에서도 과연 배상청구권자의 범위를 어디까지로 할지에 관한 해석상 논란이 있을 수 있다. 이를 해석함에 있어서는 역시 기존 법조문의 제약하에서, 상당인과관계론의 관점에서 시세조종으로 인해 상당인과관계 있는 피해를 입은 자의 범위를 정하는 작업이 필요하다. 이하에서는 논란이 될 수 있는 사안에서 상당인과관계가 인정되는 경우와 인정될 수 없는 경우를 나누어 살피고자 한다.

4. 상당인과관계가 인정되는 경우

피해자가 시세조종의 대상이 된 증권이나 파생상품을 매매하는 일반적인 경우, 시세조종이 그러한 매매거래의 체결 또는 조건에 영향을 미쳤다면 상당인과관계 있는 손해가 있다고 보아야 한다. 예컨대 甲이 A사의 주가를 조작하여 시세를 인위적으로 높였는데 乙은 이를 모르고 A회사의 주식을 높은 가격에 매입하여 손해를 입은 사례에서, 乙은 이러한 시세조종으로 인해서 높게 형성된 가격에 거래를 하여 손해를 입었으므로 상당인과관계 있는 손해를 입었다고 볼 수 있다. 설령 乙이 무조건 주식을 사야 할 사정이 있었다고 하더라도(즉 甲의 주가조작이 乙의 매수 여부에 영향을 미친 것이 아니더라도) 거래조건에 해당하는 매수가격에 영향을 미쳤으므로 상당인과관계가 있는 손해라고 볼 것이다. 甲이 시세조종을 위해서 유포된 허위정보를 乙이 모른 상태에서 그저 증권사 직원에게 시가에 구매를 부탁한 경우처럼, 乙이 甲의 시세조종정보를 신뢰하고 매수를 한 경우가 아니더라도 甲의 시세조종으로 가격이 영향을 받았고 이로 인해서 乙의 매수조건에 영향을 받았으므로 상당인과관계 있는 손해에 해당한다.

직접 시세조종정보나 분식된 재무정보를 확인하고 매수한 것이 아니더라도 상당인과관계가 인정된다는 것을 미국에서는 소위 시장사기 이론(fraud on the market theory)이라고 설명하지만 우리나라 법원은 이러한 논의를 상당인과관계로 설명하고 있다.[58] 즉 대면거래가 아닌 비대면거래

58) 대법원 2008. 6. 26. 선고 2007다13985 판결 : "감사인의 부실감사로 손해를 입게 된 투자자가 민법상의 불법행위책임에 기하여 배상을 청구할 경우, 투자자인 유가증권의 취득자는 배상의무자의 허위기재 등의 위법행위와 손해 발생 사이의 인과관계 등의 요건사실을 스스로 모두 입증하여야 하나, 특별한 사정이 없는 한 분식회계를 밝히지 못한 감사보고서의 내용은 기업어음의 가치를 결정하는 데 영향을 주어 부당하게

로 이루어지는 증권거래의 특징과 보호법익, 시세조종의 태양과 피해의 정도 등을 토대로 상당인과관계를 해석하면 대면적인 거래인과관계가 없더라도 당연히 상당인과관계가 성립된다는 것이다.

그리고 시세조종행위와 거래 개시 간의 선후에 있어서 반드시 시세조종행위가 있은 후 매매나 위탁이 개시되어야 상당인과관계가 성립하는 것은 아니다. 예컨대 매매계약 체결은 시세조종 이전에 이루어졌지만 거래조건은 시세조종 후 그 영향하에서 결정된 경우 거래의 개시 또는 계약 체결 후 거래 완료 전 시세조종이 있었고, 이로 인해서 거래조건이 변경된 경우 비록 시세조종은 거래 개시 또는 매매거래 이후 발생하였지만 매매거래가 완결되기 전 그 매매거래의 조건에 영향을 미쳤으므로 당연히 상당인과관계 있는 손해가 있고 따라서 청구권자로 인정되어야 한다.

합병과정에서 합병조건에 영향을 미치는 불공정거래행위로 인해서 손해를 입은 주주도 상당인과관계 있는 손해를 입은 자이므로 손해배상 청구권자에 해당한다고 보아야 한다. 예컨대 주가조작으로 합병비율이 영향을 받아 적은 숫자의 합병회사의 주식을 받게 된 사례의 경우, 비록

가격을 형성하게 하는 원인이 되고, 이로 인하여 기업어음을 매입한 원고는 손해를 입었다고 보아야 한다"; 대법원 2007. 10. 25. 선고 2006다16758 판결 : "주식거래에서 대상기업의 재무상태는 주가를 형성하는 가장 중요한 요인 중의 하나이고, 대상기업의 사업보고서의 재무제표에 대한 외부감사인의 회계감사를 거쳐 작성된 감사보고서는 대상기업의 재무상태를 드러내는 가장 객관적인 자료로서 일반투자자에게 제공·공표되어 그 주가 형성에 결정적인 영향을 미치는 것이어서, 주식투자를 하는 일반투자자로서는 그 대상기업의 재무상태를 가장 잘 나타내는 사업보고서의 재무제표와 이에 대한 감사보고서가 정당하게 작성되어 공표된 것으로 믿고 주가가 당연히 그에 바탕을 두고 형성되었으리라는 생각 아래 대상기업의 주식을 거래한 것으로 보아야 한다. 원심 판결에는 상고이유의 주장과 같이 분식회계 내지 부실감사와 주식 취득 사이의 인과관계에 관한 법리를 오해하거나, 심리를 다하지 아니하거나, 채증법칙에 위반하는 등의 위법이 없다."

투자자는 합병에 의해서 수동적으로 합병회사의 주식을 취득하게 된 것이고 적극적으로 매수나 매도를 한 것은 아니지만 불공정거래행위로 인해서 충분히 예견될 수 있는 범위의 통상적인 재산상의 손해를 입었음이 분명하다. 이 경우 상당인과관계가 있으므로 당연히 청구권자로 인정되어야 한다.

5. 상당인과관계가 인정되지 않는 경우

반면 시세조종행위가 있었지만 이 때문에 매수 또는 매도가 이루어지지 아니하고 매수 또는 매도할 의향을 갖고 있다가 좌절된 경우라면, 이로 인한 손해는 가정적인 인과관계를 의미하는 것으로서 상당인과관계가 없다고 보아야 한다. 예컨대 乙이 매년 일정한 배당금을 지급하는 A사의 주식을 사고자 증권사 직원에게 A사의 주식이 일정 가격 이하인 때 매입하라고 지시하였다고 하자. 그런데 甲이 A회사의 주가를 조작하는 바람에 주식을 매입하지 못한 경우, 乙은 이 주가조작 때문에 A사에 대한 투자를 포기하고 대신 배당률이 낮은 B사에 투자하였다고 하자. 만약 A사의 주가조작이 없었더라면 乙은 A사에 투자하여 더 많은 배당수익을 올렸을 것이라고 주장할 수 있지만 이는 가정적인 주장일 뿐이다. 실제로 B사에 투자를 했고 그에 따른 수익이 시원치 않았다고 하더라도 이는 결과적 손해일 뿐이다. 乙은 매입을 포기하는 대신 C사의 주식을 사서 더 좋은 수익을 얻었을 수도 있을 것이다. 이러한 가정적 · 추상적 손해는 조건적 인과관계는 될 수 있을지언정 상당인과관계에 있는 손해는 아니라고 보아야 한다.

VII. 부정거래행위에 따른 손해배상 청구권자의 범위와 상당인과관계

1. 자본시장법 제178조의 입법취지

부정거래행위를 규정한 자본시장법 제178조는 구 증권거래법 제188조의4 제4항을 계수하여 신설한 규정인데, 그동안 지적되던 포괄적 사기조항으로서의 한계를 극복하기 위하여 마련되었다. 구 증권거래법 제188조의4 제4항도 포괄적 사기 금지규정에 해당한다고 해석되었지만 이 조항은 조문 위치상 시세조종 금지조항에 편입되어 있어 포괄적 불공정거래 금지조항이 시세조종에만 한정되는 것으로 해석될 소지가 있는 점, '부당한 이익을 위하여(제1호)', '금전, 기타 재산상의 이익을 얻고자 하는' 이라고 규정함으로써 간접적인 표현이나마 목적성을 제시하였다는 점, 또한 행위유형을 너무 구체적으로 규정함으로써 다양한 유형의 증권사기행위를 규제하는 포괄적 사기 금지규정으로서의 기능이 반감되었다는 점 등 동 규정의 한계가 지적되었으며, 이에 따라 내부자거래 · 시세조종 등 특정된 금지대상 외의 모든 사기행위를 금지하여 규제공백을 방지할 수 있는 포괄적 사기 금지조항의 도입 필요성에 공감하여 자본시장법 제178조가 제정되었다.

이 때문에 자본시장법 제178조는 행위의 주체, 행위의 내용(방식), 행위의 장소 등을 특정범위에 제한하지 않고 모든 유형의 불공정행위에 적용할 수 있도록 구성요건이 포괄화 · 일반화되어 있다. 즉 자본시장법 제178조는 (i) 행위주체 측면에서 누구도 특정하지 않고 있고, (ii) 행위대상을 증권에 한정하지 않고 금융투자상품으로 광역화하고 있으며, (iii) 행위장소는 장내 · 장외를 구별하지 않고, (iv) 행위요소는 유형적이든 무형

적이든 모두 고려하고 있다.[59)]

또한 자본시장법 제178조는 미국의 SEA 제10(b)조 및 Rule 10b-5를 본뜬 명실상부한 '포괄적 사기 금지조항'이라는 것이 지배적인 견해이다.[60)] 자본시장법 제정과정에서 국회 재정경제위원회는 자본시장법 제178조와 관련하여 "금융투자상품의 매매거래 등과 관련된 불공정행위는 투자자들의 피해를 초래하고 증권시장의 신뢰를 저하시키는 요인이 되므로 이를 억제할 수 있는 장치가 필요하다. 그런데 증권시장에서의 불공정행위수법은 매우 다양하며, 신종 사기수법들이 계속하여 등장하고 있으므로 그 유형을 일일이 법률에 열거하여 규제하기는 불가능하다고 할 수 있다. 이에 제정안은 미국 및 일본 등의 입법례를 감안하여 포괄적인 사기행위 금지조항을 마련한 것으로 그 취지는 인정된다"는 견해를 제시하기도 하였다.[61)]

2. 시세조종이나 내부자거래와의 관계

미국에서는 Rule 10b-5가 내부자거래 · 시세조종 등에 폭넓게 적용되고 있지만, 그에 대해서 별도의 규정이 마련되어 있는 우리나라에서는 부정거래 금지조항의 적용범위는 그리 넓지 않을 것이라는 견해가 있다.[62)] 하지만 실제로 미국의 Rule 10b-5가 시세조종이나 내부자거래를 넘어서서 증권 관련 업자의 고객에 대한 사기나 기망에 의한 계약상

59) 정찬형, 주석 금융법(III)〔자본시장법 2〕, 한국사법행정학회, 2013, 499-502면.
60) 한국증권법학회, 앞의 책(주 3), 953-955면.
61) 국회 재정경제위원회, 「자본시장과 금융투자업에 관한 법률안」 심사보고서(2007. 1), 86면.
62) 김건식 / 정순섭, 앞의 책(주 2), 335면. 하지만 이 책에서도 이 조항이 추상적인 문언으로 규정되어 있으므로 해석에 따라서는 적용범위가 넓어질 수도 있다고 한다.

증권취득권리 상실 등 다양한 유형의 증권사기행위에 적용되고 있다는 점을 감안할 때, 우리나라의 자본시장법 제178조 역시 다양한 유형의 증권사기행위에 적용될 수 있다고 보아야 하고 또 그렇게 해석되어야 한다.

자본시장법 제178조 제1항 제1호의 적용범위와 관련하여 우리 법원은 "자본시장법 제178조 제1항 제1호는 제176조에 열거된 시세조종행위와는 다르게 규제대상이 금융투자상품이므로 상장증권이나 장내파생상품으로 제한되지 않고, 거래장소도 거래소시장으로 제한되지 않으며, 매매 외 다양한 유형의 거래까지 규제대상으로 하고 있다"고 판시하였으며,[63] 이 고등법원 판결을 상고심 판결에 해당하는 대법원 판결 역시 자본시장법 제178조 제1항 제1호에서 말하는 '부정한 수단 · 계획 또는 기교'란 사회통념상 부정하다고 인정되는 일체의 수단 · 계획 또는 기교를 말한다고 넓게 해석하면서, 합병 시 주주들의 주식매수청구권 행사를 막기 위해 시세를 인위적으로 상승시킨 사안에 대해 자본시장법 제178조에 따른 부정거래행위를 적용한 원심을 승인한 바 있다.[64]

3. 자본시장법 제179조

자본시장법 제179조는 동법 제178조에 위반하는 '부정거래행위'에 따른 손해배상책임을 규정한 조항이다. 미국의 SEA 10(b)나 Rule 10b-5는 이러한 명시적 소권을 규정하는 조항을 두지 않았으나, 우리나라법은 포괄적 사기에 해당하는 '부정거래행위'에 따른 손해배상청구권을 명시적으로

63) 서울고등법원 2011. 6. 9. 선고 2010노3160 판결.
64) 서울고등법원 2011. 6. 9. 선고 2010노3160 판결(대법원 2011. 10. 27. 선고 2011도8109 판결로 확정).

규정한 것이라고 보아야 한다.

4. 부정거래행위에 따른 손해배상청구에서의 상당인과관계

앞에서 본 바와 같이 포괄적인 증권사기를 금지하는 자본시장법 제178조의 입법취지와 보호법익에 비추어 볼 때, 동법 제179조에 따른 손해배상청구에 있어서의 상당인과관계는 시세조종의 경우보다는 더 넓게 인정되어야 할 것이다. 실제로 앞에서 본 미국의 Rule 10b-5 소송사례들에서는 상당인과관계를 매우 폭넓게 인정하고 있다. 즉 실제 금융투자상품의 매수인 또는 매도인이 아닌 경우에도 신탁의 수익자, 합병 또는 주식교환 대상회사의 주주, 성사되지 않은 매매계약의 당사자, 이행단계의 구두매수계약자, 신주인수권자, 전환사채 보유자, 옵션 보유자 등에게도 어떤 증권사기행위가 있었고 그로 인해서 그러한 사법상의 권리나 이익을 침해당한 경우에는 시세조종행위에서와 같은 '매매유인성'이 갖추어지지 않은 때에도 상당인과관계를 인정하고 있다. 우리나라 자본시장법 제179조의 해석과 관련해서도 마찬가지라고 보아야 하며 앞에서 소개한 대법원 2015. 4. 9.자 2013마1052, 1053 결정은 이러한 해석을 뒷받침하고 있다고 볼 수 있다.

VIII. 결론

증권소송에 있어서 '인과관계'의 문제라든지 '청구인적격'의 문제는 미국 증권법 해석상으로도 논란이 많은, 매우 어려운 문제로 평가되고 있다. 우리나라 학자 사이에서도 미국의 증권법을 대폭 수용한 우리나라 자본시장법의 해석과 관련하여 '원고적격', '거래인과관계', '매매 관련성' 등 다소 생소한 미국법상의 개념을 이용하여 손해배상청구권의 존부를 해석하는 논의가 전개되어 왔다. 하지만 미국 판례상으로도 이러한 개념들은 혼용되는 편이고 또 구체적인 사안에 따른 판결례도 들쑥날쑥한 편이어서, 미국의 증권법 문헌들이 하는 방식을 따라 이 개념들을 각각 별도의 요건으로 취급하고 구분하여 고찰하는 것은 오히려 체계적인 이해를 방해하는 측면이 있다.

이 글에서 필자는 '청구인적격'이라는 개념에 초점을 맞추어 고찰하였는데 결국 이는 '매매 관련성', '거래인과관계' 등의 개념과 마찬가지로 불법행위에 따른 손해배상청구에 있어서 필연적으로 수행할 수밖에 없는 '상당인과관계요건'의 분석을 위한 도구적 개념임을 설명하였다. 그리하여 결국 자본시장법상 불공정거래행위(미공개중요정보 이용행위, 시세조종, 부정거래행위)에 따른 손해배상 청구권자의 범위를 해석함에 있어서 불공정거래행위와 상당인과관계 있는 손해를 입은 자인지 여부를 토대로 판단되어야 함을 설명하였다.

이어서 이 글은 자본시장법상 불공정거래행위의 상당인과관계를 판단함에 있어서 우리나라의 판례들이 통상 행하는 바와 같이 당해 불공정거래행위로 말미암은 결과 발생의 개연성, 자본시장법의 목적과 보호법익, 불공정거래행위의 태양 및 피침해이익의 성질 및 피해의 정도 등을 종합적으로 고려하여 구체적 개별적으로 판단하여야 한다는 점을 설명하고, 실제로 이러한 기준을 갖고 구체적인 사례에서의 청구권자의 범위와 상당인과관계를 판단해 보았다.

우리 자본시장법은 미국법을 모방한 것인 반면 불법행위에 따른 손해배상을 규율하는 우리나라 민법은 독일 민법과 스위스 민법 그리고 프랑스 민법 등 유럽의 대륙법계 국가들의 민법을 계수하여 제정된 일본 민법을 이차적으로 계수하여 만들어진 것이다.[65] 따라서 자본시장에서의 불공정거래행위에 따르는 손해배상책임이라는 영역은 미국법을 계수한 자본시장법과 대륙법을 계수한 민법이 만나는 영역이라고 할 수 있다. 필자의 생각으로는 비록 자본시장법이 미국법을 계수하였지만 우리나라의 법체계는 기본적으로 대륙법체계이고 우리나라는 판례법국가가 아니라 성문법국가라는 점, 그리고 손해배상책임의 문제는 기본적으로 민법의 영역이라는 점에 비추어 볼 때 자본시장법상 불공정거래행위에 따른 손해배상책임을 논하는 데 있어서 미국 증권법 판례상 발달한 개념들(원고적격 · 거래인과관계 · 시장사기 등)을 그대로 차용하기보다는 우리나라 민법상 체계에 맞추어 해석하려는 것이 보다 적절하지 않을까 생각한다.

---

65) 곽윤직, 민법주해 제1권, 박영사, 2006, 21면.

15

불공정거래행위에 대한 손해배상의 범위*

임정하**

I. 들어가며

자본시장은 자금의 수요자인 기업과 자금의 공급자인 투자자가 주식과 사채 등 증권이라는 매개체를 통하여 서로 연결되는 곳이다. 기업을 중심으로 한 실물경제가 원활하게 작동하기 위해서는 자본시장이 공정하고 효율적으로 작동할 수 있어야 한다. 그런데 자본시장에서 증권거래가 증가함에 따라 부정한 수단 또는 기망적 방법에 의한 불공정거래가 함께 증가하고, 그 양상도 다양화·복잡화되는 추세이다.[1] 자본시장에서의 불공정거래행위는 자본시장에 대한 투자자들의 신뢰를 해하여 자본시장의

---

* 이 논문은 BFL 제86호(2017. 11)에 게재된 글을 수정·보완한 것이다.

** 서울시립대학교 법학전문대학원 교수

1) 금융위원회 보도자료, 신종 불공정거래 현황 및 대응방안 논의를 위한 불공정거래 관계기관 합동 워크숍(Workshop) 개최(2017. 9. 27).

발전을 저해하므로 이를 억제하여야 한다. 불공정거래행위의 발생을 억제하기 위해서는 불공정거래행위로 얻은 부당한 경제적 이익 또는 그 이상을 손해배상청구를 통해 반환하게 하는 것이 불공정거래행위에 대한 형사처벌이나 행정제재보다 효과적이다.[2)] 그런데 자본시장에서의 거래는 전통적인 대면거래와 달리 비대면거래로 이루어지므로 불법행위책임의 성립요건을 입증하기 쉽지 않다. 불공정거래행위가 있었다는 사실을 입증하기 어려울 뿐만 아니라 투자자가 입은 손해액의 산정과 입증이 이루어지지 않으면 손해배상책임을 물을 수 없다. 본고는 먼저 자본시장과 금융투자업에 관한 법률(이하 '자본시장법')상 불공정거래행위의 규제를 살펴본 다음(II) 자본시장 불공정거래행위에 대한 손해배상제도를 개괄적으로 살펴본다(III). IV.에서는 자본시장법상 불공정거래행위에 대한 손해배상책임의 성립요건을 검토한 다음 손해배상액의 범위를 자세히 살펴본다. V.에서는 자본시장법상 손해배상제도의 한계를 알아보고 손해배상제도를 실효성 있는 제재로 정착시키기 위한 방안을 모색해 본다. 마지막 결론에서는 이상의 논의를 정리한다(VI).

II. 자본시장법상 불공정거래행위 규제

1. 자본시장법상 불공정거래행위 규제의 의의

자본시장법 제4편(불공정거래행위의 규제)은 미공개중요정보 이용행위의 금지(제174조 제1항), 시세조종행위의 금지(제176조)와 부정거래행위의

2) 조수정, "자본시장 불공정거래로 인한 손해배상 활성화," 법학논총 제29집 제3호(2012), 한양대학교 법학연구소, 133면.

금지(제178조)를 규정하고 있다. 넓은 의미의 불공정거래행위에는 부실공시 등의 공시의무 위반이나 금융투자업자의 영업행위 규제 위반을 포함하는 것으로 볼 수 있으나, 좁은 의미로는 미공개중요정보 이용행위 · 시세조종행위 · 부정거래행위를 의미한다.[3] 본고는 후자의 개념, 즉 좁은 의미의 불공정거래행위를 의미하는 것으로 '자본시장 불공정거래행위'라는 용어를 사용한다.

자본시장법상 불공정거래행위의 규제는 시장의 가격 형성기능과 시장에 대한 신뢰를 해치고 투자자에게 손해를 입히는 다양한 유형의 부정거래를 금지함으로써 자본시장에 대한 투자자 일반의 신뢰를 확보하는 것을 목적으로 한다.[4] 증권을 매수 · 보유 또는 매도하는 판단은 경제적 이익에 대한 욕구를 기반으로 하며,[5] 증권이 효율적으로 작동하는 시장에서 공정하게 거래되는 것을 전제조건으로 한다. 자본시장법의 기능을 투자자 보호라고 말하는 경우, 이는 시장의 효율적 운영이라는 목적을 단지 다르게 표현한 것에 불과하다.[6]

2. 자본시장 불공정거래행위의 유형

(1) 미공개중요정보 이용행위(내부자거래)

'미공개중요정보 이용행위' 또는 '내부자거래'란 상장법인이나 6개월 이

3) 김주영, "자본시장법상 불공정거래행위에 따른 손해배상청구의 청구인적격에 관한 검토 : 인과관계요건과의 관계성을 중심으로," 증권법연구 제15권 제1호(2014), 한국증권법학회, 207-208면.

4) 김건식 / 정순섭, 자본시장법(제3판), 두성사, 2013, 385면.

5) Frank H. Easterbrook / Daniel R. Fischel, Optimal Damages in Securities Cases, 52 University of Chicago Law Review 613 (1985).

6) Easterbrook / Fischel, 앞의 논문(주 5), 613.

내에 상장하는 법인의 임직원 · 주요주주 등 내부자, 준내부자, 1차 정보 수령자(이하 '내부자 등')가 업무와 관련된 미공개중요정보를 특정증권 등의 매매, 그 밖의 거래에 이용하거나 타인에게 이용하게 하는 행위를 의미한다(자본시장법 제174조 제1항).

내부자 등은 미공개중요정보가 호재성 정보인 경우 공개하여 주가가 오르기 전에 주식을 미리 매수하고, 악재성 정보인 경우에는 공개하여 주가가 하락하기 전에 주식을 미리 매도하는 방법으로 이익을 취하거나 손실을 피한다. 이러한 정보에 접근할 수 없는 일반투자자들은 정보 불균형으로 인해 내부자 등과 반대거래를 함으로써 손해를 입게 된다. 따라서 자본시장법상 미공개중요정보 이용행위의 규제는 증권 거래자 사이에서 정보 비대칭이 미공개중요정보에 근거한 경우, 거래를 금지함으로써 거래 상대방을 보호하고 자본시장에 대한 투자자의 신뢰를 유지하기 위한 것이다.

(2) 시세조종

'시세조종'이란 상장증권 또는 장내파생상품에 대한 수요와 공급을 인위적으로 조작함으로써 가격을 조종하려는 행위를 말한다(자본시장법 제176조). 자본시장법은 시세조종의 유형을 위장거래에 의한 시세조종(제176조 제1항), 현실매매에 의한 시세조종(동조 제2항 제1호), 허위표시 등에 의한 시세조종(동조 동항 제2호), 시세의 고정 · 안정행위(동조 제3항), 연계시세조종(동조 제4항) 등 5가지로 구분하여 규제한다.

시세조종의 경우, 인위적으로 주가를 상승시켜 주식시장이 활황인 듯한 외관을 형성하여 투자자들을 유인한 뒤 매집하여 둔 주식을 매도함으로써 이익을 취하고 투자자들은 이후 주가 하락으로 손해를 입게 된다.

주가를 하락시키는 시세조종도 가능하다. 주식매수 예정자가 매수가를 낮게 책정하기 위해 공매도의 방법을 통해 주가를 하락시키기 위한 시세조종을 할 수도 있다. 이러한 시세조종으로 상승된 주가로 주식을 매수하거나 하락된 주가로 주식을 매도한 투자자들은 손해를 입게 된다.

(3) 부정거래행위

미공개중요정보 이용행위와 시세조종은 전형적인 유형의 불공정거래행위라 할 수 있다. 그런데 금융투자상품과 투자기법의 다양화, 정보통신기술의 발달 등으로 새롭고 복잡한 불공정거래행위가 등장하고 있다. 자본시장법은 내부자거래 또는 시세조종 등 전형적인 불공정거래행위에 해당하지 않는 행위도 부정거래행위로 금지하고 있다.[7] 이러한 불공정거래행위의 유형을 구체적으로 규정하기는 어렵다. 자본시장법 제178조 제1항 제1호(부정한 수단 · 계획 또는 기교를 사용하는 행위 금지)는 포괄적 사기 금지규정의 일종으로 불공정거래행위에 관한 여타 규정의 적용이 곤란한 경우 보완적 규제 역할을 한다.[8] 부정한 수단, 계획 또는 기교란 사회통념상 부정하다고 인정되는 일체의 수단, 계획, 기교를 말하는 것으로 본다.[9]

---

7) 부정거래행위는 금융투자상품의 매매, 그 밖의 거래와 관련한 일정한 부정거래행위(자본시장법 제178조 제1항)와 금융투자상품의 매매 또는 시세변동을 목적으로 위계의 사용 등을 하는 행위(동법 동조 제2항)로 구분된다. 자본시장법 제178조 제1항의 부정거래행위는 부정한 수단 · 계획 또는 기교를 사용하는 행위(제1호), 허위표시를 하는 행위(제2호)와 허위시세를 이용하는 행위(제3호) 등 세 유형으로 나뉜다. 자본시장법 제178조 제2항의 부정거래행위는 누구든지 금융투자상품의 매매, 그 밖의 거래를 할 목적이나 그 시세의 변동을 도모할 목적으로 풍문의 유포, 위계의 사용, 폭행 또는 협박을 하는 행위이다.

8) 김건식 / 정순섭, 앞의 책(주 4), 480-481면.

9) 대법원 2011. 10. 27. 선고 2011도8109 판결.

3. 자본시장 불공정거래행위에 대한 제재수단

불공정거래행위는 자본시장에 대한 투자자들의 신뢰를 해하여 자본시장의 발전을 저해하므로 이를 억제하여야 한다. 자본시장법은 불공정거래행위를 억제하는 제재수단으로 형사제재, 행정제재 및 민사제재 등을 규정하고 있다. 형사제재로는 미공개중요정보 이용행위, 시세조종, 부정거래행위 등의 금지조항을 위반하는 자에게는 10년 이하의 징역 또는 5억원 이하의 벌금 등의 형사처벌을 부과할 수 있다(자본시장법 제443조). 금융투자업자가 미공개중요정보 이용행위, 시세조종, 부정거래행위 등 불공정거래에 관여한 경우 금융위원회는 업무정지, 위법행위 시정명령 등의 행정제재를 부과할 수 있다.[10] 시장질서 교란행위[11]에 대해 금융위원회는 과징금을 부과할 수 있으나(자본시장법 제429조의2), 불공정거래행위에 대해서는 현재 과징금이 행정제재수단으로 규정되어 있지 않다.

그 밖에 민사제재로서 미공개중요정보 이용행위자, 시세조종자, 부정거래행위자는 그 불공정거래로 인하여 금융투자상품의 매매 등의 거래를 한 자가 입은 손해를 배상할 책임이 있다(자본시장법 제175조, 제177조 및 제179조). 불공정거래로 인한 손해배상청구는 증권집단소송의 형태로 제기할 수 있다(증권 관련 집단소송법 제3조 제1항 제3호).

---

10) 금융위원회는 6개월 이내의 업무의 전부 또는 일부의 정지, 계약인계명령, 위법행위의 시정명령 또는 중지명령, 위법행위로 인한 조치를 받았다는 사실의 공표명령 또는 게시명령, 기관경고, 기관주의 등의 조치를 취할 수 있다(자본시장법 제420조 제3항).

11) 자본시장법 제178조의2는 기존 불공정거래행위에 비하여 위법성의 정도는 낮으나 시장의 건전성을 훼손하는 행위를 시장질서 교란행위(market abuse)로 규제하고 있다. 시장질서 교란행위에 대한 제재로는 형사처벌이 아닌 과징금을 부과하도록 규정하고 있다.

III. 자본시장 불공정거래행위에 대한 손해배상제도

1. 손해배상제도의 의의

자본시장 불공정거래행위를 범하는 주된 이유는 경제적 이익을 취하기 위한 것이므로 불공정거래행위의 발생을 예방 또는 억제하기 위해서는 손해배상청구를 통해 불공정거래행위로 얻은 경제적 이익을 반환하게 하는 것이 효과적이다. 이러한 이유로 국내에서는 자본시장의 공정성 및 투자자 보호를 위해 자본시장 불공정거래행위에 대한 손해배상제도가 필요하다는 데에는 다툼이 없는 것으로 보인다. 그런데 미국의 경우, 자본시장 불공정거래행위에 해당하는 1934년 증권거래법 Section 10(b)와 Rule 10b-5의 증권사기와 관련하여 손해배상책임을 부정하는 견해도 있다.[12) 리처드 부스(Richard Booth)는 "투자자가 분산투자를 하지 않는 것은 비이성적이며, 분산투자자는 내부거래가 없다면 증권사기로 인해 손해를 입지 않는다. 따라서 증권법은 합리적 투자자만을 보호해야 하고 증권사기에 대한 보상은 불필요하다"라고 주장하였다.[13) 즉 증권사기로 인한 손해는 분산투자를 하지 않은 비합리적인 투자자에게 발생하는 것인 만큼 증권법상 보호할 가치가 없다고 보는 것이다. 그러나 분산투자에 대한 요구에도 불구하고 일반투자자 대부분은 분산된 포토폴리오를 보유하고 있지 않다.[14)

12) Alicia Davis Evans, The Investor Compensation Fund, Law & Economics Working Papers Archive 113 (2007).

13) Evans, 앞의 논문(주 12), 113.

14) Evans, 앞의 논문(주 12), 112. 이러한 현실을 반영하여 증권사기소송의 제기 및 승소를 더욱 어렵게 만들기 위한 노력의 일환으로 1995년 미국 공화당의 주도하에 제정된 하는 증권소송개혁법(Private Securities Litigation Reform Act)에서도 증권사기 손실에

법제도의 기본원칙은 다른 자의 위법행위로 손해를 입은 사람은 그 손해를 배상받아야 한다는 것이다.[15] 분산투자자인지 여부를 불문하고 자본시장의 공정성을 해하고 투자자의 신뢰를 해하는 불공정거래행위로 인하여 손해를 입은 투자자라면, 그러한 행위를 한 자에게 손해배상책임을 물을 수 있도록 하는 것이 손해배상책임제도의 취지라고 할 것이다.

자본시장 불공정거래행위에 대한 형사 및 행정규제에서 보호법익은 자본시장의 공정성, 신뢰성 및 효율성이라는 사회적 법익이고 주주 등 투자자의 재산적 법익은 직접적 보호법익이 아니다.[16] 형사책임은 행위자의 반사회성에 대한 제재를 주로 하고 그 책임은 국가에 의해서 추급되며 반사회적 행위자에 대한 사회 전체로부터 행해지는 비난 제재를 기능으로 하지만, 민사책임은 손해의 배상을 목적으로 하는 제도이다.[17] 자본시장 불공정거래행위에 대한 손해배상책임은 민법상 불법행위책임의 특칙으로서 투자자의 재산적 법익 침해에 대한 전보를 목적으로 한다. 이는 공적 규제와는 구별되는 사적이고 개별적인 투자자 보호제도라 할 것이다. 또한 이러한 손해배상책임을 통해 불공정거래행위로 얻은 부당한 경제적 이익 또는 그 이상을 반환하게 함으로써 형사처벌이나 행정제재보다 효과적으로 시장질서 유지기능을 수행한다.

대한 배상을 없애거나 실질적으로 축소하지 않았다. 이는 의회가 증권소송을 선호해서가 아니라 손해에 대해 배상토록 하는 것이 가치가 있다고 보았거나 배상을 줄이는 것이 정치적으로 가능하지 않다고 보았기 때문이라고 본다[Evans, 앞의 논문(주 12), 114].

15) Evans, 앞의 논문(주 12), 114.

16) 대법원 2011. 1. 13. 선고 2010도 9927 판결. 정순섭, “자본시장법상 불공정거래와 보호법익 : 시세조종과 부당이득을 중심으로,” 상사판례연구 제25집 제1권(2012), 한국상사판례학회, 119면.

17) 송오식, 불법행위법 : 이론과 판례, 법률정보센터, 2012, 22면.

2. 법적 근거에 따른 불공정거래행위에 대한 손해배상책임의 유형

(1) 민법상 불법행위책임

고의 또는 과실로 위법행위를 하여 타인에게 손해를 입힌 자는 민법상 불법행위책임을 부담한다(제750조). 민법상 불법행위책임을 묻기 위해서는 '고의 또는 과실'을 입증하여야 하며, 그 행위가 위법하여야 한다. 그 위법행위가 법 질서상 용납될 수 없는 것으로 평가되는 경우 불법행위책임을 물어 손해배상청구를 위해서는 손해를 증명하여야 하며, 그 손해는 위법행위와 인과관계가 있어야 한다.[18] 손해배상의 범위에 관하여는 자연인과적 판단뿐만 아니라 규범적 판단이 가해진다.[19] 자본시장 불공정거래행위가 민법상 불법행위책임의 성립요건을 충족하는 때에는 민법상 불법행위책임으로서 손해배상책임이 성립한다.

(2) 자본시장법상 손해배상책임 : 민법상 불법행위책임에 대한 특칙

자본시장법은 미공개중요정보 이용행위에 대하여는 제175조 제1항, 시세조종에 대하여는 제177조 제1항, 부정거래행위에 대하여는 제179조에서 각각 손해배상책임을 규정하고 있다. 자본시장법상 손해배상책임은 불법행위로 인한 민법상 손해배상책임에 대한 특칙으로 본다.[20] 자본시

---

18) 윤광균, "자본시장법상 민사책임요건으로서의 손해와 인과관계," 인권과 정의 제446호(2014), 대한변호사협회, 32면.
19) 윤광균, 앞의 논문(주 18), 32면.
20) 임재연, 자본시장법과 불공정거래 : 내부자거래 · 시세조종 · 부정거래행위, 박영사, 2014, 514면, 526면, 535면.

장법상 손해배상청구권과 민법상 손해배상청구권은 청구권 경합의 관계이므로 손해배상을 청구하는 자는 둘 중 어느 것을 선택하여 주장하여도 무방하다. 그런데 소멸시효에 있어서는 자본시장법상 손해배상책임이 민법상 손해배상책임에 비해 단기의 소멸시효를 규정하고 있다. 자본시장법상 불공정거래로 인한 손해배상청구권은 불공정거래가 있었던 사실을 안 날로부터 2년 또는 행위가 있었던 날로부터 5년 내에 행사하지 않으면 시효로 인하여 소멸한다(제175조 제2항, 제177조 제2항 및 제179조 제2항).[21]

반면 민법상 불법행위로 인한 손해배상책임은 그 손해 및 가해자를 안 날로부터 3년 또는 불법행위가 있은 날로부터 10년 내에 행사하지 않으면 시효로 인하여 소멸한다(제766조). 따라서 단기의 소멸시효가 완성된 경우에는 자본시장법 손해배상책임을 청구할 수 없고 민법상 손해배상책임을 물을 수 있을 뿐이다.

IV. 자본시장법상 불공정거래행위 유형별 손해배상책임의 성립요건

1. 불공정거래행위 유형별 손해배상책임의 성립요건

(1) 미공개중요정보 이용행위

손해배상책임의 주체는 내부자 등으로서 미공개중요정보 이용행위를

21) 2018년 3월 27일 자본시장법 개정 전에는 불공정거래행위가 있은 사실을 안 날로부터 '1년' 또는 행위가 있은 날로부터 '3년'이 소멸시효였으나 각각 '2년', '5년'으로 연장되었다.

한 자이다. 손해배상 청구권자는 내부자 등의 고의나 과실을 증명할 필요 없이 내부자 등이 거래를 한 동일한 시기에 반대방향의 거래를 하였다는 사실과 손해액 및 손해인과관계만 증명하면 된다.[22] 손해배상 청구권자의 범위와 관련하여서는 내부자거래의 직접 상대방에 한정하는 방법, 내부자 등의 위반시점부터 미공개중요정보가 공개된 시점 사이에 거래한 자를 모두 포함하는 방법, 두 방법을 절충하여 내부자거래와 같은 시기에 거래한 자를 모두 포함하는 방법이 있다. 하급심 판결 중 손해배상 청구권자는 해당 특정증권의 매매거래에 있어서의 내부자 등의 직접 거래 상대방만으로 한정되는 것이 아니라 내부자 등이 거래한 것과 같은 종목의 증권 등을 동 시기에 내부자 등과는 반대방향으로 매매한 자를 의미한다고 판시하여 위 방법 중 세 번째 방법을 채택한 것이 있다.[23] 첫 번째 방법에 의하는 경우에는 손해배상 청구권자의 범위가 지나치게 좁고, 두 번째의 경우는 지나치게 넓을 우려가 있다는 점에서 하급심 판결의 태도가 적절한 것으로 보인다.

(2) 시세조종

시세조종은 "매매가 성황을 이루고 있는 듯이 잘못 알게 하거나 타인의 판단을 그릇되게 할 목적", "타인의 매매거래를 유인할 목적", "시세를 고정시키거나 안정시킬 목적", "부당이득을 취득할 목적" 등 주관적 구성요건이 존재하여야 한다. 따라서 손해배상 청구권자는 이러한 '목적'을 증명하고, 시세조종으로 형성된 가격에 의하여 매매를 한 사실, 손해액과 손

---

22) 임재연, 앞의 책(주 20), 521면.

23) 서울지방법원 남부지원 1994. 5. 6. 선고 92가합11689 판결. 이 판결은 미공개중요정보 이용행위에 대한 손해배상 청구소송으로 자세한 내용은 주 55 참조.

해인과관계를 증명하여야 한다.

목적과 같은 주관적 구성요건은 입증이 어렵다. 대법원은 "매매거래를 유인할 목적"과 관련하여 목적에 대한 인식의 정도는 미필적 인식으로 충분하다고 판시한 바 있다.[24] 객관적인 상황증거에 의하여 매매를 유인하는 동기가 인정되는 경우에는 일단 유인목적을 추정하고 행위자가 유인목적이 없었음을 입증하도록 하여야 할 것이다.[25]

(3) 부정거래행위

자본시장법상 규정된 부정거래행위의 구성요건인 제 178조 제1항 제1호의 "부정한", 제3호의 "거짓의 시세 이용," 제2항의 "풍문의 유포, 위계의 사용, 폭행 또는 협박" 등의 개념상 과실에 의한 위반행위는 인정하기 어려울 것이다.[26] 자본시장법 제178조 제1항 제2호의 "허위표시 또는 누락"은 개념상 과실에 의한 위반행위가 성립할 수 있겠지만 "금전, 그 밖의 재산상 이익을 얻고자 하는 행위"라는 요건상 이러한 행위를 한다는 인식이 있어야 하므로 역시 과실에 의한 위반행위를 인정하기 어렵다고 본다.[27] 자본시장법 제178조 제1항 제3호는 매매유인의 목적이 요구되므로 이를 입증하여야 한다. 시세조종에서의 매매유인의 목적과 마찬가지로 객관적인 상황증거에 의하여 목적을 추정하고 행위자가 유인목적이

---

24) 대법원 2007. 11. 29. 선고 2007도7471 판결. 대법원은 "매매거래를 유인할 목적"이라 함은 인위적인 조작을 가하여 시세를 변동시킴에도 불구하고, 투자자에게는 그 시세가 유가증권시장에서의 자연적인 수요 · 공급의 원칙에 의해 형성된 것으로 오인시켜 유가증권의 매매에 끌어들이려는 목적이라고 하면서, 유인목적 외에 다른 목적이 있는지 여부나 어느 목적이 주된 것인지는 문제 되지 않는다고 판시하였다.

25) 김건식 / 정순섭, 앞의 책(주 4), 449면.

26) 임재연, 앞의 책(주 20), 535면.

27) 임재연, 앞의 책(주 20), 535면.

없었음을 입증하도록 하여야 할 것이다.[28] 그 밖에 부정거래행위에 의해 형성된 가격에 의해 거래한 사실, 손해액과 손해인과관계를 증명하여야 한다.

2. 인과관계

일반적으로 불법행위책임의 경우 가해행위와 손해 사이의 인과관계가 있어야 한다. 인과관계가 손해배상책임의 성립에 있어서 중요한 역할을 함에도 불구하고 그 판단기준에 관하여는 법률에 아무런 규정이 없다. 전통적인 판례와 학설은 독일과 일본의 영향을 받아 가해행위와 손해 사이의 인과관계를 상당인과관계설에 따라 설명해 왔다.[29] 자본시장법상 불공정거래행위에 대한 손해배상책임과 관련한 인과관계에 대해서는 '거래인과관계'와 '손해인과관계'를 구분하여 손해인과관계만 있으면 족한 것으로 본다. 거래인과관계와 손해인과관계라는 개념은 미국 1934년 증권거래법 Section10(b)와 SEC Rule 10b-5에 따른 사적 소송(private litigation), 특히 회사의 부실표시와 관련한 손해배상책임과 관련하여 논의되어 왔다.

(1) 거래인과관계

미국 증권법상 "신뢰성요건(reliance requirement)" 또는 거래인과관계는 원고가 문제가 된 증권을 사거나 팔았을 때 피고의 사기(fraud)에 의존했

28) 김건식 / 정순섭, 앞의 책(주 4), 449면.
29) 김용담, 주석 민법 채권각칙(6), 한국사법행정학회, 2016, 255면.

느냐에 초점을 둔다. 거래인과관계는 증권사기에 대한 사적 소송을 제한하기 위해 불법행위법요건에서 차용한 요건으로 설명된다.[30] 그러나 미국 법원은 원고의 입증 부담을 덜기 위해 다양한 조건하에서 거래인과관계를 추정하였다. 대표적인 판결이 Basic Inc v. Levinson[31]이다. 이 판결에서 쟁점이 된 것 중 하나가 회사가 투자자들을 오인케 하는 부실표시의 공시를 한 후 거래소에서 그 회사의 주식을 거래한 자는 부실표시를 신뢰하여 증권을 거래한 것인가(거래인과관계가 있는가)였다.[32] 연방대법원은 원고가 거래 시 시장에서 정해진 가격의 완전성(integrity)에 의존하였다면 거짓정보에 의존하는 것이 추정될 수 있다고 판시하였다. 연방대법원은 시장사기이론(the fraud on the market theory)에 의해 거래인과관계를 완화한 것이다.[33] 즉 법원은 효율적 시장가설(efficient capital market hypothesis)을 인용함으로써 원고는 거래 시 시장의 완전성에 대한 의존을 보여 주는 것으로 거래인과관계는 추정된다고 보았다.[34]

Basic Inc v. Levinson 이후 부실표시로 인한 손해배상청구와 관련하여 거래인과관계요건에 대한 논의가 꾸준히 이어지고 있다.[35] 우리 자본시장법상 불공정거래로 인한 손해배상책임의 경우에도 부실표시에 의한 손해배상책임의 경우와 마찬가지로 거래인과관계가 추정되는지가 문제된다.

---

30) 장근영, "시장사기이론과 거래인과관계의 재평가," 비교사법 제23권 제3호(2016), 한국비교사법학회, 753면.

31) 485 U.S. 224, 232 (1988).

32) 또한 예비적인 합병(preliminary merger) 협상이 있었다는 사실이 공시대상인지와 관련하여 SEC Rule 10b-5의 중요성요건이 문제 되었다.

33) Donald C. Langevoort, Basic at Twenty : Rethinking Fraud on the Market, 2009 Wisconsin Law Review 151, 153 (2009).

34) William W. Bratton, The Political Economy of Fraud on the Market, 160 University of Pennsylvania Law Review 69, 74 (2011).

35) 장근영, 앞의 논문(주 30), 753면.

1) 미공개중요정보 이용행위

미공개중요정보 이용행위의 경우 원고의 거래결정은 내부자 등의 미공개중요정보 이용행위와는 관계없이 이루어진다. 즉 원고는 내부자 등의 미공개중요정보 이용행위가 있었는지를 알지 못하는 상황에서 거래를 결정한다. 따라서 미공개중요정보 이용행위에 있어서 거래인과관계의 증명은 요구되지 않는 것으로 본다.[36] 이러한 설명이 미공개중요정보 이용행위에는 거래인과관계 자체가 요건이 아니라고 본 것인지 아니면 거래인과관계가 추정된다고 본 것인지 명확하지 않다. 위 미국 판결에서 거래인과관계를 추정하는 전제인 시장사기 이론은 효율적 시장가설을 전제로 한 것인데, 효율적 시장가설은 단순히 "공개된 정보에 기초한 어떠한 거래 전략도 시장보다 더 좋은 성과를 낼 수 없다"라고 말할 뿐이다.[37] 즉 효율적 시장가설은 공개된 정보는 모두 시장가격에 반영된다는 시장가격의 완전성에 관한 가설인 것이다. 그렇다면 거래인과관계의 추정은 시장에 대한 사기행위라고 볼 수 있는 정보의 부실공시 또는 불공시에 의한 손해배상책임과 관련된 것이므로[38] 미공개중요정보 이용행위에 그대로 적용하기는 어려워 보인다. 미공개중요정보 이용행위로 인한 손해배상책임을 묻기 위해서는 거래인과관계는 요건이 아니라고 보아야 할 것이다.

---

36) 임재연, 앞의 책(주 20), 520면.

37) Bratton, 앞의 논문(주 34), note 35, at 89.

38) 최초의 시장사기 이론을 인정한 것으로 일컫는 사건은 한국강관 사건으로 알려져 있다(대법원 1997. 9. 12. 선고 96다41991 판결). 법원은 "감사보고서가 정당하게 작성되어 공표된 것으로 믿고 주가가 당연히 그에 바탕을 두고 형성되었으리라는 생각 아래 대상기업의 주식을 거래한 것으로 보아야 한다"라고 판시하고 있으므로 시장사기 이론을 전제로 한 것으로 보인다. 다만 이 사건은 민법 제750조를 청구원인으로 하는 민법상 손해배상책임을 묻는 사건이었다[최승재, "효율적 시장가설의 규범 포섭 : 시장사기 이론의 적용한계의 획정을 중심으로," 증권법연구 제12권 제1호(2011), 한국증권법학회, 82면].

2) 시세조종

시세조종의 경우, 위장거래 등의 가해행위로 형성된 가격을 원고가 신뢰하여 거래하는 것이지 가해행위 자체를 신뢰하는 것은 아니다. 원고가 시장에서 매매를 하면 당연히 피고의 시세조종으로 형성된 가격에 의하여 매매를 한 것이다. 따라서 원고는 피고의 위반행위로 인하여 거래하였다는 거래인과관계를 별도로 증명할 필요가 없다.[39] 시세조종에 대한 배상책임을 규정한 자본시장법 제177조 제1항에 대해 공개시장에서의 거래를 주된 대상으로 하고 시장사기 이론을 성문화한 것이라는 의견도 있으나,[40] 과연 해당 조항이 '시장사기 이론'을 성문화하였다고 해석할 수 있는지는 의문이다. 동 조항은 인과관계의 입증에 관해서는 명시적으로 규정하고 있지 않은바, 다른 불공정거래행위와 마찬가지로 해석에 의할 수 밖에 없는 것으로 보인다.

3) 부정거래행위

부정거래행위의 배상책임에 관한 자본시장법 제179조 제1항은 거래인과관계의 존재를 요구하고 있다고 볼 여지가 있는 방식으로 규정되어 있다.[41] "그 위반행위로 인하여"가 "매매, 그 밖의 거래를 한 자"를 수식하므로 거래인과관계가 요구된다고 해석할 수 있기 때문이다.[42] 그러나 자본시장법 제178조에서 금지하는 부정거래의 행위유형인 "부정한 수단, 계획 또는 기교를 사용하는 행위" 중에는 그 본질상 원고의 신뢰 자체가 불가능한 경우가 존재할 수 있다.[43] 주가연계증권(Equity Linked Securities.

39) 김건식 / 정순섭, 앞의 책(주 4), 468면.
40) 임재연, 앞의 책(주 20), 528면.
41) 장근영, 앞의 논문(주 30), 785면.
42) 장근영, 앞의 논문(주 30), 785면.
43) 장근영, 앞의 논문(주 30), 785면.

이하 'ELS')의 경우, ELS 매수가 먼저 이루어지고 그 기초자산의 가격 조작이 그후에 이루어지는 때에는 거래구조상 가해행위에 대한 신뢰라는 것이 있을 수 없다.[44] 따라서 "위반행위로 인하여"라는 부분이 "거래를 한 자"를 수식하는 것은 아니며, 자본시장법 제179조 제1항 역시 거래인과관계를 요구하지 않는다고 보아야 한다.[45] 대법원도 자본시장법 제179조의 전신이라고 할 수 있는 구 증권거래법 제188조의4와 관련된 사건에서 "문언의 해석상 일단 타인에게 오해를 유발하게 함으로써 금전, 기타 재산상의 이익을 얻게 하기 위하여 중요한 사항에 관한 허위 · 부실표시 문서를 이용한 이상 그로써 바로 위 조항(제188조의4 제4항 제2호 — 필자 추가) 위반죄가 성립하는 것이고, 문서 이용행위로 인하여 실제 타인에게 오해를 유발하거나 금전, 기타 재산상의 이익을 얻을 것을 요하지 않는 것이므로 허위 · 부실표시 문서 이용행위와 타인의 오해 사이의 인과관계 여부는 위 죄의 성립에 아무런 영향을 미치지 않는다"라고 판시하여,[46] 거래인과관계를 요하지 않는 입장을 취하였다.

4) 소결

이상 살펴본 바와 같이 자본시장법상 불공정거래행위로 인한 손해배상책임을 규정하고 있는 조문 중 거래인과관계를 명시적으로 요구하는 것은 없다. 또한 해석론으로도 자본시장법상 불공정거래행위로 인한 손해배상책임의 요건으로 거래인과관계를 요하는 견해는 없는 것으로 보인다.[47]

---

44) 김학석 / 김정수, 자본시장법상 부정거래행위, 서울파이낸스앤로그룹, 2015, 334면.
45) 김학석 / 김정수, 앞의 책(주 44), 1358면.
46) 대법원 2006. 4. 14. 선고 2003도6759 판결.
47) 장근영, 앞의 논문(주 30), 753면.

(2) 손해인과관계

시장사기 이론에 기반을 둔 거래인과관계요건이 완화되었다 하더라도 증권소송의 피고는 여전히 손해인과관계요건을 충족시켜야 한다.[48] 미국 증권소송에서의 손해인과관계 개념은 불법행위법이 상당인과관계의 입증에서 요구하는 것과 마찬가지로 피고가 입었다고 주장하는 손해가 원고의 부실표시로 발생한 예견 가능한 결과 중 하나였다는 것을 입증할 것을 요구한다.[49] 1995년 증권소송개혁법(Private Securities Litigation Reform Act)은 손해인과관계의 개념을 규정하고,[50] 원고에게 이러한 손해인과관계를 입증할 책임이 있음을 명문화하였다.[51]

베이직(Basic) 판결 이후 미국 하급심 법원들은 엄격하게 시장의 효율성, 정보의 중요성과 손해인과관계를 입증할 것을 요구하여 시장사기 이론의 문제점을 보완하려는 경향을 보였다.[52] 미국 증권법상 손해인과관계는 통상 부실표시에 의해 원고가 증권을 취득했을 당시의 주가가 인위적으로 부양되어(inflated) 있었다는 사실의 입증을 통해 증명되었다. 그러나 미국 연방대법원은 2005년 듀라(Dura) 판결[53]에서 이를 폐기함으로써 손해인과관계요건을 강화하여 시장사기 이론이 약화시킨 거래인과관계

48) Langevoort, 앞의 논문(주 33), note 34, at 151.
49) 김화진, "증권소송에서의 인과관계이론의 재조명 : 미국 판례동향의 시사점," 저스티스 통권 제144호(2014), 한국법학원, 228면.
50) 증권소송개혁법 SEC. 105는 1933년 증권법 Section 12에 "Loss Causation"의 정의조항을 추가할 것을 규정하고 있다.
51) 증권소송개혁법 SEC. 101(b)는 1934년 증권거래법에 Section 21C 다음에 새로운 조항인 "SEC. 21D. Private Securities Litigation"을 추가할 것을 규정하고 있다. 새로이 추가되는 SEC. § 21D(b)(4)에서 손해인과관계의 입증책임은 원고에게 있음을 규정하고 있다.
52) Langevoort, 앞의 논문(주 33), note 30, at 152.
53) Dura Pharmaceuticals, Inc v. Broudo. 544 U.S. 336 (2005).

요건을 보완하였다.[54] 듀라 판결은 "원고가 매수 당시 인위적으로 부양된 가격으로 주식을 매수하였다는 증거의 제출만으로 손해인과관계의 입증을 다한 것으로 볼 수 있는지 여부"가 쟁점이 된 것으로, 미국 연방대법원은 손해인과관계의 입증을 위해서는 원고의 투자가치 하락이 시장에 대한 사기행위의 공개 때문이라는 사실을 입증할 것을 요구하였다.[55] 즉 손해는 부양된 가격에 주식을 취득함으로써 발생하는 것이 아니라 피고의 부실표시가 거짓임이 드러나 주가가 하락함으로써 발생하는 것이라고 판시하였다.[56]

우리 자본시장법은 허위공시 등에 대한 손해배상책임에 대해서는 손해인과관계의 입증책임을 피고에게 전환하는 규정[57]을 두고 있으나, 불공정거래행위에 대하여는 이러한 규정을 두고 있지 않다. 따라서 자본시장 불공정거래행위에 대한 손해배상 청구권자는 손해액 및 손해가 해당 거래와 관련하여 입은 것이라는 손해인과관계를 증명하여야 하는지 아니면 손해인과관계가 추정되는 것으로 해석할 수 있는지가 문제 된다.

1) 미공개중요정보 이용행위

미공개중요정보 이용행위에 대해 소송이 제기되어 손해배상 판결을 받은 사례는 극히 드물어 현재 하급심 판결 1건에 불과한 것으로 보인다.[58]

---

54) 김화진, 앞의 논문(주 49), 230면.

55) Dura Pharmaceuticals, Inc v. Broudo. 544 U.S. 336 (2005). 정봉진, "불공정거래로 인한 손해배상책임에 있어서의 손해 인과관계 요건," 인권과 정의 제393호(2009), 대한변호사협회, 9면에서 재인용.

56) 김화진, 앞의 논문(주 49), 230면.

57) 자본시장법 제126조 제2항 및 제162조 제4항.

58) 내일신문 2016. 4. 28.자, "미공개정보 이용 기승, 처벌은 아직 걸음마"(http://www.naeil.com/news_view/?id_art=193902) ; 엄세용, "증권분야 분쟁해결 및 피해구제 개선방향," 한국증권법학회 발표자료, 2015, 18면.

이 하급심은[59] 구 증권거래법 제188조의3 제1항(현행 자본시장법 제175조 제1항에 해당)과 관련하여 "가해행위와 자신이 입은 손해 사이의 모든 인과관계의 과정을 밝혀 불법행위책임을 묻는 것이 사실상 불가능에 가까운 점에 비추어, 다른 시장 참여자에게 손해를 가할 수 있는 불공정거래행위의 한 유형으로서 내부자거래를 규정하고 내부자거래가 인정되는 범위에서는 인과관계의 입증책임도 완화하기 위한 규정"으로 보아야 한다고 판시하였다.

그러나 입증책임 완화에 관한 명문의 규정이 없음에도 불구하고 구 증권거래법 제188조의3 제1항을 인과관계의 입증책임을 완화하는 조항으로 해석하는 것에는 문제가 있으므로 이 판결에는 동의하기 어렵다. 자본시장법 제175조는 미공개중요정보 이용행위에 대한 손해배상 청구권자의 손해인과관계를 추정하고 있지 않다. 따라서 손해배상 청구권자는 손해가 내부자 등의 매매거래와 관련하여 입은 것이라는 사실, 즉 손해인과관계를 증명하여야 할 것이다.[60]

2) 시세조종

시세조종에 대한 손해배상책임을 규정하는 자본시장법 제177조는 손해배상 청구권자의 손해인과관계를 추정하고 있지 않다. 따라서 시세조종에 대한 손해배상 청구권자는 손해가 시세조종행위와 관련하여 입은

59) 서울지방법원 남부지원 1994. 5. 6. 선고 92가합11689 판결. 1991년 신정제지의 주거래은행이던 전북은행이 신정제지의 부도사실을 미리 알고 손해배상 청구소송 대출담보용으로 받아 두었던 주식 8만 주(4억 2,000여 만 원 상당)를 매각해 손실을 회피했다. 당시 신정제지 주식을 매입했던 투자자 A씨는 전북은행 등을 상대로 소송을 제기했고, 서울지방법원 남부지원은 전북은행 등이 A씨에게 4,590만 원을 배상하라고 판결했다.

60) 임재연, 앞의 책(주 20), 520면.

것이라는 사실, 즉 손해인과관계를 증명하여야 할 것이다. 대법원도 같은 입장인 것으로 보인다.

대법원은 구 증권거래법상 주식에 대한 시세조종행위[61]와 그 주식의 매매거래를 한 자가 입은 손해 사이의 상당인과관계, 즉 손해인과관계의 유무를 판단하기 위해 사건연구방식의 분석을 활용하는 경우 사건기간과 추정기간의 설정방법에 관해 판시한 바 있다.[62] 이 판결은 손해인과관계는 시세조종에 대한 손해배상책임의 요건이고, 이에 대한 입증책임은 손해배상 청구권자가 부담한다는 것을 전제로 했다. 이 판결에 의하면 손해배상 청구권자는 사건연구방식을 이용하여 사건기간 중의 일자별 정상주가와 사건기간 중의 일자별 실제주가를 비교하여 그 차이가 통계적으로 의미가 있다는 것을 보여 줌으로써 손해인과관계를 입증할 수 있다. 대법원은 사건기간의 설정과 관련하여서는 "달리 특별한 사정이 없는 한 시세조종행위가 시작된 날을 사건기간의 개시일로 삼음이 상당하고, 다른 한편 사건기간 이전의 특정기간을 추정기간으로 설정함에 있어서는 정상주가의 산정을 위한 회귀방정식의 신뢰도에 결정적인 문제가 생길 정도로 사건기간으로부터 멀리 떨어진 기간을 추정기간으로 설정하거나 주가의 기대수익률에 큰 영향을 미칠 수 있는 구조적 변화가 일어나기 이전의

61) 구 증권거래법 제188조의4 제2항 제1호, 제188조의4 제1항 제1호 및 제2호는 시세조종을 금지하고 있으며 제188조의5 제1항은 시세조종 금지규정을 위반한 자는 당해 유가증권의 매매거래 또는 위탁을 한 자가 그 매매거래 또는 위탁에 관하여 입은 손해를 배상할 책임이 있다고 규정하였다.

62) 대법원 2007. 11. 30. 선고 2006다58578 판결. 이 판결은 "시세조종행위가 발생한 기간(이른바 사건기간) 이전의 일정 기간(이른바 추정기간)의 종합주가지수, 업종지수 및 동종업체의 주가 등 공개된 지표 중 가장 적절한 것을 바탕으로 도출한 회귀방정식을 이용하여 사건기간 동안의 정상수익률을 산출한 다음 이를 기초로 추정한 '사건기간 중의 일자별 정상주가'와 '사건기간 중의 일자별 실제주가'를 비교하여 그 차이가 통계적으로 의미가 있는 경우에 한하여 시세조종행위의 영향으로 인하여 주가가 변동되었다고 보아 상당인과관계가 존재한다는 판단을 하게 되는 것"이라 판시하였다.

기간까지 추정기간에 포함해서는 아니 될 것이다"라고 판시하였다.

3) 부정거래행위

부정거래행위에 대한 손해배상책임을 규정하고 있는 자본시장법 제179조는 손해인과관계를 추정하고 있지 않다. 따라서 다른 불공정거래의 유형과 마찬가지로 손해배상 청구권자는 손해가 부정거래행위와 관련하여 입은 것이라는 사실, 즉 손해인과관계를 증명하여야 한다.

3. 손해의 발생

(1) 손해와 손해액

불법행위제도의 목적은 무엇보다도 손해의 전보에 있는 것이므로 손해의 사실이 증명되지 않는다면 책임이 인정될 수 없다.[63] 불법행위제도의 일반원칙을 규정하고 있는 민법은 손해의 의미에 관한 명시적 규정을 두고 있지 않으나, 일반적으로 손해란 법익의 침해로 피해자가 입은 불이익을 의미하는 것으로 이해된다.[64] 손해의 정의에 관한 다수설 및 판례에 따르면, 손해는 "가해원인이 없었다고 한다면 있었어야 할 이익상태와 가해가 이미 발생하고 있는 현재의 이익상태와의 차이"를 의미한다.[65]

---

63) 대법원 1997. 9. 12. 선고 96다43119 판결 ; 대법원 2002. 10. 11. 선고 2002다33175 판결 ; 대법원 2004. 7. 22. 선고 2003다62910 판결 ; 김용담, 앞의 책(주 29), 235면.
64) 김용담, 앞의 책(주 29), 235면.
65) 김세종, "시세조종으로 인한 손해배상 청구소송에 있어서의 통상손해와 손해액의 산정방법(대법원 2004. 5. 28. 선고 2003다69607, 69614 판결)," 재판과 판례 제15집 (2007), 대구판례연구회.

한편 손해의 증명과 손해액의 증명은 증명주제를 달리하는 문제이므로 손해와 별도로 손해액도 입증하여야 한다.[66] 그런데 손해액의 증명이 있으면 당연히 손해의 증명도 함께 되는 것이므로 실무상 손해의 증명과 손해액의 증명이 동시에 이루어지는 경우가 많다.[67]

손해 증명의 정도는 민법상 불법행위의 다른 성립요건과 마찬가지로 법관에게 확신을 줄 정도로 고도의 개연성이 있어야 한다. 다만 손해의 특수성을 고려하여 그 증명도를 완화하는 예가 있다.[68] 자본시장법은 허위공시 등에 대한 손해배상책임의 경우 손해액의 추정규정(제126조, 제142조 제3항 및 제4항, 제162조 제3항 및 제4항, 제170조 제2항 및 제3항)[69]을 둠으로써 손해 및 손해액에 대한 입증책임을 완화하고 있다. 그러나 불공정거래행위에 대하여는 손해액 추정규정을 두고 있지 않아 손해액의 증명책임은 피해자에게 있다.[70]

(2) 손해액 산정

민법상 불법행위책임에 의한 손해배상액의 구체적 산정에 대하여 학설상 '차액설'과 '현실적 손해설(구체적 손해설)'이 대립한다.[71] 차액설에 의하면, '가해행위로 야기된 현재의 재산상태의 평가액'과 만약 '가해행위가 없었더라면 생겼을 가상의 재산상태의 평가액'의 차이가 손해이다. 반면

---

66) 김용담, 앞의 책(주 29), 252면.
67) 김용담, 앞의 책(주 29), 252면.
68) 김용담, 앞의 책(주 29), 252면.
69) 자본시장법 제126조 제1항 및 제162조 제3항.
70) 대법원 2003. 4. 8. 선고 2000다53038 판결 ; 대법원 2004. 11. 26 선고 2003다58959 판결 ; 김용담, 앞의 책(주 29), 252면.
71) 윤광균, 앞의 논문(주 18), 33면.

현실적 손해설은 법익에 대한 구체적 불이익을 손해라고 보아,[72] 피해자에게 구체적으로 현실화된 손해만을 의미하는 것으로 본다.

자본시장법은 불공정거래행위에 의한 손해배상액과 관련하여서는 책임의 근거규정만 두고 있을 뿐이고 별도의 추정규정을 두고 있지 않으므로 구체적인 손해액 산정은 법원의 판단이나 해석에 의존하고 있는 실정이다.[73] 대법원은 "재산적 손해의 발생사실은 인정되나 구체적 손해의 액수를 증명하는 것이 사안의 성질상 곤란한 경우, 법원은 증거조사의 결과와 변론 전체의 취지에 의하여 밝혀진 당사자들 사이의 관계, 불법행위와 그로 인한 재산적 손해가 발생하게 된 경위, 손해의 성격, 손해가 발생한 이후의 여러 정황 등 관련된 모든 간접사실들을 종합하여 손해의 액수를 판단할 수 있다"고 판시하였다(대법원 2006. 9. 8. 선고 2006다21880 판결 및 대법원 2007. 11. 29. 선고 2006다3561 판결 등).[74] 이러한 판결은 손해액의 증명이 곤란한 경우 그 증명도를 경감하려는 취지이나, 법관에게 손해액의 산정에 관한 자유재량을 허용하는 것은 아니다(대법원 2007. 11. 29. 선고 2006다3561 판결).[75]

한편 증권 관련 집단소송법은 손해액의 산정과 관련하여 자본시장법, 그 밖의 다른 법률에 규정이 있는 경우에는 그에 따르고(제34조 제1항), 법원은 이처럼 법률의 규정에 의하거나 증거조사에 의하여도 정확한 손해액의 산정이 곤란한 경우에는 여러 사정을 고려하여 표본적 · 평균적 · 통계적 방법 또는 그 밖의 합리적인 방법으로 손해액을 정할 수 있다고 규

---

72) 윤광균, 앞의 논문(주 18), 33면. 통설과 판례는 차액설을 취하고 있다〔김용담, 앞의 책(주 29), 236면〕.

73) 허세은, "자본시장법상 손해 및 부당이득 정리," 증권법연구 제17권 제3호(2016), 한국증권법학회, 38면.

74) 김용담, 앞의 책(주 29), 254면.

75) 김용담, 앞의 책(주 29), 254면.

정하고 있다(동조 제2항). 이는 손해액의 증명도와 관련하여 그동안 대법원이 취해 오던 태도와 일관되는 입법인 것으로 보인다.

V. 손해배상액의 범위

1. 손해배상액의 구체적 산정방법

자본시장법상 불공정거래행위에 의한 손해액 산정과 관련하여서는 차액설(out-of-pocket방식 또는 초과지출액 배상방식), 원상회복방식(rescissory 방식), 부당이득 반환방식(disgorgement방식) 등이 논의된다.[76)]

차액설이란 증권의 실제매매가격과 거래 당시 진정한 가치의 차액으로 계산하는 방식으로 가장 널리 사용된다.[77)] 증권의 거래 당시의 진정한 가치, 즉 정상가격의 산정이 어렵기 때문에 이를 대체할 수 있는 다른 가격과의 차액을 손해액으로 보는 방법도 상정 가능하다. 차액설에 의한 손해배상은 불공정거래행위로 인한 가격을 분리해 내서 오직 그 차이만 배상받는 것을 허용한다.[78)]

원상회복방식은 기본적으로 거래를 처음부터 무효화하는 것으로, 법원은 손해배상 청구권자인 투자자에게 원상회복방식 손해배상(rescissory damages)으로 매입가격 또는 주식의 반환이나 사기를 당한 증권이 이미 매도된 경우 매입가와 처분 시 당해 증권의 가치와의 차이 반환 중 하나

76) 김주영 / 김태선, "주가조작에 따른 손해배상청구 사건에 있어서 배상액의 산정방법에 관한 고찰," 증권법연구 제2권 제1호(2001), 한국증권법학회, 124면.
77) 김주영 / 김태선, 앞의 논문(주 76), 124면.
78) Elizabeth Chamblee Burch, Reassessing Damages in Securities Fraud Class Actions, 66 Maryland Law Review 348, 366 (2007).

를 선택하도록 하는 방식이다.[79] 원상회복방식 손해배상은 거래가 없었더라면 투자자가 처했을 지위로 회복함으로써 기망적 거래를 무효로 하는 것을 목적으로 한다. 그런데 이런 구제수단은 불공정거래행위자가 사기에 대해 배상할 뿐만 아니라 시장상황의 변화에 대해서도 배상할 것을 요한다. 따라서 증권거래를 해소하는 과정에서 투자자는 하락하는 시장상황의 위험뿐만 아니라 기망으로 인한 손해까지 피할 수 있다. 원상회복방식 손해배상은 불공정거래행위자에게 시장 하락의 위험까지 인수할 것을 요구함으로써 차액설에 의한 손해배상과 구별된다.[80]

부당이득 반환방식은 불공정거래행위자들이 취득한 이득을 투자자에 대한 손해배상액으로 보는 것이다. 기망당한 피해자에게 우발이익의 혜택을 주는 것이 불공정거래행위자가 보유하게 하는 것보다 낫다는 인식을 전제로 하는 방식이다.[81]

아래에서는 불공정거래행위의 유형별로 손해배상액 산정에 관한 논의를 살펴보도록 한다.

2. 불공정거래행위 유형별 손해배상의 범위

(1) 미공개중요정보 이용행위

미공개중요정보 이용행위에 있어서 투자자의 손해란, 내부자 등에 비하여 상대적으로 잘못된 투자로 인하여 입은 손해를 의미하는 것이 아니라 내부자 등의 미공개중요정보 이용행위가 없었을 경우와 다르게 투자

79) 김주영 / 김태선, 앞의 논문(주 76), 124면.
80) Burch, 앞의 논문(주 78), 366.
81) Burch, 앞의 논문(주 78), 365.

하여 발생하게 된 손해를 의미한다.[82]

미공개중요정보 이용행위에 대해 손해배상을 인정한 사례는 하급심 판결 1건뿐인 것으로 보인다. 이 판결[83]은 손해배상의 범위를 정함에 있어 명시적인 준용규정이 없음에도 허위공시 등에 대한 손해배상에 있어 손해액 추정규정인 구 증권거래법 제15조[84]의 배상범위와 같다고 봄이 상당하다고 판시하고 있어 이를 참고하기는 어렵다. 또한 이 판결은 손해배상액의 산정을 재판진행절차에 따라 얼마든지 지연될 수 있는 변론 종결 시점을 기준으로 하는 데에 근본적인 문제점이 있다.[85]

손해배상액 산정에 있어서 피해자인 투자자가 취득한 가격과 내부자 등의 미공개중요정보 이용행위가 없었다면 형성되었을 정상가격의 차액을 기초로 하여야 한다는 견해(차액설)가 다수의 견해인 것으로 보인다.[86]

이와 달리 피해자가 실제로 매매한 가격과 그로부터 상당한 기간 경과 후 미공개중요정보 이용행위가 적발된 시점의 시가의 차액을 손해액으로 보되, 그 기간 내 가격 등락이 미공개중요정보 이용행위 이외의 사실에 의한 경우에는 당해 내부자 등의 입증에 따라 해당 부분에 대한 책임은 제외하자는 견해도 있을 수 있다.[87] 이러한 견해는 일반적 의미의 차액설

---

82) 박승배, "자본시장법상 불공정거래행위로 인한 손해배상책임에 관한 연구," 연세대학교 대학원 법학과 박사학위논문, 2009.

83) 서울지방법원 남부지원 1994. 5. 6. 선고 92가합11689 판결.

84) 현행 자본시장법 제126조에 해당하는 조항이다. 자본시장법 제126조 제1항은 다음과 같이 규정하고 있다.

① 제125조에 따라 배상할 금액은 청구권자가 해당 증권을 취득함에 있어서 실제로 지급한 금액에서 다음 각 호의 어느 하나에 해당하는 금액을 뺀 금액으로 추정한다.

1. 제125조에 따라 손해배상을 청구하는 소송의 변론이 종결될 때의 그 증권의 시장가격(시장가격이 없는 경우에는 추정처분가격을 말한다)

2. 제1호의 변론종결 전에 그 증권을 처분한 경우에는 그 처분가격

85) 임재연, 자본시장법, 박영사, 2014, 999면.

86) 김건식 / 정순섭, 앞의 책(주 4), 430면 ; 임재연, 앞의 책(주 20), 1000면.

87) 박승배, 앞의 논문(주 82), 294면. 외부감사인의 부실감사를 원인으로 민법상 불법행

과 달리 손해를 현실적이고 구체적인 개념으로 파악한다는 점에서 '현실적 차액설'이라 부를 수 있다.

현실적 차액설은 정상주가와 매수주가의 차액은 '잠재적 손해'이고, 이러한 잠재적 손해는 그후 미공개중요정보가 공개되어 주가가 하락(또는 상승)하는 경우에야 비로소 '현실적 손해'로 나타나는 것이라고 전제할 때 가능한 견해이다. 그러나 미공개중요정보를 이용하여 거래할 당시 위법행위는 성립하는 것으로 그 시점에 반대거래한 투자자들의 손해도 그 당시 성립하는 것이다. 손해의 성립시기는 손해배상청구권의 소멸시효 및 지연배상금을 산정하는 기준이 되므로 객관적으로 확정할 수 있어야 한다.

차액설은 투자자가 실제 매매거래를 할 당시 손해가 성립한 것으로 보고, 현실적 차액설은 미공개중요정보가 공개되어 주가에 반영된 시점에 손해가 성립한 것으로 보는 점에서 차이가 있다. 미공개중요정보 이용행위에 있어서 투자자의 손해는 그러한 정보가 공개되었더라면 하지 않았을 거래를 함으로써 입은 손해이므로, 거래행위시점에 손해는 현실적으로 발생한 것으로 보아야 할 것이다. 이러한 점에서 손해액은 정상가액을 기준으로 차액을 산정하는 차액설이 타당한 것으로 보인다. 다만 정상주가 산정의 어려움을 고려하여 입법적으로 시장상황에 영향을 주는 요인 등을 반영한 특정가액을 정상가액으로 추정하는 방안을 고려할 필요가 있다.

위에 기한 손해배상책임을 구한 사안에서 "부실감사가 밝혀져 거래가 정지되기 직전에 정상적으로 형성된 주가와 부실감사로 인한 거래정지가 해제되고 거래가 재개된 후 계속된 하종가를 벗어난 시점에서 정상적으로 형성된 주가와의 차액 상당"을 손해로 본 판결(대법원 1998. 4. 24. 선고 97다32215 판결)의 취지에 따른 것으로 볼 수 있다〔임재연, 앞의 책(주 20), 1000면〕.

(2) 시세조종

시세조종의 경우 손해배상액 산정방법에 관한 견해로는 구 증권거래법 제15조(현행 자본시장법 제126조) 유추적용설, 주가하락설, 차액설 등이 있다.[88] 유추적용설은 구 증권거래법 제15조를 유추 적용하여 증권의 매수가격과 변론 종결 시의 시가의 차액(그전에 처분한 경우는 매도가격)을 손해배상액으로 정하자는 견해이다.[89] 그러나 명문의 규정도 없이 시세조종행위로 인한 손해배상 청구소송에까지 구 증권거래법 제15조를 확대 적용할 수는 없다는 비판이 제기된다.[90]

주가하락설은 시세조종으로 인한 통상손해는 시세조종으로 상실하게 된 주가상당액이고, 이는 특별한 사정이 없는 한 시세조종을 중단하기 직전에 형성된 주가와 시세조종의 중단으로 인한 주식시장의 선순환이 종료됨에 따라 정상적으로 형성된 주가(주가가 다시 정상적으로 형성되기 이전에 매도가 이루어지고 그 가액이 그후 다시 정상적으로 형성된 주가를 초과하는 경우에는 그 매도가액)의 차액에 의하여 산정할 수 있다는 견해이다.[91]

차액설은 시세조종으로 형성된 가격(조작주가)과 시세조종이 없었다면 있었을 가격(정상주가)의 차액을 손해로 보는 견해로서, 우리나라의 다수

---

88) 김세종, 앞의 논문(주 65).

89) 위 방식을 채택한 하급심 판결로는 서울지방법원 남부지원 1994. 5. 6. 선고 92가합11689 판결(신정제지 사건), 부산고등법원 1998. 8. 27. 선고 98나574 판결(피어리스 사건) 및 서울지방법원 2000. 6. 30. 선고 98가합114034 판결(엔트 사건) 등이 있다〔김세종, 앞의 논문(주 65)〕.

90) 김세종, 앞의 논문(주 65).

91) 위 방식을 채택한 하급심 판결로는 서울지방법원 2000. 4. 27. 선고 98가합52839 판결(대한방직 사건)과 서울지방법원 남부지원 2001. 11. 30. 선고 99가합17440, 21364(병합) 판결 등이 있다〔김세종, 앞의 논문(주 65)〕.

설이자 판례의 입장이다.[92] 차액설은 시세조종으로 인한 손해는 매수 시 이미 현실적으로 발생하였다고 보는 데 반하여, 주가하락설은 시세조종으로 인한 손해는 주가 하락 시 현실적으로 발생하며, 매수 시에는 잠재적 손해에 불과할 뿐 현실적으로는 손해가 발생하지 않는다고 보는 것이다.

대법원은 2004년 현대전자 주식 시세조종과 관련한 손해배상청구 사건에서 손해액의 산정방법에 관해 처음으로 견해를 밝혔다.[93] 이 판결은 "시세조종행위가 없었더라면 매수 당시 형성되었으리라고 인정되는 주가(정상주가)와 시세조종행위로 인하여 형성된 주가로서 그 투자자가 실제로 매수한 주가(조작주가)의 차액 상당(만약 정상주가 이상의 가격으로 실제 매도한 경우에는 조작주가와 그 매도주가의 차액 상당)을 손해"로 볼 수 있다고 하여 차액설에 따라 손해액을 산정했다.

대법원은 차액설에 따른 손해액 산정을 위한 정상주가의 산정방법으로 금융경제학적 방식 등의 합리적 방법(사건연구방식)에 의할 수 있다고 판시하였다.[94] 대법원 2004. 6. 11. 선고 2000다72916 판결(대한방직 사건)

---

92) 김세종, 앞의 논문(주 65).

93) 대법원 2004. 5. 28. 선고 2003다69607, 69614 판결. 1998년 4월 4일에서 11월 12일까지 약 7개월에 걸쳐 피고 현대증권(주)와 현대전자(주) 임원들이 공모하여 현대그룹의 자금을 동원함으로써 현대전자의 주식에 대하여 다음과 같이 현실거래에 의한 시세조종행위를 하였다[김세종, 앞의 논문(주 65)].

94) 여기에서 정상주가의 산정방법으로는, 전문가의 감정을 통하여 그와 같은 시세조종행위가 발생하여 영향을 받은 기간(이하 '사건기간') 중의 주가동향과 그 사건이 없었더라면 진행되었을 주가동향을 비교한 다음, 그 차이가 통계적으로 의미 있는 경우 시세조종행위의 영향으로 주가가 변동되었다고 보고, 사건기간 이전이나 이후 일정 기간의 종합주가지수 · 업종지수 및 동종업체의 주가 등 공개된 지표 중 가장 적절한 것을 바탕으로 도출한 회귀방정식을 이용하여 사건기간 동안의 정상수익률을 산출한 다음, 이를 기초로 사건기간 중의 정상주가를 추정하는 금융경제학적 방식 등의 합리적인 방법에 의할 수 있다 할 것이다(대법원 2004. 5. 28. 선고 2003다69607, 69614 판결).

도 같은 견해를 취하고 있다.[95)]

사건연구 또는 사건영향분석(event study)이란 특정사건이 발생한 기간 중의 주가동향과 당해 사건이 없었더라면 진행되었을 주가동향을 비교하여, 그 차이가 통계적으로 의미 있는 경우 그 차이를 가지고 정상가격을 산정(추정)하는 방식을 말한다. 통상 (i) 사건이 영향을 미치는 기간의 정의(defining the event window), (ii) 사건과의 견련관계 속에서 비정상주가 수익률의 산출(calculate abnormal stock price performance around the event), (iii) 비정상주가의 통계적 유의성의 검증(testing the statistical significance of a abnormal stock price performance)절차로 이루어진다.[96)]

한편 대법원은 변론 종결 전에 해당 주식을 이미 처분한 경우, 정상주가 이상의 가격으로 실제 매도하였다면 조작주가와 그 매도주가의 차액을 손해액으로 보았다.[97)] 정상주가 이상의 가격으로 실제 매도한 경우에는 정상주가와 매도주가의 차액 상당의 피해는 회복된 셈이므로, "조작주가와 그 매도주가의 차액 상당"이 배상할 손해가 된다고 본 것이다.[98)]

(3) 부정거래행위

대법원 2015. 5. 14. 선고 2013다11621 판결은 허위사실 유포 등의 행위로 인하여 형성된 가격으로 발행시장 또는 유통시장에서 주식을 취득한 투자자가 불법행위를 이유로 민법상 손해배상청구를 하는 경우 차액

---

95) 김세종, 앞의 논문(주 65).

96) 장상균, "시세조종행위로 인한 손해배상 청구소송에 있어서 손해액의 계산 : 대법원 2004. 5. 28. 선고 2003다69607, 69614 판결을 중심으로," BFL 제6호(2004. 7), 서울대학교 금융법센터, 97면.

97) 대법원 2004. 5. 28. 선고 2003다69607, 69614 판결.

98) 대법원 2004. 5. 28. 선고 2003다69607, 69614 판결.

설에 의해 손해액을 산정하되, 그 산정방법은 사건연구방식에 의할 수 있다고 판시하였다. 이 판결은 앞에서 살펴본 2004년 현대전자 주식 시세조종에 관한 대법원 판결(대법원 2004. 5. 28. 선고 2003다69607, 69614 판결)을 참조하였다.

허위사실 유포 등의 행위는 자본시장법상 부정거래행위에 해당할 수 있다. 대법원 2015. 5. 14. 선고 2013다11621 판결은 부정거래행위에 대한 자본시장법상 손해배상책임이 아닌 민법상 손해배상책임을 물은 것이기는 하나, 자본시장법상 손해배상책임을 묻는 경우에도 마찬가지로 차액설에 의해 손해액을 산정할 것으로 판단된다.

한편 정상주가를 산정하기 위한 사건연구방식은 현실거래를 통하여 직접적으로 주가를 끌어올리는 시세조종형태의 사안에는 유용한 분석방법이나, 효율적 시장가설이라는 현실적으로 완전히 달성되기 어려운 가정을 전제로 하고 있기 때문에 공시의무 위반이나 허위정보의 유포와 같이 '정보의 불균형' 또는 '정보 전달의 효율성'이 문제 되는 유형의 사건에서는 그 효용성이 의문시된다는 지적이 있다.[99]

효율적 시장가설에서는 진실이 일단 공개되면 주가는 정보가 반영된 수준으로 신속하게 조정되어야 한다.[100] 그러나 노이즈효과가 주가에 영향을 미칠 수 있다고 보는 일부 금융경제학자들에 의하면, 투자자들은 호재성 또는 악재성 뉴스에 과민반응을 보이는 경향이 있다.[101] 이러한 관점에 따르면 미공개중요정보 이용행위나 허위사실 유포 등 정보와 관련

99) 장상균, 앞의 논문(주 96), 98면.

100) James D. Cox / Robert W. Hillman / Donald C. Langevoort, Securities Regulation : Cases and Materials, Aspen Publishers, 729 (2013). 박승배, 앞의 논문(주 82), 233면에서 재인용.

101) Cox / Hillman / Langevoort, 앞의 책(주 100), 729. 박승배, 앞의 논문(주 82), 234면에서 재인용.

한 불공정거래행위의 경우, 정보에의 즉각적인 반응에 기초한 사건연구 방식은 과잉배상을 초래할 우려가 있다.[102)]

한편 대법원은 ELS상품 기준일에 주식을 대량매도하여 조건성취를 방해한 행위를 부정거래행위에 해당하는 것으로 보았는데, 이때 손해배상액은 만기상환조건이 충족될 경우 지급받기로 약정된 상환금에서 이미 지급받은 상환금의 차액이라고 판시한 바 있다.[103)]

(4) 과실상계 허용 여부

최종적인 손해배상액은 과실상계와 이득공제를 거쳐 정해진다.[104)] 과실상계를 함에 있어서는 손해확대방지의무 또는 손해경감조치의무 위반도 고려된다.[105)] 대법원 2000. 3. 28. 선고 98다48934 판결은 시세조종과 관련하여 과실상계를 허용하였다.[106)] 다른 유형의 불공정거래행위의 경우에도 과실상계는 허용될 것으로 보인다. 다만 대법원은 허위공시 등 위

---

102) Cox / Hillman / Langevoort, 앞의 책(주 100), 729. 박승배, 앞의 논문(주 82), 234면에서 재인용.

103) 서울중앙지방법원 2010가합27835 판결 이후 고등법원 판결에서 원고 패소. 대법원 2016. 3. 24. 선고 2013다2740 판결에서 파기환송. 이에 대한 원심 판결(서울고등법원 2016. 10. 28. 선고 2016나5926 판결)은 대법원 2016다54612 판결로 심리불속행기각.

104) 윤광균, 앞의 논문(주 18), 33면.

105) 윤광균, 앞의 논문(주 18), 33면.

106) 시세조종 등 불공정거래행위로 인한 손해배상책임을 규정하고 있는 구 증권거래법(1997. 1. 13. 법률 제5254호로 개정되기 전의 것) 제106조 제1항이 과실상계를 금지하는 취지라고는 해석되지 아니하고, 한편 과실상계에 관한 사실인정이나 그 비율을 정하는 것은 그것이 형평의 원칙에 비추어 현저히 불합리하다고 인정되지 아니하는 한 사실심의 전권사항에 속하는바, 원심이 그 인정사실에 비추어 원고들의 과실 정도를 50퍼센트로 본 것은 정당하고, 거기에 상고이유의 주장과 같은 법리오해 등의 위법이 없다고 판시하였다.

법행위로 주식투자자가 입은 손해의 배상을 구하는 사건에서 자금사정이나 재무상태에 문제가 있다는 점이 알려진 회사의 주식을 취득하였다는 사정은 투자자의 과실이라 할 수 없고, 또한 재무상태가 공시내용과 다르다는 사실이 밝혀진 후 정상주가를 형성하기 전까지 주가가 계속 하락하였음에도 그 중간의 적당한 때에 증권을 처분하지 아니하고 매도를 늦추어 매도가격이 낮아졌다는 사정은, 장래 시세변동의 방향과 폭을 예측하기 곤란한 주식거래의 특성에 비추어 특별한 사정이 없는 한 과실상계의 사유가 될 수 없다고 보아 과실상계사유의 인정에 있어서는 매우 엄격한 태도를 취하고 있다.[107)]

3. 외국 입법례

(1) 일본

금융상품거래법은 시세조종행위 금지규정(제159조)에 위반한 자에 대하여 손해배상책임을 규정하고 있다(제160조). 이처럼 시세조종행위의 경우 금융상품거래법은 직접 손해배상청구 근거를 명시하고 있다. 그러나 내부자거래(금융상품거래법 제166조), 사기적 부정거래(동법 제157조) 및 시세변동목적의 풍설 유포 · 위계(동법 제158조)의 경우, 금융상품거래법상 손해배상청구 근거규정이 없기 때문에 민법(제707조)에 의해 손해배상청구가 가능하다.[108)]

금융상품거래법 제160조는 별도의 손해배상액 산정에 관한 규정은 두

107) 박승배, 앞의 논문(주 82), 238면.
108) 松尾直彦, 金融商品取引法(第3版), 商事法務, 2014, 542頁.

고 있지 않다. 금융상품거래법 제160조는 민법상 불법행위책임의 특칙으로서 무과실손해배상책임을 규정한 것으로 시세조종행위자와 거래한 자가 그 거래에 의해 입은 손해와의 인과관계를 입증할 것을 요하지 않음으로써 투자자 보호를 도모하는 것으로 이해된다(大阪高等裁判 平成 6年 2月18日 判示1524號51頁).[109] 그러나 거래자가 위반자에 대하여 본조에 따른 손해배상책임을 묻기 위해서는 (i) 위반자가 시세조종행위를 하였고 (ii) 거래자의 거래가격 등이 위반자의 시세조종에 의해 형성된 것이라는 것을 입증할 필요가 있다.[110] 앞에서 언급한 오사카고등재판소는 증권회사와 그 직원의 시세조종행위 관여를 인정하지 않았기 때문에[111] 금융상품거래법상 손해배상액의 범위를 어떻게 산정하는지에 관해 판단하지 않았다.

(2) 미국

우리나라의 불공정거래에 해당하는 증권사기에 관한 규정인 1934년 증권거래법 Section 10(b)와 SEC Rule 10b-5는 손해배상액 산정방법에 대해 아무런 규정을 두고 있지 않다. 참고할 만한 조항은 1934년 증권거래법 Section 28(a)인데, 투자자가 실제로 입은 손해액(actual damages)을 초과하는 배상은 허용되지 않는다고만 규정하고 있다. Section 28(a)가 특정한 사안에서 실제손해의 결정 및 판단에 사용되는 적절한 손해배상 산정방식에 관하여 아무런 언급도 하지 않고 있기 때문에 '실제손해'의 정의는 법원의 몫으로 남겨져 있다.

---

109) 松尾直彦, 앞의 책(주 108), 542頁.
110) 松尾直彦, 앞의 책(주 108), 542頁.
111) 松尾直彦, 앞의 책(주 108), 542頁.

증권사기에 대한 손해배상액 산정과 관련하여 Affiliated Ute v. United States 406 U.S. 128(1972) 판결은 차액배상(out of pocket)을 원칙적 손해배상액 산정방법으로 정했다. 이 방법의 대안으로 (계약법에서 유래하는) 부당이득 반환방식도 같이 제시했다.[112)]

차액배상으로 제한하는 것은 1934년 증권거래법 Section 28(a)의 실제 손해 한도에도 부합하는 것으로 본다.[113)] 대부분의 법원은 실제 손해는 경제적 손실의 형태를 의미하는 것으로 배상은(strictly compensatory) 경제적 손실에 한정한다.[114)] 따라서 실제손해는 거래상 이익(benefit of the bargain)이나 기대이익을 포함하지 않는다. 일부 법원은 기망적 거래의 결과 받은 가치가 있다면 이를 반드시 제하여야 한다고 함으로써, 원상회복방식의 손해를 실제손해에 포함하였다. Randall v. Loftsgaarden 478 U.S. 647(1986) 사건에서 연방대법원은 어느 당사자도 다투지 않았기 때문에 원상회복(rescissory recovery)이 1934년 증권거래법 Section 10(b) 사건에 적절한 경우도 있다고 보았다.

그러나 실제손해라는 문구가 원상회복방식의 손해(rescissory damages)를 배제하지 않을지라도 손해인과관계 — 손해와 부실표시 사이 인과관계를 요하는 — 가 배제할 것으로 보인다.[115)] 따라서 손해인과관계요소와 실제손해 제한은 원고들이 차액만큼 배상받도록 한정한다.[116)]

한편 1988년 내부자거래 및 증권사기규제법(Insider Trading and Securities Fraud Enforcement Act)에 따라 도입된 1934년 증권거래법 Section

---

112) Donna M. Magy / Richard W. Painter / Margaret V. Sachs, Securities Litigation and Enforcement (3rd ed.), West, p.204 (2012).

113) Burch, 앞의 논문(주 78), 387.

114) Burch, 앞의 논문(주 78), 388.

115) Burch, 앞의 논문(주 78), 388.

116) Burch, 앞의 논문(주 78), 388.

20A(b)는 손해배상액의 총액이 내부자가 취득한 이익 또는 회피한 손실액을 초과할 수 없도록 규정하였다.[117] 1995년 증권소송개혁법에 따라 내부자거래와 관련한 손해배상액 산정기준으로 정상적인 시장가격을 정의한 1934년 증권거래법 Section 21D(e)는 시장가격을 기준으로 손해액을 산정하는 경우, 실제 매매가격과 공시시점으로부터 90일간의 평균시장가격의 차액을 초과하지 못하도록 규정하고 있다.[118]

증권소송개혁법 이전 판결들은 피고들은 Rule 10b-5에 따른 손해배상책임에 대해 연대책임을 부담한다고 판시하였다.[119] 증권소송개혁법은 1934년 증권거래법에 Section 21D(f)를 추가함으로써 이런 현상을 완전히 바꾸었다. 이 조항은 피고는 판결에서 자신에게 책임이 인정된 부분에 대해서만 비례적으로 책임지는 것으로 규정한다. 고의로 불공정거래행위를 한 자에 대해서는 여전히 연대책임이 인정된다.[120]

비례적 책임에 대해서는 비판적 견해가 많다. 비례적 책임 옹호자들은 연대책임이 불필요하다고 본다. 연대책임에 대해 단지 부분적으로만 손해를 가한 자에게 더 많은 책임을 지게 하는 것이라고 비판한다. 회계전문가들이 특히 그러한 주장을 한다. 그러나 전통적 연대책임을 옹호하는

---

117) (b) LIMITATIONS ON LIABILITY.— (1) CONTEMPORANEOUS TRADING ACTIONS LIMITED TO PROFIT GAINED OR LOSS AVOIDED.—The total amount of damages imposed under subsection (a) shall not exceed the profit gained or loss avoided in the transaction or transactions that are the subject of the violation.

118) Except as provided in paragraph (2), in any private action arising under this title in which the plaintiff seeks to establish damages by reference to the market price of a security, the award of damages to the plaintiff shall not exceed the difference between the purchase or sale price paid or received, as appropriate, by the plaintiff for the subject security and the mean trading price of that security during the 90day period beginning on the date on which the information correcting the misstatement or omission that is the basis for the action is disseminated to the market.

119) Magy / Painter / Sachs, 앞의 책(주 112), note 113, at p.216.

120) Magy / Painter / Sachs, 앞의 책(주 112), p.216.

자들은 배상책임제도가 무고한 투자자들을 보호하기 위해 작동하는 형평 원칙에 기반을 두고 있기 때문이라고 설명한다.[121)]

VI. 자본시장 불공정거래행위에 대한 손해배상제도의 한계

자본시장 불공정거래행위로 인한 손해배상청구는 손해 입증의 곤란, 소송기간의 장기화 위험, 손해배상액의 낮은 인용률, 소송비용의 부담 등으로 인하여 이용이 제한적인 것으로 보인다. 1992년 이래 일반투자자가 제기한 불공정거래 관련 민사소송의 경우 2014년도 기준 총 14개 종목 37건으로 이 중 11건이 확정되었으며, 이 중 8건에서 원고가 승소하였다고 한다.[122)] 시세조종 등 불공정거래 발생건수 및 규모[2013년도 한국거래소(Korea Exchange, KRX)가 통보한 불공정거래 혐의종목은 256종목이고 추정 부당이득금액은 2,988억 원]에 비해 소송으로 진행되는 규모는 미미하고 원고의 청구금액 대비 인용금액도 매우 낮은 수준으로 확정된 11건 중 2건은 패소, 4건은 인용률 40퍼센트 이하였다고 한다.[123)]

1. 불공정거래행위 존재사실 인지의 어려움과 소멸시효 문제

자본시장 불공정거래행위를 투자자들이 스스로 인지할 수 있는 경우는 드물다. 대부분의 경우 불공정거래행위 혐의에 대한 언론보도, 규제기관의 발표, 관련 사건에 대한 법원의 판결 등이 있을 때, 비로소 투자자들은

121) Magy / Painter / Sachs, 앞의 책(주 112), p.216.
122) 엄세용, 앞의 자료(주 58), 18면.
123) 엄세용, 앞의 자료(주 58), 18면.

자신들이 거래한 증권과 관련한 불공정거래행위의 존재를 인식하게 된다. 보도되지 않는 불공정거래 사건의 경우, 투자자들이 본인의 피해 발생사실조차 인지하지 못하므로 투자자의 적극적인 권리 행사를 위해서는 불공정거래행위 조사단계에서 관련 정보를 투자자들에게 제공할 필요가 있다.

자본시장 불공정거래행위 조사절차를 보면, 한국거래소(시장감시위원회)나 금융감독원이 불공정거래행위의 단서를 포착하면 금융감독원에서 조사 후 금융위원회 소속 자본시장조사 심의위원회 및 증권선물위원회의 각 의결을 거쳐 행정적 제재나 검찰에 고발·통보하는 방식으로 진행된다. 시장감시위원회는 증권선물위원회에 위반행위혐의를 통보하는 단계가 되면 불공정거래 발생 및 행위자를 알게 되지만, 증권선물위원회가 공표하기 전에는 혐의내용을 투자자에게 공표하지 않고 있다.[124)]

자본시장 불공정거래행위에 대한 투자자들의 인지시점은 손해배상청구권의 소멸시효의 기산점이 된다는 점에서 중요한 의미를 가진다. 특히 자본시장법상 손해배상청구권은 단기소멸시효가 적용되므로 인지시점을 빠르게 잡을수록(예를 들어 불공정거래행위가 언론에 보도된 날) 손해배상청구권의 소멸시효가 완성되어 피해자들이 구제받지 못할 우려가 커진다. 그러나 언론에는 보도되었지만 피해자들이 불공정거래행위를 인지하였다고 판단하기 어려운데도 이를 기산점으로 잡는 경우, 피해자들이 손해배상청구를 하려고 할 때는 이미 소멸시효가 완성될 가능성이 크다.

이러한 점에서 투자자의 시세조종행위가 있었다는 금융위원회의 조사결과가 언론을 통해 보도되었다는 사실만으로 개인투자자들이 투자사의 불법행위를 구체적으로 인식하기 어렵다고 보아 금융위원회 금융감독원

---

124) 조수정, 앞의 논문(주 2), 139면.

의 조사결과 발표시점을 소멸시효 기산점으로 본 원심 판결을 파기환송한 대법원 2018. 7. 24. 선고 2018다215664 판결은 주목할 만하다. 도이치증권과 도이치은행 계열사 직원들의 시세조종행위에 대한 도이치증권 및 도이치은행의 민법 제756조의 사용자책임을 묻는 사안에서 원심(서울고등법원 2018. 2. 9. 선고 2017나2045804 판결)은 원고들의 피고들에 대한 손해배상청구권의 소멸시효는 피고 직원들의 시세조종행위에 대한 금융위원회와 금융감독원의 조사결과 발표일인 2011년 2월 23일부터 진행되었다고 보아야 할 것인데, 원고들은 그로부터 3년이 지난 2016년 1월 25일 피고들에 대하여 이 사건 조정신청을 하였으므로 원고들의 손해배상청구권은 시효로 소멸하였다고 판시하였다. 그러나 대법원(2018다215664 판결)은 전문 금융투자업자가 아닌 개인투자자들인 원고들이 금융상품시장에 대한 이해와 경험이 비교적 풍부하였다고 하더라도 금융위원회, 금융감독원이나 검찰 등에서 알고 있던 사항을 모두 알고 있었다고 단정하기 어려운 점, 피고들은 금융감독원은 조사결과, 검찰의 기소 발표와 언론보도 후에도 혐의를 강하여 부인하여 다투었고, 피고 도이치은행의 홍콩지점 직원들이 국외로 도주하여 직원 C와 피고 도이치증권에 대해서만 4년 이상이 지난 2016년 1월 25일 제1심 유죄 판결이 선고된 점 등에 비추어 보면, 일반인의 입장에서 위 형사 판결 선고 이전에 위법한 시세조종행위의 존재, 위 시세조종행위와 손해 발생 사이의 상당인과관계를 인식하였다고 단정할 수 없다고 보아 원심 판결을 파기환송하였다.

위 대법원 판결은 불법행위로 인한 손해배상청구권의 단기소멸시효의 기산점이 되는 민법 제766조 제1항 소정의 '손해 및 가해자를 안 날'이라고 함은 손해의 발생, 위법한 가해행위의 존재, 가해행위와 손해의 발생 사이에 상당인과관계가 있다는 사실 등 불법행위의 요건사실에 대하여 현실적 · 구체적으로 인식하였을 때를 의미한다. 피해자가 언제 불법행위의 요건사실을 현실적·구체적으로 인식하였는지는 개별 사건에서 여러 객관적 사정을 참작하고 손해배상청구가 사실상 가능한 상황을 고려하여 합리적으로 인정하여야 한다(대법원 2008. 4. 24. 선고 2006다30440 판결 등 참조)고 판시하고 있다.

시세조종 관련 형사사건의 제1심에서 유죄판결이 선고된 시점을 소멸시효의 기산점으로 보고 있는 위 대법원 판결이 모든 불공정거래행위에 적용되는 것으로 해석할 수 있을지는 의문이다.[125] 대법원은 불법행위의 요건사실을 현실적 구체적으로 인식하였는지는 개별 사건에서 여러 객관적 사정들을 참작하여야 한다고 판시하고 있는바, 개별 사건에 있어서는 불공정거래의 방법이 단순하였거나 불공정거래행위의 존부에 대한 다툼이 심하지 않는 등의 사정이 있는 경우에는 금융위원회 금융감독원의 조사결과 발표시점 또는 검찰의 기소시점이 소멸시효의 기산점이 될 수 있는 여지가 있어 보인다.

2. 손해액 산정의 어려움

다수설과 판례는 손해액을 불공정거래행위로 형성된 가격(조작주가)과 불공정거래행위가 없었다면 있었을 가격(정상주가)의 차액으로 본다. 법원은 정상주가의 산정방법으로 사건연구방식을 도입하였는데,[126] 여기에도 한계가 있다. 사건연구방식을 이용하기 위해서는 전문가의 감정이 필수요소이다.[127] 전문가들은 사건연구방법론이 불공정거래행위에 대한

125) 윤민섭, "시세조종행위에 따른 손해배상의 소멸시효 기산점 : 대법원 2018. 7. 24. 선고 2018다215664 판결," 상사판례연구 제31집 제4권(2018. 12. 31), 한국상사판례학회, 23면.

126) 대법원 2004. 5. 28. 선고 2003다69607, 69614 판결.

127) 김도형, "주식시세조종으로 본 피해… 손해배상 얼마나 받을 수 있을까," 머니투데이

시장가격의 반응과 시장가격에 영향을 미치는 다른 원인들을 구분해 낼 수 있어야 하는데, 실증금융 이론의 상황에 비추어 볼 때 방법론의 적용에 있어서는 광범위한 차이가 있다.[128]

전문가와 관련하여서는 공신력 있는 감정기관이나 감정인이라고 생각할 만한 전문가가 많지 않고 감정비용이 고액이며 감정결과가 나오는 데에도 시간이 많이 걸리는 문제점이 있다.[129] 이에 따라 피해금액이 적은 투자자는 비용 부담 때문에 감정을 신청하는 것 자체가 불가능하기도 하다. 또한 감정 결과에 불만을 가진 일방 당사자가 재감정을 요구하거나 2개의 감정 결과가 완전히 상반되게 나오는 등 감정과 관련한 여러 어려운 문제들이 제기된다.[130] 이러한 문제의 해결책으로 한국거래소에 손해액 법원감정 자문위원단을 구성하여 감정업무를 시작하였다.[131] 공신력 있는 감정기관이 되기 위해서는 전문가 인력풀을 충분히 확보하는 것이 선행되어야 할 것으로 본다. 그러나 근본적인 문제해결을 위해서는 자본시장 불공정거래행위에 대해서도 손해배상액을 추정하는 규정을 도입함으로써 손해액 산정을 둘러싼 시간과 비용 소모를 줄이고 투자자 보호를 위한 실질적인 제도로서 기능할 수 있도록 하여야 할 것이다.

3. 과실상계와 손해배상액의 제한

법원은 과실상계와 공평의 원칙에 따라 불법행위에 의한 손해배상책임을 제한할 수 있다. 불법행위로 인한 손해배상청구 사건에서 과실상계 사

2016. 5. 9.자.

128) Bratton, 앞의 논문(주 34), note 31, at 91.

129) 김도형, 앞의 기고문(주 127).

130) 김도형, 앞의 기고문(주 127).

131) 김도형, 앞의 기고문(주 127).

유에 관한 사실인정이나 그 비율을 정하는 것은, 그것이 형평의 원칙에 비추어 현저히 불합리하다고 인정되지 않는 한 사실심의 전권사항에 속한다.[132] 대법원은 자본시장 불공정거래행위로 인한 손해배상책임에 대하여도 과실상계 및 손해배상책임 제한을 인정하고 있다.[133]

다수의 소액피해자는 소송비용에 비해 배상받을 수 있는 액이 작아 손해배상 청구소송을 제기할 유인이 없으며, 거액의 피해를 입은 기관투자자들은 손해배상 청구제도를 거의 이용하지 않는 것으로 보인다. 다수의 소액피해자를 구제하기 위한 방안으로는 증권 관련 집단소송을 제기하는 방안을 생각할 수 있다. 아래에서 증권 관련 집단소송과 관련한 문제점을 살펴보기로 한다.

4. 증권 관련 집단소송에 의한 손해배상 청구절차상 어려움

자본시장 불공정거래행위로 인한 손해배상청구는 증권 관련 집단소송의 소로 청구할 수 있다.[134] 그런데 증권 관련 집단소송[135]의 경우 대표당사자의 선정, 소송 허가[136] 등의 절차적 어려움이 있다. 최근 ELS 관련

---

132) 대법원 1996. 1. 23. 선고 95다24340 판결.

133) 대법원 2000. 3. 28. 선고 98다48934 판결 ; 대법원 2004. 6. 11. 선고 2000다72916 판결.

134) 증권 관련 집단소송의 소는 자본시장법 제125조, 제162조(제161조에 따른 주요사항보고서의 경우는 제외), 제175조, 제177조 또는 제179조, 제170조에 따른 각 손해배상청구의 경우에 한정하여 제기할 수 있다(증권 관련 집단소송법 제3조 제1항).

135) 증권 관련 집단소송이란 증권의 매매 또는 그 밖의 거래과정에서 다수인에게 피해가 발생한 경우, 그중의 1명 또는 수인이 대표 당사자가 되어 수행하는 손해배상청구를 말한다(증권 관련 집단소송법 제2조 제1호).

136) 소송 허가요건은 (i) 구성원이 50명 이상이고, 청구의 원인이 된 행위 당시를 기준으로 그 구성원이 보유하고 있는 증권의 합계가 피고회사의 발행증권총수의 1만 분의 1 이상일 것, (ii) 제3조 제1항 각 호의 손해배상청구로서 법률상 또는 사실상의 중요한 쟁점이 모든 구성원에게 공통될 것, (iii) 증권 관련 집단소송이 총원의 권리 실현이나

손해배상청구의 집단소송의 경우, 제소 이후 소송 허가결정을 받기까지 5년의 시간이 걸렸다.[137] 소송 허가결정과 본안결정은 별개의 절차이기 때문에 집단소송 허가결정이 있은 이후 비로소 본안에 관한 판단이 개시된다. 소송 허가절차에서 대표 당사자가 소명할 대상은 소송 허가요건이고, 본안소송절차에서 다루어질 손해배상책임의 성립 여부 등은 원칙적으로 소송 허가절차에서 심리할 대상이 아니다.[138] 그렇다면 증권 관련 집단소송으로 손해배상청구를 하는 경우에는 소송 허가결정을 받는 데에만 3~5년이 소요되므로 결국 일반적인 손해배상 청구소송보다 본안이 확정될 때까지 시간이 소요되므로 결국 일반적 손해배상 청구소송보다 본안이 확정되기까지 2배 이상의 시간이 걸릴 수 있다는 이야기다. 손해배상 청구제도는 적절한 손해액을 배상받을 수 있는 것도 중요하지만 시의적절한 손해배상도 그에 못지않게 중요한 요소이다.

증권집단소송제도가 활성화되면 불공정거래로 인한 손해배상청구도 활성화될 것이다. 그러나 손해배상 청구소송을 제기할 실질적인 이익이

이익 보호에 적합하고 효율적인 수단일 것, (iv) 소송 허가신청서의 기재사항 및 첨부서류에 흠이 없을 것 등이다(증권 관련 집단소송법 제12조 제1항).

137) 대법원 2015. 4. 9.자 2013마1052, 1053 결정은 증권 불공정거래행위와 관련한 최초의 증권 관련 집단소송 허가결정이다. 2010년 1월 소 제기 이후 2015년 4월 9일에 소송 허가결정이 확정되었다. 한화증권은 포스코 보통주와 에스케이 보통주를 기초자산으로 하여 발행한 ELS를 발행한 후 상환조건이 성취될 경우 투자자들에게 일정한 상환금을 지급해야 하는 위험을 회피하기 위하여, 로열 뱅크 오브 캐나다와 이 사건 ELS과 동일한 구조의 파생상품을 매매하는 스왑계약을 체결하였다. 로열 뱅크 오브 캐나다의 상환조건 성취방해에 대하여 원고(재항고인)는 자본시장법 제178조 제1항 위반을 이유로 동법 제179조에 따른 손해배상 청구소송을 제기하면서 증권 관련 집단소송의 허가를 구한 사건이다. 이 사건은 2017년 2월 화해로 종결되었다.

138) 대법원 2016. 11. 4.자 2015마4027 결정. 다만 법원은 증권 관련 집단소송법 제12조 제1항 제2호에 정한 '제3조 제1항 각 호의 손해배상청구로서 법률상 또는 사실상의 중요한 쟁점이 모든 구성원에게 공통될 것'이라는 소송 허가요건이 충족되는지를 판단하는 데에 필요한 한도 내에서 손해배상청구의 원인이 되는 행위 등에 대하여 심리를 할 수 있다.

보장되지 않거나 다른 장애요인이 존재한다면 증권집단소송이라는 제도의 도입만으로는 집단소송을 통한 손해배상청구 활성화도 불가능하다.[139] 소송 허가제도 등 남소를 방지하기 위한 제도에 대한 개선이 필요한 시점인 것으로 보인다.

VII. 결론

이상으로 자본시장법상 불공정거래행위에 의한 손해배상책임제도와 그 한계 및 실효성 있는 민사적 제재로 정착시키기 위한 방안에 관해 살펴보았다. 자본시장법상 불공정거래규제는 시장의 가격 형성기능과 시장에 대한 신뢰를 해치고 투자자에게 손해를 입히는 다양한 유형의 부정거래를 금지함으로써 자본시장에 대한 투자자 일반의 신뢰를 확보하는 것을 목적으로 한다. 자본시장법상 불공정거래행위에 의한 손해배상제도는 시장에서의 증권거래라는 특수성을 반영하여 운영되는 것이 바람직할 것이다. 그런데 자본시장법은 불공정거래행위에 의한 손해배상책임에 대한 근거규정만을 두고 인과관계나 손해액의 추정에 대하여는 아무런 규정을 두고 있지 않기 때문에 효과적인 불공정거래규제로 기능하는 데 한계가 있다. 자본시장 불공정거래행위의 존재를 투자자가 인지하기 어렵고 사건연구방식에 의한 손해액의 산정방법이 비용과 시간 면에서 투자자들에게 불편을 초래할 수 있으며, 과실상계나 법원의 재량에 의한 손해배상책임 제한 등으로 인해 손해배상액 인용률이 낮다는 점도 자본시장법상 손해배상제도를 이용하기 어렵게 만들고 있다. 해석과 판례에 의해 자본시

139) 조수정, 앞의 논문(주 2), 143면.

장법상 손해배상책임의 입증을 완화하는 방법도 있으나 근본적인 해결책이 되지 못한다. 따라서 자본시장 불공정거래행위에 대한 손해배상제도가 민사제재로서 실효성을 확보하기 위해서는 손해액을 추정하는 명시적인 규정을 도입하는 방안을 적극 고려하여야 할 것이다.

16

증권 관련 집단소송의 진행 및 분배*

함승완**

I. 들어가며

증권 관련 집단소송법은 오랜 기간의 찬반양론 끝에 2004년 1월 20일 제정되었고 약 1년간의 유예기간을 두어 2005년 1월 1일부터 시행되었다. 다만 위 시행일에 대한 예외로서, 자산총액 2조 원 미만인 상장법인 또는 협회등록법인이 발행한 유가증권의 거래로 인한 손해배상청구로서 법[1] 제3조 제1항 제1호, 제2호 및 제4호의 규정에 의한 손해배상청구에 대해서는 2007년 1월 1일 이후 최초로 행하여진 행위로 인한 손해배상청구분부터 증권 관련 집단소송법이 적용된다는 조항이 부칙에 규정되어

---

* 이 논문은 BFL 제54호(2012. 7)에 게재된 "증권 관련 집단소송의 진행 및 분배와 관련한 몇 가지 쟁점"을 수정 · 보완한 것이다.

** 법무법인(유한) 광장 변호사

1) 이하 증권 관련 집단소송법의 법조문을 인용할 때에는 '법'으로 약칭한다.

있었다(법 부칙 제3항). 그리고 2005년 3월 개정된 증권 관련 집단소송법은 자산총액 2조 원 이상인 법인에 대하여도 일정한 경우 2005년 1월 1일 전에 결산일이 도래한 사업연도의 분식회계에 대하여는 2년간 증권 관련 집단소송법의 적용을 유예하도록 하였다(법 부칙 제4항 및 제5항).

증권 관련 집단소송법의 제정 및 시행 전에는 남소의 폐해에 대한 우려가 상당히 제기되었으나, 이러한 우려와 달리 법 시행일로부터 4년 여(증권 관련 집단소송법이 전면적으로 시행된 2007년 1월 1일로부터는 2년 여)가 지나도록 증권 관련 집단소송이 제기되지 아니하였다.[2)]

그러던 중 2008년 코스닥상장법인인 주식회사 진성티이씨가 파생상품거래로 인한 거액의 손실을 반기보고서 및 3분기 보고서에 제대로 기재하지 아니하였다가 뒤늦게 정정공시를 함으로써 주가가 급락하는 사건이 발생하였고, 이로 인해 피해를 입은 주주 중 일부가 2009년 4월 13일 진성티이씨를 상대로 증권 관련 집단소송의 소를 제기함으로써 국내에서는 최초의 증권 관련 집단소송이 성립하게 되었다.

위 진성티이씨 사건은 2010년 4월 30일 재판상 화해로 종결되었는데, 그후에도 대표 당사자가 진성티이씨로부터 수령한 화해금을 각 구성원에게 분배하기 위한 분배절차가 약 2년간 진행되어 2012년 3월경에 분배절차가 종료되었다.

필자는 진성티이씨에 대한 증권 관련 집단소송에서 원고 대표 당사자의 소송대리인으로서, 그리고 분배관리인의 보조자로서, 증권 관련 집단소송절차 및 분배절차를 체험해 보는 소중한 기회를 가지게 되었는데, 이 글에서는 증권 관련 집단소송을 진행하면서 화해 허가결정에 이르기까지

---

2) 다수 당사자에 의한 증권 관련 손해배상청구의 소는 다수 제기된 것으로 알고 있으나, 증권 관련 집단소송법의 규율대상이 되는 증권 관련 집단소송의 소는 제기되지 않고 있었다.

당사자 간 또는 당사자와 법원 간에 논란이 되어 법적 검토의 대상이 되었던 쟁점 및 실무상 문제가 되었던 점과 분배절차 진행과정에서 문제되었던 몇 가지 쟁점을 살펴보고자 한다. 그리고 그러한 쟁점과 관련하여 증권 관련 집단소송법의 미비점 및 보완방향에 대해서도 함께 살펴보고자 한다. 다만 진성티이씨 사건은 법 제3조 제1항 제2호의 자본시장과 금융투자업에 관한 법률(이하 '자본시장법') 제162조에 따른 손해배상청구를 그 내용으로 하고 있기 때문에 주로 여기에 한정하여 살펴보기로 한다. 그리고 끝으로는 증권 관련 집단소송의 남소 및 악의적 소송 가능성에 대해 살펴보기로 하겠다.

II. 증권 관련 집단소송의 진행과 관련한 쟁점

1. 관할에 관한 쟁점(관련 재판적의 인정 필요성)

증권 관련 집단소송법은 증권 관련 집단소송을 피고의 보통재판적 소재지를 관할하는 지방법원 본원 합의부의 전속관할로 규정하고 있다(법 제4조). 피고가 1명일 경우에는 이러한 전속관할 규정이 문제 되지 않을 수 있으나 피고가 수인이고,[3] 이들 각각의 보통재판적 소재지를 관할하는 지방법원이 수 개일 경우에는 다음과 같은 문제가 발생하게 된다.

---

3) 예를 들어 사업보고서 등에 관한 거짓의 기재 등으로 인한 손해배상책임은 당해 상장법인뿐만 아니라 당해 법인의 이사, 업무집행 지시자 등 상법 제401조의2 제1항 각 호의 하나에 해당하는 자, 공인회계사 등이 함께 부담할 수 있는데(자본시장법 제162조 제1항), 이들을 모두 피고로 하여 증권 관련 집단소송의 소를 제기하는 경우 피고는 수인이 된다.

피고가 수인인 위와 같은 경우 원고는 전속관할이 인정되는 수 개의 법원에 관할을 달리하는 피고별로 별개의 소를 제기하여야 한다. 왜냐하면 민사소송법에서는 전속관할이 정하여진 소에는 관련재판적을 인정하고 있지 않고(제25조 및 제31조), 증권 관련 집단소송법에서도 관련재판적을 인정하는 규정을 별도로 두고 있지 않기 때문이다.

증권 관련 집단소송법은 동일한 분쟁에 관한 여러 개의 증권 관련 집단소송의 소송 허가신청서가 각각 다른 법원에 제출된 경우 관계 법원에 공통되는 바로 위의 상급법원이 관계 법원이나 원고,[4] 대표 당사자 또는 피고의 신청에 의하여 증권 관련 집단소송을 심리할 법원을 결정하도록 규정하고 있으므로(법 제14조 제2항), 앞과 같은 경우 원고로서는 이러한 바로 위 상급법원에 의한 병합절차를 거쳐 소송을 하나로 병합하여 진행할 수는 있다. 그러나 위 규정은 동일한 분쟁에 관하여 서로 다른 원고가 서로 다른 피고에 대하여 각기 다른 법원에 증권 관련 집단소송의 소를 제기한 경우에는 합리적인 해결방법이 될 수 있지만, 하나의 원고가 관할 법원을 달리하는 수인의 피고에 대하여 소를 제기하는 경우에 관하여는 소송경제적 관점에서 볼 때 합리적인 해결방법이 될 수 있다고 보기 어렵다. 후자의 경우에는 예외적으로 전속관할 상호 간의 관련재판적을 인정하여 피고 중 1명의 보통재판적 소재지 관할법원에 피고 전부에 대한 소를 제기할 수 있도록 하는 것이 합리적이라고 판단된다. 증권 관련 집단소송법에서 규정하는 전속관할은 피고의 보통재판적 소재지를 기준으로 한 것일 뿐 특정법원의 증권 관련 집단소송에 관한 전문성 유무를 기준으로 한 것이 아니므로, 피고 수인 중 1명의 보통재판적 소재지를 선택하여

4) 법에서는 '(법) 제7조 제1항에 따라 소를 제기하는 자'라는 표현을 사용하고 있는데 이는 대표 당사자로 선임되기 전의 원고를 의미하는 것이므로, 본문에서는 편의상 '원고'라는 표현을 사용하였다.

소를 제기할 수 있도록 하여도 특별히 불합리한 점은 없다고 할 것이기 때문이다.

전속관할의 관련재판적을 인정하지 않고 있는 현행 법제하에서는 원고가 관할법원을 오인하거나, 수인의 피고와의 화해를 염두에 두는 등의 이유로 수 개의 관할법원 중 하나의 법원에 증권 관련 집단소송의 소를 제기한 때, 수소법원으로서는 전속관할 위반이 된 피고에 대한 소를 관할법원에 이송할 수밖에 없고, 이송 후에는 사실상 동일한 분쟁에 관한 여러 개의 증권 관련 집단소송의 소송 허가신청서가 각각 다른 법원에 제출된 경우로 보아 법 제14조 제2항에 규정된 병합절차를 거칠 수밖에 없을 것인데, 관련재판적을 법에서 규정한다면 이러한 소송불경제를 막을 수 있을 것으로 판단된다.

2. 총원에 관한 쟁점

(1) 총원범위의 특정문제

1) 총원기간(불법행위일로부터 그 불법행위가 공표되기 전까지의 기간) 내에 주식을 취득하였다가 그 기간 내에 다시 처분한 이른바 진실공개 전 전매자(in-and-out purchaser)도 총원에 포함되는지 여부가 논란이 될 수 있다. 즉 진실공개 전 전매자를 총원의 범위에 포함한 후 손해액 산정에서 이를 고려하여야 한다는 견해와 처음부터 총원의 범위에서 제외하여야 한다는 견해가 있을 수 있다. 손해 발생시점의 판단이라는 측면과 인과관계의 판단이라는 측면에서 좀 더 심도 깊은 논의가 있어야 할 것으로 판단되나, 진성티이씨 사건에서 원고 측은 소송 허가신청 당시에는 진실공개 전 전매자를 총원의 범위에 포함하였는데, 이후 구성원 수를 확인하는

과정에서 진실공개 전 전매자를 총원의 범위에 포함하면 구성원의 수가 큰 폭으로 증가할 뿐만 아니라 실제로는 손해를 배상받을 수 없는 자가 다수 총원에 포함되어 소송 진행과정 및 분배과정에서 논란이 발생할 가능성이 높다고 판단하여 진실공개 전 전매자를 총원의 범위에서 제외하는 내용으로 총원범위 변경신청을 하였고, 법원도 소송 허가결정을 통해 이를 인정하였다.

2) 진실 공개 전 전매자를 총원의 범위에서 제외할 경우 총원의 범위는 총원기간 내에 취득한 주식의 수가 같은 기간 내에 처분한 주식의 수를 초과하고 있는 자, 즉 불법행위가 공표되는 시점에서 총원기간 내에 취득한 주식을 여전히 보유하고 있는 자를 기준으로 정하여질 가능성이 높다. 따라서 총원의 범위와 관련하여 총원기간 전과 총원기간 내에 각각 주식을 취득하여 보유하고 있다가 총원기간 내에 그중 일부를 처분한 경우 이를 총원기간 전에 취득한 주식을 처분한 것으로 볼 것인지 아니면 총원기간 내에 취득한 주식을 처분한 것으로 볼 것인지, 다시 말해 먼저 취득한 주식부터 처분한 것으로 볼 것인지 아니면 나중에 취득한 주식부터 처분한 것으로 볼 것인지 여부가 문제 된다.

전자의 경우(먼저 취득한 주식부터 처분한 것으로 보는 경우)로 보는 것이 후자의 경우(나중에 취득한 주식부터 처분한 것으로 보는 경우)로 보는 것에 비해 불법행위 공표시점에서 총원기간 내에 취득한 주식을 더 많이 보유하고 있는 것으로 평가하게 되는데, 어떤 관점을 취하는지에 따라 그 사람이 총원의 범위에 포함될지 여부가 달라질 수 있다. 또한 총원의 범위를 결정하는 요인이 될 뿐만 아니라 불법행위 공표시점에서 보유하고 있는 주식수에 따라 손해액이 달라지므로 손해액을 결정하는 요인이 되기도 한다.

이론적으로는 둘 중 어느 관점을 취하는 것도 가능할 수 있다고 판단되나, 현실적인 관점에서는 총원기간 전과 총원기간 내에 각각 주식을 취득하여 보유하고 있다가 총원기간 내에 그중 일부를 처분한 경우에는 나중에 취득한 주식부터 처분한 것으로 보는 것이 보다 합리적일 때가 적지 않을 수 있다고 판단된다. 먼저 취득한 주식부터 처분한 것으로 보는 전자의 관점을 취하기 위해서는 총원기간 개시시점의 해당 회사의 실질주주와 그 보유주식수를 정확히 파악하는 것이 전제가 되어야 할 것이나, 실질주주 명세정보를 보유하고 있는 한국예탁결제원에서는 주식의 발행회사에서 정한 권리배정일 등 특정기준일의 실질주주 명세정보만을 가지고 있으므로, 총원기간의 시작일이 되는 임의의 일자의 실질주주와 그 보유주식수를 파악하기에 어려움이 클 수 있다. 한국거래소의 거래내역정보를 통해 총원기간 개시시점의 실질주주를 파악하기 위해서는 권리배정일 등 특정기준일 당시의 실질주주명세를 파악한 후 그 시점 이후부터 이루어진 최초의 거래내역부터 총원기간 개시시점에 이르기까지의 거래내역정보를 모두 분석하여야 하는데, 특정기준일시점과 총원기간 개시시점 사이의 간격이 극히 단기간인 경우가 아니라면 이러한 방법을 통해 총원기간 개시시점의 실질주주와 그 보유주식수를 파악하는 데에는 상당한 어려움이 따를 수 있기 때문이다.

따라서 진성티이씨 사건에서도 원고와 피고 양측 모두 위와 같은 문제점을 인식하고 총원기간 전과 총원기간 내에 각각 주식을 취득하여 보유하고 있다가 총원기간 내에 그중 일부를 처분한 경우에는 나중에 취득한 주식부터 처분한 것으로 보았다.

한편 이에 관하여는 진성티이씨 사건 이후 제기된 다른 증권 관련 집단소송에서 대법원은 "증권 관련 집단소송법의 적용범위에 해당하는 주식발행회사 등의 법령 위반행위로 문제가 되는 주식을 취득하였다가 이를 피해기간 동안 그대로 보유하지 않고 일부를 처분하였으나 손해배상을 구하는 주식이 언제 취득한 주식인지를 특정할 수 없는 경우에, 먼저 취득한 주식을 먼저 처분한 것으로 의제하는 이른바 선입선출법과 나중에 취득한 주식을 먼저 처분한 것으로 의제하는 이른바 후입선출법 등의 방법이 있고, 총원의 범위를 어떤 방법으로 특정하는지에 따라 총원의 범위와 손해액의 규모에 차이가 생길 수 있지만, 대표 당사자가 선택한 방법이 특히 불합리하다거나 그 방법에 의하여 총원의 범위를 확정하는 것이 불가능하다는 등의 특별한 사정이 없는 한 대표 당사자가 선택한 방법에 따라 총원의 범위를 확정할 수 있다"고 하면서 선입선출법에 의하여 총원의 범위를 확정하는 것도 가능하다고 판시한 사례가 있습니다(대법원 2016. 11. 4.자 2015마4027 결정).

(2) 하위총원 개념의 인정 여부(처분주주와 보유주주를 별개의 하위총원으로 보아야 하는지 여부)

증권 관련 집단소송법에서는 총원을 "증권의 매매 또는 그 밖의 거래과정에서 다수인에게 피해가 발생한 경우 그 손해의 보전에 관하여 공통의 이해관계를 가지는 피해자 전원"이라고 정의하고 있을 뿐(제2조 제2호), 별도로 총원의 하위개념인 하위총원에 관하여 규정하고 있지 않다. 그런데 진성티이씨 사건에서 피고 측은 미국연방 민사소송규칙에서 인정하고 있는 하위총원(subclass)의 개념을 도입하여 현재 주식 보유 여부에 따라 이해관계가 상반될 수 있으므로 진성티이씨의 주식을 이미 처분한 주주(이하 '처분주주')와 아직 보유하고 있는 주주(이하 '보유주주')는 별개의 하위총원으로 나뉘어야 하고, 그에 따라 하위총원별로 별도의 대표 당사자 및 소송대리인이 선임되어야 한다고 주장하였다.

미국에서와는 달리 법에서 명시하고 있지 않은 개념인 하위총원의 개념을 해석상 인정할 수 있는지 여부에 관하여는 조금 더 심도 깊은 논의가 필요하다고 할 것이지만, 주식의 처분은 각 주주가 언제든지 자유롭게 할 수 있다는 점을 고려하면 적어도 주식 처분 여부를 기준으로 하위총원을 분류하여 처분주주와 보유주주를 별개의 하위총원으로 보는 견해는 소송 진행 중에 계속하여 하위총원을 구성하는 구성원에 변동이 생기게 되는 문제점이 있어 받아들이기 어렵다고 사료된다.

즉 보유주주들이 하나의 하위총원을 구성하는 경우 소송 진행 중에 주식을 모두 처분한 특정 보유주주는 더 이상 보유주주를 구성원으로 하는 하위총원에 속하지 못하게 되는데, 이러한 때에 그 주주는 처분주주를 구성원으로 하는 하위총원에 자동적으로 속하게 되어 그 하위총원에 대한 판결의 효력을 받게 되는 것인지, 아니면 처분주주를 구성원으로 하는 하위총원의 구성원으로서 소송 허가결정의 고지를 받은 것이 아니니 그 하위총원에도 속하지 못하고 아예 집단소송에서 제외되는 것인지, 별도로 제외신고를 하지 않은 이상 기존의 보유주주를 구성원으로 하는 하위총원에 대한 판결의 효력을 받게 되는 것인지 여부에 관하여 증권 관련 집단소송법에 아무런 규정을 두고 있지 않기 때문에 주식 처분 여부에 따라 하위총원을 분류하는 것은 큰 혼란을 초래할 위험이 있다.

한편 총원기간 후 주식의 일부를 처분하고 나머지는 아직 보유하고 있는 주주의 경우, 이를 별도의 하위총원으로 분류할 것인지 아니면 위에서 본 두 종류의 하위총원 중 어느 하나의 하위총원에 포함되는 것으로 볼지 여부도 결정하기 어려운 문제점이 있다.

따라서 주식의 처분 여부에 따라 하위총원을 설정하는 것은 합리성과 타당성을 인정하기 어렵다고 본다. 진성티이씨 사건의 수소법원에서도 소송 허가결정에서 같은 취지의 판단을 하였다.

(3) 구성원의 특정문제

구성원이라 함은 총원을 구성하는 각각의 피해자를 말한다(법 제2조 제3호). 구성원을 파악하기 위한 현실적인 방법은 한국거래소를 대상기관으로 하여 법원에 사실조회 신청을 하고 한국거래소로부터 해당 회사의 주식에 관한 총원기간 동안의 거래내역 일체를 제출받은 후, 그 거래내역에 기재된 증권 계좌번호를 가진 주주의 성명과 주소를 거래 증권회사에 대한 법원의 문서제출명령을 통하여 확인하는 것이다.

한국거래소로부터 그러한 제공받는 거래내역정보에는 각 개인이나 법인 등 하나의 법적 주체별로 거래내역이 기재되어 있지 않고 계좌번호별로 거래내역이 기재되어 있기 때문에, 증권회사에 대한 문서 제출명령을 통하여 계좌번호별 성명과 주소를 확인한 후 동일한 성명과 주소를 가진 계좌를 하나의 구성원으로 특정할 수 있다.

그러나 해당 계좌의 수가 많을수록 각 계좌의 성명과 주소를 일일이 비교하여 그 동일성 여부를 가리기가 쉽지 않고, 성명은 같으나 주소가 다른 경우 등 구성원이 동일한지 여부를 확인하기 어려운 경우도 상당히 많을 수 있기 때문에 구성원별이 아닌 계좌별로 손해액을 파악하는 방법이 상대적으로 소송 진행과 분배과정에서의 효율성을 도모할 수 있는 합리적 방법이라고 사료된다. 다만 구성원 1명이 수 개의 계좌를 가지고 있는 경우 계좌별 거래내역을 통합하여 손해액을 계산할지 아니면 계좌별로 별도로 손해액을 계산할지 여부에 관하여 논란의 가능성이 상당히 있기 때문에,[5] 계좌별로 손해액을 파악하는 방법이 적절한 것인지에 대

---

5) 예를 들어 동일 구성원의 일부 계좌에서는 손해가 발생한 반면 일부 계좌에서는 오히려 이익이 발생한 경우, 손해액에서 이익액을 뺀 금액을 손해액으로 볼 것인지 아니면 손해가 발생한 계좌에서의 손해액만을 손해액으로 볼 것인지 여부가 문제 될 수 있다.

하여는 조금 더 논의가 필요할 것으로 판단된다.

3. 소송 허가요건에 관한 쟁점(법 제15조 제1항에서 정한 소송 허가요건 외의 사유를 이유로 소송을 불허가할 수 있는지 여부)

법 제15조 제1항에서는 "법원은 제3조, 제11조 및 제12조의 요건에 적합한 경우에만 결정으로 증권 관련 집단소송을 허가한다"라고 규정하고 있다. 법 제3조는 증권 관련 집단소송의 소를 제기할 수 있는 손해배상청구를 한정적으로 열거한 조항이고, 법 제11조는 대표 당사자 및 원고 측 소송 대리인의 요건에 관하여 규정한 조항이다. 그리고 법 제12조는 '소송 허가요건'이라는 표제하에 (i) 구성원이 50명 이상이고, 청구의 원인이 된 행위 당시를 기준으로 그 구성원이 보유하고 있는 증권의 합계가 피고[6] 회사의 발행증권총수의 1만 분의 1 이상일 것, (ii) 제3조 제1항 각 호의 손해배상청구로서 법률상 또는 사실상의 중요한 쟁점이 모든 구성원에게 공통될 것, (iii) 증권 관련 집단소송이 총원의 권리 실현이나 이익 보호에 적합하고 효율적인 수단일 것, (iv) 제9조에 따른 소송 허가신청서의 기재사항 및 첨부서류에 흠이 없을 것을 소송 허가요건으로 규정하고 있다.

따라서 소송 허가신청이 위와 같이 법 제3조, 제11조 및 제12조의 규정을 갖추면 법원은 소송 허가결정을 하여야 하는 것으로 해석될 가능성이

---

6) 손해배상청구와 관련된 증권을 발행한 회사가 반드시 피고에 포함된다고 볼 수는 없기 때문에(특히 미공개중요정보 이용행위, 시세조종행위로 인한 손해배상청구의 경우) 법 제12조 제1항 제1호의 '피고'라는 표현은 적절하지 않다고 생각된다. 이와 관련하여 대법원도 "증권 관련 집단소송법 제12조 제1항 제1호에서 말하는 '피고회사'는 그 문언에도 불구하고 '구성원이 보유하고 있는 증권을 발행한 회사'라고 해석함이 타당하다"는 입장을 취하고 있다(대법원 2016. 11. 4.자 2015마4027 결정).

있는데, 진성티이씨 사건에서 피고 측은 위 소송 허가요건은 집단소송 허가의 필요조건이지 충분조건이라고 볼 수 없다고 하면서 법원으로서는 허가 여부를 결정함에 있어 위 각 요건 외에 기타 사정을 고려할 수 있다고 주장하였다. 즉 위 소송 허가요건을 모두 갖춘 경우에도 다른 사정들을 참작하여 소송 불허가결정을 할 수 있다는 것이다. 구체적으로는 허위공시에 대하여 피고회사의 고의가 없고 허위공시의 기간이 약 4개월 남짓으로 매우 짧다는 점, 허위공시로 인해 피고회사가 이득을 취한 바 없다는 점 등을 소송 허가결정을 하여서는 안 되는 사유로 주장하였다.

법에서 명시한 소송 허가요건이 소송 허가의 필요조건인지 충분조건인지에 관하여 견해의 대립이 있을 수 있으나, 법에서 소송 허가요건을 상세히 열거하면서도 법원에 각 요건의 해당 여부에 관한 판단에 상당한 재량을 부여한 것으로 볼 수 있으므로 법에서 명시한 소송 허가요건의 충족 여부만을 판단하여 본안으로 이행하여도 특별히 불합리한 점이 없고, 법에서 명시하고 있지 않은 사정을 들어 소송 불허가결정을 할 수 있다고 해석한다면 오히려 개별 사건마다 소송 허가요건에 관한 불필요한 논란을 발생시킬 우려가 있다. 따라서 법에서 명시한 소송 허가요건은 소송 허가의 충분조건이라고 보아 그 소송 허가요건을 갖추면 법원으로서는 소송 허가결정을 하여야 하는 것으로 해석하는 것이 합리적이라고 생각된다.

진성티이씨 사건에서 법원은 법에서 규정하고 있는 소송 허가요건이 필요조건인지 충분조건인지 여부에 관하여는 명시적으로 판단하지 않았고, 법에서 정한 소송 허가요건 외에 소송이 불허가되어야 하는 근거로 피고 측이 주장한 나머지 사정들은 소송 허가결정 여부를 결정하는 데에 고려할 사항이 될 수 없거나 이후 본안에서 심리할 사항에 불과하다고 하면서 피고 측의 주장을 배척하였다.

그후 다른 증권 관련 집단소송 사건에서 대법원은 "증권 관련 집단소송법은 '제2장 소의 제기 및 허가절차'에 관한 부분에서 증권 관련 집단소송의 허가요건을 별도로 정하고(제11조 및 제12조)… 소송 허가절차에서 대표 당사자가 소명할 대상은 소송 허가요건이고, 본안소송절차에서 다루어질 손해배상책임의 성립 여부 등은 원칙적으로 소송 허가절차에서 심리할 대상이 아니다. 다만 법원은 증권 관련 집단소송법 제12조 제1항 제2호에 정한 '제3조 제1항 각 호의 손해배상청구로서 법률상 또는 사실상의 중요한 쟁점이 모든 구성원에게 공통될 것'이라는 소송 허가요건이 충족되는지를 판단하는 데에 필요한 한도 내에서 손해배상청구의 원인이 되는 행위 등에 대하여 심리를 할 수 있다"고 판시하였다(대법원 2016. 11. 4.자 2015마4027 결정). 동 대법원 결정이 명시적으로 판시하고 있지는 아니하나, 그 취지상 법에서 정하고 있는 소송 허가요건은 충분조건으로서 이를 갖추면 소송 허가결정을 하여야 한다는 취지로 해석될 수 있을 것으로 판단된다.

4. 손해배상액 산정에 관한 쟁점

(1) 손해배상액 추정규정과 관련한 문제점

증권 관련 집단소송법은 손해배상액의 산정에 관하여 자본시장법이나 그 밖의 다른 법률에 규정이 있는 경우에는 그에 따르도록 하고(제34조 제1항), 이러한 방법에 따르거나 증거 조사를 통하여도 정확한 손해액을 산정하기 곤란한 경우에는 여러 사정을 고려하여 표본적 · 평균적 · 통계적 방법 또는 그 밖의 합리적인 방법으로 손해액을 정할 수 있도록 규정하고 있다(제34조 제2항). 자본시장법에서는 사업보고서 등의 거짓기재에 관한 손해배상책임 규정(제162조 제1항)에 따라 배상할 금액은 주식을 취득 또는 처분함에 있어서 실제로 지급한 금액 또는 받은 금액과 변론 종결 시 그 주식의 시장가격의 차액 또는 변론 종결 전에 그 주식을 처분한 경우에는 그 처분가격의 차액으로 추정한다는 규정을 두고 있는데(제162조 제3항), 법 제34조 제1항에 의하여 자본시장법의 손해액 추정규정은 증권 관련 집단소송의 손해배상액 산정에도 적용된다.

그런데 변론 종결 전에 주식을 처분한 경우에는 추정손해액을 상대적으로 쉽게 계산하여 변론 종결 시에 주장할 수 있으나, 변론 종결 시까지 주식을 보유하고 있는 경우에는 법원이 변론 종결 후에 변론 종결 당시의 구체적인 추정손해액을 계산하여 판결을 할 수 있다고 볼 것인지가 의문이다. 당사자가 변론 종결 당시에 보유주식에 관한 구체적인 추정손해액을 즉석에서 계산하여 주장하는 것은 사실상 불가능한 일이기 때문이다.

개별 당사자가 자본시장법 제162조에 따라 제기한 손해배상소송에서도 이와 같은 문제가 발생할 수 있지만, 특히 증권 관련 집단소송에서 변론 종결 시까지 각 구성원이 보유하고 있는 주식수를 확인하는 것은 총원기간 다음 날부터 변론 종결 시까지의 주식 거래내역에 관해 한국거래소에 사실조회 신청을 하여 방대한 주식 거래내역정보를 받은 후 이를 정리하고 계산하는 과정을 거쳐야 비로소 가능하기 때문에 더욱 문제이다. 그리고 개별 당사자가 제기한 손해배상소송과는 달리 증권 관련 집단소송에서 각 구성원이 변론 종결 전에 주식을 처분하였는지 여부도 결국 총원기간 다음 날부터 변론 종결 시까지의 주식 거래내역에 대한 확인이 있어야 가능하기 때문에 자본시장법의 손해액 추정규정에 의하여 주식의 처분으로 인한 손해액을 계산하는 것도 변론 종결 시에는 사실상 불가능하다. 또한 변론 종결 후 사실조회를 하여 그 결과를 토대로 손해배상액을 산정할 수 있다고 볼 것인지 여부도 의문이다. 진성티이씨 사건은 판결이 아닌 소송상의 화해로 종결이 되었기 때문에 당사자 간 합의에 의하여 손해배상액 산정 기준시점을 정할 수 있었으나, 만약 판결에 의하여 손해액을 산정하게 되었을 경우 어떤 합리적인 방법에 의하여 손해배상액 산정 기준시점을 정할 수 있을지에 관해 상당한 논란이 있었을 수도 있다.

(2) 정상주가와 인과관계의 문제

대법원은 "일반적으로 분식회계 사실이 밝혀진 이후 그로 인한 충격이 가라앉고 그와 같은 허위정보로 인하여 부양된 부분이 모두 제거되어 일단 정상적인 주가가 형성되면 그와 같은 정상주가 형성일 이후의 주가변동은 달리 특별한 사정이 없는 한 분식회계와 아무런 인과관계가 없다고 할 것이므로, 그 정상주가 형성일 이후에 당해 주식을 매도하였거나 변론종결일까지 계속 보유 중인 사실이 확인되는 경우 법[7] 제15조 제1항이 정하는 손해액 중 위 정상주가와 실제 처분가격(또는 변론 종결일의 시장가격)과의 차액 부분에 대하여는 법 제15조 제2항의 인과관계 부존재의 증명이 있다고 보아야 할 것이고, 이 경우 손해액은 계산상 매수가격에서 위 정상주가 형성일의 주가를 공제한 금액이 될 것"이라는 태도를 취하고 있다(대법원 2007. 10. 25. 선고 2006다16758, 16765 판결 및 대법원 2008. 11. 27. 선고 2008다31751 판결).

따라서 실제 소송에 있어서는 자본시장법 제162조 제3항에 의한 손해액 추정규정에 따라 변론 종결 시의 보유주식수 및 처분주식수를 확인하지 않아도 될 가능성이 상당히 있다. 즉 정상주가 형성일을 기점으로 하

7) 구 증권거래법을 말하며 구 증권거래법 제15조 제1항 및 제2항의 손해액 추정규정 및 인과관계의 부존재 증명조항은 현행 자본시장법 제162조 제3항 및 제4항의 손해액 추정규정 및 인과관계의 부존재 증명조항과 거의 동일하다.

여 피고의 불법행위와 원고의 손해 간 인과관계가 단절되므로, 정상주가 형성일을 기준으로 각 구성원의 보유주식수 및 처분주식수를 산정할 수 있을 것이다. 다만 위 대법원 판결은 정상주가가 어느 시점에서 형성되는지 여부에 관하여 모든 사안에 적용될 수 있는 일정한 기준을 설시하지는 아니하고 있기 때문에, 개별 사안에서 과연 언제를 정상주가 형성일로 볼 것인지 여부에 관하여는 치열한 다툼이 예상된다.

한편 정상주가 형성일 이후 변론 종결 시까지 주가가 상승한 경우에도 정상주가 형성일 이후 인과관계가 단절되었다고 보아 위 판결에서와 같이 주식의 취득가격에서 정상주가 형성일의 주가를 공제한 금액을 손해액으로 볼 것인지 여부가 논란의 대상이 될 수 있을 것으로 예상된다. 정상주가 형성일 이후 피고의 불법행위와 원고의 손해 간 인과관계가 단절된다는 위 판결에 의하면 이론상 정상주가 형성일에 이미 손해가 확정된 것으로 볼 수 있는데, 위 판결의 구체적인 사안은 정상주가 형성일 이후 주가가 하락한 때 피고의 손해배상책임을 경감하기 위해 피고가 구 증권거래법 제15조 제2항[8]에 근거하여 주장한 인과관계 부존재 주장을 받아들인 경우라는 점을 고려하면, 과연 정상주가 형성일 이후에 주가가 상승한 경우에도 대법원이 같은 취지의 판시를 할 것인지 여부는 알 수 없기 때문이다. 대법원은 주가의 추이에 관련된 여러 간접사실을 종합하여 정상주가의 형성일과 인과관계의 부존재를 비교적 용이하게 인정하고 있다고 볼 수 있는데, 과연 원고가 손해액의 추정규정에 의한 손해보다 더 많은 손해를 배상받기 위해 정상주가 형성일 이후의 인과관계 부존재 주장을 하는 경우 위 대법원 판결의 사안에서 피고가 한 정도의 입증만으로 그 주장을 받아들일지 여부는 의문이다.

8) 주 7 참조.

5. 소송 허가결정 확정 전 화해 등에 관한 통제의 문제

증권 관련 집단소송의 당사자는 법원의 소송 허가결정의 확정 전에도 구성원에게 효력을 미치기 위한 소의 취하, 소송상의 화해, 청구의 포기(이하 '화해 등')에 대한 허가 신청을 법원에 할 수 있다(규칙[9] 제25조 제1항). 이 경우 법원은 소송 허가결정의 고지와 동시에 법 제35조 제2항 및 제3항에 따라 화해 등에 관한 내용을 구성원에게 고지하여 의견을 진술할 기회를 주어야 하고, 소송 허가결정에서 정한 제외신고의 기간이 경과된 후 화해 등에 대한 허가 여부 결정을 할 수 있다(규칙 제25조 제2항). 진성티이씨 사건도 이와 같은 증권 관련 집단소송규칙 제25조에서 규정하고 있는 소송 허가결정 확정 전의 화해 허가신청을 통해 소송상의 화해로 종결되었다.

그런데 증권 관련 집단소송의 당사자가 소송 허가결정의 확정 전에 구성원에게 효력을 미치기 위한 화해 등을 하는 것이 아니라, 원고 본인에게만 효력을 미치기 위한 화해 등을 할 수 있는지 여부가 문제 된다. 증권 관련 집단소송법에서는 "증권 관련 집단소송의 경우 소의 취하, 소송상의 화해 또는 청구의 포기는 법원의 허가를 받지 아니하면 그 효력이 없다"라고 규정하고 있을 뿐이고 그 시기에 관하여는 명시적인 규정을 두고 있지 않으므로(법 제35조 제1항), 소송 허가결정의 확정 전후를 가리지 아니하고 화해 등에 대하여는 법원의 허가를 받아야 하는 것으로 해석될 가능성이 있다. 그러나 위 법 제35조 제1항에서 규정하는 '증권 관련 집단소송의 경우'가 내포하고 있는 의미는 증권 관련 집단소송의 소송 허가결정이 확정되어 원고가 제기한 소송이 증권 관련 집단소송으로서의 효과

---

9) 이하 증권 관련 집단소송규칙의 조문을 인용할 때에는 '규칙'으로 약칭한다.

가 발생한 경우로 해석하는 것이 합리적이라고 사료된다.[10] 그리고 이와 같이 해석하여야 소송 허가결정 확정 전에 구성원에게 효력을 미치기 위한 화해 등의 허가신청을 법원에 할 수 있다는 규칙 제25조의 규정과 조화를 이룰 수 있을 것으로 사료된다. 따라서 소송 허가결정 확정 전에 이루어진 화해 등은 구성원에 대하여 아무런 효력이 없고, 이에 대하여는 법 제35조에 의한 법원의 허가절차가 필요 없는 것이 원칙이다.[11]

그러나 소송 허가결정 확정 전의 화해 등에 대하여 아무런 통제가 이루어지지 않는 경우에는 다수 소액투자자들의 이익을 보호하기 위해 마련된 증권 관련 집단소송이 자칫 원고의 손해를 보다 신속하고 충분하게 보상받거나 손해를 넘어서는 이익을 얻어 내기 위한 하나의 압박수단으로 활용될 우려가 충분히 있다고 판단된다. 즉 증권 관련 집단소송에서 패소할 경우, 피고가 배상하여야 할 손해액은 원고 본인만의 손해액을 훨씬 상회하는 큰 금액이 될 가능성이 매우 높을 뿐만 아니라 소송 허가결정만으로도 그로 인하여 해당 기업에 상당한 신용 상실 또는 신인도 저하 효과를 가져올 수 있는 것이기 때문에, 피고로서는 소송 허가결정 전에 원고 본인에게만 효력이 있는 소의 취하 등의 방법으로라도 당해 소송을 종결하고자 하는 유혹을 받을 수 있고, 원고는 이러한 점을 이용해 피고와의 이면약정 등을 통해 원고 본인의 손해를 충분하고도 신속하게 배상받거나 손해를 넘어서는 이익을 받으려는 시도를 할 수 있다.

원고가 화해 등에 의해 개별적으로 소송을 종결짓더라도 다른 구성원이 개별적으로 소를 제기할 가능성이 없는 것은 아니지만, 피고로서는 거액의 배상액을 지불하게 될 뿐만 아니라 큰 폭의 신용 상실이나 신인도

---

10) 법원행정처, 증권 관련 집단소송 실무, 102면.

11) 법원행정처, 앞의 책(주 10), 102면.

저하를 가져올 수 있는 증권 관련 집단소송보다는 개별적인 소송을 방어하는 것이 보다 이익일 수 있다는 판단을 할 가능성이 충분히 있다. 또한 새로이 증권 관련 집단소송이 제기될 가능성도 있지만, 아래 Ⅳ.에서 살펴보는 것과 같이 구성원 중 누군가가 새로이 대표 당사자가 되어 증권 관련 집단소송의 소를 제기할 가능성이 현실적으로는 우려하는 만큼 높지 않을 수 있다는 점을 인식하여 이를 감수하고 이미 진행 중인 소송절차를 우선 종결하려는 시도를 할 가능성도 충분히 있다고 사료된다.

원고 본인이 그 자신이 입은 손해를 충분하고도 신속하게 배상받는 것 자체를 탓하기는 어렵겠으나, 이를 위해 증권 관련 집단소송을 피고에 대한 압박수단으로 삼도록 하는 것은 다수 소액투자자의 이익을 보호하기 위한 증권 관련 집단소송법의 취지에 맞지 않는다고 판단된다. 따라서 원고가 구성원에게 효력을 미치기 위한 목적으로 증권 관련 집단소송의 소를 제기한 이상 소송 허가결정 확정 전이라도 소의 취하, 소송상의 화해, 청구의 포기를 하기 위해서는 법원의 허가를 얻도록 하는 규정을 두는 것이 바람직하지 않은가 한다.

한편 증권 관련 집단소송법은 증권 관련 집단소송의 소를 제기하는 자, 대표 당사자, 원고 측 소송 대리인 또는 분배관리인이 그 직무에 관하여 부정한 청탁을 받고 금품 또는 재산상의 이익을 수수 · 요구 또는 약속한 경우에 그 가액에 따라 차등하여 최고 무기징역형으로까지 처벌할 수 있도록 규정하고 있으며(법 제60조 제1항), 제3자에게 금품 또는 재산상의 이익을 공여하게 하거나 공여하게 할 것을 요구 또는 약속한 경우에도 최고 무기징역형으로까지 처벌할 수 있도록 규정하고 있다(법 제60조 제2항). 그리고 위에 열거된 자에게 그 직무에 관하여 부정한 청탁을 하고 금품 또는 재산상의 이익을 약속 또는 공여한 자나 공여의 의사를 표시한 자를 7년 이하의 징역 또는 1억 원 이하의 벌금에 처하고, 이러한 행위에 제공할 목적으로 제3자에게 금품을 교부하거나 그 정을 알면서 교부받은 자도 같은 형에 처하도록 규정하고 있다(법 제61조). 위 각 경우에 그 취득한 금품과 재산상의 이익은 몰수하며 몰수할 수 없을 때에는 그 가액을 추징한다(법 제62조).

여기에서 과연 위와 같은 처벌규정이 소송 허가결정 전에 원고가 피고나 피고 측 관계자로부터 소송 허가결정 전의 소송 종료를 부탁받고 금품이나 재산상의 이익을 수수·요구 또는 약속한 경우에도 적용될 수 있는지 여부가 문제 될 수 있다. 소송 허가결정 전에 법원의 허가 없이 소의 취하, 소송상의 화해, 청구의 포기가 가능하다고 보는 이상, 비록 피고 측의 제안에 의하여 원고가 자신의 손해액범위 내에서 그 배상금을 신속히 지급받기로 하고 소의 취하 등에 의해 소송을 종결하기로 하였다고 하여, 과연 이러한 행위를 직무에 관한 부정한 청탁과 금품 등의 수수가 있는 경우로 보아 형사처벌의 대상으로 삼을 수 있는가 하는 것은 상당한 논란의 대상이 될 수 있을 것으로 생각된다. 위 처벌규정이 대표 당사자 외에 증권 관련 집단소송의 소를 제기하는 자, 즉 대표 당사자 선임결정 전의 원고까지 그 규율대상에 포함시키는 것으로 보아 위와 같은 행위도 형사처벌의 대상으로 삼을 수 있다는 견해도 충분히 성립될 수 있을 것으로 판단되나, 이러한 견해에 의하더라도 피고나 피고 측 관계자의 소송 종료에 관한 부탁이 있었는지 여부를 실제로 증명하는 것은 쉽지 않아 보인다. 따라서 논란의 가능성이 있고 실제 그 적용이 간단치 않은 형사처벌조항에 의하기보다는 앞에서 본 바와 같이 원고가 구성원에게 효력을 미치기 위한 목적으로 증권 관련 집단소송의 소를 제기한 이상 소송 허가결정 확정 전이라도 소의 취하, 소송상의 화해, 청구의 포기를 하기 위해서는 법원의 허가를 얻도록 하는 규정을 두는 것이 증권 관련 집단소송제도의 남용을 막기 위한 바람직한 방법이 아닌가 사료된다.

6. 소송진행 상황의 고지에 관한 문제

(1) 대표 당사자의 결원 시 고지의 필요성

대표 당사자의 전부가 사망 또는 사임하거나 총원의 이익을 공정하고 적절하게 대표하고 있지 못하는 등의 사유가 있어 법원으로부터 소송수행 금지결정을 받은 경우에는 소송절차가 중단된다(법 제24조 제1항). 이 경우 대표 당사자가 되려는 구성원은 법원의 허가를 받아 중단된 소송절차를 수계할 수 있는데, 소송절차의 중단 후 1년 이내에 수계 신청이 없는 때에는 소가 취하된 것으로 간주한다(법 제24조 제2항 및 제3항).

보통의 민사소송과 같이 기간의 제한 없이 새로운 대표 당사자가 소송절차를 수계할 때까지 소송절차가 중단되도록 하면, 그 소송계속 사실만으로도 피고회사 등에게 부담을 초래하는 증권 관련 집단소송의 특성상 피고에게 부당하므로, 소송절차 중단 후 1년 이내에 수계 신청이 없는 때에는 소가 취하된 것으로 간주하도록 한 것이다.[12]

문제는 중단된 소송절차의 원활한 수계를 위해서는 대표 당사자의 결원 시 그 사실을 구성원들이 알 수 있도록 적절한 방법으로 고지하는 것이 반드시 필요하다고 할 것인데, 증권 관련 집단소송법은 대표 당사자의 변경 후 그 사실만을 구성원에게 고지하도록 규정하고 있을 뿐(법 제25조), 대표 당사자의 결원사실을 구성원에게 고지하도록 하는 규정은 두고 있지 않다는 점이다.

필자의 경험으로 대부분의 구성원은 소송 허가결정의 고지 등 구성원 본인이 직접 어떠한 통지를 받지 않는 이상 바쁜 일상생활 가운데 증권

12) 법원행정처, 앞의 책(주 10), 77면.

관련 집단소송의 진행경과를 일일이 확인하지 않는 경향이 있다. 이러한 현실을 고려하면 구성원들은 대표 당사자가 결원상태인지조차 알지 못한 채 소송수계 가능기한을 넘기게 될 가능성이 상당히 있다. 소송수계 가능기한을 넘겨 소가 취하 간주되는 경우, 구성원들은 당해 소송을 통해 구제를 받지 못하게 될 뿐만 아니라 제척기간의 도과나 소멸시효의 완성 등으로 인해 손해를 배상받을 기회를 완전히 상실할 가능성도 적지 않다.

따라서 구성원들의 권리 보호를 위해 대표 당사자의 결원사실을 구성원에게 고지하도록 하는 규정을 둘 필요가 있다고 판단된다. 대표 당사자의 변경사실의 고지방법과 같이 전자통신매체를 이용하는 방법에 의하여 공고하는 방법을 우선 고려하여 볼 수 있는데(법 제25조 및 규칙 제17조), 이러한 전자적 공고방법에 의하여 대법원 인터넷 홈페이지의 공고란에 공고되어도 실제로는 구성원들이 이를 잘 인식하지 못하는 경우가 많고 심지어는 법원의 주요결정이 대법원 인터넷 홈페이지에 공고되고 있다는 사실 자체를 모르는 경우도 적지 않다. 대표 당사자 전원의 결원사실은 소 취하 간주 여부에 영향을 미치는, 구성원들에게 매우 중요한 사실이므로 소송 허가결정의 고지방법에 준하여 각 구성원에 대한 개별 통지와 전국 단위의 일간신문에 게재하는 방법으로 고지하는 것이 적절하다고 생각된다.

(2) 소송 불허가결정의 고지

앞에서 본 바와 같이 구성원의 성명, 주소를 파악하기 위해서 소송 허가결정 전에 한국거래소로부터 제공받은 거래내역정보를 토대로 각 증권회사에 거래내역정보에 기재된 계좌를 보유하고 있는 자의 성명과 주소를 확인하는 절차를 거치게 된다. 그 과정에서 각 증권회사는 해당 계좌

보유주에게 금융정보 제공사실을 통보하게 되는데, 그러면 계좌 보유주는 자신이 증권 관련 집단소송과 관련되어 있다는 사실을 인식하게 되면서 소송 진행경과에 관심을 가지게 된다. 비록 시간이 지날수록 관심의 정도가 덜해지는 경향이 있지만, 종국에는 소송이 어떤 형태로 결말지어졌는지 및 자신이 손해배상을 받을 수 있는 것인지 확인하고자 할 것이다. 그런데 증권 관련 집단소송법과 증권 관련 집단소송규칙은 소송 허가결정이 확정된 때에는 구성원 각각에게 그 사실을 고지하는 규정을 두고 있는 반면, 소송 불허가결정이 확정된 때에는 그 확정사실을 고지하는 규정을 두고 있지 않으며, 다만 증권 관련 집단소송에 관한 법원의 업무처리지침인 증권 관련 집단소송에 관한 예규(재민 2004-7)(이하 '예규') 제8조 제2항에서 대법원 인터넷 홈페이지 법원공고란에 공고하도록 규정하고 있다.

그러나 각 구성원이 소송 진행경과에 관심을 가지게 될 뿐만 아니라 증권 관련 집단소송은 소 제기 사실부터 법원에 공고되고 한국거래소에 공시되며, 그 파급력으로 인해 언론에 기사화되기도 하여 많은 이들의 관심을 끌게 된다는 점을 고려하면, 소송 종결사유 중 하나인 소송 불허가결정의 확정사실을 고지하는 내용은 예규에 규정하기보다는 법이나 규칙에 규정하는 것이 적절하지 않은가 한다.

(3) 화해 허가결정의 개별적 고지 필요성

증권 관련 집단소송법은 법원으로 하여금 판결의 주문과 이유의 요지를 소송 허가결정의 고지방법에 준하여 각 구성원에 대한 개별 통지와 전국 단위의 일간신문에 게재하는 방법으로 고지하도록 규정하고 있다(법 제36조 제3항, 제4항).

반면 진성티이씨 사건과 같은 소송상의 화해의 경우에는 법원이 그에 대한 허가결정을 하기 전에만 위와 같은 방법에 의하여 미리 구성원에게 이를 고지하여 의견을 진술할 기회를 부여할 뿐, 판결의 확정에 준하는 효력을 가지는 화해 허가결정의 확정사실에 관하여 증권 관련 집단소송법과 증권 관련 집단소송규칙에서는 그 고지 여부에 관하여 별다른 규정을 두지 않고 있으며, 다만 예규에서 화해에 대한 허가 여부 결정사항을 대법원 인터넷 홈페이지 법원공고란에 공고하도록 규정하고 있을 뿐이다(예규 제8조 제2항 제8호). 이미 화해의 구체적인 내용이 한 번 개별 구성원에게 고지되었으므로 그와 같은 내용의 화해를 허가한 결정을 다시 한 번 개별 구성원에게 고지할 필요는 없다는 취지라고 판단된다.

그러나 화해 허가결정은 소송 종료사유로서 확정판결에 준하는 효력을 가지는 증권 관련 집단소송의 최종결과물이라는 점과 판결의 주문과 이유를 소송 허가결정의 고지방법에 준하여 각 구성원에 대한 개별 통지와 전국 단위의 일간신문에 게재하는 방법으로 고지하는 것과의 균형을 고려하면, 화해 허가결정의 확정 사실 역시 판결의 경우와 같은 방법으로 고지하도록 규정하는 것이 적절하다고 생각된다.

III. 증권 관련 집단소송의 분배절차와 관련한 쟁점

1. 분배의 기준에 관한 쟁점(구성원별 분배금 산정의 문제)

(1) 분배기준에 관한 증권 관련 집단소송법규정 및 진성티이씨 사건의 경우

증권 관련 집단소송법 제40조에 기한 대표 당사자의 권리 실행이 끝나면 법원은 직권으로 또는 대표 당사자의 신청에 의하여 분배관리인을 선임하게 되며, 분배관리인은 법원이 정한 기간 이내에 분배계획안을 작성하여 이를 법원에 제출하여야 한다(제41조 및 제42조).

분배계획안에는 (i) 총원의 범위와 채권의 총액, (ii) 집행권원의 표시금액, 권리 실행금액 및 분배할 금액, (iii) 소송비용 및 변호사 보수 · 권리 실행비용 · 분배비용 등 법 제44조 제1항 소정의 공제항목과 그 금액, (iv) 분배의 기준과 방법, (v) 권리 신고의 기간 · 장소 및 방법, (vi) 권리의 확인방법, (vii) 분배금의 수령기간 · 수령장소 및 수령방법, (viii) 기타 필요한 사항을 기재하여야 하는데(법 제42조 제2항), 위 항목들 모두 중요하지만 특히 그중 '(iv) 분배의 기준'이 구성원의 이해관계와 가장 밀접한 관계를 가지므로 매우 중요하다고 할 수 있다.

분배의 기준은 판결이유 중 판단이나 화해조서 또는 인낙조서의 기재내용에 따르게 되는데(법 제43조 제1항), 진성티이씨 사건의 화해 허가결정문에서는 각 구성원에 대한 분배액은 '피고가 지급한 화해금에서 법 제44조 제1항 각 호의 비용을 공제한 금액에 총원의 전체 손해액에서 해당 구성원의 손해액이 차지하는 비율을 곱한 금액'으로 하기로 하였다.

그리고 진성티이씨 사건에서 대표 당사자와 피고는 특정시점(한국거래소가 제출한 계좌별 주식거래내역상의 최종거래일인 2009. 8. 14)을 기준으로 주식의 처분 여부를 결정하기로 약정한 후 거래계좌별[13])로 처분주식으로 인한 손해와 보유주식으로 인한 손해를 계산하였고, 처분주식으로 인한 손해와 보유주식으로 인한 손해를 합산한 금액을 전체 손해액으로 보기로 약정하였다.

---

13) 원래는 거래계좌별이 아닌 구성원별 손해를 계산하여야 할 것이나, 손해액을 계산하기 위한 근거자료가 되는 한국거래소의 주식 거래내역이 주식 거래계좌별로 정리되어 있으므로 부득이하게 거래계좌별 손해를 계산하게 되었다.

(2) 권리 신고 및 권리 확인을 통한 권리의 확정과 전체 손해액의 계산

형식적으로 보면 위와 같이 산정되어 화해의 전제가 된 전체 손해액에서 그 전체 손해액을 계산하는 근거가 된 거래계좌별 손해액이 차지하는 비율을 피고가 지급한 화해금[14]에 곱한 금액을 해당 거래계좌를 보유하고 있는 구성원에게 분배하면 될 것으로 보인다.

그런데 법 제49조에서는 구성원으로 하여금 분배계획에서 정하는 바에 따라 권리 신고기간 내에 분배관리인에게 권리를 신고하도록 규정하고 있으며, 분배관리인으로 하여금 그 신고된 권리를 확인하도록 규정하고 있다. 그리고 권리 신고를 한 자 또는 피고가 분배관리인의 권리 확인에 이의가 있을 때에는 권리 확인결과를 통지받은 날로부터 2주일 이내에 법원에 그 권리의 확인을 구하는 신청을 할 수 있고, 법원은 이에 대하여 권리 확인에 관한 결정을 한다(법 제50조). 한편 권리 신고 시 구성원은 권리 확인에 필요한 자료를 첨부하여야 한다(규칙 제49조).

권리 확인결과 구성원의 실제 손해액이 해당 구성원의 거래계좌별로 계산한 손해액의 합계액과 차이가 있는 경우가 발생하게 되는데, 이 경우 각 구성원에 대한 분배금 지급을 화해금 산정의 전제가 된 권리 확인 전의 손해액 계산내역에 의할지 아니면 권리 확인 후의 실제 손해액에 의할지 여부가 문제 된다.

진성티이씨 사건에서는 위와 같이 법에서 판결문 또는 화해조서 등 집행권원에 의한 권리 실행 이후에 권리 신고 및 확인에 관한 규정을 별도로 둔 취지 및 규칙에서 권리 확인에 필요한 자료를 첨부하도록 하는 규

---

14) 보다 정확하게는 피고가 지급한 화해금에서 법 제44조 제1항 각 호의 비용을 공제한 금액이 될 것이나, 이하에서는 서술의 편의상 '피고가 지급한 화해금'이라고만 한다.

정을 둔 취지를 고려하였을 때, 각 구성원에 대한 분배액의 산정은 판결이나 화해 등에서 인정된 손해액을 기준으로 하기보다는 권리 확인결과에 따라 실제 확인된 손해액을 기준으로 이루어져야 하는 것으로 해석하는 것이 합리적이라고 판단하였고, 따라서 구성원별로 실제 확인된 손해액을 기준으로 분배금을 지급하기로 하였다.

그런데 화해금이 손해액 전부가 아닌 그 일부에 불과하므로 이를 구성원별로 안분할 필요가 있는데, 위에서 본 바와 같이 피고가 지급한 화해금에 당해 구성원의 손해액이 구성원 전체의 손해액에서 차지하는 비율을 곱한 금액을 구성원별 분배금으로 하기로 하였다.

이 경우 구성원 전체의 손해액을 계산하기 위해 권리 신고를 하지 않은 구성원의 손해액을 얼마로 할 것인지가 문제 되었는데, 권리 신고를 강제할 방법은 없기 때문에 부득이하게 화해금 산정의 전제가 된 구성원별 손해액 계산내역(즉 한국거래소의 거래내역 회신에 따라 원고와 피고 양 당사자가 산정한 손해액 계산내역)에 의할 수밖에 없었다. 즉 전체 손해액은 권리 신고를 한 구성원들의 권리 확인된 손해액에 권리 신고를 하지 않은 구성원 당사자들의 산정 손해액을 더한 금액으로 하였다.

한편 각 구성원에게 지급될 분배금을 계산하기 위해서는 각 구성원의 손해액을 합한 전체 손해액이 확정되어야 하므로, 결국 권리 신고에 대한 분배관리인의 권리 확인절차 및 법원의 권리 확인절차가 모두 종료되어 각 구성원의 손해액이 확정되어야 한다. 따라서 분배관리인의 권리 확인에 이의가 있어 법원에 권리 확인 신청을 하는 구성원이 있는 경우에는 법원의 재판에 소요되는 기간 동안 분배금의 계산이 사실상 불가능해진다[15](다행히 진성티이씨 사건에서는 분배관리인의 권리 확인에 대하여 이의

15) 규칙 제43조 제4항에서는 법원으로 하여금 권리 확인 신청서가 접수된 날로부터 3개

를 제기한 구성원이 없어 모든 구성원에 대한 분배관리인의 권리 확인 통보가 완료된 시점으로부터 법원에 대한 권리 확인 신청가능기간인 2주일이 경과한 후 구성원별 분배금의 계산이 가능해졌다).

(3) 기관투자자인 구성원의 손해액 산정 문제

구성원들로부터 권리 신고를 받는 과정에서 한국거래소의 계좌별 거래내역 통보결과에 따라 증권 거래계좌별로 손해액을 계산하는 방법은 구성원이 일반 법인이나 개인인 경우에는 적절한 방법일 수 있으나, 구성원이 기관투자자인 경우에는 그렇지 아니함을 발견하게 되었다.

왜냐하면 기관투자자의 경우 1개 회사 주식을 거래함에 있어 1개의 계좌를 통해 매수거래와 매도거래를 하는 것이 아니라, 수 개의 주식 매수계좌와 매도계좌를 사용하여 거래하기 때문에 계좌별로 주식의 매수와 매도 여부를 판단해서는 정확한 손해액의 계산이 불가능하기 때문이다. 즉 기관투자자의 경우 A라는 계좌를 통해 주식을 매수하였음에도 불구하고 매도 시에는 B라는 계좌를 이용하게 되는데, 이때 실제로는 그 거래주식이 처분주식으로서 손해가 계산되어야 함에도 불구하고 보유주식으로 평가되어 손해가 계산되는 문제가 발생하게 된다.

그리고 기관투자자의 경우 수 개의 펀드를 운영하며 펀드별로 주식거래를 하고 손익도 펀드별로 파악을 하기 때문에 손해액을 계산함에 있어 기관투자자를 하나의 구성원으로 보기보다는 기관투자자가 운영하는 각 펀드를 하나의 구성원으로 보는 것이 더 적절한 면이 있다.

월 이내에 결정하도록 규정하고 있으나, 이는 훈시규정으로 해석될 가능성이 높으므로 권리 확인 신청을 한 구성원이 다수인 경우 실제로는 3개월 이상의 기간이 소요될 가능성도 상당히 있다.

이와 같이 한국거래소의 계좌별 거래내역 통보에 따라 계산한 손해액을 그 기관투자자의 손해액으로 보게 되면 실제 그 기관투자자가 입은 손해액과 상이해지므로, 실손해를 배상한다는 손해배상소송의 취지에 부합하지 않게 되는 문제가 발생한다. 특히 기관투자자의 경우 그 정보역량의 우수성과 투자판단의 전문성으로 인해 실제로 아무런 손실을 입지 않거나 오히려 이익을 본 상태에서 주식을 처분한 경우가 많을 수 있는데, 이를 일률적으로 보유주식으로 가정하여 손실이 있는 것으로 계산한다면 명백히 불합리한 결과를 가져오게 된다.

따라서 매수계좌와 매도계좌를 달리 사용하는 기관투자자의 경우에는 한국거래소의 계좌별 거래내역 통보에 따라 계산한 거래계좌별 손해액이 아니라 그 기관투자자가 실제로 입은 손익을 계산하여 분배금을 지급하기로 재판부와 협의하였다.

그런데 문제는 기관투자자(또는 기관투자자가 운영하는 특정펀드)가 특정회사의 주식을 거래함에 있어 어느 계좌를 매수계좌, 매도계좌로 사용하는지 여부를 한국거래소의 계좌별 거래내역 통보만으로는 알 수가 없고 당해 기관투자자의 협조를 통해서만 알 수 있다는 것이다. 즉 기관투자자가 자신의 거래내역을 사실 그대로 밝히지 않거나 거래내역 확인에 전혀 협조하지 않는 경우에는 해당 기관투자자의 손해액을 정확하게 파악하는 것이 사실상 불가능하다. 진성티이씨 사건에서는 다행히 기관투자자들의 적극적 협조와 분배관리인의 노력이 있어서 각 기관투자자의 운영펀드별 손해액을 확인할 수 있었으나, 기관투자자가 손해액 산정에서 차지하는 비중을 고려한다면 기관투자자의 선의에만 기댈 것이 아니라 제도적으로 기관투자자의 거래내역을 정확히 파악할 수 있는 방안을 마련할 필요가 있다고 사료된다.

2. 분배계획의 고지방법에 관한 문제(권리 신고 안내의 필요성)

앞 1. (2)에서 살펴본 바와 같이 구성원은 '분배계획에서 정하는 바에 따라' 권리 신고기간 내에 분배관리인에게 권리를 신고하여야 하며, 권리 신고기간 내에 권리를 신고하지 못한 구성원은 자신의 책임 없는 사유로 권리 신고기간 내에 신고를 하지 못한 경우가 아닌 한 분배받을 권리를 상실하게 된다(법 제49조 제1항 및 제2항).

위와 같이 구성원이 분배금을 받기 위해서는 '분배계획의 존재와 그 내용'을 알고 있다는 것이 전제가 되어야 한다. 그런데 법 제47조에서는 법원이 분배계획을 인가하였을 경우 '적절한 방법'으로 (i) 집행권원의 요지, (ii) 분배관리인의 성명 및 주소, (iii) 분배계획의 요지를 구성원에게 고지하도록 규정하고 있는데, 그 '적절한 방법'으로서 규칙에서 규정하고 있는 방법은 '전자통신매체를 이용한 공고'로서(규칙 제38조 제1항), 구체적으로는 대법원 인터넷 홈페이지 공고란 중 '증권 관련 집단소송'에 관한 공고란에 분배계획을 게재하는 방법을 택하고 있다.[16)]

그러나 현실적으로 구성원들이 대법원 홈페이지를 수시로 점검하면서 분배계획이 인가되었는지 여부를 확인하고 분배계획에서 정한 권리 신고기간 내에 권리를 신고할 것을 기대하기는 어렵다. 권리 신고가 제대로 되지 않아 분배가 원활하게 이루어지지 않는 경우 종국적으로 피고로부터 지급받은 배상금은 다시 피고에게 반환되게 되어, 결국 대표 당사자와 그 소송 대리인이 다수의 소액 피해자의 권익 보호를 위해 열심히 수행하여 얻어 낸 판결이나 화해결정이 수포로 돌아가게 된다.

따라서 분배계획을 대법원 홈페이지에 공고하는 것만으로는 소액 다수

16) 분배관리인이 제출한 분배계획안도 전자통신매체를 이용하여 공고하도록 되어 있다(규칙 제34조 제3항).

의 피해자들이 입은 손해를 전보해 주고자 하는 증권 관련 집단소송의 취지를 살리기 어려우므로, 법에 분배계획을 개별 구성원에게 고지하도록 하는 규정을 두는 것이 바람직하다고 사료된다.

진성티이씨 사건에서는 분배계획 개별 고지 규정의 미비로 인해 발생할 수 있는 위와 같은 문제점을 인식하고, 가능한 많은 구성원이 분배금을 지급받을 수 있도록 하기 위하여 각 구성원에게 개별적으로 분배계획을 우편으로 통지하는 내용을 분배관리인이 분배계획안에 포함하여 법원에 제출하였고, 법원도 이에 공감하여 구성원들에 대한 개별적인 통지절차를 진행하도록 결정하였다. 그리고 분배관리인은 개별 구성원이 손해액 계산의 전제들을 충분히 이해하고 자신의 손해액을 스스로 계산한 후 권리 신고를 하기를 기대하기 어려운 경우가 대부분일 것이므로, 계산의 전제를 자세히 설명하고 그에 따라 분배관리인이 계산한 해당 구성원의 손해액을 기재한 안내서를 개별 구성원에 대한 분배계획 통지 시 함께 동봉하여 발송하였다. 한편 구성원에 대한 개별 통지 중 총원의 약 4분의 1에 해당하는 인원에 대한 통지가 수취인불명 · 이사 · 소재불명 등의 사유로 반송되었는데, 가급적 위 인원들에게도 권리 신고를 할 수 있는 기회를 부여하기 위해 각 증권사에 대하여 해당 구성원의 주소 · 전화번호 · 이메일 등의 확인을 구하는 문서 제출명령을 신청하였고, 그에 따라 각 증권사에서 제출한 내역을 토대로 전화와 이메일 등을 통해 분배계획과 안내서를 송부하였다.

3. 권리 신고기간 도과책임의 판단주체

구성원은 분배계획에서 정하는 바에 따라 권리 신고기간 내에 분배관리인에게 권리를 신고하여야 한다(법 제49조 제1항). 다만 그 책임 없는 사유로 권리 신고기간 내에 신고하지 못한 경우에는 그 사유가 종료된 후 1개월이 지나기 전에 신고할 수 있다(법 제49조 제2항).

여기에서 권리 신고기간 도과가 당해 구성원의 책임 없는 사유로 인한 것인지 여부를 판단하는 주체가 법원이 되어야 하는지, 아니면 분배관리인이 되어야 하는지가 문제 될 수 있다. 일차적인 권리 확인권한이 분배관리인에게 있으므로 분배관리인이 판단주체가 되어야 한다는 견해가 있을 수 있고, 다른 한편으로는 기간 도과가 구성원 본인의 책임 없는 사유로 인한 것인지 여부는 전문적인 법률적 판단을 요하는 문제이므로 법원이 판단주체가 되어야 한다는 견해가 있을 수 있다.

진성티이씨 사건에서도 권리 신고기간을 도과하여 권리 신고를 한 구성원들이 있었는데, 분배관리인은 그 기간 도과책임의 판단주체가 누구인지를 법원에 문의하였고, 이에 대하여 법원은 권리 신고에 대한 일차적인 권리 확인권한이 분배관리인에게 있으므로 분배관리인이 기간 도과책임 유무를 판단하고, 그 판단에 대해 구성원이 이의가 있는 경우 법원에 그 권리의 확인을 구하는 신청을 할 수 있도록 하는 것이 적절하다는 의견을 제시하였다. 분배관리인은 그 의견에 따라 구성원 1명의 권리 신고만을 책임 없는 사유로 인한 것으로 인정하고, 나머지 다른 구성원 수 명의 권리 신고는 책임 없는 사유에 의한 것으로 볼 수 없다고 하였는데, 분배관리인의 그와 같은 권리 확인에 대하여 별다른 이의가 제기된 바는 없다.

4. 법원의 직권에 의한 변호사 보수 감액 가부

법 제44조 제3항에서는 "법원은 분배관리인, 대표 당사자 또는 구성원이 신청한 경우에는 소송의 진행과정 및 결과 등 여러 사정을 고려하여 제1항 제1호의 변호사 보수를 감액할 수 있다. 이 경우 법원은 신청인과

대표 당사자의 소송대리인을 심문하여야 한다"라고 규정하고 있으며, 동조 제4항에서는 "제3항의 신청은 제46조 제1항에 따른 분배계획안의 인가 전까지 하여야 한다"라고 규정하고 있다. 동 규정에 의하면 분배관리인, 대표 당사자 또는 구성원의 신청이 없는 경우 법원이 직권으로 변호사 보수를 감액할 여지는 없어 보인다.

그런데 진성티이씨 사건에서 법원은 분배계획안에 변호사 보수를 기재하도록 법에 규정되어 있고(법 제42조 제2항 제3호), 법원은 분배계획안이 공정하며 형평에 맞는다고 인정되면 결정으로 이를 인가하며(법 제46조 제1항), 법원이 상당하다고 인정할 때에는 직권으로 분배계획안을 수정하여 인가할 수 있으므로(법 제46조 제2항), 결국 변호사 보수가 공정하며 형평에 맞지 않는다고 판단하는 경우 법원이 직권으로 이를 감액할 수도 있다는 견해를 보였다.

진성티이씨 사건에서는 대표 당사자의 소송대리인이 변호사 보수의 적정성에 대한 의견서를 법원에 제출하였고 분배관리인이 된 소송대리인이 분배관리인의 보수를 비롯한 모든 분배비용을 부담하기로 하여 대표 당사자와 소송 대리인 간에 약정한 변호사 보수가 그대로 인정되었다.

증권 관련 집단소송의 승소금액을 고려할 때 통상적인 사건에 비하여 변호사 보수가 다액일 가능성이 높으므로, 향후에도 법원이 직권으로 변호사 보수의 감액을 시도할 가능성이 충분히 있다고 보인다. 특히 법 제44조 제3항의 변호사 보수 감액 신청권자 중 분배관리인은 대부분의 경우 대표 당사자의 소송 대리인이 선임될 가능성이 높은 점, 대표 당사자는 스스로 변호사 보수를 약정한 자이므로 감액 신청할 가능성이 높지 않은 점, 개별 구성원은 변호사 보수 감액 신청을 할 수 있다는 인식 자체가 없을 가능성이 높은 데다가 소송대리인과의 분쟁을 감수하며 변호사 보수 감액 신청을 할 것을 기대하기 어려운 점 등을 고려하면, 법원으로서는 변호사 보수가 적정하지 않다고 판단하는 경우 직권으로라도 분배계획안의 인가 시 변호사 보수를 감액하려 할 가능성이 충분히 있다.

그러나 위에서 본 바와 같이 법 제44조 제3항 및 제4항에서 분배관리인, 대표 당사자 또는 구성원의 신청에 의하여만 변호사 보수를 감액하는 결정을 할 수 있다는 취지로 규정하고 있는 점, 그와 같은 신청에 의한 변호사 보수 감액결정에 대하여는 즉시항고를 할 수 있는 반면(법 제44조 제5항) 분배계획안의 수정 인가결정에 대하여는 불복할 수 없도록 하고 있는 점(법 제46조 제3항) 등을 고려하면, 법원에 의하여 직권으로 변호사 보수가 감액되는 경우 대표 당사자의 소송 대리인이 이에 반발하여 항고 등의 법적 다툼이 발생할 가능성이 상당히 있다고 사료된다.

법 제44조 제3항 소정의 변호사 보수 감액 신청권자의 변호사 보수 감액 신청을 실제로 기대하기 어렵다는 사정과 증권 관련 집단소송의 공익적 성격을 고려하면, 법원이 직권에 의하여 변호사 보수를 감액할 수 있도록 하는 명문의 규정을 두는 것이 입법론적으로 바람직하지 않은가 생각된다.

5. 가집행 선고 판결에 기한 분배절차 진행의 문제점

법 제40조 제1항은 "대표 당사자는 집행권원을 취득하였을 때에는 지체 없이 그 권리를 실행하여야 한다"라고 규정하고 있다.

위 규정에 의하면 가집행 선고를 붙인 판결이 선고된 때에도 대표 당사자는 그 권리를 실행하여야 하는 것으로 해석될 가능성이 있고, 그렇지 않더라도 대표 당사자가 임의로 권리를 실행하는 경우도 있을 수 있다.

그런데 법에서는 가집행 선고 판결의 경우, 분배절차를 중단하도록 하는 규정을 두고 있지 않기 때문에 원칙적으로는 분배절차가 계속 진행되어 구성원들이 분배금을 지급받는 단계에까지 이를 수 있다. 그러나 구성원들이 분배금을 지급받게 되는 경우에는 상급심에서 원심 판결이 변경되면 수많은 개별 구성원으로부터 분배금을 반환받는 것이 결코 용이하지 않을 뿐만 아니라, 그 반환책임과 가집행으로 인한 손해배상책임을 원고 대표 당사자 한 사람에게만 부담시키는 것도 반드시 적절하다고 보기는 어렵다고 사료된다.

물론 실제에 있어서는 법원이 직권으로 담보를 제공하도록 하고 가집행 선고를 하거나, 채권 전액을 담보로 제공하고 가집행을 면제받을 수 있다는 것을 선고함으로써 위와 같은 문제를 어느 정도 해결할 수는 있으나, 증권 관련 집단소송의 배상액이 거액일 가능성이 높다는 점을 감안하면 원고 측은 다액의 담보를 제공할 여력이 없어 신속한 권리 구제를 받을 수 없게 되거나 반대로 피고 측은 가집행을 면제받기 위해 거액의 채권 전액을 일시에 담보로 제공하여야 하는 문제가 발생하게 된다.

증권 관련 집단소송의 경우에도 배상액이 거액일 가능성이 높을 뿐 다른 민사소송과 크게 다를 바가 없다고 볼 수도 있지만, 위와 같은 증권 관련 집단소송의 특성과 담보 제공의 문제점을 고려하면 집행권원 취득의 경우 필요적으로 지체 없이 권리 실행을 하여야 하는 것으로 규정한 법 제40조 제1항은 가집행 선고의 경우에는 대표 당사자의 판단에 따라 권리 실행 여부를 결정할 수 있도록 개정하고, 가집행 선고 판결에 의한 분배절차의 진행은 법원의 판단에 따라 일시 중지할 수 있도록 하는 규정을 두는 것도 고려해 볼 수 있지 않은가 한다.

IV. 남소 가능성에 대한 의견

증권 관련 집단소송제도의 도입을 반대하는 입장을 가진 이들의 주된 반대 이유는 남소와 악의적 소송의 폐해에 대한 우려였으며, 증권 관련 집단소송법의 시행을 앞두고도 그러한 우려가 컸던 것으로 안다. 그러나 우려와 달리 법이 시행된 2005년 1월 1일부터 4년여가 경과한 2009년 4월에야 처음으로 증권 관련 집단소송이 제기되었고, 그 이후 2018년 8월 말 현재까지 12건의 증권 관련 집단소송이 제기되었을 뿐이다(12건의 소송 중에서도 동일한 사건에 대하여 피고를 달리한 증권 관련 집단소송을 1건으로 볼 때, 법 시행 이후 현재까지 제기된 소송은 10건이 채 되지 않는다).

그 원인은 여러 가지로 분석할 수 있겠으나, 우려했던 만큼 다수의 증권 관련 집단소송이 제기될 것으로 기대하기는 현실적으로 어렵지 않은가 하는 것이 필자의 생각이다.

우선 증권 관련 집단소송법 제3조에서 규정하고 있는 자본시장법상의 손해배상청구 사건에서 가장 큰 피해를 입을 가능성이 높은 것은 기관투자자이나, 다수 기업과 관련을 맺고 있고 상대적으로 보수적인 의사결정 구조를 가진 기관투자자의 속성을 고려할 때 기관투자자로서는 수천, 수만의 구성원을 대표하는 대표 당사자가 되어 기업을 상대로 증권 관련 집단소송을 진행하는 것 자체를 부담스러워할 가능성이 높다고 판단된다.

결국 피해액이 큰 개인이나 일반 기업이 대표 당사자가 되어야 할 것이나, 그러한 개인이나 일반 기업으로서는 개별적으로 소송을 진행하는 것에 비하여 시간과 비용이 훨씬 많이 투입되고 그에 반해 손해배상액이 높을 것이라는 보장이 전혀 없는(오히려 피고에게 경영 활동 및 존립 자체에까지 영향을 미칠 정도의 큰 경제적 부담을 안기게 될 증권 관련 집단소송의 특성을 고려하여 법원이 피고의 책임을 상당한 정도로 제한함으로써 손해배상액이 개별 소송에 비하여 적어질 가능성이 높은), 증권 관련 집단소송을 제기할 실익이 적어도 경제적 관점에서는 거의 없다고 볼 수 있다. 이 점은 기관투자자도 마찬가지일 것이다. 피해액이 적은 개인이나 일반 기업은 손해배상을 청구하려는 의지 자체가 약한 경우가 많고, 이들 역시 대부분 적지 않은 소송비용과 변호사비용의 부담을 감당하고 소송을 진행할 실익이 없을 것이다.

피해자 중에서는 증권 관련 집단소송을 피고에 대한 압박수단으로 사용하여 협상력을 강화하려는 시도를 하는 자들도 있을 수 있겠으나, 소송허가결정의 확정 이전에 피고와의 협상이 마무리된다는 보장이 없고 소송 허가결정의 확정 이후에는 법원의 허가 없이는 임의로 소의 취하나 화해 등을 할 수 없다는 점과 경우에 따라서는 형사처벌의 위험성도 배제할 수 없다는 점을 고려하면 실제로 그 가능성은 별로 높지 않아 보인다.

근본적으로 현행 증권 관련 집단소송제도가 시간·비용 측면에서 대표당사자의 희생을 요구할 뿐 그에 대한 보상책을 마련하고 있지 않으므로,[17] 개별 구성원이 별도의 손해배상청구의 소를 제기하지 않고 굳이 대표 당사자가 되어 증권 관련 집단소송의 소를 제기할 실익이 별로 없다는 점이 증권 관련 집단소송의 소 제기를 가로막는 가장 큰 요인이라고 판단된다. 이대로라면 오히려 남소의 가능성을 우려하기보다는 증권 관련 집단소송법의 사문화(死文化) 가능성을 우려해야 할지도 모르겠다는 생각마저 든다. 자칫 기업의 경영 활동에 큰 부담이 될 수 있는 증권 관련 집단소송을 활성화하는 것이 과연 바람직한 것인가 하는 문제와도 민감하게 관련되어 있어 상당히 조심스럽기는 하나, 다수 구성원을 위해 시간과 비용을 투자하게 되는 대표 당사자에게 제도적으로 약간의 인센티브를 부여하는 것에 관하여 논의해 보는 것도 필요할 것으로 생각된다.

---

17) 만약 대표 당사자가 다른 구성원에 비해 보다 많은 이익을 얻으려는 시도를 할 경우, 총원의 이익을 공정하고 적절하게 대표하고 있지 못하는 자로 평가되어 소송 수행을 금지당할 수도 있을 것이다.

17

증권 관련 집단소송의 소송 허가요건*

— 대상판결 : 대법원 2016. 11. 4.자 2015마4027 결정** —

진상범***

I. 사건의 개요

1. 사실관계

(1) 주식회사 나무이쿼티의 주식회사 씨모텍 주식 인수와 1차 유상증자

1) 2009년 11월 4일 주식회사 나무이쿼티(이하 '나무이쿼티')는 코스닥 시장 상장법인인 주식회사 씨모텍(이하 '씨모텍')의 최대주주로부터 씨모텍 발행주식의 약 10.18퍼센트와 경영권을 300억 원에 양수하였다.

---

* 이 논문은 BFL 제83호(2017. 5)에 게재된 글을 수정·보완한 것이다.

** 공2016하, 1873.

*** 김·장 법률사무소 변호사

2) 나무이쿼티는 1차 잔금을 지급한 후 씨모텍의 주요임원을 자신의 사람들로 변경하고, 2010년 3월 약 300억 원 규모의 1차 유상증자를 하였다.

(2) 씨모텍의 2차 유상증자

1) 2010년 9월 28일 씨모텍 이사회는 운영자금 확보를 위해 '시가 발행에 의한 주주배정 후 실권주 일반공모 증자방식(잔액인수)'으로 약 286억 원 규모의 2차 유상증자(이하 '이 사건 유상증자')를 실시하기로 결의하였다.

2) 이 사건 유상증자에 관한 증권신고서는 2010년 9월 28일 제출되었는데, 이 사건 유상증자의 대표주관회사 겸 잔액인수계약을 체결한 피고가 기재한 증권신고서의 인수인 의견란에는 2010년 9월 14일 기준으로 씨모텍의 최대주주인 나무이쿼티의 외부차입금 220억 원이 자본금으로 전환된 상태가 아닌데도 다음과 같이 기재되었다.[1)]

> 라. 최대주주
> 나무이쿼티 : 씨모텍을 인수하기 위한 Buy-out Fund의 성격이 강한 현 대표이사인 A가 주된 자금을 제공하였음(설립 시 자본금 50백만 원, 09. 07월 설립)
> 인수자금 조달방법 : 전체 300억 원에 대해서 30억 원 자기자본과 270억 원 외부차입금으로 조달하였음. 외부조달금 270억 원(B 외 12인)은 2010. 9. 14. 기준으로 220억 원이 자본금으로 전환되었고,[2)] 증권신고서 제출일 현재 전환되지 않은 50억 원에 대해서도 자본금으로 전환할 예정임(자본금 250억 원).

1) 같은 내용이 2010년 12월 7일자 투자설명서에도 기재되었다.
2) 밑줄은 필자가 표시한 것이다.

3) 2011년 1월 28일 이 사건 유상증자에 따른 주금 납입 등의 절차가 완료되었고, 1월 31일 이 사건 유상증자에 따른 등기가 이루어졌으며, 2월 11일 신주가 상장되었다.

(3) 씨모텍의 주권매매거래 정지 및 상장 폐지

1) 2011년 3월 24일 감사인인 신영회계법인이 씨모텍에 대하여 감사의견 거절을 하여 한국거래소가 씨모텍에 대하여 주권매매거래 정지처분을 하였다.

2) 2011일 4월 8일 씨모텍은 회생절차 개시신청을 하였고, 2011년 9월경 한국거래소는 씨모텍 발행주식에 대하여 상장 폐지를 결정하였다.

(4) 이 사건 증권 관련 집단소송 제기 및 피고에 대한 과징금 부과

1) 이 사건의 대표 당사자를 포함 186명은 2011년 10월 13일 피고를 상대로 피고가 증권인수인으로서 증권신고서 및 투자설명서에 중요사항에 해당하는 최대주주의 차입금의 자본금 전환 여부에 대하여 거짓기재를 함으로써 이를 신뢰하여 주식을 인수한 결과 손해를 입었다는 이유로, 자본시장과 금융투자업에 관한 법률(이하 '자본시장법') 제125조 제1항 제5호에 근거하여 손해배상을 구하는 증권 관련 집단소송(이하 '이 사건 본안소송')을 제기하면서[3] 동시에 집단소송 허가신청을 하였다.

3) 서울남부지방법원 2011가합19387.

2) 2012년 2월 10일 금융감독원은 피고에게 증권신고서상 중요사항인 최대주주의 자본금변동에 관한 사항을 사실과 다르게 기재하는 것을 방지하는 데에 적절한 주의를 기울이지 않았다는 이유로 기관주의 및 과태료 5,000만 원의 제재조치를 하였다. 2012년 10월 26일 증권선물위원회도 피고에게 같은 이유로 과징금을 부과하였다.[4)]

3) 서울남부지방법원은 2013년 9월 27일 집단소송 허가신청에 대하여 집단소송을 허가하는 결정을 하였다.[5)] 피고는 제1심 결정의 취소를 구하는 항고를 제기하였다.

2. 원심 결정[6)]의 요지

(1) 증권 관련 집단소송법 제3조의 적용범위요건 충족 여부

증권 관련 집단소송법(이하 '집단소송법')은 소송 허가절차와 소송 허가결정이 확정된 이후의 본안소송절차를 분리하여 규정하는 점, 소송 허가절차는 그 소송이 집단소송이라는 특수한 절차로 진행되어야 할 필요가 있는지에 대하여 판단하는 절차인 점 등을 고려하면, 원칙적으로 본안소송에서 다루어질 손해배상책임의 성립 여부 등은 소송 허가 여부를 결정하는 단계에서 심리하거나 고려할 사항은 아니라고 봄이 상당하다. 다만 소장에서 청구원인에 기재한 주장 자체로 집단소송법 제3조에서 정하는

4) 피고는 과징금 부과처분 취소의 소를 제기하였으나, 연구대상 결정의 원심 결정 당시 제1심과 항고심에서 모두 패소하였다. 위 사건은 2016년 2월 18일 상고심에서 피고 패소로 확정되었다(대법원 2016. 2. 18. 선고 2014두36259 판결).

5) 서울남부지방법원 2013. 9. 27.자 2011카기2010 결정.

6) 서울고등법원 2005. 2. 6.자 2013라20093 결정.

증권 관련 집단소송을 제기할 수 있는 대상사건에 해당되지 않거나, 일응 집단소송법 제3조의 적용범위에 속하는 손해배상청구의 근거조항을 특정하여 기재하기는 하였으나 실제로 주장하는 구체적인 사실관계는 그 근거조항에 포섭될 수 없는 등 주장 자체로 집단소송법 제3조의 적용범위에 해당되지 않는다는 것이 명백한 경우, 이를 이유로 소송 허가신청에 대하여 불허가결정을 할 수 있다. 이 사건 본안소송에서 소장에 기재한 주장 자체로 명백하게 집단소송법의 적용범위에 해당되지 아니한다고 볼 수 없는 이상, 피고가 자본시장법 제125조 제1항 제5호에 따른 손해배상책임을 부담하는지 여부는 추후 본안소송에서 심리할 대상일 뿐 소송 허가단계에서 심리하여야 할 사항은 아니다. 따라서 이 사건 본안소송은 집단소송법 제3조 제1항 제1호에 해당하여 집단소송법의 적용범위에 관한 요건을 충족한다.

(2) 집단소송법 제12조 제1항 제1호의 요건 충족 여부

1) 이 사건에서 '청구의 원인이 된 행위 당시'라 함은 증권신고서와 투자설명서를 기초로 이 사건 유상증자가 이루어져 투자자들의 주금 납입이 이루어진 2011년 1월 28일부터 그후 금융감독원의 피고에 대한 제재조치를 통하여 위와 같은 거짓기재가 알려진 2012년 2월 10일경까지의 기간으로 봄이 상당한데, 위 기간 중에서 대표 당사자가 구하는 2011년 1월 28일부터 씨모텍의 주권매매거래가 정지된 2011년 3월 24일까지의 기간(이하 '총원기간')을 청구의 원인이 된 행위 당시로 볼 수 있다. 제소자 186명 중 별지 2 기재 제소자들은 총원기간 내에 씨모텍 주식을 전혀 매도하지 아니하여 이 사건 유상증자절차에서 취득한 주식을 2011년 3월 24일에도 그대로 보유하고 있었는바, 그 숫자가 83명으로서 50명 이상이

고, 앞 83명이 보유하고 있는 이 사건 유상증자에 의해 취득한 주식의 합계가 67만 8,567주로 씨모텍의 발행주식총수인 2,650만 184주의 1만분의 1인 2,650주 이상이므로, 이 사건 본안소송은 집단소송의 다수성요건을 충족한다.

2) 집단소송법 제3조는 자본시장법 제125조에 따른 손해배상청구를 집단소송의 대상으로 규정하고, 자본시장법 제125조는 증권신고서의 신고인(즉 해당 증권의 발행인) 외에 증권신고서의 작성을 지시하거나 집행한 자, 증권신고서의 기재사항 또는 그 첨부서류가 진실 또는 정확하다고 증명하여 서명한 공인회계사 · 감정인, 증권의 인수계약을 체결한 자 등도 손해배상의무자로 명시하는바, 이러한 점에 비추어 보면 피고의 주장과 같이 증권 관련 집단소송의 상대방이 반드시 유가증권 발행회사만으로 제한되어 있다고 볼 수 없고, 유가증권 발행회사가 피고로 되지 아니한 경우에 집단소송법 제12조 제1항 제1호의 '피고회사'는 '유가증권 발행회사'로 해석함이 상당하다.

(3) 집단소송법 제12조 제1항 제2호의 요건 충족 여부

1) 이 사건 본안소송의 청구는 이 사건 유상증자에 관한 증권인수인인 피고의 증권신고서 및 투자설명서 허위기재로 인한 손해배상청구로서 집단소송법 제3조 제1항 제1호에 해당되고, 위 청구의 중요한 쟁점에 해당되는 (i) 최대주주 나무이쿼티의 인수자금 조달을 위한 차입금의 자본금 전환 여부에 관한 기재가 '중요사항'에 해당되는지 여부, (ii) 이 사건 유상증자에 참여하여 씨모텍의 주식을 취득한 자들이 위 사항에 관한 허위기재로 손해를 입었는지 여부 등은 모든 구성원에게 공통되는 것이므로, 이

사건 본안소송은 쟁점의 공통성요건도 충족하였다.

2) 피고는 제소자 중 기존 주주로서 이 사건 유상증자에 참여한 경우에는 자본시장법 제125조 제1항 단서의 책임 면제사유에 해당될 여지가 많기 때문에 기존 주주와 신규 주주 사이에 책임 면제사유 및 손해액 산정방식 · 과실상계비율 등이 달라질 수 있어 법률상 또는 사실상의 중요한 쟁점이 모든 구성원에게 공통되지 않으므로 공통성요건을 흠결하였다고 주장하나, 법률상 또는 사실상의 중요한 쟁점인 피고의 증권신고서 및 투자설명서의 허위기재로 인한 손해배상청구라는 점이 공통되는 이상 일부 구성원에 대한 항변사항 등에 어느 정도 차이가 존재한다는 사정만으로 공통성요건을 흠결하였다고 볼 수 없다.

(4) 집단소송법 제12조 제1항 제3호의 요건 충족 여부

1) 기록 및 심문 전체의 취지에 의해 인정되는 다음과 같은 사정, 즉 제소자들을 포함하여 피해자라고 주장하는 총원은 약 5,000명에 달하는 반면 이들이 주장하는 손해액은 평균 수백만 원 정도인 점, 앞에서 본 바와 같이 중요한 법률상 또는 사실상 쟁점을 공통으로 하는 점 등을 종합하면, 이 사건 본안소송은 총원의 권리 실현이나 이익 보호에 적합하고 효율적인 수단이라고 봄이 상당하다.

2) 피고는 씨모텍의 기존 주주가 이 사건 유상증자에 참여하여 주식을 취득한 경우에는 자본시장법 제125조 제1항 단서의 책임 면제사유가 인정될 여지가 많은데, 이는 나머지 투자자들에게는 적용되지 않는 별도의 쟁점이고 소송 허가결정이 이루어지더라도 구성원별로 손해가 인정되는

범위 등에 차이가 있어 심리의 지연이 우려되므로, 이 사건 본안소송은 총원의 권리 실현이나 이익 보호에 적합하고 효율적인 수단에 해당하지 않는다고 주장하나, 일부 구성원에 대하여 별도의 항변사유가 있다는 등의 사정만으로는 적합성과 효율성요건을 흠결하였다고 볼 수 없다.

(5) 총원의 범위

1) 피고가 주장하는 바와 같이 이른바 선입선출법을 택하여 총원의 범위를 확정한 경우와 후입선출법을 택하여 총원의 범위를 확정한 경우에 구체적으로 총원에 포함되는 구성원의 범위에 차이가 생기는 것은 사실이나(예를 들어 선입선출법에 의하면 총원에 포함되나 후입선출법에 의하면 총원에 포함되지 않는 주주가 있을 수 있다), 집단소송법의 적용대상에 해당되는 유가증권 발행법인 등의 법령 위반행위로 문제가 되는 주식을 취득하였다가 이를 총원기간 내내 그대로 보유하지 않고 일부를 처분하는 경우는 집단소송법의 적용범위에 속하는 증권 관련 손해배상청구 사건에서 빈번하게 발생할 수 있는 것인바, 이러한 때에는 총원의 범위를 확정하기 위하여 선택 가능한 여러 방법 중 어느 하나를 택하는 것도 가능하다고 할 것이고(집단소송제도가 남용되어서는 안 된다는 점을 고려한다 하더라도 이러한 모든 경우에 총원의 불특정을 이유로 집단소송을 불허가하는 것은 집단소송법의 입법취지에 어긋난다고 할 것이다), 이때 대표 당사자가 선택한 방법이 특별히 불합리한 것이 아니라면 이에 따라 총원의 범위를 확정하는 것이 상당하다. 대표 당사자와 피고를 심문하는 과정에서 대표 당사자가 선택한 방법이 매우 불합리하거나 실제로 총원의 범위를 확정하기 위한 기준으로 활용하는 것이 불가능하다는 점이 드러난 경우 법원은 집단소송법 제15조 제3항에 따라 총원의 범위를 조정하여 허가할 수도 있을

것이나, 그 외의 경우에는 장차 집단소송을 진행하고자 하는 대표 당사자의 의사를 존중해야 하기 때문이다(장차 총원 중 실제로 어느 범위의 구성원에 대하여 상대방의 손해배상책임이 인정될 것인지, 그 손해액의 산정은 어떻게 할 것인지는 소송 허가결정이 확정된 후 진행되는 본안소송에서 심리할 사항이다).

2) 대표 당사자는 이 사건 유상증자에 참여한 주주 중 총원기간 내에 씨모텍 주식을 일부 매도한 주주가 있는 경우 총원의 범위를 먼저 취득한 주식을 먼저 처분한 것으로 의제하는 선입선출법을 통하여 확정하겠다는 의사를 밝히고 있는바, 현행 증권예탁결제제도 아래에서는 특정의 유가증권이라도 일단 한국예탁결제원에 예탁되면 그 순간 다른 동종의 유가증권과 혼합되어 특정할 수 없으므로, 예탁된 유가증권을 매매하는 때 매도인이나 매수인은 매매의 목적이 되는 유가증권을 특정하지 않고 유가증권의 종류 · 종목 · 수량만을 지정하여 거래하게 되는 점을 고려하면, 위와 같이 주식을 일부 매도한 경우에 당사자가 보유하던 주식 중 먼저 취득한 주식을 처분하는 것으로 의제하는 이른바 선입선출의 방식에 의해 총원의 범위를 정하는 것도 가능하다(종래 법원은 이러한 선입선출의 방식을 증권 관련 손해배상 청구소송에서 손해액을 산정하기 위한 방법으로 활용하여 왔는데, 이는 총원의 범위를 정하는 기준으로도 삼을 수 있다고 보인다). 한편 선입선출의 방식에 의하여 총원의 범위를 정하기 위해서는 피고가 주장하는 바와 같이 총원기간 개시시점의 실질주주(한국예탁결제원 명의로 명의개서된 주식의 실질적 소유자)와 그 보유주식수를 파악할 필요가 있는데, 이 사건의 경우 이 사건 유상증자에 참여하여 주식을 취득한 주주들의 명부를 확인한 후 그 주주들의 주식계좌 거래내역을 확인하는 방법으로 총원기간 개시시점의 주주별 기존 주식보유현황을 파악할 수 있다.

3) 대표 당사자가 위와 같이 특정한 총원의 범위에 기초하여 이 사건 본안소송의 총원의 범위를 살펴보면, 이 사건 본안소송의 총원은 '씨모텍이 2011년 1월 28일 별지 1 기재 유상증자를 통하여 발행한 기명식 보통주식을 발행시장에서 취득하여 주권매매거래 정지일인 2011년 3월 24일까지 계속하여 보유한 자(유통시장에서 취득한 주식 또는 기존 주식을 함께 보유하다가 총원기간 중에 처분한 경우에는 먼저 취득한 주식을 먼저 처분한 것으로 의제하여 계산한 결과, 위 유상증자에 참여하여 취득한 주식이 2011. 3. 24.까지 남아 있는 자일 것)'라고 할 것이다.

3. 재항고이유의 요지

(1) 재항고이유 제1점 : 집단소송법 제3조 적용범위요건에 관한 법리오해

외부차입금 220억 원이 나무이쿼티의 자본금으로 전환되었다는 기재는 자본시장법 제125조 제1항의 중요사항이 아니고, 위 기재와 제소자들이 주장하는 손해 사이에는 인과관계가 없으며, 자본시장법 제125조 제1항 단서의 면책규정이 적용된다. 허가결정에 앞서 본안의 실체적 내용, 즉 피고에게 자본시장법 제125조 제1항의 책임이 인정되는지 여부에 대한 검토가 선행되어야 하는데, 이 사건은 집단소송 허가요건을 갖추지 못하였다.

(2) 재항고이유 제2점 : 총원범위 특정에 관한 법리오해 등

선입선출법과 후입선출법 중 어떤 방법을 취하는지에 따라 총원 해당 여부가 달리 결정되는 경우라면 손해배상책임을 인정할 수 없다. 선입선출법으로는 총원기간 개시시점에 해당 구성원이 종전 주식을 몇 주 소유하고 있었는지 확인하기 어렵고, 원심이 인정한 총원의 범위는 아무 근거 없는 산정방식에 의해 도출된 결과로, 이 사건은 아직 총원범위가 적법하게 확정되지 않아 소송 허가요건을 갖추지 못하였다. 원심은 총원기간 개시시점을 2011년 1월 28일이라고 결정하였는데, 제소자들이 총원기간 개시시점으로 정한 날짜는 2011년 1월 28일이 아닌 유상증자 상장일인 2011년 2월 11일로서 모순이 존재하고, 2011년 2월 11일 이전에 보유하고 있던 주식수를 어떻게 산정한 것인지에 대한 아무런 설명도 없다. 설령 소송 허가결정이 불가피하더라도 후입선출법에 따라 총원범위를 확정하는 것이 보다 합리적이다.

(3) 재항고이유 제3점 및 제5점 : 다수성요건에 관한 법리오해

1) 별지 2 기재 83명은 2011년 2월 11일부터 3월 24일까지의 기간을 전제로 잘못 산정된 총원에 속하는 자들이므로, 현재로서 이 사건 총원기간(2011. 1. 28~3. 24)을 전제로 산정된 총원 중 이 사건 구성원이 50명 이상이라거나 그 구성원이 보유하는 증권합계가 발행증권총수의 1만분의 1 이상이라는 점을 인정할 근거는 존재하지 않는다. 따라서 다수성요건을 구비하지 못하였다.

2) 집단소송법 제12조 제1항 제1호는 문제 된 해당 증권을 발행한 회사만을 피고로 하여 증권집단소송을 제기하게 하려는 입법자의 의사가 반영된 것으로서 문언에 따라 엄격히 해석 · 적용되어야 하고, 원심과 같은 해석은 합리적 해석의 범위를 넘어 허용될 수 없다.

(4) 재항고이유 제4점 : 나머지 허가요건에 관한 법리오해 등

1) 쟁점의 공통성 부존재

총원범위가 확정되지 않은 상황에서 쟁점이 공통되는지의 판단이 불가능하다. 제소자 일부에 대하여는 책임 면책사유가 인정되는 등 구성원별로 서로 다른 쟁점이 부각될 가능성이 있고, 이 사건 유상증자 이전부터 주식을 보유하고 있었는지 여부 및 유상증자 이후의 거래방식에 따라 법률상 또는 사실상 쟁점이 달라지고 손해액 산정방법이나 근거가 바뀌는 등 구성원 간 상이한 주장이 제기될 수 있다.

2) 적합성 및 효율성 부존재

소 제기자 간 공통성이 결여되어 이해상충의 우려가 있고, 소 제기자 총원의 범위를 확정할 수 없어 손해배상총액 역시 확정하기 어려운바, 집단소송으로 분쟁의 종국적 해결을 기대할 수 없다. 청구인낙이나 화해가 이루어지지 않으면 판결이유 중 판단에 따라 분배의 기준이 정해지기 때문에 심리의 지연은 구성원의 불이익으로 귀결되는데, 이는 효율성에 반한다.

4. 대법원의 결정요지

연구대상 결정은 다음과 같이 판단하여 재항고를 기각하였다.

(i) 집단소송법은 '제2장 소의 제기 및 허가절차'에 관한 부분에서 증권 관련 집단소송의 허가요건을 별도로 정하고(제11조 및 제12조), 대표 당사자가 소송 허가신청의 이유를 소명하도록 하며(제13조 제1항), 소송 허가요건에 적합한 경우에만 결정으로 증권 관련 집단소송을 허가하도록 하는(제15조 제1항) 등 소송 허가결정이 확정되어야 비로소 본안소송절차를

진행할 수 있도록 규정함으로써, 증권 관련 집단소송이 집단소송이라는 특수한 절차로 진행되어야 할 필요가 있는지를 판단하는 절차인 소송 허가절차와 집단소송의 본안소송절차를 분리하고 있다. 따라서 소송 허가절차에서 대표 당사자가 소명할 대상은 소송 허가요건이고, 본안소송절차에서 다루어질 손해배상책임의 성립 여부 등은 원칙적으로 소송 허가절차에서 심리할 대상이 아니다. 다만 법원은 집단소송법 제12조 제1항 제2호에 정한 '제3조 제1항 각 호의 손해배상청구로서 법률상 또는 사실상의 중요한 쟁점이 모든 구성원에게 공통될 것'이라는 소송 허가요건이 충족되는지를 판단하는 데에 필요한 한도 내에서 손해배상청구의 원인이 되는 행위 등에 대하여 심리할 수 있다.

(ii) 집단소송법 제15조 제2항 제4호에 따라 증권 관련 집단소송의 허가결정서에 기재하여야 하는 '총원의 범위'는 증권 발행회사, 증권의 종류, 발행시기, 피해의 원인이 된 증권의 거래행위유형, 피해기간 등을 특정하는 방법으로 확정하되, 소송 허가결정 확정 후 지체 없이 총원을 구성하는 구성원에게 소송 허가결정을 고지하여야 하는 점을 고려할 때 관련 자료에 의하여 특정인이 구성원에 해당하는지를 판단할 수 있을 정도로 명확하여야 한다.

한편 집단소송법의 적용범위에 해당하는 주식 발행회사 등의 법령 위반행위로 문제가 되는 주식을 취득하였다가 이를 피해기간 동안 그대로 보유하지 않고 일부를 처분하였으나 손해배상을 구하는 주식이 언제 취득한 주식인지를 특정할 수 없는 경우, 먼저 취득한 주식을 먼저 처분한 것으로 의제하는 이른바 선입선출법과 나중에 취득한 주식을 먼저 처분한 것으로 의제하는 이른바 후입선출법 등의 방법이 있고, 총원의 범위를 어떤 방법으로 특정하는지에 따라 총원의 범위와 손해액의 규모에 차이가 생길 수 있지만, 대표 당사자가 선택한 방법이 특히 불합리하다거나 그 방법에 의하여 총원의 범위를 확정하는 것이 불가능하다는 등의 특별한 사정이 없는 한 대표 당사자가 선택한 방법에 따라 총원의 범위를 확정할 수 있다.

또한 현행 증권예탁결제제도 아래에서는 특정의 증권이라도 일단 예탁결제기관에 예탁되면 다른 동종의 증권과 혼합되어 특정할 수 없게 되므로, 그 결과 예탁결제기관에 예탁된 증권을 매매하는 경우 매매목적물인 증권의 특정이 불가능하다. 이러한 사정을 고려하면, 예탁결제기관에 예탁되어 있는 주식을 피해기간 중 일부 매도한 구성원이 존재할 수 있는 경우에 이른바 선입선출법에 의하여 총원의 범위를 확정한다고 하여 위법하다고 볼 수 없다.

(iii) 집단소송법 제12조 제1항 제1호는 구성원이 보유하는 증권의 합계가 '피고회사'의 발행증권총수의 1만 분의 1 이상일 것을 규정하고 있어, 문언만 보면 구성원이 보유하고 있는 증권을 발행한 회사만이 증권 관련 집단소송의 피고가 될 수 있는 것처럼 해석될 여지가 없지 않다. 그러나 집단소송법 제3조에 정한 증권 관련 집단소송의 적용범위에 속하는 손해배상청구의 상대방이 될 수 있는 자가 반드시 증권 발행회사에 한정되지 않는 점, 집단소송법이 토지관할을 피고의 보통재판적 소재지를 관할하는 지방법원 본원 합의부의 전속관할로 규정하면서도(제4조) 동일한 분쟁에 관한 여러 개의 증권 관련 집단소송의 소송 허가신청서가 각각 다른 법원에 제출된 경우 관계 법원에 공통되는 바로 위의 상급법원이 결정으로 심리할 법원을 정하도록 규정함으로써(제14조 제2항), 동일한 분쟁에 관하여 증권 발행회사 외에도 집단소송법 제3조에 정한 손해배상청구의 상대방이 될 수 있는 다른 채무자를 상대로 증권 관련 집단소송이 제기될 수 있음을 전제하고 있는 점 등을 종합하면, 입법자의 의사가 증권 관련 집단소송의 피고를 증권 발행회사만으로 한정하려는 것이라고 볼 수 없다. 따라

서 집단소송법 제12조 제1항 제1호에서 말하는 '피고회사'는 문언에도 불구하고 '구성원이 보유하는 증권을 발행한 회사'라고 해석함이 타당하다.

(iv) 집단소송법 제12조 제1항 제2호가 소송 허가요건의 하나로 규정한 '제3조 제1항 각 호의 손해배상청구로서 법률상 또는 사실상의 중요한 쟁점이 모든 구성원에게 공통될 것'이라는 요건은 모든 구성원의 청구원인 가운데 중요사실이 공통되면 충족되고, 각 구성원의 청구에 약간의 다른 사실이 존재한다거나 개별 구성원에 대한 항변사항이 존재한다는 사정만으로 위 요건이 흠결된다고 볼 수 없다.

(v) 집단소송법 제12조 제1항 제3호는 소송 허가요건의 하나로 '증권 관련 집단소송이 총원의 권리 실현이나 이익 보호에 적합하고 효율적인 수단일 것'을 규정한다. 그러므로 다수 구성원의 피해 회복을 위하여 소송경제상 집단소송이 다른 구제수단보다 경제적일 것이 요구된다.

II. 이 사건의 쟁점

법원은 집단소송법 제3조, 제11조 및 제12조의 요건에 적합한 경우에만 결정으로 증권 관련 집단소송을 허가할 수 있다(제15조 제1항). 집단소송법 제3조[7]는 증권 관련 집단소송을 제기할 수 있는 손해배상청구권을

---

7) 제3조(적용범위)

① 증권 관련 집단소송의 소는 다음 각 호의 손해배상청구에 한정하여 제기할 수 있다.

1. 「자본시장과 금융투자업에 관한 법률」 제125조에 따른 손해배상청구

….

② 제1항에 따른 손해배상청구는 「자본시장과 금융투자업에 관한 법률」 제9조 제15항 제3호에 따른 주권상장법인이 발행한 증권의 매매 또는 그 밖의 거래로 인한 것이어야 한다.

한정하는데, 재항고이유 제1점이 이에 관한 것이다. 집단소송법 제12조 제1항 제1호(다수성요건), 제2호(쟁점의 공통성요건), 제3호(적합성 및 효율성 요건) 및 제4호(형식적 요건)는 소송 허가요건을 규정한 것인데,[8] 재항고이유 제3~5점이 이에 관한 것이다. 집단소송법 제11조는 대표 당사자 및 소송대리인에 관한 요건인데, 연구대상 결정 사안에서 쟁점이 되지 않았다.

한편 집단소송법 제2조는 '총원'을 '증권[9]의 매매 또는 그 밖의 거래과정에서 다수인에게 피해가 발생한 경우 그 손해의 보전에 관하여 공통의 이해관계를 가지는 피해자 전원'으로, '구성원'을 '총원을 구성하는 각각의 피해자'로 정의한다. 총원의 범위는 소장 및 소송 허가신청서의 필수적 기재사항(집단소송법 제8조 및 제9조)이면서 그 기재사항의 흠결 여부는 그 자체로 소송 허가요건을 구성할 뿐만 아니라(동법 제12조 제1항 제4호), 소송 허가결정서의 기재사항(동법 제15조 제2항)이다. 허가결정은 총원의 구성원 전원에게 개별적으로 고지하여야 하며(집단소송법 제18조 제1항), 확정판결의 효력은 제외신고를 하지 아니한 총원의 구성원 전원에게 미친다(동법 제37조). 이처럼 총원의 범위는 집단소송에서 중요한 의미를 가

---

8) 제12조(소송 허가요건)

① 증권 관련 집단소송 사건은 다음 각 호의 요건을 갖추어야 한다.

1. 구성원이 50인 이상이고, 청구의 원인이 된 행위 당시를 기준으로 그 구성원이 보유하고 있는 증권의 합계가 피고 회사의 발행증권총수의 1만 분의 1 이상일 것
2. 제3조 제1항 각 호의 손해배상청구로서 법률상 또는 사실상의 중요한 쟁점이 모든 구성원에게 공통될 것
3. 증권 관련 집단소송이 총원의 권리 실현이나 이익 보호에 적합하고 효율적인 수단일 것
4. 제9조에 따른 소송 허가신청서의 기재사항 및 첨부서류에 흠이 없을 것

② 증권 관련 집단소송의 소가 제기된 후 제1항 제1호의 요건을 충족하지 못하게 된 경우에도 제소의 효력에는 영향이 없다.

9) '증권'이란 자본시장법 제4조에 따른 증권을 말한다(집단소송법 제2조 제6호).

지는데, 재항고이유 제2점이 이에 관한 것이다.

III. 재항고이유 제1점

1. 소송 허가절차와 본안소송절차의 분리

집단소송법은 증권 관련 집단소송의 허가절차(제2장)와 소송절차(제3장)를 분리하여 규정하고, 일반 민사소송과 달리 증권 관련 집단소송은 소송 허가를 받은 후 비로소 집단소송으로서 효력을 발생하며, 소송 불허가결정이 확정되면 증권 관련 집단소송의 소가 제기되지 않은 것으로 본다(제17조 제2항). 소 제기자는 소장과 소송 허가신청서를 제출하여야 하고(집단소송법 제7조 제1항), 소장에는 청구의 취지와 원인을, 소송 허가신청서에는 허가신청의 취지와 원인을 기재하여야 한다(동법 제8조 및 제9조). 대표 당사자는 소송 허가신청의 이유를 소명하여야 하고, 법원은 허가 여부의 재판을 함에 있어 손해배상청구의 원인이 되는 행위(허위공시 · 분식회계 · 주가조작 · 부실감사 등)를 감독 · 검사하는 감독기관으로부터 손해배상청구 원인행위에 대한 기초조사자료를 제출받는 등 직권으로 필요한 조사를 할 수 있다(집단소송법 제13조 제1항 및 제3항).

2. 소송 허가절차단계에서 실체심리를 할 수 있는지에 관한 국내 학설 등

집단소송법 제3조, 제11조 및 제12조의 요건들이 소송 허가의 충분조건인지, 아니면 필요조건으로 보아 추가적인 실체심리가 필요한지에 관하여 견해의 대립이 있다. 우선 손해배상책임의 성립 여부 등은 원칙적으로 심리대상이 아니라고 보거나, 집단소송법이 정한 허가요건은 소송 허가의 충분조건이라는 입장이 있다. 이러한 입장에 선 견해로는, (i) 소송 허가절차는 그 소송이 집단소송이라는 특수한 절차로 진행될 필요가 있는 것인지를 판단하는 절차이므로 본안소송에서 다루어질 손해배상책임의 성립, 손해배상액 등의 문제는 원칙적으로 심리의 대상이 아니지만 소송 허가요건의 심리를 위하여 원인행위 등에 대한 필요한 조사가 시행될 수는 있다는 견해,[10] (ii) 집단소송법에서 정한 소송 허가요건 외에 법원의 재량에 의해 소송 허가 여부가 결정되는 것은 바람직하지 않으므로 소송 허가요건을 충분조건으로 해석하여 법문이 규정한 요건을 갖출 경우 소송 허가결정을 하여야 한다는 견해[11]가 있다. 이와는 달리 소송 허가절차에서 실체적 심리를 병행하여 남소를 방지하여야 한다는 입장이 있다. 이 견해는 원고에게 피고의 위법행위를 소장에 구체적으로 특정하도록 하고, 피고의 고의나 사기를 추정할 수 있는 구체적 증거의 제시를 요구하여야 하며, 소송 허가심리 시 대표 당사자에게 피고의 악의나 사기를 소명하도록 요구하고, 만일 이를 소명하지 못하여 피고의 위법행위에 대한 확신을 법관에게 심어 주지 못하면 법원은 소송불허가 결정을 함으로써 신속하게 위협소송을 차단하여야 한다고 주장한다.[12]

연구대상 결정 이전의 하급심 결정으로는 연구대상 결정의 원심과 동

10) 법원행정처, 증권 관련 집단소송 실무, 법원행정처, 2005, 55면, 59면. 소명의 대상은 집단소송법 제12조 제1항 각 호의 소송 허가요건이지만, 특히 쟁점의 공통성 등을 소명하기 위해서 원인행위 등이 밝혀져야 할 필요가 있다고 한다.

11) 서울지방변호사회 법제연구원 편, 증권 관련 집단소송법 개정론, 법률신문사, 2014, 176면.

12) 최정식, "증권 관련 집단소송법의 개선방안에 관한 고찰," 저스티스 제102호(2008. 2), 한국법학원, 170면 ; 최정식, "증권 관련 집단소송의 소송 허가에 관한 연구," 증권법연구 제6권 제2호(2005), 한국증권법학회, 162-163면.

일한 입장을 취한 결정[13)]과 주장에 관한 구체적 사실의 기재 및 그 주장에 상당한 정도의 개연성이 있다는 점의 소명을 요구하는 것으로 보이는 결정[14)]이 있다.

3. 미국 증권집단소송의 경우

미국의 증권 관련 집단소송은 다른 집단소송과 마찬가지로 연방민사소송규칙(Federal Rules of Civil Procedure, FRCP) 제23조가 규정한 집단소송 성립 및 유지요건의 적용을 받는 외에 추가로 남소 방지를 위한 개혁입법인 1995년 사적증권소송 개혁법(Private Securities Litigation Reform Act of 1995, PSLRA. 이하 '1995년 개혁법')에 의해 개정된 1933년 증권법과 1934년 증권거래법의 적용을 받는다. 연방민사소송규칙상 집단소송이 인가되기 위해서는 우선 필요조건 6가지[15)]가 모두 충족되어야 하고, 그 외에 유지

13) 서울고등법원 2015. 11. 16.자 2015라656, 657(병합) 결정 ; 서울고등법원 2016. 1. 29.자 2015라619 결정.

14) 서울고등법원 2016. 1. 29.자 2015라539 결정. 이 결정은 집단소송의 청구원인이 되는 주장 자체는 형식상으로 자본시장법 제162조에 따른 손해배상청구의 범위에 해당한다고 하더라도, 그 주장이 막연한 의혹이나 추측 또는 증권의 거래과정에서 주가 하락의 손해가 발생하였다는 결과적 사실에만 기초하였을 뿐, 그 주장에 관한 구체적 사실의 기재가 없거나 그 주장에 상당한 정도의 개연성이 있다는 점이 소명되지 않았다면 소송 허가요건을 충족하지 못한다고 판단하였다.

15) 필요조건은 연방민사소송규칙이 규정한 4가지 요건, 즉 (i) 집단의 구성원이 많아 전원을 병합하기 곤란할 정도로 다수이어야 할 것[다수성. FRCP 23(a)(1)], (ii) 구성원 사이에 법률상 또는 사실상 쟁점에 관한 공통성이 있어야 할 것[공통성. FRCP 23(a)(2)], (iii) 대표 당사자의 청구나 항변이 집단구성원의 청구나 항변 중에서 전형적인 것일 것[전형성. FRCP 23(a)(3)], (iv) 대표 당사자가 집단구성원의 이익을 공정하고 적절하게 보호하여야 할 것[대표의 공정성 · 적절성. FRCP 23(a)(4)]과 판례가 요구하는 2가지 요건, 즉 (i) 다수인이 확인 가능한 하나의 집단을 구성하고 있을 것(집단성), (ii) 대표 당사자가 구성원일 것을 말한다.

조건 3가지[16] 중 하나에 해당하여야 한다. 그리고 1995년 개혁법을 통해 증권소송에 대하여 추가되거나 변경된 사항은 증권집단소송에만 적용되는 절차적 요소,[17] 증권소송 전반에 적용되는 절차적 요소,[18] 증권소송 전반에 적용되는 실체법적 요소[19]로 나눌 수 있다.

한편 1995년 개혁법은 증권소송 남용을 억제하기 위해 연방민사소송규칙 제9조(b)의 소답요건(pleading standard)[20]을 강화하였다. 연방민사소송규칙 제9조(b)에 의하면 원고는 사기의 정황을 구체적으로 특정하여(with particularity) 소답하여야 하고, 원고가 사기의 정황을 구체적으로 특정하지 못하면 피고는 규칙 제12조(b)(6)에 의해 소 각하 신청(motion to dismiss)을 할 수 있었다.[21] 1995년 개혁법 채택 이전부터 일부 법원은 연

---

16) 집단이 FRCP 23(b)에서 말하는 범주 중 하나에 속해야 한다. 첫 번째 범주로는 침해방지를 위한 소송으로서, 구성원이 개별 소송을 수행하면 각 구성원에게 상이한 판정이 내려질 위험이 있어 상대방 당사자에게 모순되는 행동기준을 제시하게 될 위험이 있는 경우[FRCP 23(b)(1)(A)]와 구성원이 개별 소송을 수행하면 당사자로 되지 않은 구성원의 이익을 해치게 되는 경우[FRCP 23(b)(1)(B)]의 두 유형이 있고, 두 번째 범주로는 금지 또는 확인적 구제를 위한 소송, 즉 상대방 당사자가 집단 전체에 영향을 미치는 일정한 행위를 하거나 행위를 하기를 거부하는 경우에 그에게 금지청구 또는 확인청구를 하는 집단소송이며[FRCP 23(b)(2)], 세 번째 범주로는 공통문제에 관한 소송, 즉 집단의 구성원들이 피고의 행동에 의하여 동일한 방법으로 손해를 입었다고 주장하면서 그 손해배상을 구하는 집단소송으로서[FRCP 23(b)(3)] 이 유형에 해당하기 위해서는 (i) 공통의 법률상 또는 사실상 문제가 개별 구성원의 문제를 압도하고, (ii) 분쟁을 공정하고 효율적으로 해결하기 위하여 집단소송이 다른 방법보다 우월해야 한다. 세 번째 유형이 가장 많고 그중에서도 증권 관련 집단소송의 비중이 가장 높다고 한다.

17) 원고 선서진술서의 제출, 대표원고의 선임, 대리인보수의 제한, 합의사항 공개 등.

18) 증거개시절차의 중지, 강제 제재, 소장의 구체적 기술요건 등.

19) 예측정보진술에 대한 책임면제, 비례책임, 손해배상액의 제한 등.

20) 제1심 소송절차는 소답(pleading)으로부터 시작되는데, 소답이란 당사자의 주장을 기재한 서면을 교환하는 절차 또는 그 서면 자체를 의미하고, 소환장과 소장 부본을 송달받은 피고가 답변서를 제출하면 소답절차는 종료된다.

21) 연방민사소송규칙에서 사실의 적시는 단순히 상대방에게 청구에 대한 방어를 시작할 수 있도록 청구의 성격에 대한 일반적인 사항을 기술하면 충분하지만, 연방민사소송

방민사소송규칙 제9조(b)를 위협소송에 대항하여 이용할 수 있는 수단으로 사용하였고, 일부 법원은 원고의 증권사기청구를 각하하기 위하여 제9조(b)에 의존하고 있었다. 그런데 1995년 개혁법에 의하면, 중요사실에 대한 허위표시 또는 누락을 원인으로 하는 소송에서 소장에 오해를 불러일으켰다고 주장하는 개별 표시와 그 표시가 오해를 유발한 이유를 특정하여야 하고, 만일 그 표시와 누락에 대한 주장이 어떤 정보와 믿음에 의해 형성되었다면 그러한 믿음을 형성한 모든 사실을 특정하여 기재하여야 하며,[22] 피고가 어떤 특정의 심리상태(particular state of mind)에서 행동하였음을 입증하는 경우에 한하여 원고가 금전적 손해를 배상받을 수 있는 소송에서, 해당 피고가 특정 심리상태에서 행동하였다는 강력한 추론을 불러일으키는(giving rise to a strong inference) 사실을 소장에 특정하여 기재하여야 한다.[23]

그러나 연방민사소송규칙 제23조에서 규정한 집단인가요건과 제9조(b)의 소답요건은 구별된다. 증권집단소송에서 소 각하신청을 인용한 미국 법원의 판례들은 소답요건을 충족하지 못했다고 본 것이다.[24] 반면 미국 연방대법원 판결은 연방민사소송규칙 제23조가 집단인가단계에서 법원으로 하여금 본안요건에 대하여 자유롭게 심리할 수 있는 권한을 부여하고 있지 않고, 본안요건에 대한 문제는 집단소송 허가를 위한 연방민사소송규칙 제23조의 요건이 충족되었는지를 결정하는 데 있어 관련된 부분까지만 고려할 수 있음을 분명히 하고 있다.[25]

규칙 제9조(b)는 예외이다.

22) 1934년 증권거래법 제21D조(b)(1).

23) 1934년 증권거래법 제21D조(b)(2).

24) In re Corp. Sec. Litig., 173 F.Supp.2d. 1334, 1347 (N.D.Ga 2001) ; Hutchison v. Deutsche Bank Sec., 647 F.3d. 479, 487-90 (2nd Cir. 2011) 등.

25) Amgen Inc. v. Connecticut Retirement Plans and Trust Funds, 133 S.Ct. 1184 (2013) ;

4. 연구대상 결정 사안의 경우

국내의 학설 중 실체적 심리를 병행하여야 한다는 주장은 미국의 1995년 개혁법의 소답요건 강화에서 아이디어를 얻은 것으로 보이나, 앞에서 본 바와 같이 미국에서도 집단인가요건과 증권소송 전반에 대하여 요구하는 소답요건은 구별한다. 대표 당사자는 소송 허가신청의 이유를 소명하여야 하는데(집단소송법 제13조 제1항), 소명의 대상은 집단소송법 제12조 제1항 각 호의 소송 허가요건이고, 다만 특히 쟁점의 공통성 등을 소명하기 위해서는 손해배상청구의 원인행위 등이 밝혀져야 할 필요가 있으므로[26] 그 한도에서 본안의 실체심리와 어느 정도 겹칠 여지는 있다. 따라서 본안소송절차에서 다루어질 손해배상책임의 성립 여부 등은 원칙적으로 집단소송 허가를 결정하는 단계에서 심리할 사항은 아니다. 다만 그동안의 하급심 결정들이 몇 가지 예외의 경우를 들고 있는데, (i) 소장청구원인에 기재한 주장 자체로 집단소송법 제3조에서 정하는 적용범위에 속하는 손해배상청구에 해당하지 않음이 명백한 경우, (ii) 집단소송법 제3조의 적용범위에 속하는 손해배상청구의 근거조항을 특정하여 기재하였으나 실제로 주장하는 구체적 사실관계가 근거조항에 포섭될 수 없음이 명백한 경우, (iii) 주장 자체는 집단소송법 제3조의 범위에 해당하더라도 그 주장이 막연한 의혹이나 추측 또는 증권의 거래과정에서 주가 하락의 손해가 발생하였다는 결과적 사실에만 기초하였을 뿐 주장에 관한 구체적 사실의 기재가 없거나, 그 주장에 상당한 정도의 개연성이 있다는 점이 소명되지 않은 경우이다. 사견으로는 (i) 및 (ii)의 경우는 집단소송법

Wal-Mart Stores, Inc., Dukes, 131 S.Ct. 2541 (2011).

26) 법원행정처, 앞의 책(주 10), 59면.

제3조의 소송 허가요건 해당성의 문제로 해결하면 족하고 실체심리를 할 수 있는 예외로 논할 것이 아니라고 생각한다.[27] (iii)의 경우는 미국의 1995년 개혁법이 사기 등의 구체적 정황사실 기재를 요구하는 것과 동일한 효과를 상정한 것으로 보이나, 우리의 집단소송법 해석상 가능한 것인지는 의문이다. 만일 구체적 사실의 기재가 없어 다른 소송 허가요건, 즉 쟁점의 공통성이나 적합성 등의 요건을 따질 수 없다면 그 요건의 미비를 이유로 집단소송을 불허하면 충분할 것이다.

앞에서 본 바와 같은 이유로 재항고이유 제1점을 배척한 대법원의 판단은 정당하다고 할 것이다.

IV. 재항고이유 제2점

1. 총원의 범위

소송 허가결정에는 총원의 범위를 기재하고(집단소송법 제15조 제2항 제4호), 법원은 상당하다고 인정할 때에는 결정으로 총원의 범위를 조정하여 허가할 수 있으며(동법 동조 제3항), 허가결정 이후에도 필요하다고 인정할 때에는 직권 또는 신청에 의하여 결정으로 총원의 범위를 변경할 수 있다

27) 한편 재항고인은 대법원 2015. 4. 9.자 2013마1052, 1053(병합) 결정을 들어 대법원이 소송 허가절차에서 실체적 판단을 하였다고 주장하였다. 그러나 위 결정은 주가연계증권(Equity Linked Securities, ELS)을 매수한 투자자가 만기에 기초자산을 대량으로 매도한 피고에 대하여 자본시장법 제179조 제1항에 따른 손해배상청구를 할 수 있는지를 다룬 것으로서, 소 제기자의 주장 자체로 집단소송법 제3조에 정한 증권 관련 집단소송의 적용범위에 속하는 손해배상청구에 포섭될 수 있는지를 판단한 것으로 보아야 하고, 손해배상책임의 성립 여부에 관하여 실체심리를 한 사안으로 볼 것은 아니다.

(동법 제27조 제1항).

피해기간[28] 내에 증권을 취득하였다가 그 기간 내에 다시 처분한 사람[29]도 총원에 포함되는지가 문제 되는데, 손해는 불법행위가 있었던 시점에 발생하는 것이므로 취득시점에 손해가 발생하는 것이고 그후 주식 처분시점 및 처분가격 여부는 손해액 산정에서 고려할 문제이므로 총원에 포함된다고 본다.[30] 총원의 범위는 피해기간, 증권 발행법인, 증권의 종류, 거래행위유형 등을 고려하여 법원이 최종 확정하되 해석상 혼란이 없도록 명확하게 기재하여야 한다. 소송 허가결정단계에서 구성원 개개인의 신원이 확인되어 있을 필요는 없지만, 소송 허가결정 확정 후 구성원에게는 소송 허가결정을 고지하여야 하므로 관련 자료에 의하여 특정인이 구성원에 해당하는지 여부를 판단할 수 있을 정도여야 한다.[31] 총원의 범위 특정은 대체로 (i) 문제 되는 증권(발행회사, 증권의 종류, 발행시기), (ii) 피해의 원인이 된 증권의 매매, 기타 거래과정(구성원이 해당 증권을 취득 · 처분 · 보유하게 된 사실), (iii) 거래기간 또는 보유시점, (iv) 피고 및 피고 관련자 배제 등의 요소들을 특정하는 방법으로 이루어진다. 이 중 거래기간 또는 보유시점이 가장 심각하게 다투어지는데, 그 설정에 따라 구성원의 수와 배상액이 달라지기 때문이다. 그러나 거래기간을 지나치게 길게 정하면 다른 허가요건인 쟁점의 공통성이나 대표 당사자 허가요건인 적절성요건을 깨뜨리는 결과를 초래할 수 있으므로 총원의 범위를 적절하게 설정하는 것이 중요하다.[32]

---

28) 불법행위일부터 불법행위가 공표되기까지의 기간(class period).
29) 예를 들어 시세조종으로 인한 피해기간 중 주식을 취득하였다가 그 사실이 밝혀지기 전에 주식을 처분한 자.
30) 법원행정처, 앞의 책(주 10), 23면.
31) 법원행정처, 앞의 책(주 10), 23면, 63-64면.
32) 김지홍, "증권집단소송 허가의 요건 및 절차 : 미국의 경험과 사례를 참고하여," BFL

연구대상 결정의 원심은 총원의 범위를 '씨모텍이 2011년 1월 28일 유상증자를 통하여 발행한 기명식 보통주식을 발행시장에서 취득하여 주권 매매 거래정지일인 2011년 3월 24일까지 계속하여 보유한 자(유통시장에서 취득한 주식 또는 기존 주식을 함께 보유하다가 위 기간 중에 처분한 경우에는 먼저 취득한 주식을 먼저 처분한 것으로 의제하여 계산한 결과, 위 유상증자에 참여하여 취득한 주식이 2011년 3월 24일까지 남아 있는 자일 것)'로 정하였다. 원심이 확정한 총원의 범위는 발행시장(이 사건 유상증자)에서 취득한 주식을 기간의 종기(매매 거래정지일) 전에 처분한 이른바 진실공개 전 전매자(in-and-out purchaser)를 제외하면서 그 제외방법으로 선입선출법[33]을 취한 결과인데, 재항고이유 제2점이 다투는 부분이 그 부분으로서 이 역시 '거래기간 또는 보유시점'의 문제라고 할 수 있다.

2. 선입선출법과 후입선출법

투자매매업자 또는 투자중개업자는 금융투자상품의 매매, 그 밖의 거래에 따라 보관하게 되는 투자자 소유의 증권을 예탁결제원에 예탁하여야 하고(자본시장법 제75조 제1항), 이 경우 그 증권은 동종의 증권과 혼합하여 보관되는데(동법 제309조 제4항), 이는 민법상 혼장임치로서 투자자는 예탁증권에 대한 종래의 단독소유권을 상실하고 예탁증권(혼장재고)에 관한 공유지분을 가지게 된다(동법 제312조 제1항). 이처럼 상장법인의 주권이 전부 예탁결제원에 혼장임치되고 각 주주의 주식에 대응하는 주권을 특정하는 것은 현행법상 불가능함에 따라, 증권 관련 집단소송의 총원

제25호(2007. 9), 서울대학교 금융법센터, 102면.
33) 원심이 확정한 총원범위 중 괄호 부분이다.

범위 확정과 관련하여 진실공개 전 전매자인 주주의 주식 일부 처분에 대하여 이를 총원기간(불법행위일부터 불법행위가 공표되기 전까지의 기간) 전에 이미 취득하고 있던 기존 주식부터 처분한 것으로 보아야 하는지(선입선출법), 아니면 문제 된 주식을 포함하여 총원기간 내에 취득한 주식부터 처분한 것으로 보아야 하는지(후입선출법)가 문제 된다.

이는 비단 증권 관련 집단소송뿐만 아니라 일반 증권 관련 소송에서 손해 인과관계가 있는 손해액을 산정할 때 문제가 되기도 하는데, 하급심은 선입선출법에 의하는 경우가 일반적이고,[34] 이러한 방법으로 산정된 손해액은 대법원에서도 그대로 인정되고 있다.[35] 이처럼 일반 증권 관련 소송의 손해액 산정에서는 크게 문제 되지 않던 쟁점이 증권 관련 집단소송의 총원범위의 확정단계에서 문제가 되는 것은 어떤 방법으로 총원범위를 특정하는지에 따라 총원의 범위와 배상액이 크게 달라지기 때문이다.

3. 선입선출법에 의한 총원범위 확정의 가부

일반 증권 관련 소송의 손해액 산정 시에도 후입산출법에 의하면 손해가 없다고 보아야 하나 선입산출법에 의하면 손해가 있는 사안이 있을 수 있지만, 그 이유만으로 선입선출법을 틀렸다고 보지는 않는다. 증권 관련 집단소송의 허가단계에서 총원의 범위를 정함에 있어서도 선입선출

34) 서울고등법원 2016. 1. 21. 선고 2015나2003615 판결(감사인책임) ; 서울고등법원 2015. 4. 24. 선고 2014나2008880 판결(유통시장 공시책임) ; 서울고등법원 2010. 9. 17. 선고 2009나115665 판결(유통시장 공시책임) 등. 재판에서는 선입선출을 다툼 없는 사실로 정리하거나 의제하여 산정하는 실무례가 일반적이다.

35) 다만 손해액 산정과 관련하여 선입선출법 자체를 상고이유로 삼은 사례는 아직 없었던 것으로 보인다.

법과 후입선출법은 모두 가능한 방법이라고 할 것이다. 이러한 점에서 어떤 방법을 취하는지에 따라 총원 해당 여부가 달라지는 경우에는 손해배상책임을 인정할 수 없다는 재항고이유 주장은 타당하지 않다. 위와 같은 주장은 증권 관련 집단소송을 이용하지 말라는 것이기 때문이다. 결국 해당 사안에서 선입선출법에 의할 때 총원범위의 확정이 가능한지가 문제의 핵심이고, 이 부분 재항고이유 중 선입선출법을 사용하여서는 안 된다고 한 주장도 그러한 취지이다. 이 부분 주장의 요지는, 선입선출법을 취하기 위해서는 총원기간 개시시점의 실질주주와 그 보유주식수를 정확히 파악하여야 하며 그 실질주주 파악을 위해서는 그 종목의 상장 당시 실질주주명세를 파악한 다음 상장 이후 이루어진 최초의 거래내역부터 총원기간 개시시점에 이르기까지의 방대한 거래내역 전부를 분석하여야 하는데, 예탁결제원이나 거래소 등의 사실조회를 통해 얻을 수 있는 정보는 매우 한정적이라서 특정구성원이 총원기간 개시시점에 종전 주식을 몇 주 소유하고 있었는지는 확인하기 어려운 것이 현실이고, 이러한 점을 고려하여 최초의 증권 관련 집단소송 사건인 진성티이씨 사건[36]에서도 후입선출법을 취하였다는 것이다.

진성티이씨 사건은 유통시장 공시책임 사건으로서 총원기간 중 그 사건의 피고주식을 한 주라도 매수거래한 증권계좌[37]를 매수만 있었던 계좌(A), 매수량이 매도량을 초과하는 계좌(B), 매수량과 매도량이 같은 계좌(C), 매수량보다 매도량이 많은 계좌(D)의 네 범주로 나눈 다음, 대표당사자가 구하는 바에 따라 후입선출법에 의해 C · D를 총원의 범위에서 제외하였다. 대표 당사자들이 후입선출법을 택한 이유라고 밝힌 취지는,

36) 수원지방법원 2010. 1. 21.자 2009카기1048 결정. 본안은 2010년 4월 30일 화해로 종결되었다.
37) 총 8,553개.

그 사안에서 선입선출법을 취하기 위해서는 총원기간 개시시점의 해당 회사의 실질주주와 그 보유주식수를 정확히 하는 것이 전제되어야 하는데, 실질주주 명세정보를 보유하고 있는 한국예탁결제원에서는 주식 발행회사에서 정한 권리배정일 등 특정기준일의 실질주주 명세정보만을 가지고 있어 총원기간의 시작일이 되는 과거의 임의일자의 실질주주와 그 보유주식수를 파악하기 어렵고, 한국거래소에서도 거래시각 순서대로의 거래내역정보만을 보유하고 있을 뿐 특정시점의 실질주주 명세를 가지고 있지 않으므로 총원기간 개시시점의 실질주주와 그 보유주식수를 파악하는 것은 사실상 불가능하다[38]는 것이었다.[39]

그러나 연구대상 결정의 사안은 발행시장 공시책임 사안으로서 유통시장 공시책임 사안에 비해 총원 및 손해액을 산출하는 것이 불가능하거나 크게 어려운 것으로 보이지는 않는다. 위 사안에서 소 제기자들은 실제로 총원과 손해액을 산출하였는데 그 방법은 다음과 같았다. (i) 한국예탁결제원 · 씨모텍 등에 사실조회하여 유상증자 참여 주주명부와 2011년 3월 24일자 주주명부를 입수하여, (ii) 공통주주를 추리고,[40] (iii) 증권사에 대한 사실조회로 공통주주의 2011년 2월 11일(유상증자주식 상장일)부터 3월 24일까지의 주식거래내역과 2011년 2월 11일 이전 보유주식수 등에 대한 정보를 확보한 다음, (iv) 공통주주의 유상증자 취득주식수, 그 이전 보유주식수, 그후 매도주식수를 산출하여 최종 보유주식수를 계산하는

---

38) 한국거래소의 거래내역정보를 통해 총원기간 개시시점의 실질주주를 파악하기 위해서는 상장 당시의 실질주주명세를 파악한 다음 상장 이후부터 이루어진 최초의 거래내역부터 총원기간 개시시점에 이르기까지의 방대한 거래내역을 분석하여야 하는데, 이러한 방법이 현실적이지 못하다는 것이다.

39) 함승완, "증권 관련 집단소송의 진행과 관련한 몇 가지 쟁점들," BFL 제43호(2010. 9), 서울대학교 금융법센터, 72면.

40) 이는 이 사건 유상증자로 취득한 주식을 2011년 3월 24일 이전에 전부 매도한 주주를 제외하기 위함이다.

것이다.

소송 허가단계에서 총원의 범위는 구성원의 특정이 가능할 정도로 명확하면 되는 것일 뿐 구성원을 실제로 특정할 필요가 없는 것이지만, 실제로 위와 같이 실제 총원 및 손해액의 산출이 가능하다.

4. 연구대상 결정 사안의 경우

발행시장 공시책임에 관한 연구대상 결정 사안에서 선입선출법에 의한 총원범위 확정이 불가능하지 않다는 것은 앞에서 보았다. 그렇다면 그러한 사안에서 대표 당사자가 총원의 범위 확정을 선입선출법에 의해 하겠다고 주장한다면 선입선출법에 따라 총원의 범위를 확정할 수 있다고 할 것이고, 그렇게 확정하는 것이 위법하다고 볼 것도 아니다.

그런데 재항고이유 제2점 주장 중 원심이 총원기간 개시시점을 2011년 1월 28일(주금 납입일)이라고 하면서도, 2011년 2월 11일(이 사건 유상증자 주식의 상장일)을 기준으로 기존 보유주식수와 그후부터 2011년 3월 24일까지 계속하여 보유하고 있는 주식수를 산정하는 대표 당사자의 주장을 받아들인 것은 부당하다는 주장이 있었다. 즉 총원기간 개시시점을 주금 납입일로 보면서도 보유주식 산정의 기준시점을 상장일로 본 것은 모순이라는 것이다. 그러나 이는 상장법인의 유상증자로 발행된 신주가 예탁결제기관에 일괄예탁되고 상장이 이루어져야만 비로소 그 신주를 장내시장에서 계좌대체의 방법으로 처분할 수 있다는 점을 간과한 주장이라고 할 것이다. 코스닥 상장법인이 주주 배정 후 실권주 일반공모방식으로 유상증자를 하는 경우, 예탁결제기관에 일괄예탁을 하게 된다.[41] 이때 실물

41) '일괄예탁'이란 예탁자 또는 투자자가 증권의 모집 · 매출을 위해 그 증권을 인수 · 청

주권이 발행될 수도 있고 주권불소지 신고가 이루어질 수도 있지만,[42] 어느 경우든지 유상증자에서 발행된 신주를 처분하기 위해서는 상장이 이루어져야 한다.

따라서 이 사건과 같이 발행시장 공시책임이 문제 되는 사안에서는 유상증자주식의 상장일을 기준으로 기존 보유주식수와 그후의 거래내역을 파악한 다음 유상증자로 취득한 주식 중 종기까지 계속 보유하는 주식을 선입선출법으로 계산하여 총원의 범위를 확정하는 방법이 타당하다고 할 것이다.

결론적으로 총원의 범위는 해석상 혼란이 없도록 명확하면 되고 관련 자료에 의해 특정인이 구성원에 해당하는지 여부를 판단할 수 있으면 되는 것인데, 이 사건의 총원범위 확정기준으로 선입선출법을 받아들인 원심의 조치가 위법하다고 볼 수는 없다.

V. 재항고이유 제3점 및 제5점

1. 재항고이유 제3점

재항고이유 제3점은 원심이 잘못된 총원의 범위를 전제로 다수성요건

약하는 경우, 또는 기타의 사유로 새로이 증권의 발행을 청구하는 경우, 예탁자 또는 투자자의 신청에 의해 발행인이 예탁결제원을 명의인으로 하여 증권을 발행하는 경우를 말한다(자본시장법 제309조 제5항).

42) 이 사건 유상증자 발행실적보고서에 주권교부 예정일이 기재되어 있지만, 주권의 발행·교부는 상법에 의해 회사가 행하여야 하는 의무이므로, 후에 이루어질 예탁결제원의 주권불소지 신고와는 관계없는 것이다. 따라서 위 기재만으로는 이 사건 유상증자 신주에 관하여 이후에 예탁결제원이 주권불소지 신고를 하였는지, 아니면 실제로 주권이 발행되었는지 혹은 언제(상장일 전 또는 후) 발행되었는지는 알기 어렵다.

을 판단한 것은 위법하고, 다수성요건이 구비되지 못하였다는 것이다. 그러나 앞에서 본 바와 같이 이 사건 유상증자주식의 상장일을 기준으로 기존 보유주식수와 그후의 거래내역을 파악한 다음 이 사건 유상증자에서 취득한 주식 중 2011년 3월 24일까지 계속 보유하는 주식을 선입선출법에 의하여 계산하는 방법으로 총원의 범위를 확정하는 것이 타당하고, 원심도 같은 전제에서 총원기간 동안 이 사건 유상증자에서 취득한 신주를 전혀 매도하지 아니한 구성원의 수와 보유주식수가 다수성요건을 충족한 것으로 소명되었다고 판단한 것이므로, 원심의 판단은 타당하다고 할 것이다.

2. 재항고이유 제5점

집단소송법 제12조 제1항 제1호의 문언만으로 보면 이 부분 재항고이유와 같이 볼 여지가 없지 않다. 그러나 이 쟁점에 관하여 다루고 있는 문헌들은 모두 그 문언에도 불구하고 문언과 달리 위 제1호의 '피고회사'를 '증권을 발행한 회사'라고 해석하고 있다.[43] 그 이유로는 대체로 증권 관련 집단소송이 반드시 증권 발행회사만을 피고로 하는 것은 아니라는 점을 든다.[44]

다음과 같은 사정을 고려하면 입법자의 의사 역시 해당 증권을 발행한 회사만을 집단소송의 피고로 삼는 것이었다고 볼 수 없다. 첫째, 집단소

43) 법원행정처, 앞의 책(주 10), 56면 ; 최정식, 증권집단소송법의 이해, 삼영사, 2008, 18면 ; 임재연, 자본시장법(2016년판), 박영사, 2016, 517면 ; 좌담회 / 이승한(발언), "증권 관련 집단소송," BFL 제8호(2004. 11), 서울대학교 금융법센터, 19면 ; 서울지방변호사회 법제연구원 편, 앞의 책(주 11), 174면.

44) 법원행정처, 앞의 책(주 10), 56면 ; 최정식, 앞의 책(주 43), 18면 ; 임재연, 앞의 책(주 43), 517면.

송법 제정 당시 증권 관련 집단소송의 적용범위에 속하였던 소송[45]의 배상의무자가 증권의 발행법인에 한정되어 있지 않다. 증권거래법 제188조의3(미공개정보 이용행위의 배상책임) 또는 제188조의5(시세조작의 배상책임) 규정에 의한 손해배상청구는 해당 증권 발행법인보다 자연인이 위법행위자인 경우가 오히려 일반적이며, 특히 증권거래법 제197조(감사인의 손해배상책임) 규정에 의한 손해배상청구는 해당 증권 발행법인이 배상의무자가 된다는 것을 생각할 수 없는 경우이다. 둘째, 증권 관련 집단소송의 토지관할은 피고의 보통재판적 소재지를 관할하는 지방법원 본원의 전속관할로 하면서(집단소송법 제4조), 동일한 분쟁에 관하여 증권 관련 집단소송의 소송 허가신청서가 여러 개 다른 법원에 제출된 경우 관계법원의 직근 상급법원이 결정으로 심리할 법원을 정하도록 하는데(동법 제14조 제2항), 이는 동일 분쟁에 관하여 증권 발행회사 외에도 임원·인수인 등 수인의 부진정 연대채무자를 피고로 하는 집단소송이 가능함을 당연히 전제하는 것이다. 셋째, 입법자의 의사가 증권 발행법인만을 집단소송의 피고로 삼은 것이라고 기술한 어떠한 문서도 찾아볼 수 없다.

이 부분 법문이 입법착오라는 점에 별다른 이론이 없는 것으로 보인다.[46] 그동안의 하급심 결정도 입법착오로 보아 판단하였다.[47]

---

45) (i) 증권거래법 제14조 규정에 의한 손해배상청구, (ii) 증권거래법 제186조의5 규정에 의하여 사업보고서·반기보고서 및 분기보고서에 준용되는 동법 제14조의 규정에 의한 손해배상청구, (iii) 동법 제188조의3 또는 제188조의5 규정에 의한 손해배상청구, (iv) 동법 제197조 규정에 의한 손해배상청구.

46) 개정을 주장하는 일부 문헌의 입장도 입법 착오를 바로잡아야 한다는 취지로 보인다.

47) 서울고등법원 2015. 11. 16.자 2015라656, 657(병합) 결정 ; 서울고등법원 2016. 1. 29.자 2015라619 결정.

VI. 재항고이유 제4점

1. 쟁점의 공통성(집단소송법 제12조 제1항 제2호)

이 요건은 미국 집단소송의 필요조건인 '쟁점의 공통성' 및 유지조건 중 공통문제에 관한 집단소송에서의 '공통의 법률상 또는 사실상 문제가 개별 구성원의 문제를 압도할 것'과 유사한 요건이다. 집단구성원에 대한 피고의 전형적인 행위가 있게 되면 충족될 수 있으며, 다수 구성원의 청구가 중요사실에 있어 공통점이 존재하는 경우라 할 수 있다. 따라서 집단구성원의 각 청구에 있어 약간의 다른 사실이 존재한다는 것만으로는 집단소송의 요건을 흠결하는 것이라고 할 수 없고, 개별 구성원에 대한 항변사항이 존재하여도 무방하다.[48] 집단소송법 제3조 제1항은 허위공시나 중요사실의 누락, 내부자거래, 시세조정 등 특정행위만을 증권집단소송의 허용범위로 규정하고 있으므로 청구원인의 쟁점의 공통성은 별로 문제가 되지 않는다.[49]

2. 적합성 및 효율성(집단소송법 제12조 제1항 제3호)

이 요건은 증권 관련 집단소송의 소송경제성을 요구하는 것으로서, 다수 구성원의 피해 회복을 위하여 소송경제상 집단소송이 다른 구제수단보다 경제적일 것을 요구하는 것이다. 미국 집단소송의 유지조건 중 공통문제에 관한 집단소송에서 요구하는 '분쟁을 공정하고 효율적으로 해결하기 위하여 집단소송이 다른 방법보다 우월할 것'이라는 요건과 유사하

48) 법원행정처, 앞의 책(주 10), 57면.
49) 최정식, 앞의 책(주 43), 180면.

고, 미국에서는 증권 관련 피해구제소송에서 집단소송이 다른 구제수단보다 우월하다는 것이 일반적으로 인정되고 있다. 이 요건은 증권 관련 집단소송이 다른 구제수단보다 우월할 것을 요구하는 우월성요건을 포함하는 것으로 해석함이 상당하므로, 선정당사자제도나 공동소송제도를 이용하여 소송을 수행하는 것이 보다 적합하고 효율적이라고 판단될 때에는 이 요건을 구비하지 못한 것이 된다.[50)]

3. 연구대상 결정 사안의 경우

이 부분 재항고이유 중 총원범위의 불확정을 전제로 한 주장은 앞에서 본 바와 같은 이유로 타당하지 않다. 나머지 재항고이유도 연구대상 결정의 판시와 같이 받아들이기 어려운 주장이라고 보인다.

VII. 대상결정의 의의

연구대상 결정은 증권 관련 집단소송의 소송 허가요건에 관한 여러 쟁점에 관하여 대법원이 처음으로 입장을 밝힌 점에 그 의의가 있다. 대체로 집단소송법의 해석에 관한 기존의 통설적 견해에 따랐다고 평가할 수 있다. '총원의 범위' 특정에 관한 문제는 원칙적으로 개별 사안에 따라 다를 수 있지만, 연구대상결정의 그 부분에 관한 판단은 향후 구체적 사안에서 하급심이 어떻게 총원의 범위를 확정할 것인가에 관하여 지침이 될 수 있을 것으로 보인다.

---

50) 법원행정처, 앞의 책(주 10), 57-58면.

제6부

불공정거래행위에 대한 형사책임

제18장 자본시장 불공정거래 범죄의 형사법적 쟁점
제19장 증권 불공정거래와 부당이득 산정

18

자본시장 불공정거래 범죄의 형사법적 쟁점*

김영기**

I. 서설

자본시장과 금융투자업에 관한 법률(이하 '자본시장법')상 불공정거래 범죄[1)]도 통상의 범죄와 마찬가지로 일반법인 형사법의 적용을 받는다. 우선 불공정거래 범죄는 고의범이므로 객관적 구성요건요소에 대한 최소한의 인식이 필요하다.

다수가 조직적으로 관여하여 저질러지는 경우가 많아 공범 성립 여부가 다투어지기 쉽고, 여러 유형의 불공정거래 범죄행위를 반복한 경우에는 처단형 결정을 위해 그 죄수관계를 따져야 한다. 또한 불공정거래 범

---

* 이 논문은 필자의 박사학위 논문 "자본시장 불공정거래의 형사책임과 규제에 관한 연구"(연세대학교, 2017) 중 일부를 수정 · 보완한 것이다.

** 법무법인(유한) 화우 변호사, 법학박사

1) 본 절에서 '불공정거래 범죄'란 자본시장법상 미공개중요정보 이용행위(제174조), 시세조종행위(제176조), 부정거래행위(제178조)를 지칭한다.

죄에 대해서도 양벌규정이 적용되므로 양벌규정의 적용요건 검토도 필요하며, 부당이득액수를 산정할 때에는 불공정거래 범죄와 인과관계를 판단하여야 한다.

불공정거래 범죄의 형사재판 관련하여서는 특히 내심의 의사인 범의의 입증, 증거법상 조서가 아닌 문답서의 증거능력 등이 문제 된다.

이하에서는 불공정거래 범죄의 형법과 형사소송법상 적용 쟁점을 정리해 본다.

II. 불공정거래 범죄와 형법 적용의 쟁점

1. 구성요건 착오

(1) 개관

구성요건 착오란 '객관적 구성요건요소에 대한 행위자의 인식과 현실적 · 구체적 정황이 일치하지 않는 경우'를 말한다.[2] 이 경우, 존재하고 있는 객관적 구성요건요소에 대한 인식이 행위자에게 결여된 상태이므로 주관적 구성요건요소인 고의를 인정할 수 없고, 따라서 구성요건 해당성이 없어 처벌이 불가하다. 형법도 "죄의 성립요소인 사실을 인식하지 못한 행위는 벌하지 아니한다. 단 법률에 특별한 규정이 있는 경우에는 예외로 한다"(제13조)며 구성요건 착오의 기본적 효과를 규정하고 있다.

---

2) 박상기, 형법학, 집현재, 2016, 88면 ; 오영근, 형법총론, 박영사, 2017, 144면 ; 이재상/장영민/강동범, 형법총론, 박영사, 2017, 178면.

구성요건 착오의 대상은 고의의 인식대상에 대한 착오범위와 같은데 그 효과와 관련하여 구체적 부합설, 추상적 부합설, 법정적 부합설의 견해가 대립한다.[3] 판례는 법정적 부합설의 입장으로 평가되고 있다.[4] 법정적 부합설에 따를 경우, 행위자가 인식한 사실과 현실적으로 발생한 사실이 법적 구성요건상 동일한 행위유형에 해당하면 고의·기수범을 인정하고, 양자가 일치하지 않으면 발생한 사실에 대한 과실범, 실현되지 않은 사실에 대한 미수범을 인정한다.[5]

(2) 불공정거래 범죄유형별 구성요건 착오

미공개중요정보 이용행위의 구성요건 착오는 '공개된 정보인지 여부'를 둘러싸고 발생할 수 있다. 예를 들어 사실은 공개된 정보임에도 미공개정보라 생각하고 이를 이용하는 경우와 반대로 공개되지 않은 정보임에도 공개된 정보인 것으로 착각한 나머지 이를 이용하는 경우를 상정할 수 있다. 이는 '미공개중요정보'라는 구성요건요소에 대한 착오라고 볼 수 있다.

전자의 경우 미공개중요정보 이용으로 볼 수 없는 반면, 후자의 경우에는 행위자가 공개된 정보로 믿었고 그와 같이 믿을 만한 합리적 이유가 있었다면 미공개중요정보에 대한 인식이 없었다고 보아야 하므로 미공개중요정보 이용행위로 처벌할 수 없다고 생각한다.[6] 이와 같은 문제는 정

3) 박상기, 앞의 책(주 2), 88-89면 ; 오영근, 앞의 책(주 2), 148면 참고.
4) 박상기, 앞의 책(주 2), 89면 ; 오영근, 앞의 책(주 2), 149면 ; 대법원 1987. 10. 26. 선고 87도1745 판결 등.
5) 그러나 자본시장법은 협의의 불공정거래 범죄의 미수범, 과실범을 처벌하지 않기 때문에 고의·기수범 성부만 문제 된다.
6) 같은 취지로 박순철, 미공개중요정보 이용행위의 이해, 박영사, 2010, 184면 참고.

보이용형 시장질서 교란행위[7)]의 경우에도 발생할 수 있으나, 시장질서 교란행위는 형사처벌이 아니라 행정제재인 과징금 부과대상이므로 범의를 요구하지 않는다.

이례적이겠지만 '정보의 가치에 대한 판단'도 착오의 대상이 될 수 있다. 행위자는 당해 정보를 악재성 정보로 생각하고 손실을 회피하고자 공시 전 거래를 하였는데 시장에서는 호재성 정보로 평가하여 오히려 주가가 상승하거나, 반대로 호재성 정보로 생각하고 이익을 보고자 공시 전 거래를 하였는데 시장에서는 악재성 정보로 평가하여 오히려 주가가 하락하는 경우가 그것이다. 하지만 어느 경우이든 미공개중요정보 이용의 불공정거래 형사책임을 부담하는 데 차이가 없다고 본다. 왜냐하면 미공개중요정보를 이용하면 범죄는 곧 성립하는 것이며, 결과적으로 그 정보에 대한 시장의 평가가 어떠하였는지 여부는 객관적 구성요건요소가 아니고 그에 따라 범죄의 성부가 영향을 받는 것도 아니기 때문이다. 따라서 정보의 가치에 대한 착오는 이를 구성요건 착오로 볼 수 없다.

같은 취지에서 '해당 정보가 과연 투자자의 투자판단에 중대한 영향을 미칠 수 있는 정보인지 여부', '당해 정보의 습득과 직무 관련성', '정보의 생성시기' 등은 법률 평가의 문제이지 구성요건 착오에 대한 것이 아니므로 행위자가 이를 어떻게 생각하였는지를 묻지 않고 법률적 관점에서 판단하면 충분하다.[8)]

시세조종행위와 관련하여서는 자본시장법 제176조 제1~3항이 '상장증권 또는 장내파생상품'을 객체로 하고 있어 이에 대해 구성요건 착오가 일어날 수 있다. 이 경우에도 사실은 상장증권, 장내파생상품임에도 비상

---

7) 자본시장법 제178조의2 제1항 참고.
8) 한국증권법학회 / 김영기(집필), 자본시장법 주석서 I, 박영사, 2015, 1181면.

장증권, 장외파생상품으로 착각하여 시세조종을 한 행위자는 그와 같이 믿을 만한 합리적 이유가 있을 때 시세조종행위의 객체에 대한 구성요건적 인식이 없었다고 보아야 하므로 처벌하기 어렵다. 반대로 비상장증권, 장외파생상품을 상장증권, 장내파생상품으로 오인한 경우는 그 자체로 자본시장법 제176조 제1~3항의 구성요건에 해당하지 않아 처벌할 수 없다.

부정거래행위와 관련하여서는 자본시장법 제178조 제2항 '풍문'과 관련하여 구성요건 착오가 검토될 수 있다. 행위자가 공지의 사실을 풍문으로 믿었다면 이를 유포했다고 하더라도 동 조항이 규정하고 있는 '풍문의 유포'로 볼 수 없지만, 풍문을 공지의 사실로 믿었다면 특단의 사정이 있어 그럴 만한 합리적이고 정당한 사유가 인정되지 않는 한 '풍문의 유포'로 처벌될 수 있다.[9)]

2. 불공정거래 범죄와 공범

(1) 공범론 개관

범행 가담형태는 정범과 공범으로 대별된다. 정범에는 단독정범 · 공동정범(형법 제30조) · 간접정범(동법 제34조)이 포함되고, 공범에는 교사범(동법 제31조) · 종범(방조범. 동법 제32조)이 포함된다.[10)] 교사범 · 종범은 '협의의 공범'으로도 부르는데 이는 임의적 공범으로서 형법총칙상 공범 규정의 적용을 받는 반면, 집합범 · 대향범 · 합동범 등의 필요적 공범에

9) 한국증권법학회 / 김영기(집필), 앞의 책(주 8), 1182면.
10) 박상기, 앞의 책(주 2), 264면 이하 ; 오영근, 앞의 책(주 2), 365면 이하 참고.

대해서는 형법총칙상 공범규정이 적용되지 않는다.[11]

한편 교사범은 정범과 같이 처벌하지만(형법 제31조 제1항) 종범은 정범에 비해 형을 필요적으로 감경하도록 되어 있어(동법 제32조 제2항), 특히 공동정범과 종범의 구별은 관련자의 형량에 큰 영향을 미친다.

정범과 협의의 공범을 구별하는 기준에 대해 판례[12]는 일관하여 '행위지배설'의 입장을 취하고 있다. 주관적으로 공동가공의 의사와 객관적으로 기능적 실행행위(지배행위)가 인정되면 정범에 해당한다.

(2) 미공개중요정보 이용행위와 2차 정보수령자의 공범 판단

불공정거래 범죄의 공범 논의와 관련하여 검토할 필요가 있는 것은 자본시장법 제174조 미공개중요정보 이용행위 1차 정보수령자의 범행에 연관되어 있는 2차 정보수령자의 '공범 여부 판단'이라 할 수 있다.

이에 대해 판례[13]는 구 증권거래법 시행 당시, 신문기자인 형으로부터 특정기업의 '무세제 세탁장치개발'이란 호재성 정보를 전해 듣고 이를 이용해 거래한 혐의로 동생이 기소된 사안에서 "증권거래법 제188조의2 제1항의 금지행위 중 하나인 내부자로부터 미공개정보를 수령한 1차 정보수령자가 다른 사람에게 유가증권의 매매, 기타 거래와 관련하여 당해 정보를 이용하게 하는 행위에 있어서는 1차 정보수령자로부터 당해 정보를 전달받는 2차 정보수령자의 존재가 반드시 필요하고, 2차 정보수령자가 1차 정보수령자와의 의사 합치하에 그로부터 미공개정보를 전달

---

11) 대법원 2001. 12. 28. 선고 2001도5158 판결 등.
12) 대법원 2006. 3. 9. 선고 2004도206 판결 ; 대법원 2007. 1. 26. 선고 2004도1632 판결.
13) 대법원 2002. 1. 25. 선고 2000도90 판결.

받아 유가증권의 매매, 기타 거래와 관련하여 당해 정보를 이용하는 행위가 당연히 예상되는바, 그와 같이 1차 정보수령자가 미공개 내부정보를 다른 사람에게 이용하게 하는 것은 증권거래법 제188조의2 제1항 위반죄가 성립하는 데 당연히 예상될 뿐만 아니라 그 범죄의 성립에 없어서는 아니 되는 2차 정보수령자의 그와 같은 관여행위에 관하여 이를 처벌하는 규정이 없는 이상 그 입법취지에 비추어 2차 정보수령자가 1차 정보수령자로부터 1차 정보수령 후 미공개 내부정보를 전달받아 이용한 행위가 일반적인 형법총칙상의 공모 · 교사 · 방조에 해당된다고 하더라도 2차 정보수령자를 1차 정보수령자의 공범으로 처벌할 수는 없다"고 판시한 바 있다.

위와 같은 취지를 일관하는 이상, 예를 들어 2차 정보수령자가 1차 정보수령자를 독촉하여 미공개중요정보를 전달받거나 1차 정보수령자가 미공개중요정보를 전달하는 데 2차 정보수령자가 나서서 도움을 주었더라도 2차 정보수령자를 1차 정보수령자의 교사범 내지 방조범으로 처벌할 수 없다는 결론에 이르게 된다.

그러나 이러한 결과는 불합리하다고 하지 않을 수 없다. 무엇보다 앞 판례는 '1차 정보수령자의 정보를 이용하게 하는 행위'와 '2차 정보수령자의 당해 정보를 이용하는 관여행위'를 마치 대향범의 필요적 공범관계에 있는 것처럼 보고 2차 정보수령자에 대한 형법총칙상의 교사범 · 종범 성립을 부정하였으나, 구 증권거래법 제188조의2 제1항이나 현행 자본시장법 제176조 제1항은 1차 정보수령자가 '미공개정보를 타인에게 이용하게 하는 행위'를 하기만 하면 2차 정보수령자가 그 정보를 실제 이용하지 않더라도 범죄가 성립하는 추상적 위험범의 구조로 되어 있으므로, '1차 정보수령자의 정보를 이용하게 하는 행위'에 당연히 수반할 것으로 예상되는 것은 '2차 정보수령자가 1차 정보수령자로부터 그 정보를 전달받는 행위'이지 더 나아가 '2차 정보수령자가 해당 정보를 이용하는 행위'가 아니다. 따라서 이 둘은 필요적 공범의 관계에 있다고 볼 수 없기 때문에 2차 정보수령자에 대한 형법총칙상의 공범규정적용을 배제할 이유가 없다고 봄이 타당하다.[14)]

요약하여 2차 정보수령자가 1차 정보수령과는 다른 기회에 단순히 1차 정보수령자로부터 미공개중요정보를 건네받아 매매 등에 이용한 경우 2차 정보수령자를 처벌할 수 없음[15)]은 별론으로 하더라도, 2차 정보수령자가 그와 같은 지위에 머무르지 아니한 채 1차 정보수령자로 하여금 미공개중요정보를 이용하게 하는 행위에 나아가도록 적극적으로 행동한 경우에는 행위 지배 여하에 따라 2차 정보수령자를 1차 정보수령자의 '정보를 이용하게 하는 행위'에 대한 공동정범 · 교사범 내지 종범으로 처벌할 수 있다고 해석하여야 한다.

한편 판례 중에는, "미공개 내부정보의 1차 수령자가 내부정보를 2차 수령자에게 전달하자 2차 수령자가 그 정보를 이용하여 특정회사의 주식을 매매한 후 수익을 분배하자고 제안하였고 1차 정보수령자가 이를 승낙하여 범행을 공모한 뒤 그에 따라 주식을 매매한 사안'에서 '비록 1차

14) 같은 논리로 1차 정보수령자가 2차 정보수령자에게 미공개중요정보를 제공하여 이용하게 하였으나 2차 정보수령자가 이를 이용하지 않고 제3차 정보수령자에게 주어 제3차 정보수령자가 이용한 경우에도 1차 정보수령자에 대해 자본시장법 제174조 위반의 책임이 인정된다고 할 것이다. '타인에게 이용하게 하는 행위'라 함은 '누군가 미공개정보를 이용할 것임을 알면서 제공하면 성립하는 것'이지 반드시 직후 2차 정보수령자의 이용행위만을 전제로 하는 것은 아니기 때문이다. 다만 정보수령자를 순차 전전하는 사이 해당 정보가 공개되어 더 이상 미공개중요정보 이용으로 처벌할 수 없게 될 소지가 크다는 점은 주의할 필요가 있다[한국증권법학회 / 김영기(집필), 앞의 책(주 8), 1185면 ; 박순철, 앞의 책(주 6), 189면 ; 박임출, "내부자거래 규제에 관한 비교법적 연구," 성균관대학교 대학원 법학과 박사학위논문, 2003, 148면 참고].

15) 대법원 2002. 1. 25. 선고 2000도90 판결 ; 대법원 2009. 12. 10. 선고 2008도6953 판결.

정보수령자가 주식거래를 직접 실행에 옮긴 바 없다 하더라도 공범인 2차 정보수령자의 주식거래행위를 이용하여 자신의 범행의사를 실행에 옮긴 것으로 보아야 할 것이고, 여기에 주식 매수자금 대부분을 2차 정보수령자 자신이 제공한 점, 주식매매를 통해 얻은 매매차익의 60퍼센트 정도가 2차 정보수령자에게 귀속된 점 등의 사정까지 종합해 보면, 2차 정보수령자와 1차 정보수령자의 주식거래는 1차 정보수령자가 1차로 정보를 받은 단계에서 그 정보를 거래에 바로 이용한 행위에 해당하고, 2차 정보수령자는 1차 정보수령자의 위와 같은 행위에 공동으로 가담한 것으로 보아야 한다"는 판결[16]이 있다.

앞에서 먼저 검토한 판례와 위 판례는 입장이 반대인 것처럼 오해될 수 있으나, 후자의 판결은 그 사실관계에 비추어 '2차 정보수령자가 1차 정보수령자의 미공개중요정보 이용행위에 기능적으로 가담하였음이 인정되어 2차 정보수령자를 1차 정보수령자의 정보 이용행위 공범'으로 판시한 것일 뿐 2차 정보수령자에 대해 형법총칙상의 공범규정적용을 배제한 종전 판결 입장을 번복한 것이 아니다.[17]

요컨대 2차 정보수령자에 대해서도 형법총칙상 공범규정은 적용되고, 이때 공범 여부는 2차 정보수령자의 기능적 행위 지배 여하에 따라 결정하여야 한다. 기능적 행위 지배는 당사자들의 구체적 행위태양, 가담 정도, 그와 같은 행위에 이르게 된 동기, 내심의 의사, 당사자들의 행위가 만들어 낸 결과, 이익의 귀속 등을 종합하여 판단함이 타당하다. 만약 2차

16) 대법원 2009. 12. 10. 선고 2008도6953 판결.
17) 즉 2000도90 판결은 '2차 정보수령자 입장에서 2차 정보수령자가 1차 정보수령자의 정보를 이용하게 하는 행위의 공범에 해당할 수 있는지'가 쟁점인 반면, 2008도6953 판결은 '1차 정보수령자의 입장에서 2차 정보수령자가 1차 정보수령자의 정보 이용행위 공범에 해당하는지'를 쟁점으로 하는 것이어서 차원을 달리하는 것이라 할 수 있다〔한국증권법학회 / 김영기(집필), 앞의 책(주 8), 1186면〕.

정보수령자에게 1차 정보수령자의 '정보를 이용하게 하는 행위'를 유발한 기능적 행위 지배책임이 인정된다면, 2차 정보수령자를 1차 정보수령자의 '정보를 이용하게 하는 행위'의 공범으로 처벌하여야 할 것이다. 종전 판례는 적극적으로 변경될 필요가 있다고 생각한다.

한편 미공개중요정보 이용에 있어 공범은 내부자 사이에서 이루어질 수 있고[18] 내부자에 내부자 아닌 자가 가담하는 방식[19]으로 이루어질 수도 있다.

(3) 공모관계의 성립

2명 이상이 범죄에 공동가공하는 공범관계에서 공모는 법률상 어떤 정형을 요구하는 것이 아니고, 2명 이상이 공모하여 어느 범죄에 공동가공하여 그 범죄를 실현하려는 의사의 결합만 있으면 된다. 따라서 비록 전체의 모의과정이 없었더라도 수인 사이에 모의하여 의사의 결합이 이루어지면 공모관계는 성립하고, 공모자 중 일부가 구성요건적 행위의 일부를 직접 분담하여 실행하지 않은 경우라 할지라도 전체 범죄에 있어서 그가 차지하는 지위 · 역할이나 범죄과정에 대한 지배 내지 장악력 등을 종합할 때 범죄에 대한 본질적 기여를 통한 기능적 행위 지배가 존재하는 것으로 인정된다면 그는 공모공동정범으로서의 죄책을 면할 수 없다.[20]

모의는 단일한 기회에 명시적으로 이루어질 수 있지만 순차적 · 묵시적으로 이루어질 수도 있다. 후에 가담한 자가 가담 전에 이루어진 모의내

18) 서울고등법원 2005. 6. 30. 선고 2005노566 판결 등.
19) 창원지방법원 2003. 8. 14. 선고 2003고단951 판결 등.
20) 대법원 1994. 3. 8. 선고 93도3154 판결 ; 대법원 2005. 1. 28. 선고 2004도6805 판결 ; 대법원 2006. 5. 11. 선고 2003도4329 판결 ; 대법원 2009. 2. 12. 선고 2008도6551 판결 등.

용을 세세하게 알지 못한다고 하더라도 가담 당시 전체적인 의도와 자신의 가담행위가 가지고 있는 의미나 역할을 미필적으로 인식하였다면 순차적 · 묵시적 공모관계는 인정된다고 보아야 한다.[21] 반드시 공모관계에 참여하는 자 모두가 전체 과정을 확정적으로 알아야 하는 것이 아니며,[22] 구체적 범행수법까지 모의하여야 하는 것도 아니다.[23]

모의과정에 처음부터 관여하지 않았어도, 예컨대 시세조종에 해당할 수 있음을 인식하면서도 공범 중 한 명의 지시를 받아 시세조종성 매매주문을 하는 등 역할을 수행하였다면 공동정범으로 보아야 한다.[24]

(4) 공모관계의 이탈과 승계

공모관계는 범죄가 기수에 이르기 전에 성립이 가능하다.[25] 이와 관련하여 범행의 일부를 수행한 후 공범관계에서 이탈을 하였더라도 다른 공범들의 범죄 실행행위를 저지하지 않은 이상, 그후 나머지 공범들이 행한 행위결과 전부에 대해 공범으로서 책임을 진다.[26] 이탈 이후 결과 발생을 저지하려 하였고 실제로 결과 발생이 저지되었다면 이탈 당시를 기준으로 발생한 결과에 대해서만 공범책임을 부담하지만, 결과 발생 방지를 위

---

21) 대법원 2002. 7. 26. 선고 2001도4947 판결.
22) 대법원 2002. 7. 26. 선고 2001도4947 판결 참조.
23) 예를 들어 시세조종 시 시세조종에 동원할 계좌에 대한 협의가 없어도 공동정범 성립에 문제가 없다(수원지방법원 성남지원 2013. 8. 22. 선고 2012고합308 판결 참고).
24) 서울중앙지방법원 2013. 7. 19. 선고 2012고합766, 955 등(병합).
25) 판례의 입장도 이와 같다. 공범 성립의 시간적 한계에 관해서는 대법원 1982. 6. 8. 선고 82도884 판결 등 참고.
26) 시세조종행위의 일부를 실행한 뒤 공범관계에서 이탈한 경우, 다른 공범들이 행한 시세조종행위 전부에 대해 죄책을 부담한다(서울중앙지방법원 2004. 9. 10. 선고 2004고합305 판결).

한 노력에도 불구하고 결과가 발생하였다면 발생한 결과에 대해 공범책임을 진다고 보아야 한다.[27] 다만 이와 같은 때에는 공범관계 이탈과 결과 발생 방지를 위한 노력은 양형요소로 참작될 수 있을 것이다.

반대로 선행자의 범행 도중 후행자가 가담한 경우, 예를 들어 시세조종행위기간 도중 뒤늦게 시세조종행위에 가담한 자는 자신의 가담 이후 결과에 대해서만 공범책임을 부담할 뿐 선행자에 의해 이루어진 범행 부분에 대해서는 공범책임을 지지 않는다고 보아야 한다. 선행자에 의해 이미 이루어진 결과에 대해서는 후행자의 기능적 행위 지배를 인정할 수 없기 때문이다.[28] 판례의 입장도 이와 같아 승계적 공동정범을 부정한다.[29]

(5) 공모관계의 입증

공모관계의 입증책임은 검사가 부담한다. 공모관계는 엄격한 증명을 요하나 직접증거가 없다고 하더라도 정황사실과 경험칙에 의해 인정할 수 있으며,[30] 피고인이 공모의 점과 함께 범의를 부인하는 경우에는 사물의 성질상 범의와 상당한 관련성이 있는 간접사실 또는 정황사실을 증명하는 방법에 의하여 이를 입증할 수밖에 없고, 이때 무엇이 상당한 관련성이 있는 간접사실에 해당할 것인가는 정상적인 경험칙에 바탕을 두고 치밀한 관찰력이나 분석력에 의하여 사실의 연결상태를 합리적으로 판단하는 방법에 의하여야 한다.[31]

---

27) 소위 '실행미수'에 대해 자세한 것은 박상기, 앞의 책(주 2), 235면.
28) 박상기, 앞의 책(주 2), 263면.
29) 대법원 1982. 6. 8. 선고 82도884 판결.
30) 대법원 2002. 7. 26. 선고 2001도4947 판결 등.
31) 대법원 2006. 2. 23. 선고 2005도8654 판결 등.

(6) 불공정거래 범죄의 공동정범과 방조범 구별

앞에서 언급한 것처럼 공동정범과 교사범, 방조범의 구별은 형량에 영향을 준다. 현실적으로 불공정거래 범죄의 교사범 여부가 문제 되는 경우는 흔치 않으나, 공동정범인지 아니면 단순방조범에 불과한지는 종종 다툼의 대상이 되기도 한다.

판례는 '주관적 요건인 공동가공의 의사와 객관적 요건으로서 공동의사에 기한 기능적 행위 지배를 통하여 범죄를 실현하였는지 여부'를 기준으로 공동정범과 방조범을 구별한다.[32] 여기에서 '기능적 행위 지배'란 주관적 구성요건요소로서 '의사'를 가지고 객관적 구성요건의 실현을 지배하였는지 여부를 의미한다고 할 수 있다.

기능적 행위 지배는 가담자의 신분 · 지위 · 역할과 실현된 객관적 구성요건요소 등을 종합하여 개별적으로 판단하는데, '객관적 구성요건 실현에 주도적으로 기여하였는지' 여부를 가장 중요한 구별기준으로 삼아야 한다고 생각한다.

한편 방조는 기능적 행위 지배까지 이르지는 못하였으나 정범의 실행행위를 용이하게 하는 직접, 간접의 모든 행위를 말한다.[33] 방조행위의 태양에도 제한이 없어 유형적 · 물질적 방조뿐만 아니라 정범에게 범행의 결의를 강화하도록 하는 것과 같은 무형적 · 정신적 방조행위도 포함한다.[34] 방조범도 정범의 실행행위를 원조하여 이를 용이하게 하는 행위와 그 점에 대한 행위자의 인식이 있어야 성립한다.[35]

---

32) 대법원 2004. 6. 24. 선고 2002도995 판결 ; 대법원 2007. 1. 26. 선고 2004도1632 판결 등.
33) 대법원 1995. 9. 29. 선고 95도456 판결 등.
34) 대법원 1995. 9. 29. 선고 95도456 판결 등.
35) 대법원 2007. 1. 26. 선고 2004도1632 판결.

미공개중요정보 이용행위에 있어 내부자나 준내부자, 시세조종을 주도한 대주주, 부정거래행위의 부정한 수단이나 방법·기교를 기획한 자들은 모두 정범에 해당한다.[36] 반면 매매자금을 빌려준 사채업자, 계좌나 불공정거래행위 장소를 빌려준 제공자, 불공정거래 범죄수익을 세탁해 준 자 등은 원칙적으로 기능적 행위 지배를 인정하기 어려워 방조범으로 보아야 할 것이다.[37] 계좌 등을 제공한 대가로 금품을 수수하였더라도 마찬가지이다.

(7) 불공정거래 범죄 공범에 대한 벌금 병과

불공정거래 범죄의 본범에 대해서는 징역형과 벌금형을 필요적으로 병과하는데(자본시장법 제447조), 본범 외에 그 범죄에 가담한 협의의 공범에 대해서도 동 조항에 근거하여 징역형과 벌금형의 병과가 가능하다. 판례도 시세조종에 가담한 방조범에 대해 징역형과 벌금형의 병과를 인정하면서 대신 "형법 제32조 제2항에 따라 필요적으로 감경하여야 한다"고 판시한 바 있다.[38]

(8) 공범의 부당이득 산정

수인의 공범이 가담하여 협의의 불공정거래 범죄를 범한 경우, 그로 인한 부당이득액은 범행에 가담한 공범 전체가 취득한 이득액을 말하므

---

36) 서울중앙지방법원 2004. 4. 29. 선고 2004고합114 판결 ; 서울중앙지방법원 2010. 2. 5. 선고 2009고합690 판결 ; 서울남부지방법원 2010. 8. 2. 선고 2010고합27 판결 등.
37) 서울중앙지방법원 2003. 4. 10. 선고 2002고합1086 판결 ; 대법원 2007. 3. 30. 선고 2007도877 판결 ; 서울고등법원 2009. 1. 6. 선고 2008노1506 판결 등.
38) 대법원 2009. 4. 9. 선고 2009도675 판결.

로 이를 합산해 산정한다.[39] 각자 실질적으로 분배받은 이익만을 이득액으로 보지 않는다. 공범 일부가 불공정거래 범죄를 위해 대출받은 경비나 이자가 있더라도 이를 공제할 필요는 없다. 공범 전체의 이득액을 합산하여야 한다는 것은 판례의 일관된 입장[40]으로서, 공동정범은 물론 교사범 · 종범과 같은 협의의 공범이 취득한 이익도 당연히 포함된다.

공범의 이득합산액이 자본시장법 제443조 제2항의 가중처벌요건에 해당하면 공범 전체를 가중처벌하여야 한다. 공범 각자가 실질적으로 분배받은 이익범위 내에서 가중처벌 여부를 개별적으로 따져야 하는 것이 아니다.[41] 판례 중에는 '시세조종에 가담한 공범 중 일부 범인의 거래계좌에서 손실이 발생하였다고 하더라도 다른 공범의 거래계좌에서 발생한 이익이 그 손실액을 초과하여 전체로서는 이익이 발생하였다면 손익을 정산한 전체 이익을 기준으로 이득액을 결정하고 법정형을 검토하여야 한다'는 취지의 판시[42]가 있는데 공범 이론에 비추어 당연한 것이라고 생각한다.

반대로 범행에 가담하지 아니한 제3자에게 귀속된 이익은 설사 동일한 불공정거래로 발생한 이익이라 할지라도 그 부당이득액 산정에 포함되지 않는다.[43] 이익의 실질적 귀속관계를 판단하여 부당이득이 공범관계에 있지 않은 자에게 귀속된 경우에는 이를 제외하는 것이 타당하기 때문이다.[44]

그 외 "증권사 직원이 고객으로부터 일임매매를 위임받아 고객의 계좌

---

39) 대법원 2005. 8. 16. 선고 20005도2710 판결.

40) 대법원 2005. 8. 16. 선고 2005도2710 판결 ; 대법원 2005. 12. 9. 선고 20005도5569 판결 등.

41) 대법원 2005. 12. 9. 선고 2005도5569 판결.

42) 대법원 2008. 6. 26. 선고 2007도10721 판결.

43) 대법원 2011. 7. 4. 선고 2011도3180 판결 ; 대법원 2011. 10. 27. 선고 2011도8109 판결 ; 대법원 2011. 2. 24. 선고 2010도7404 판결 등.

44) 같은 취지의 판례로 대법원 2011. 10. 27. 선고 2011도8109 판결 참고.

를 관리하면서 시세조종행위를 한 결과 일임매매 계좌에서 수익이 발생한 경우 그 이익은 고객에게 귀속된다고 봄이 상당하므로 고객에게 귀속되는 부분은 제외하고 부당이득액을 계산하여야 한다"고 판시한 사안이 있다.[45] 반면 "A가 특정계좌를 운용하면서 발생한 손실을 보전해 주기 위해 B와 손실보전약정을 체결하였고 특정계좌를 이용한 사기적 부정거래행위로 얻은 부당이득으로 B에 대해 손실보전약정에 따라 채무를 변제한 경우 특정계좌의 운용을 통하여 발생한 부당이득의 귀속주체는 B가 아니라 A이므로 특정계좌에서 발생한 이득은 결국 A의 부당이득으로 볼 수 있다"는 사례도 있다.[46] 결국 '이익의 실질적 귀속관계'를 중심으로 그것이 위반행위자의 이익에 해당하는지 여부를 판단하여야 한다. 자본시장법상 부당이득액은 구성요건요소이므로 이익의 실질적 귀속관계를 엄격하게 따져야 한다. 비록 불공정거래 범죄 위반행위를 계기로 발생한 이득이라고 하더라도 실질적으로 그것이 타인에게 귀속되었다면 위반행위자의 이익으로 볼 수 없다고 할 것이다. 그 연장선상에서 "시세조종계좌에 시세조종을 한 피고인의 자금과 차명계좌 명의인의 자금이 혼재되어 있어 시세조종으로 인해 피고인에게 귀속되는 이익을 특정할 수 없는 경우에는 이득액을 산정할 수 없다"고 한 판례[47]나 "시세조종에 총 39개의 계좌가 사용된 경우 그중에 피고인들이 고객들로부터 관리를 위임받은 계좌들도 포함되어 있는 등의 사정이 있다면 39개 계좌에서 발생한 이익이 모두 시세조종으로 인한 결과로 추단할 수 없다"고 한 사례도 수긍할 만하다고 생각한다.[48]

---

45) 서울고등법원 2008. 11. 26. 선고 2008노1251 판결.
46) 서울고등법원 2013. 12. 6. 선고 20013노2382 판결.
47) 대법원 2011. 2. 24. 선고 2010도7404 판결.
48) 서울고등법원 2014. 6. 19. 선고 2012노4058, 2014노841(병합) 판결.

같은 논지에서 정보전달자의 부당이득 관련 판례 중에는 "타인으로 하여금 미공개정보를 이용하게 하는 유형의 범죄에 있어 그 정보를 이용한 타인을 정보제공자인 내부자나 1차 정보수령자의 공범으로 보아 그가 취득한 이익을 내부자나 1차 정보수령자의 이익으로 간주할 수 없다"고 판시한 경우가 있는데, 자본시장법 제174조 제1항 미공개중요정보 이용행위 금지규정상 미공개중요정보를 이용하게 하는 행위와 이를 이용하는 행위가 별개의 구성요건으로 되어 있으므로 이러한 입장은 기본적으로 타당하다고 생각한다.[49)]

한편 불공정거래 범죄의 공범 중 일부가 다른 공범에 의한 실행의 착수 이후 가담한 승계적 공동정범의 경우에는 '비록 그자가 범행에 가담할 당시 이미 이루어진 종전의 범행을 알았다고 하더라도 그 가담 이후의 범행에 대하여만 공동정범으로서 책임을 진다'는 법리[50)]에 따라 그 가담 이후의 범행에 대해서만 공동정범으로서 처벌된다. 그러므로 승계적 공동정범의 경우에는 가담 이후의 이익만을 따로 산정해 가중처벌 여부를 결정해야 하며,[51)] 그 결과 공범에 따라 가중처벌 여부가 달라질 수 있다.[52)]

---

49) 서울고등법원 2014. 7. 24. 선고 2014노1034 판결.

50) 대법원 1997. 6. 27. 선고 97도163 판결 등. 가담 이전 결과에 대해서도 공동정범으로서 죄책을 부담한다고 보는 견해가 일부 있으나 다수설은 판례의 입장과 같다[박상기, 앞의 책(주 2), 266면 ; 오영근, 앞의 책(주 2), 376면 ; 이재상 / 장영민 / 강동범, 앞의 책(주 2), 476면 참고].

51) 대법원 2005. 1. 28. 선고 2004도6805 판결.

52) 판례 중에는 통정 · 가장매매의 시세조종행위 관련 사안에서, "시세조종기간의 중간에 개입한 자라고 할지라도 선행자의 행위를 인식, 이를 이용하려는 의사의 연락이 있었고 실제 선행자의 선행행위로 만들어진 상황을 이용하면서 실행에 참가한 것으로 볼 수 있으므로 전체 기간 동안의 시세조종행위로 인한 책임을 진다"고 판시한 사례도 있다(서울고등법원 2004. 2. 9. 선고 2003노3094 판결). 동 판례는 '통정 · 가장매매 범죄의 특성상 후행자의 거래는 선행자의 거래를 전제로 할 수밖에 없다'는 점에 주목한 것으로 보이나, 그와 같은 판단은 '범죄의 성립과 책임범위'를 혼동한 것으로 자기책임원칙에 위배된다고 할 것이다.

3. 불공정거래 범죄와 양벌규정의 적용

(1) '대표자, 대리인, 사용인, 그 밖의 종업원'의 개념

통상의 양벌규정 적용과 마찬가지로 법인의 대표자나 법인 또는 개인의 대리인, 사용인, 그 밖의 종업원이 그 법인 또는 개인의 업무에 관하여 '미공개중요정보 이용, 시세조종, 부정거래' 등 불공정거래 범죄를 한 경우 그 행위자를 벌하는 외에 법인이나 개인도 해당 조문의 벌금형에 처해진다(자본시장법 제448조).[53)]

양벌규정에 의한 법인 등의 처벌은 행위자의 위법행위에 독립하여 그 자신의 종업원에 대한 선임감독상 과실로 인하여 처벌되는 것으로 자기 '대표자, 대리인, 사용인, 그 밖의 종업원에 해당하는지 여부'는 직책이나 명칭, 위임, 고용계약의 사법상 효력 등 형식적인 기준에 의해서가 아니라 일정한 권한을 가지고 실제로 본인(법인이나 개인)을 위해 행위를 하였느냐 하는 실질적인 관점에서 판단하여야 한다.[54)] 정식으로 고용계약을 체결하지 않았더라도 그 법인의 대리인, 사용인, 종업원 등이 직접 또는 간접으로 법인의 통제와 감독을 받으면서 사실상 대표자, 대리인, 사용인, 종업원으로 권한을 행사하였다면 동 양벌규정의 적용대상이 된다.[55)]

---

53) 양벌규정의 취지는 위반행위를 사업자인 법인이나 개인이 직접 하지 않은 경우에도 그 행위자와 사업자 쌍방을 모두 처벌하려는 데 있으므로 양벌규정에 의해 사업자가 아닌 행위자도 해당 벌칙규정의 적용대상이 된다(이른바 '양벌규정의 역적용.' 대법원 1995. 5. 26. 선고 95도230 판결 ; 대법원 2010. 9. 9. 선고 2008도7834 판결 등).
54) 서울중앙지방법원 2008. 2. 1. 선고 2007고합71 판결.
55) 한국증권법학회 / 김영기(집필), 앞의 책(주 8), 1193면 ; 대법원 1993. 5. 14. 선고 93도344 판결 참고.

(2) '업무 관련성'의 판단

'업무 관련성'을 인정하기 위해서는 객관적으로 법인이나 개인의 업무를 위한 것으로 볼 수 있는 행위가 있어야 하고, 주관적으로 대표자 등이 법인이나 개인의 업무를 위하여 한다는 인식을 가지고 행위를 하여야 한다.[56)]

여기에서 '법인이나 개인의 업무를 위한 것인지' 여부도 실질적으로 판단하여야 하는데 '법인의 적법한 업무범위, 피용자 등의 직책이나 직위, 피용자 등의 범법행위와 법인의 적법한 업무 사이의 관련성, 피용자 등이 행한 범법행위의 동기와 사후처리, 피용자 등의 범법행위에 대한 법인의 인식 여부 또는 관여 정도, 피용자 등이 범법행위에 사용한 자금의 출처와 그로 인한 손익의 귀속 여하' 등 사정을 종합해 보아야 한다.[57)]

업무 관련성의 업무는 당해 법인이나 개인의 업무에 국한하지 않고 그 업무 수행에 부수되는 업무까지 포함된다. 반드시 종전까지 처리해 오던 업무일 필요가 없고 일회성 업무라 할지라도 본래 업무 수행을 위해 필요한 업무이면 업무 관련성은 인정된다.[58)] 실무상 양벌규정의 업무 관련성은 폭넓게 인정하는 경향에 있다.[59)]

---

56) 서울고등법원 2011. 10. 6. 선고 2011노806 판결.

57) 대법원 1997. 2. 14. 선고 96도2699 판결.

58) 대법원 1997. 2. 14. 선고 96도2699 판결 ; 서울고등법원 2011. 10. 6. 선고 2011노806 판결.

59) 서울고등법원 2008. 6. 24. 선고 2007노653 판결(미공개중요정보 이용행위 관련) ; 대법원 2004. 1. 27. 선고 2003도5915 판결(시세조종행위 관련) ; 서울고등법원 2011. 10. 6. 선고 2011노806 판결(부정거래행위 관련) 등 참고.

(3) 양벌규정 적용의 효과

양벌규정의 적용요건이 충족된다면 그 행위자를 벌하는 외에 법인, 개인에게도 해당 조문의 벌금형을 과한다. 여기에서 '행위자'란 미공개중요정보 이용, 시세조종, 부정거래 각 행위의 구성요건이 예정하고 있는 주체를 말한다. 다만 미공개중요정보 이용과 관련하여 자본시장법 제174조 제1항 제1호의 '법인'은 당연히 범죄능력이 없으므로 양벌규정을 통해 처벌할 수밖에 없다.[60]

자본시장법 제447조는 징역형과 벌금형의 병과를 규정하고 있고, 위 양벌규정의 적용요건이 충족되는 경우에는 '해당 법인 또는 개인에게 당해 조문의 벌금형'을 과하게 되어 있으므로, 예를 들어 A법인의 대표 甲이 A법인의 업무와 관련하여 협의의 불공정거래 범죄를 범한 경우 甲은 자본시장법 제443조의 처벌규정에 의해 처벌되면서 동법 제447조에 근거해 징역형과 벌금형을 필요적으로 병과받고, A법인은 동법 제448조에 근거해 벌금형을 부과받을 수 있다.[61] 이때 부과하는 벌금액은 자본시장법 제443조 제1항 단서와 제2항이 규정한 기준범위를 따라야 한다. 그러나 甲에게 부과하는 벌금액수와 A법인에 부과하는 벌금액수가 반드시 같아야 하는 것은 아니다.[62]

한편 신분 없는 자가 자본시장법 제174조에서 규정한 신분자와 함께 미공개중요정보 이용행위를 범한 경우 신분 없는 자는 신분자와 동법 제443조에 근거해 공범으로 처벌되고(형법 제33조), 신분자가 법인의 업무

60) 박순철, 앞의 책(주 6), 193면.
61) 대법원 2007. 7. 26. 선고 2007도4716 판결 ; 한국증권법학회 / 김영기(집필), 앞의 책 (주 8), 1194면 참고.
62) 대법원 1995. 12. 12. 선고 95도1893 판결.

와 관련해 그와 같은 범죄를 저질렀다면 그 법인은 동법 제448조에 근거해 벌금형을 부과받을 수 있으나 신분 없는 자가 소속한 법인에 대해서는 가사 신분 없는 자가 그 소속 법인의 업무와 관련하여 위와 같은 범죄를 저질렀다고 하더라도 동법상 양벌규정에 근거해 처벌할 수는 없다고 보아야 한다. 자본시장법 제448조 양벌규정은 그 전제로서 행위자를 자본시장법상 행위주체로 한정하고 있고 거기에 가담한 신분 없는 자까지 대상으로 하지는 않기 때문이다.[63)]

(4) 양벌규정 적용의 면책

양벌규정의 적용요건을 일단 충족하였더라도 법인 또는 개인이 그 위반행위를 방지하기 위하여 해당 업무에 관해 상당한 주의와 감독을 게을리하지 아니한 경우에는 처벌할 수 없다(자본시장법 제448조 단서).[64)]

형벌의 자기책임원칙에 비추어 보면, 위반행위가 발생한 그 업무와 관련하여 법인이 상당한 주의 또는 관리 · 감독의무를 게을리한 때에 한하여 양벌규정이 적용된다고 봄이 타당하며, 구체적인 사안에서 법인이 상당한 주의 또는 관리 · 감독의무를 게을리하였는지 여부는 당해 위반행위와 관련된 모든 사정, 즉 당해 법률의 입법취지, 처벌조항 위반으로 예상되는 법익 침해의 정도, 그 위반행위에 관하여 양벌규정을 마련한 취지 등은 물론 위반행위의 구체적인 모습과 그로 인하여 실제 야기된 피해 또는 결과의 정도, 법인의 영업규모 및 행위자에 대한 감독 가능성 또는 구체적인 지휘 · 감독관계, 법인이 위반행위 방지를 위하여 실제 행한 조

63) 박순철, 앞의 책(주 6), 195면 참고.
64) 헌법재판소 2011. 4. 28. 선고 2010헌가66 결정취지 참고.

치 등을 전체적으로 종합하여 판단하여야 한다.[65)]

자본시장법상 양벌규정 적용의 면책 여부를 결정함에 있어서는 '위반행위가 발생하지 않도록 적절한 내부통제시스템이 갖추어져 있는지, 실제로 그와 같은 시스템이 상시 잘 가동되고 있었는지, 실현행위에 나아가기 전 내부통제를 받았는지 여부' 등이 주된 쟁점이 될 것이다.

이에 대한 입증책임은 검사가 부담하므로 검사가 '법인이나 개인이 위반행위 방지에 요구되는 상당한 주의와 관리·감독을 해태하였다'는 점을 입증하여야 한다. 그러나 해당 법인이나 개인이 '상당한 주의와 감독을 게을리하지 않았음'을 증명하는 것으로 사실상 입증책임이 전환되어 있으며, 결과책임에 가깝게 운영되므로 동조 단서에 의해 면책되는 사례는 희박한 것이 현실이다.

양벌규정은 위반행위가 이례적이고 법인 등의 관리·감독범위를 벗어난 것이어서 오히려 법인 등의 관리책임을 기대하는 것이 부당하다고 인정될 정도의 사정이 있을 때 그 적용이 면제될 수 있다.

(5) 양벌규정 적용과 부당이득액 산정

자본시장법 제448조 양벌규정에 따라 법인의 대표자 등이 법인의 기관으로서 법인의 업무에 관하여 불공정거래 범죄 위반행위를 한 경우, 그 위반행위로 인하여 법인이 얻은 이익도 법인의 대표자 등이 위반행위로 얻은 이익에 포함된다고 해석함이 상당하다. 다만 법인이 얻은 이익과 그 대표자 등의 위반행위 간에 인과관계가 인정되어야 한다. 이는 양벌규정

65) 대법원 2010. 2. 25. 선고 2009도5824 판결 ; 대법원 2010. 7. 8. 선고 2009도6968 판결 등.

의 법리상 당연한 결론이며 판례의 기본적인 입장도 이와 같다.[66]

더 나아가 회사의 실질적 대표자가 회사에 대한 지배력에 기하여 회사의 주식에 대한 시세조종을 한 결과 생긴 이익이 회사에 귀속되었다 하더라도 그 이익은 행위자인 실질적 대표와 공범들이 얻은 것으로 볼 수 있으며,[67] 대표자 등의 시세조종행위가 회사와 무관한 차명계좌를 통한 대출금 등으로 이루어진 경우라 하더라도 그와 같은 시세조종행위로 인하여 회사에 귀속된 이익을 대표자 등의 위반행위로 얻은 이익에 포함시킬 수 있다.[68]

4. 불공정거래 범죄의 죄수

(1) 기본적 죄수 판단

어떤 범죄의 법정형은 처단형, 선고형으로 점차 구체화된다. 처단형과 선고형의 범위를 결정짓는 중요한 요소 중 하나는 '수 개 범죄에 대한 죄수 평가'라 할 수 있다. 특정한 행위자가 미공개중요정보 이용행위나 시세조종행위 또는 부정거래행위 중 하나의 범죄를 한 번만 저질렀다면 죄수 평가가 의미 없지만, 대개는 여러 정보를 이용해 해당 주식을 거래하거나 통정 · 가장매매와 현실거래에 의한 시세조종을 번갈아 행하며 주가를 조작하거나 풍문 유포와 위계를 순차 사용하는 방식으로 부정거래를 하는 등 불공정거래 범죄에 있어서는 수 개의 행위수단이 동원되는 것이

---

66) 대법원 2003. 12. 12. 선고 2001도606 판결 ; 대법원 2011. 12. 22. 선고 201도12041 판결 ; 서울동부지방법원 2014. 12. 23. 선고 2014노1025 판결 참고.
67) 대법원 2013. 7. 11. 선고 2011도15056 판결 참고.
68) 대법원 2014. 5. 16. 선고 2012도11971 판결 참고.

보통이다. 때로는 미공개중요정보 이용행위와 시세조종행위, 부정거래행위가 중복하여 사용되기도 하므로 이와 같은 경우에는 이 범죄들에 대한 죄수 평가가 의미를 갖게 된다.[69)]

한편 자본시장법은 불공정거래 범죄로 얻은 이익에 따라 가중처벌하는 방식을 채택하고 있다(제443조 제1항 단서). 이와 같은 가중처벌방식은 외국에서는 찾아보기 힘든 입법례인데, 행위자가 수 개의 불공정거래 범죄를 저지른 경우 죄수 판단은 이득액의 산정에도 영향을 미친다. 즉 수 개의 불공정거래 범죄가 포괄일죄의 관계에 있다면 그 이득액을 합산한 액수가 종국적인 이득액이 된다. 그러나 이 범죄들이 실체적 경합범의 관계라면 이득액은 범행별로 따로 산정하여야 한다.[70)]

따라서 우리 자본시장법상 불공정거래 범죄의 죄수 판단은 이득액의 산정 및 이를 통한 처단형의 결정에 영향을 준다고 할 수 있다.

(2) '범의의 단일성'과 포괄일죄

판례는 대량의 허수호가를 제출하면서 빈번한 통정·가장매매를 반복하는 등 구 증권거래법상 수 개의 시세조종행위를 범한 경우 이 죄수들을

---

69) 죄수 판단은 형량을 결정짓기 위한 전제이다. 예를 들어 A죄의 법정형이 '10년 이하의 징역', B죄의 법정형이 '5년 이하의 징역'으로 규정되어 있는 경우, 甲이 A죄나 B죄 하나만 저지른 경우에는 처단형도 각 10년 이하의 징역 또는 5년 이하의 징역으로 동일하다. 甲이 동일한 A죄를 여러 번 저질렀고 그것이 포괄일죄의 관계라면 처단형은 10년 이하의 징역으로 변화가 없다. 그러나 甲이 A죄와 B죄를 저질렀고 그것들이 각각 실체적 경합범관계라면 처단형은 두 죄 중 더 중한 A죄 법정형의 2분의 1을 가중하여 '15년 이하의 징역'으로 늘어난다. 상상적 경합범의 관계라면 더 중한 A죄의 법정형(10년 이하의 징역)이 처단형이 된다(형법 제37조 이하 참고).

70) 대법원 2007. 3. 30. 선고 2007도877 판결 ; 서울중앙지방법원 2002. 10. 30. 선고 2002노2509 판결.

어떻게 볼 것인지와 관련하여 "단일하고 계속된 범의하에 일정 기간 계속하여 반복한 범행이고, 구 증권거래법은 증권시장에서 거래의 공정성, 유통의 원활성 확보라는 사회적 법익을 보호법익으로 하지 증권 소유자나 발행자와 같은 개인의 재산적 법익은 직접적 보호법익이 아니므로 각 범행의 피해법익의 동일성도 인정된다"며 시세조종행위의 포괄일죄로 보는 입장을 견지하고 있다.[71]

그 외 '미공개중요정보를 지득한 자가 공개 전에 여러 번의 매매호가를 제출한 경우' 미공개중요정보 이용행위의 포괄일죄로 보았고,[72] '자본시장법 제178조 제2항의 행위와 동조 제1항 제1호의 행위를 반복하여 저지른 경우'에도 부정거래행위의 포괄일죄로 판시하였다.[73]

하지만 이러한 판례 입장에 대해서는 '포괄일죄는 다른 범죄자에 비해 오히려 범죄적 속성이 강한 행위자를 유리하게 취급하는 것이어서 부당하고, 대법원이 인정하는 연속범의 적용기준도 일정하지 않다'는 전제 아래 시세조종은 시장경제의 근간을 무너뜨리는 중대범죄로서 불특정 다수의 개인투자자들에게 피해를 입히기 때문에 개인투자자들에 대한 보호를 1차적인 목표로 삼고 개별 행위마다 별개의 범죄가 성립하는 경합범으로 처벌함이 이론적으로나 형사정책적으로 타당하다는 비판이 제기되고 있다.[74]

판단컨대 이러한 판례 입장은, '자본시장법상 불공정거래금지의 보호

---

71) 대법원 2011. 1. 13. 선고 2010도9927 판결.

72) 대법원 2000. 1. 21. 선고 99도4940 판결.

73) 대법원 2011. 10. 27. 선고 2011도8109 판결.

74) 박상기, "포괄일죄와 연속범 및 공동정범 : 주식시세조종행위(대법원 2011. 1. 13. 선고 2010도9927 판결)를 중심으로," 저스티스 통권 제129호(2010), 한국법학원, 330-358면 ; 부정거래 관련하여서는 박임출, "자본시장법 제178조의 부정거래에 관한 연구," 증권법연구 제14권 제2호(2013), 한국증권법학회, 385면 참고.

법익이 개인적 법익이 아니라 사회적 법익이라는 점', 즉 '개개인의 재산상 피해를 직접적으로 염두에 두고 있는 것은 아니라는 점'과 '범의의 단일성이 인정된다는 점' 등 2가지에 기초하고 있다.

판례 입장을 비판하는 견해에도 경청할 이유가 충분하나[75] 자본시장법상 협의의 불공정거래 범죄는 구체적으로 피해자가 개별 특정되는 상대매매와 달리, 일부 부정거래행위를 제외하고[76] 대개 거래소가 운영하는 장내에서 접속매매·경쟁매매를 통해 이득을 취하거나 손실을 회피하는 방식이어서 죄수 판단에 있어 피해자별로 별개의 범죄가 성립하는 것으로 보기는 힘든 구조임을 무시하기 어렵다. 따라서 위 판례처럼 구 증권거래법(자본시장법)의 보호법익을 사회적 법익으로 보는 것은 현실적으로 불가피한 측면이 없지 않다.

그런데 자본시장법의 보호법익을 사회적 법익으로 보게 되면 '범의의 단일성'도 좀 더 쉽게 인정할 수 있다.[77] 판례 중에는 '시세조종 등의 목적으로 자본시장법 제176조 시세조종행위와 제178조 부정거래행위에 해당하는 수 개의 행위를 행한 경우'에도 '단일하고 계속된 범의가 인정된다'며 포괄일죄의 성립을 긍정한 사례가 있는데,[78] 수 개 행위의 구성요

75) 수 개의 행위를 실체적 경합범으로 볼 경우 법정형의 2분의 1까지 처단형이 가중되는 반면, 포괄일죄로 본다면 법정형과 처단형이 동일해 불법성이 강한 범죄자를 우대하는 결과를 초래할 수 있다. 특히 포괄일죄 범행기간 중간에 확정 판결이 이루어진다면 그에 앞선 행위는 면소 판결(형사소송법 제326조)의 대상이 되어 범죄를 저지르고도 처벌받지 않는 경우까지 발생할 수 있어 더욱 문제이다〔한국증권법학회 / 김영기(집필), 앞의 책(주 8), 1187면 각주 2 참고〕.

76) 장외 금융투자상품을 대상으로 하는 부정거래행위의 경우에는 자본시장법 제178조와 형법 제347조의 사기가 모두 성립할 수 있고 양자의 관계는 상상적 경합범으로 보아야 한다.

77) 한국증권법학회 / 김영기(집필), 앞의 책(주 8), 1187면.

78) 대법원 2011. 10. 27. 선고 2011도8109 판결. 이에 대한 평석은 박임출, 앞의 논문(주 74) 참고.

건이 이질적임에도 포괄일죄로 보았다는 점에서 주목할 만하다.

수 개의 불공정거래 범죄를 범한 경우에도 범의의 단일성이 인정되어 포괄일죄로 볼 수 있다면 이 행위들은 일죄[79]이다. 중요한 것은 행위자의 의사이다. '범의의 단일성'이 인정된다면, 반복하여 저지른 행위가 서로 다른 유형이고[80] 여러 행위 사이에 시간적 간격이 있으며[81] 범행에 이용한 종목이 매번 다르더라도[82] 일죄이다.

행위자의 단일한 의사 여부는 행위자의 진술, 범행동기, 구성요건상 범행방법, 시간적 간격이 있는 경우 시간 차이, 시간적 간격을 두고 여러 행위를 행한 배경, 새로운 범행의 계기 정황 등을 종합해 결정하여야 한다.

(3) 자본시장법 제178조와 제174조, 제176조의 적용관계

자본시장법 제174조 미공개중요정보 이용행위, 제176조 시세조종행위와 포괄적 사기금지조항인 제178조 부정거래행위 각 금지규정의 관계도 문제 된다.

판례[83]는 "제178조의 부정거래행위 금지규정은 일반조항으로서 특별규정인 제176조 시세조종행위 금지규정과 법조 경합관계에 있어 시세조종행위에 대해서는 제176조가 우선 적용된다"고 판시한 바 있다. 이는 제174조와 제178조의 관계에도 그대로 적용될 수 있어 미공개중요정보 이

---

79) 박상기, 앞의 책(주 2), 337면 이하.
80) 대법원 2009. 4. 9. 선고 2009도675 판결 ; 서울중앙지방법원 2002. 10. 16. 선고 2002노5285 판결.
81) 서울고등법원 2014. 10. 10. 선고 2014노2613 판결 ; 서울중앙지방법원 2002. 10. 30. 선고 2002노2509 판결.
82) 대법원 2002. 6. 14. 선고 2002도1256 판결.
83) 대법원 2011. 10. 27. 선고 2011도8109 판결.

용행위에 대해서는 특별규정인 동법 제174조가 우선 적용된다고 보아야 할 것이다. 다만 동 판례는 "자본시장법 제178조 제1항 제1호와 동조 제2항은 법조경합관계가 아니다"라면서 '풍문의 유포, 위계의 사용'에 대한 동법 제178조 제1항 제1호 '부정한 수단, 계획, 기교'의 중복 적용을 수긍하고 있다(상상적 경합범 관계).[84)]

특정주가의 변동을 목적으로 시세조종행위와 부정거래행위를 반복하

---

84) 대법원 2017. 3. 30. 선고 2014도6910 판결. 위 판결은 "투자 자문업자, 증권 분석가, 언론매체 종사자, 투자 관련 웹사이트 운영자 등(이하 '투자 자문업자 등'이라고 한다)이 특정증권을 장기투자로 추천하기 직전에 자신의 계산으로 그 증권을 매수한 다음, 추천 후 그 증권의 시장가격이 상승할 때에 즉시 차익을 남기고 매도하는 이른바 스캘핑(scalping) 행위를 하는 경우, 그 행위가 명백하게 거짓인 정보를 시장에 흘리는 방법으로 특정증권을 추천하는 것이라면 이는 정상적인 자본의 흐름을 왜곡시켜 자본시장의 공정성과 효율성을 해침은 물론이다. 또한 그 증권 자체에 관한 정보는 거짓이 아니어서 자본의 흐름을 왜곡시키는 것은 아니라도 이러한 스캘핑행위가 용인되면 자본시장에서의 공정한 경쟁에 대한 시장 참여자들의 신뢰가 훼손되고 시장 내의 각종 투자 관련 조언행위가 평가절하됨으로써 양질의 정보를 생산하고 소비하려는 유인이 감소하여 자본시장에서의 자원 배분의 효율성을 해치고 투자자들이 자본시장으로부터 이탈하는 결과를 가져올 수 있다. 또한 특정증권을 추천하기 직전에 그 증권을 매수한 투자 자문업자 등은 장기적 가격 상승의 잠재력이 아니라 추천으로 예상되는 투자자들의 행동에 따른 단기적 가격 상승 가능성 때문에 의식적으로 또는 무의식적으로 그 증권을 추천할 유인이 생길 수 있고, 추천내용의 객관성에 영향을 미칠 수 있는 추천의 동기는 추천에 따라 투자판단을 하려는 합리적인 투자자가 중요하게 고려할 상당한 개연성이 있는 사항에 해당하므로 특정증권을 추천하기 전에 자신의 계산으로 그 증권을 매수한 투자 자문업자 등이 그 증권에 관한 자신의 이해관계를 공시하지 않고 추천하면 상대방에게 개인적인 이해관계 없이 객관적인 동기에서 그 증권을 추천한다는 오해를 초래할 수 있다. 위와 같은 제반 사정을 고려하면, 투자 자문업자 등이 추천하는 증권을 자신이 선행매수하여 보유하고 있고 추천 후에 이를 매도할 수도 있다는, 그 증권에 관한 자신의 이해관계를 표시하지 않은 채 그 증권의 매수를 추천하는 행위는 자본시장과 금융투자업에 관한 법률 제178조 제1항 제1호에서 말하는 '부정한 수단, 계획, 기교를 사용하는 행위'에 해당하는 한편, 투자자들의 오해를 초래하지 않기 위하여 필요한 중요사항인 개인적인 이해관계의 표시를 누락함으로써 투자자들에게 객관적인 동기에서 그 증권을 추천한다는 인상을 주어 거래를 유인하려는 행위로서 같은 법 제178조 제2항에서 정한 '위계의 사용'에도 해당한다"라고 판시하였다.

여 저지른 경우에도 범의의 단일성을 인정할 수 있다고 본다. 다만 미공개중요정보 이용행위는 그 행위태양이 현저히 달라 시세조종행위 내지 부정거래행위와 범의의 단일성을 인정하기 어렵다.

요컨대 현재의 판례취지에 의할 때 '단일하고 계속된 범의'가 인정된다면 일정 기간 계속하여 미공개중요정보 이용행위, 시세조종행위, 부정거래행위 등 각각의 동종 행위를 개별적으로 수회 반복한 경우는 물론 시세조종행위, 부정거래행위 등 이질적 행위를 순차적으로 수회 반복한 경우에도 포괄하여 일죄가 성립한다고 할 수 있다. 결국 이 행위들의 죄수판단에 있어서도 '단일하고 계속된 범의의 인정 여부'가 주된 쟁점이라 할 수 있는 것이다.

미공개중요정보 이용행위의 경우에는 '해당 정보의 내용, 정보 생성과 입수경위, 관련자, 정보별 입수시기 차이, 거래시기의 차이' 등이, 시세조종행위의 경우에는 '해당 종목, 시세조종 관여자, 작전시기의 차이' 등이, 부정거래행위의 경우에는 '부정거래행위의 유형과 방식, 행위시기의 차이, 관여자, 해당 종목' 등이 '범의의 단일성' 판단 시 주요 검토대상이 될 수 있다. 만약 '범의의 단일성'이 인정되지 않는다면 수 개의 행위는 원칙적으로 실체적 경합범의 관계에 있다고 보아야 한다.

한편 동일한 행위가 불공정거래 범죄와 자본시장법 이외 범죄에 해당하는 경우 '구성요건적 행위의 내용이나 방법, 피해자 내지 보호법익의 동일 여부'를 살펴 양자의 죄수관계를 검토하여야 한다. 하나의 행위가 자본시장법상 불공정거래 범죄와 동시에 자본시장법 이외 범죄에 해당하는 경우에는 이를 상상적 경합범의 관계로 보아야 할 것이다.[85] 경합범

85) 판례 중에는 "허위 작성, 공시된 재무제표를 이용하여 사기적 부정거래를 행한 사안에서 자본시장법 위반죄와 주식회사의 외부감사에 관한 법률 위반죄가 상상적 경합관계에 있다거나 전자가 후자의 불가벌적 사후행위에 해당한다고 볼 수 없다"고 판시한

적용 여부를 판단할 때에는 각 죄의 법정형과 처단형을 비교해 경합범 적용의 실익 여부도 따져 볼 필요가 있다.[86)]

(4) 풍문 유포, 위계 및 자본시장법 제178조 제1항과 제2항의 적용관계

풍문의 유포는 넓게 위계의 한 종류라고 할 수 있으므로 실무상 '풍문의 유포'를 처벌할 때에는 자본시장법 제178조 제2항을 적용함에 있어 풍문의 유포와 위계를 따로 구별하지 아니하고 '풍문의 유포, 위계를 사용한 것'으로 범죄사실에 적시하고 있다. 자본시장법 제178조 제1항 제1호 '부정한 수단, 계획, 기교'를 굳이 구별하지 않는 것과 같은 취지이며 이를 구별할 실익도 없다.

문제는 자본시장법 제178조 제1항 제1호가 '부정한 수단, 계획 또는 기교'를 포괄적으로 사용 금지하였고, 동법 동조 제2항에 해당하는 사례들은 동시에 위 '부정한 수단, 계획, 기교 사용'에도 해당한다고 할 수 있어 양자의 법률 적용을 어떻게 할 것인지 여부라 할 것이다.

판단컨대 자본시장법 제178조 제1항 제1호의 '부정한 수단, 계획 또는 기교 사용'은 일반규정이므로 보충적으로 기능하는 것이 바람직하다. 따라서 '매매, 그 밖의 거래나 시세변동을 도모할 목적으로 풍문의 유포, 위계를 사용'한 경우에는 자본시장법 제178조 제2항만 적용된다고 보는 것이 타당하다.[87)] 제178조 제1항 제1호는 제2항의 주관적 · 객관적 구성요

사례가 있는바, 참고할 만하다(대법원 2013. 1. 24. 선고 2012도10629 판결).

86) 자본시장법상 미공개중요정보 이용행위, 시세조종행위, 부정거래행위는 법정형이 같아 수 개의 행위가 상상적 경합범관계인 경우 처단형도 동일하므로 이때에는 죄수 판단의 실익이 크지 않다.

87) 같은 의견으로 곽수현, "자본시장상 부정거래금지에 관한 소고," 경영법률 제12집 제4호(2011. 7), 한국경영법률학회, 462면 ; 최승재, "자본시장법 제178조 제1항 제1호에

건을 충족하지 않는 사안에 비로소 적용된다고 할 것이다.

그러나 이와 달리 자본시장법 제178조 제1항 제1호의 독립적 적용을 주장하는 견해도 있다.[88] 이 견해에 따르면 자본시장법 제178조 제2항이 적용될 사건에 동조 제1항 제1호도 같이 적용된다. 판례 중에도 '외국인 전용계좌를 이용하여 고가매수를 하게 한 행위에 대해 유인목적의 시세조종(자본시장법 제176조 제2항 제1호)과 부정한 기교의 사용(동법 제178조 제1항 제1호) 여부'가 문제 된 사건에서 '자본시장법 제178조 제1항 제1호와 제2호 또는 제178조 제2항은 법조 경합관계에 있지 않다'며, 제178조 제2항과 함께 제178조 제1항의 독립적 적용을 인정하고 양자의 관계를 상상적 경합범으로 판시한 사례가 있다.[89] 또한 '피고인들이 계열사의 주식을 취득하거나 대주주가 주식을 취득한 것임에도 마치 제3자의 자금이 정상적으로 투자 · 유입되거나 외국인 자금이 투자 · 유입된 것과 같은 외관을 형성하고 원리금 보장약정에 의한 주식인수나 유상증자를 통해 투자자를 유치한 사안'에서도 "자본시장법 제178조 제1항 제1호, 제2항에서 규정하고 있는 금융투자상품의 매매와 관련하여 '부정한 수단이나 기교를 사용하는 행위' 및 '위계의 사용'에 해당한다"며 같은 취지로 판시한 바 있다.[90] 이와 같은 판시취지는 최근까지 일관하여 계속되고 있으며[91]

관한 연구," 금융법연구 제6권 제2호(2009), 한국금융법학회, 19면 참고.

88) 김학석, "금융투자상품의 부정거래행위에 관한 연구," 고려대학교 대학원 법학과 박사학위 논문, 2010, 190-191면 ; 안수현, "자본시장법 시행 이후 불공정거래 규제 변화와 과제," BFL 제40호(2010. 3), 서울대학교 금융법센터, 37면.

89) 서울고등법원 2011. 6. 9. 선고 2010노3160 판결. 상고심인 대법원은 2011. 10. 27. 선고 2011도8109 판결에서 "자본시장법 제178조 제1항과 제2항 위반죄 모두 법정형이 동일하기 때문에 판결결과에 영향을 미치지 아니하였다"며 별도 판단을 내리지 아니한 채 두 죄의 관계를 상상적 경합관계로 본 원심의 판단을 사실상 수긍하였다. 이에 대해 상세한 평석은 박임출, 앞의 논문(주 74), 376-378면 참고.

90) 대법원 2011. 7. 14. 선고 2011도3180 판결.

91) 대법원 2017. 3. 30. 선고 2014도6910 판결.

자본시장법 제178조 제2항의 각 행위에 동조 제1항 제1호를 동시 적용하는 경우 양자의 관계를 상상적 경합범으로 보는 입장도 이어지고 있다.[92)] 현재 검찰실무도 위 대법원 판결과 같이 자본시장법 제178조 제2항이 문제 된 사건에서 동법 제178조 제1항 제1호를 같이 적용하여 처벌하는 것으로 보인다. 그러나 자본시장법 제178조 제1항 제1호가 신설된 입법취지, 일반조항으로의 도피는 최소화되어야 한다는 점을 감안할 때 이러한 경향은 재고될 필요가 있다고 생각한다.[93)]

한편 판례[94)]는 "범의의 단일성 및 계속성, 시간적·장소적 근접성, 동일한 법익 등 연속범의 요건이 충족된다면 자본시장법 제178조 제2항의 풍문 유포와 위계 사용, 폭행 및 협박을 반복적으로 행하거나 제178조 제2항의 행위와 제178조 제1항의 행위를 반복적으로 행한 경우 이 죄수들은 모두 포괄일죄로 보아야 한다"고 판시하였다.

판례의 판시취지는 수긍할 만하며 자본시장법상 불공정거래 범죄의 보호법익을 사회적 법익으로 보는 한 이와 같은 입장은 쉽게 바뀌지 않을 것으로 예상된다.

(5) 불공정거래 범죄의 죄수와 부당이득액 산정

실무상 미공개중요정보 이용, 시세조종, 부정거래 등 여러 수단이 복합

92) 대법원 2011. 10. 27. 선고 2011도8109 판결 ; 대법원 2017. 3. 30. 선고 2014도6910 판결.
93) 다만 자본시장법 제178조 제1항 제1호와 제2항의 관계를 상상적 경합범으로 보는 이상 법정형이 동일하므로 처단형의 범위에 변화가 없어 논의의 실익은 크지 아니하다.
94) 대법원 2011. 10. 27. 선고 2011도8109 판결. 위 판결에서 대법원은 "범의의 단일성이 인정된다면 제178조 각 항의 행위는 물론 제178조와 제176조 등 이질적인 구성요건의 행위도 서로 포괄일죄의 관계에 있다"고 판시하였음은 앞에서 소개한 바와 같다.

적으로 사용되어 불공정거래 범죄가 저질러지는 경우가 있다.[95] 이와 같은 복합 불공정거래 범죄의 부당이득액 산정은 기본적으로 이 범죄들의 죄수관계에 따라 판단되어야 한다고 본다.

우선 '단일하고 계속된 범의' 아래 이루어져 이 행위들을 포괄일죄로 볼 수 있는 경우에는 그 시기, 종기 전체를 대상으로 서로 다른 종류의 개별 행위를 마치 하나의 행위로 보아 그 전체를 부당이득액으로 삼아야 할 것이다. 같은 기간에 미공개중요정보 이용행위나 시세조종행위 · 부정거래행위가 중복하여 발생하였고, 이 범죄들이 포괄일죄의 관계에 있다면 그로 인한 주가변동분 전체를 하나의 불공정거래 범죄로 발생한 부당이득으로 보는 것이 타당하다.[96] 그 결과, 통산한 부당이득액의 규모가 자본시장법 제443조 제2항의 가중처벌요건에 해당하면 동조를 적용해 가중처벌할 수 있다. 이처럼 포괄일죄에 있어서 그 전체액을 합산하여 가중처벌의 기준으로 삼는 것은 판례의 일관된 입장이다.[97] 다만 구성요건상 시세조종행위와 부정거래행위는 단일한 범의 아래 포괄적으로 이루어질 수 있지만, 미공개중요정보 이용행위는 그 구성요건에 차이가 있어 오히려 시세조종행위나 부정거래행위와 실체적 경합범관계로 보는 것이 타당하고 포괄일죄의 관계에 있음을 쉽게 인정하기 어려운 경우가 많을 것이다. 그렇다면 포괄일죄가 인정되는 시세조종행위와 부정거래행위로 인한 부당이득액은 통산하여 계산하고 미공개중요정보 이용행위로 인한 부당이득액은 따로 계산하여야 한다.

마찬가지로 그 행위들이 모두 각각 실체적 경합범의 관계에 있다면 각

---

95) 대법원 양형위원회는 복합 불공정거래 범죄의 양형처리에 대해 별도의 방법을 제시하고 있다. 상세한 것은 2013년 대법원 양형기준책자, 308-309면 참고.

96) 한국증권법학회 / 김영기(집필), 앞의 책(주 8), 1208면.

97) 대법원 1990. 6. 26. 선고 90도466 판결 ; 대법원 1990. 9. 25. 선고 90도1588 판결.

행위로 인한 부당이득액을 따로 산정하여야 하고 이를 합산해서는 안 된다.[98] 개별 행위의 각 부당이득액이 자본시장법 제443조 제2항의 가중처벌요건에 해당하지 않는 이상 그 합산액으로 가중처벌할 수도 없다.[99]

5. 불공정거래 범죄 부당이득액의 산정기준과 '인과관계'

(1) 서설

미공개중요정보 이용행위(자본시장법 제174조), 시세조종행위(동법 제176조), 부정거래행위(동법 제178조)를 통해 얻은 부당이득액[100]은 그 범행으로 인한 결과일 뿐이므로 원칙적으로 구성요건요소로 볼 수 없다.

그러나 자본시장법은 제443조 제1항 단서에서 "다만, 그 위반행위로 얻은 이익 또는 회피한 손실액의 3배에 해당하는 금액이 5억 원 이하인 경우에는 벌금의 상한액을 5억 원으로 한다"고 규정하고 있고, 동조 제2항은 그 위반행위로 얻은 이익 또는 회피한 손실액이 5억 원 이상인 경우 액수에 따라 가중처벌하고 있으므로, 위와 같은 때에는 부당이득액을 '위반행위로 얻은 이익 또는 회피한 손실액이 5억 원 이하임에도 상한액을 5억 원으로 하여 벌금을 부과'하거나 '이익 또는 손실액이 5억 원 이상임을 전제로 그 액수에 따라 가중처벌[101]'을 하기 위한 구성요건의 일부

---

98) 같은 취지의 판시로는 대법원 1989. 9. 26. 선고 89도1334 판결 참고.

99) 대법원 1989. 9. 26. 선고 89도1334 판결 등 참고.

100) 불공정거래 범죄를 통해 얻은 범죄수익이므로 '불법이득'으로 부르는 것이 타당하나 자본시장법 규정과 종전 관행에 따라 본 논문에서는 '부당이득'으로 호칭하고, 특별한 표현이 없는 이상 '부당이득액'은 '손실회피액'까지 포함하는 개념으로 사용하기로 한다.

101) 자본시장법 제443조 제2항은 결과적 가중범의 형태로 되어 있다. 결과적 가중범은 '기본범죄와 가중된 결과 사이의 인과관계, 가중된 결과에 대한 예견 가능성'을 주된

로 보아야 한다.[102] 다만 행위자가 그로 인해 얻게 될 부당이득액수까지 구체적으로 예견할 필요는 없고, '불공정거래로 이득을 얻거나 손실을 회피할 수 있을 것'이라는 정도의 미필적 인식만 있으면 충분하다.[103]

'위반행위로 얻은 이익 또는 손실회피액'을 구성요건요소로 삼고 그 액수에 따라 가중처벌하는 방식은 외국 입법례에서는 찾기 어려운 우리 자본시장법상 형사제재의 고유한 특징이라고 할 수 있다. 그럼에도 '위반행위로 얻은 이익과 손실회피액'이 무엇이고 이를 어떻게 산정하여야 하는지에 대해서는 아무런 규정을 두고 있지 아니하다.

여기에서는 형법상 인과관계론을 중심으로 자본시장법상 불공정거래 범죄의 부당이득액수 산정을 관통하는 기본원칙에 대해 설명하고자 한다.[104]

(2) 부당이득액 산정의 기본원칙

1) 개요

장내거래는 경쟁매매방식을 취하고 있고 주가는 한 가지 요소에 의해서만 영향을 받는 것이 아니므로 자본시장 불공정거래 범죄들로 인한 부당이득액의 규모를 정확하게 계산해 내는 것은 사실상 불가능이라 할 수

성립요소로 한다(박상기, 형법학, 집현재, 2016, 199-201면 참고). 가중처벌 시 공소장에 이득액이나 회피손실액이 명확히 기재될 필요는 없고 별지 범죄일람표 등을 종합해 그 액수가 '5억 원 이하인지, 5억 원 이상 50억 원 미만인지, 50억 원 이상인지'를 파악할 수 있다면 그에 따라 적용법조를 달리하여 가중처벌하는 것이 위법은 아니라고 할 것이다〔김학석, 앞의 논문(주 88), 200면 ; 대법원 2000. 11. 24. 선고 2000도2827 판결 ; 대법원 2002. 7. 26. 선고 2002도1855 판결 참고〕.

102) 대법원 2004. 3. 26. 선고 2003도7112판결.

103) 박순철, 앞의 책(주 6), 191면 참고.

104) 자본시장 불공정거래 범죄의 부당이득액수 산정기준에 관해 자세한 것은 김영기, "자본시장 불공정거래의 형사책임과 규제에 관한 연구," 연세대학교 대학원 법학박사학위 논문, 2017, 8-53면 참고.

있다.

형사처벌을 위해 실무에서 산정하는 불공정거래 범죄의 부당이득액은 기술적으로 '추정치'이며, 결국 일정한 기준에 따라 합리적인 의심이 들지 않도록 실제 수치에 보다 근접한 '추정수치'를 계산해 내는 것이 관건이라 할 수 있다. 그런 점에서 부당이득액수의 산정은 규범적 영역에 속하는 문제이다.

부당이득액의 산정을 떠받치는 3가지 기본원칙은 '죄형균형, 책임주의 및 인과관계'[105]이다. 죄형균형의 원칙은 '부당이득액은 엄격하고 신중하게 산정함으로써 범죄와 형벌 사이에 적정한 균형이 이루어지도록 하여야 한다'는 것을, 책임주의의 원칙은 '형벌은 책임에 기초하고 그 책임에 비례하여야 한다'는 것을 뜻한다.[106] 또한 부당이득액은 위반행위와 직접적으로 관련이 있는 이익에만 한정되는 것이 아니라 널리 그 위반행위와 관련된 거래로 인한 이익을 말하는 것으로서, '위반행위로 발생한 위험과 인과관계가 인정된다'면 부당이득으로 볼 수 있는 것이다.[107]

통상적인 경우에는 위반행위와 관련된 거래로 인한 총수입에서 그 거래를 위한 총비용을 공제한 차액을 산정하는 방법으로 인과관계가 인정되는 이익을 산출할 수 있으나, 구체적인 사안에서 위반행위로 얻은 이익의 가액을 위와 같은 방법으로 인정하는 것이 부당하다고 볼만한 사정이 있는 경우에는 위반행위의 동기, 경위, 태양, 기간, 제3자의 개입 여부, 증권시장 상황 및 그 밖에 주가에 중대한 영향을 미칠 수 있는 제반 요소들을 전체적·종합적으로 고려하여 인과관계가 인정되는 이익을 산정하

---

105) 대법원 2009. 7. 9. 선고 2009도1374 판결 ; 대법원 2011. 10. 27. 선고 2011도8109 판결 참고.

106) 한국증권법학회 / 김영기(집필), 앞의 책(주 8), 1194면 이하 참고.

107) 대법원 2009. 7. 9. 선고 2009도1374 판결.

여야 하고 그에 관한 입증책임은 검사가 부담한다.[108)]

아울러 부당이득에는 '행위자의 개인적이고 유형적인 경제적 이익 외에도 기업의 경영권 획득, 지배권 확보, 회사 내에서 지위 상승 등 무형적 이익, 적극적 이익뿐만 아니라 손실을 회피하는 경우와 같은 소극적 이익, 아직 현실화되지 않은 장래의 이득도 모두 포함된다'고 보아야 한다.[109)]

그러므로 사안에 따라서는 부당이득액수를 산출하는 것이 큰 의미가 없거나[110)] 때로는 그 자체만으로 혹은 복합적인 이유로 부당이득액수를 산출할 수 없는 경우[111)]도 있을 수 있다. 그와 같은 경우 자본시장법 제443조 제1항의 기본적 벌칙규정[112)]에 의해서만 처벌할 수 있을 뿐이며 가중처벌은 불가하다. 부당이득액수를 계산함에 있어, 불명확한 경우에는 '위반자에게 유리하게 산정하는 것(in dubio pro reo)'이 형사법의 대원칙에 부합한다.

2) 죄형균형과 책임주의 및 '인과관계'

부당이득액수 산정의 기본원칙인 '죄형균형과 책임주의'는 종국적으로 위반행위와 인과관계 인정 여부로 귀결된다.[113)] 그러므로 부당이득 액수

---

108) 대법원 2010. 12. 9. 선고 2009도6411 판결.

109) 서울고등법원 2011. 6. 9. 선고 2010노3160 판결.

110) 예를 들어 하락 장세에서 대주주가 단지 보유주식의 하락가치로 인한 손해를 보지 않기 위해 시세를 떠받치는 주가고정목적의 시세조종을 하고, 그 이후에도 계속 주식을 보유하고 있는 경우에는 그로 인한 부당이득액을 산정하는 것이 큰 의미가 없을 것이다.

111) 예를 들어 '회사 내에서의 지위 상승', '경영권 유지'와 같은 무형적 이익은 그 가치를 산정할 수 있는 객관적 기준지표가 없을 뿐만 아니라 산정하는 것 자체가 적절하지 않을 수도 있다.

112) 부당이득액수 산정이 곤란하므로 벌금형으로 처벌할 수는 없고 '10년 이하의 징역형'을 선택하여 그 범위 내에서 징역형으로만 처벌할 수 있을 것이다.

113) 예를 들어 허위표시 문서를 이용한 부정거래행위의 경우, 부정거래행위로 취득된 이익은 부정거래행위로 인하여 상승한 주식의 평가액을 말한다. 따라서 허위내용이

의 산정은 '죄형균형과 책임주의를 바탕으로 한 인과관계 인정범위 결정의 문제'라고 할 수 있다.[114] 자본시장 불공정거래 범죄로 인한 부당이득 여부는 기본적으로 위반행위와 인과관계가 전제되어야 한다. 여기에 보태어 죄형균형과 책임주의를 위반하지 않아야 한다. 죄형균형과 책임주의의 판단은 인과관계가 먼저 전제되어야 의미가 있는 것이므로 죄형균형과 책임주의 및 인과관계는 부당이득액수를 산정함에 있어 상호 보완적인 기준으로 작용한다.[115]

3) 형법상 인과관계론과 자본시장 불공정거래 범죄

주가는 매우 다양한 요인에 의해 복합적으로 영향을 받는다. 그중에는 대내외적으로 쉽게 인식할 수 있는 요인이 있는 반면 드러나지 않은 요인도 있다.

불공정거래 범죄로 인한 부당이득액을 산정함에 있어 고려하지 않을 수 없는 사항 중 하나는 위와 같이 주가에 영향을 줄 수 있는 '제3의 원인 존재 여부'이다.

자본시장법에 '인과관계'에 대한 별도의 특별규정이 없으므로 '인과관계'는 형사법 관점에서 검토되어야 한다. '인과관계의 존재'는 곧 '형사책임의 인정문제'와 직결되는데 전통적으로 '인과관계의 존부' 판단에 대해서는 조

기재된 유가증권신고서가 공시된 시점 이전의 주가 상승분은 위반행위와 관련이 없어 부당이득액 산정에서 제외하여야 하는 것이다(서울중앙지방법원 2011. 9. 22. 선고 2011고합268 판결).

114) 같은 취지로 대법원 2011. 10. 27. 선고 2011도8109 판결 참고. 동 판결은 "자본시장법 제443조 제1항 단서 및 제2항에서 규정하고 있는 '위반행위로 인한 이익'이란 그 위반행위와 관련된 거래로 인한 이익을 말하는 것으로서 위반행위로 인하여 발생한 위험과 인과관계가 인정되는 것을 의미한다"고 판시하였다.

115) 대법원 2009. 7. 9. 선고 2009도1374 판결 ; 대법원 2011. 10. 27. 선고 2011도8109 판결 참고.

건설, 합법칙적 조건설, 상당인과관계설 등의 견해 대립[116)]이 있어 왔다.

판례[117)]는 '상당인과관계설'의 입장에 있다고 평가되고 있다.[118)] '상당인과관계설'은 인과관계를 사실판단이 아니라 규범판단의 문제로 해결하려 한다. 즉 자연과학적 의미에서 인과관계가 인정된다고 하더라도 일반적으로 또는 경험적으로 상당성이 인정되지 않으면 인과관계 자체가 부정될 수 있다.[119)] 자본시장 불공정행위의 부당이득액 산정도 기본적으로 이와 같아 기술적 인과관계 판단을 전제로 하면서 종국적으로는 규범적으로 결정되어야 한다.[120)]

여러 원인이 작용하여 주가가 형성된다는 특징을 감안할 때 부당이득액의 산정에 있어 검토가 필요한 부분은 조건관계가 수정된 경우라고 할 수 있다. 원칙적으로 상당인과관계설의 입장을 따를 경우, '둘 이상의 원인이 동시에 독립적으로 작용해 결과가 발생한 택일적 인과관계'나 '구성요건행위가 결과 발생의 유일한 원인이 아니라 다른 원인이 개입한 비전형적 인과관계'의 경우라 할지라도 인과관계가 부인되지 않는다.[121)] 판례

---

116) 박상기, 앞의 책(주 2), 67면 이하 ; 오영근, 앞의 책(주 2), 101면 이하 ; 이재상/장영민/강동범, 앞의 책(주 2), 142면 이하.

117) 대법원 2001. 12. 11. 선고 2001도5005 판결 ; 대법원 2002. 10. 11. 선고 2002도4315 판결 참고.

118) 박상기, 앞의 책(주 2), 67면 ; 오영근, 앞의 책(주 2), 102면 ; 이재상/장영민/강동범, 앞의 책(주 2), 142면.

119) 박상기, 앞의 책(주 2), 68면 ; 오영근, 앞의 책(주 2), 103면 ; 이재상/장영민/강동범, 앞의 책(주 2), 142면 ; 한국증권법학회/김영기(집필), 앞의 책(주 8), 1205면 참고.

120) 예를 들어 정상적으로 회계 처리를 하였다면 한국거래소의 신규상장요건에 미달하여 신규상장을 할 수 없었을 기업이 분식회계를 통해 신규상장에 필요한 재무요건을 충족한 것처럼 가장하여 신규상장에 성공한 뒤 일반주주들로부터 공모자금을 납입받았다면, 그 공모자금 전액을 '분식회계'란 부정거래행위와 인과관계 있는 부당이득액으로 보는 것이 타당한데, 이는 규범적 판단에 기인한 것이다[창원지방법원 2013. 5. 30. 선고 2012고합558, 567, 581, 2013고합35(병합) 판결 참고].

121) 박상기, 앞의 책(주 2), 69-72면 참고.

의 입장도 그러하다.[122)]

위와 같은 '인과관계론'을 미공개 중요정보이용 · 시세조종 · 부정거래의 부당이득액 산정에 대입해 보면, 협의의 불공정거래와 동시에 또는 협의의 불공정거래 종료 이전에 다른 원인이 개입되어 그와 같은 주가가 형성되었다고 하더라도 원칙적으로 그 주가와 협의의 불공정행위 간 인과관계를 규범적으로 부인할 수 없다는 결론에 도달하게 된다.

유의할 점은 '인과관계 이론'은 기본적으로 범죄자의 형사책임범위를 제한하기 위한 목적으로 발전되어 온 것으로서 인과관계가 인정된다고 하더라도 곧바로 그 전체 결과에 대한 책임을 부담하여야 하는 것은 아니며, 인과관계의 인정을 전제로 행위자에게 얼마간의 형사책임을 물을 것인지는 다른 차원에서 검토[123)]되어야 하고, 부당이득액의 산정은 그 연장선상에 위치해 있다는 것이다.[124)] 그러므로 미공개중요정보 이용 · 시세조종 · 부정거래로 인한 부당이득액의 산정에 있어서는, '미공개중요정보 이용 · 시세조종 · 부정거래'라는 개별 범죄행위 외에 주가에 영향을 줄 만한 '제3의 영향요소 존재 여부'를 반드시 따져 보아야 한다. 또한 '제3의 영향요소 존재 여부'는 단지 불공정행위 존재기간에 한정할 것이 아니라 '그 착수 전, 실행행위 중, 종료 후' 전반에 걸쳐 살펴보아야 하며 불공정행위 전후의 주가변동 추이를 주의 깊게 검토하여야 한다.

---

122) 택일적 인과관계 관련하여 대법원 1996. 8. 23. 선고 96도1231 판결. 비전형적 인과관계 관련하여는 대법원 1994. 3. 22. 선고 93도3612 판결 참고.

123) 형사법 영역에서는 인과관계의 존재를 전제로 객관적 귀속 여부를 추가로 검토하여 실제 범죄자의 형사책임 정도를 판단하고 있다[박상기, 앞의 책(주 2), 72-75면 참고].

124) 달리 표현하자면 다른 요소가 개입되었더라도 인과관계가 인정되어 '미공개중요정보 이용, 시세조종, 부정거래 등의 범죄혐의가 성립한다'는 사실과 '그중 어느 부분까지 형사책임을 물을 것인지(어느 정도까지 당해 범죄행위로 인한 부당이득으로 볼 것인지)'는 차원이 다른 문제인 것이다. 후자는 부당이득액수에 따른 기본 또는 가중처벌 규정의 선택과 연결된다.

원론적으로 주가 형성에 협의의 불공정거래 범죄 외에 다른 요소가 개입된 결과, 그 전체를 미공개중요정보 이용이나 시세조종·부정거래의 각 행위로 인한 주가변동으로 보기 힘든 사정이 있을 때에는 원칙적으로 불공정거래 범죄와 인과관계가 인정되는 이익만 따로 떼어 내 부당이득을 산정하여야 한다.

판례[125]도 "주식시장에서 정상적인 주가변동요인에 의한 주가 상승분이나 위반행위자와 무관한 제3자가 야기한 변동요인에 의한 주가 상승분이 존재하는 등으로 구체적인 사안에서 위반행위로 얻은 이익의 가액을 위와 같은 방법으로 산정하는 것이 부당하다고 볼만한 사정이 있는 경우에는 위반행위와 인과관계[126]가 인정되는 이익만을 따로 구분하여 산정해야 한다"고 판시하고 있다.

결국 '주가에 중대한 영향을 미칠 수 있는 요인이 추가로 발생하였는지 여부'를 꼼꼼히 살펴보는 것이 중요하다.[127] 만약 그와 같은 요인이 인정된다면 그로 인한 효과를 공제한 후 부당이득액수를 산정하여야 하고, 이를 위해 전문감정기관에 의한 감정이 필요하다. 이때 사례 연구(event study)를 하여도 제3의 요인에 의한 효과를 금액으로 산정하기 곤란할 수

125) 대법원 2013. 7. 11. 선고 2011도15056 판결.

126) 여기에서 말하는 '인과관계'란 '불공정거래 범죄성립을 위한 인과관계'를 뜻하는 것이 아니라 '부당이득 산정과 관련해 책임범위를 특정짓기 위한 인과관계'를 뜻한다고 보아야 한다.

127) 주가에 영향을 줄 수 있는 특별한 사정을 따져 부당이득액규모를 제한한 사례로는 서울중앙지방법원 2007. 7. 20. 선고 2007고합159 판결을 들 수 있다. 동 사안은, '유상증자 참여'라는 호재성 미공개중요정보를 이용한 사건이었는데, '유상증자 참여' 공시 이후 주가 상승 중 '해당 회사가 세계 최초로 인간 유전자를 가진 형질전환 복제돼지를 생산하는 데 성공하였다는 사실'이 언론에 대대적으로 보도되면서 주가가 큰 폭으로 상승하였다. 법원은 이 경우 '언론보도 이후 주가 상승분은 유상증자 참여 공시로 인한 효과로 보기 힘들다'면서 언론보도 전날까지의 이득만 미공개중요정보 이용의 부당이득으로 산정하였다.

있는데, 그런 경우라도 쉽사리 '전체 부당이득액을 산정할 수 없는 사안'으로 판단하여서는 안 된다는 것이다. 자기책임의 범위를 넘는 부분까지 형사책임을 물을 수 없는 것은 당연하지만, 동시에 책임을 물어야 할 부분까지 면책되지 않도록 주의하여야 한다.

한편 '중대한 요인'이 없거나 제3의 요인이 발견되더라도 '주가에 중대한 영향을 줄 만한 요소로 보기 어려운 경우'에는 그 전체를 미공개중요정보 이용, 시세조종, 부정거래의 부당이득으로 산정하여야 한다고 본다.[128] 판례 중에는 '증권시장의 가격이 매우 다양한 요인에 의해 영향을 받는다는 점에서 다른 요인을 모두 배제한 채 오로지 어느 특정요인에 의한 주가변동분을 객관적으로 산정하는 것은 기술적으로 곤란하므로 주가에 중대한 영향을 미칠 수 있는 요인이 추가로 발생하였다는 등의 특별한 사정이 없는 이상 불공정거래 위반행위가 개입된 거래로 인하여 얻은 이익전체를 부당이득으로 볼 수 있다'는 취지의 것[129]이 있는데 타당한 판시라고 할 수 있다.

(3) 주가 형성에 제3의 원인이 개입된 경우 인과관계 판단

1) 제3의 원인과 '본질적 상쇄기준'

① '본질적 상쇄기준'의 의미

'위반행위로 얻은 이익'은 반드시 그 위반행위와 직접적인 인과관계가 있는 것만을 의미하는 것이 아니고, 그 위반행위와 관련된 거래로 얻은

128) 광주고등법원 2008. 7. 10. 선고 2007노281 판결 ; 대법원 2011. 10. 27. 선고 2011도8109 판결 ; 한국증권법학회 / 김영기(집필), 앞의 책(주 8), 1207면 이하 참고.
129) 서울중앙지방법원 2011. 4. 7. 선고 2010고합775 판결.

이익이면 이에 해당하는 것으로 해석함이 타당하다.[130] 그에 보태어 주가 형성에 위반행위 외에 제3의 원인이 개입되어 영향을 준 경우 인과관계 판단의 기본적인 기준은, 제3의 원인이 위반행위로 인한 주가 형성의 효과를 본질적으로 상쇄시킬 만한 요소인지 여부를 가려 제3의 원인으로 인한 효과가 위반행위로 인한 주가 형성의 효과를 본질적으로 차단할 정도에 이른 경우에는 위반행위로 인한 부당이득을 산정함에 있어 제3의 원인으로 인한 효과를 배제하여야 하나, 제3의 원인이 위반행위로 인한 주가 형성의 효과를 본질적으로 상쇄할 수준에 이르지 못한 경우에는 그 전체액수를 위반행위로 인한 부당이득액으로 보는 것이다.

제3의 원인이 본질적이라고 하더라도 제3의 원인으로 인한 주가 형성분을 따로 산출하기 어려운 경우에는 결국 위반행위로 인한 전체 부당이득액은 '액수 불상'인 것으로 보아야 하므로, 자본시장법 제443조 제1항에 따라 기본적인 형사처벌규정만 적용할 수 있을 뿐이다.

위반행위로 인한 부당이득액 산정 시 제3의 원인이 개입된 경우, 이와 같은 판단기준은 '본질적 상쇄기준'으로 부를 수 있을 것이다.

② 구체적 적용 사례

예를 들어 시세 상승이 신약기술 개발 완료 허위사실 유포 등 위반행위 외에 때마침 조류독감의 유행 조짐 등 다른 상황적 요인이 작용하였더라도 위반행위로 얻은 이익을 계산함에 있어서는 직접적인 인과관계가 있는 이익에 한정할 것이 아니라 그 상승분 전체를 위반행위로 얻은 이익으로 보아야 한다.[131]

---

130) 대법원 2004. 9. 3. 선고 2004도1628 판결 ; 대법원 2005. 4. 15. 선고 2005도632 판결 ; 광주고등법원 2008. 7. 10. 선고 2007노281 판결 등.

131) 광주고등법원 2008. 7. 10. 선고 2007노281 판결. 같은 취지로 서울중앙지방법원 2008. 12. 10. 선고 2008노3093 판결 참고.

'신약기술을 개발하였다'는 허위사실을 유포해 시세 상승을 견인하려던 차에 마침 '조류독감이 유행할 수 있다'는 등의 언론보도가 나와 시세 상승의 폭이 커진 사안에서, '조류독감 유행 언론보도'라는 제3의 요소는 '신약기술 개발' 허위사실 유포에 따른 시세 상승을 본질적으로 상쇄하는 요인이 아니라 오히려 그 시세 상승에 탄력을 가하는 요소로 봄이 상당하므로, 그 시세 상승분 전액을 위반행위로 얻은 이익으로 보아야 하는 것이다. 반대로 제3의 요소가 기존 위반행위로 인한 시세 상승을 상쇄할 수 있을 만큼 본질적으로 중요한 요인이어서(본질적 상쇄기준) 제3의 요소가 개입된 이후 시세 상승이 전적으로 위반행위로 인한 결과라고 보기 어렵다고 평가되는 경우에는 전체 시세 상승분에서 제3의 요인이 미친 시세 상승분을 제거한 이득을 위반행위로 얻은 이익으로 삼아야 한다.[132)]

만약 제3의 요인이 영향을 준 시세 상승분을 정확히 특정하기 어려워 제3의 요인이 개입된 이후 시세 상승이 위반행위로 인한 것인지 제3의 원인에 기한 것인지 가리기 불가능하다면 제3의 요소가 개입된 이후 위반행위로 얻은 이득분은 '액수 불상'이라고 하여야 한다. 판례 중에는 "위반행위 이전부터 이미 시장상황에 의해 주가가 약 400퍼센트 이상 상승하던 상황에서 허위공시가 있었던 다음 날 주가가 전날보다 100퍼센트 상승했다는 사정만으로는 그와 같은 주가 상승에 허위공시가 어느 정도의 영향을 미쳤는지 알 수 없다"며 이익액 산정이 불가능하다는 취지로 판시한 경우가 있는데[133)] 참고할 만하다.

이와 같은 견지에서 주가 상승의 원인이 피고인들의 증권거래법 위반

132) 대법원 2010. 4. 15. 선고 2009도13890 판결 참고.
133) 서울고등법원 2005. 10. 21. 선고 2005노684 판결.

(시세조종 · 부정거래 등)행위, 재벌 3세의 투자 공식화로 인한 주식시장의 기대심리, 당해 회사를 통한 우회상장이 가져올 주가 상승요인 등이 복합적으로 작용한 사안에서 '부당이득을 계산할 수 없다'고 판결한 판시취지를 이해할 수 있다.[134)]

그 외 부정거래행위로 주가가 상승하던 중 대통령이 공식석상에서 관련 기술에 대해 "This is our dream"이라고 설명하는 바람에 부정거래행위의 대상인 주식은 물론 동종 업계의 주가가 대통령의 설명 이전과 비교하기 힘들 정도로 큰 폭으로 상승한 경우, '대통령의 설명 이후 주가 상승분은 위반행위와 인과관계를 인정하기 어려워 이를 제외하고 이익액을 산정하여야 하나 그 부분만 분리해 이익액을 산정하기 충분하지 않으므로 결국 전체 이익액을 산정할 수 없다'는 판시취지도 수긍할 만하다.[135)] 아울러 위반행위로 주가가 상승하던 차에 당해 업종과 관련된 정부정책, 국회 입법상황 등이 보도되어 주가 상승에 탄력을 받은 사안에서 그 시세 상승분 전부가 위반행위로 인한 것이라고는 보기 어렵다고 생각한다.[136)]

'본질적 상쇄효과' 등을 이유로 위반행위로 인한 이익을 산정할 수 없는 경우에는 '액수 불상'으로 기소하고 재판함이 타당하다. '액수 불상'으로 기소하더라도 공소사실에 심판의 대상인 구체적 범행일시 · 장소 · 방법 등이 적시되었다면, 공소사실은 특정되었다고 할 수 있으므로 함부로 공소기각 판결(형사소송법 제327조)을 하여서는 안 된다.

134) 서울고등법원 2011. 8. 18. 선고 2010노3506 판결.

135) 서울고등법원 2011. 6. 9. 선고 2010노3160 판결 ; 대법원 2011. 10. 27. 선고 2011도8109 판결.

136) 서울남부지방법원 2014. 10. 2. 선고 2014고단1821 판결. 같은 취지로 서울북부지방법원 2014. 9. 26. 선고 2011고합204 판결 및 서울중앙지방법원 2015. 5. 29. 선고 2014고합329 판결 참고.

III. 불공정거래 범죄와 형사소송법 적용의 쟁점

1. 공소사실의 특정 정도

(1) 개요

불공정거래 범죄의 수사를 마치고 검사가 기소를 할 때에는 범죄의 일시, 장소, 방법 등을 명시하여 공소사실을 특정하여야 한다(형사소송법 제254조 제4항). 공소 제기의 절차가 법률의 규정에 위반하여 무효이면 공소기각 판결의 대상이 된다(형사소송법 제327조 제2호).

공소사실을 특정하도록 한 취지는 '법원에 대하여 심판의 대상을 한정하고, 피고인에게 방어의 범위를 특정하여 그 방어권 행사를 쉽게 해주기 위한 것'이다.[137] 따라서 공소사실은 이러한 요소를 종합하여 구성요건 해당 사실을 다른 사실과 구별할 수 있을 정도로 기재하면 족하고, 공소장에 범죄의 일시 · 장소 · 방법 등이 구체적으로 적시되지 않았더라도 위와 같이 공소사실을 특정하도록 한 법의 취지에 반하지 않으면 공소사실은 특정되었다고 보아야 한다.[138] 특히 포괄일죄에 있어서는 그 일죄의 일부를 구성하는 개개의 행위에 대하여 구체적으로 특정되지 아니하더라도 그 전체 범행의 시기와 종기, 범행방법, 피해자나 상대방, 범행횟수나 피해액의 합계 등을 명시하면 이로써 범죄사실은 특정된다.[139]

자본시장법상 미공개중요정보 이용행위(제174조), 시세조종행위(제176조),

---

137) 대법원 2002. 6. 20. 선고 2002도807 전원합의체 판결 ; 대법원 2016. 12. 15. 선고 2015도3682 판결 등.
138) 대법원 2002. 6. 20. 선고 2002도807 전원합의체 판결.
139) 대법원 2002. 6. 20. 선고 2002도807 전원합의체 판결.

부정거래행위(제178조) 각 구성요건에는 '중요정보, 매매유인의 목적, 부정한 수단이나 방법 · 기교'와 같은 불확정 법률 개념들이 사용되고 있는데, 이는 사실관계에 관한 결론적 평가이지 공소사실의 특정 여부를 판단하는 요소는 아니다.

각 불공정거래 범죄에 있어서도 누가, 언제, 어디에서, 어떤 종목을, 어떤 방식으로 매매하였는지 알 수 있으면 공소사실은 특정되었다고 보아야 할 것이다. 불공정거래 범죄로 얻은 부당이득액수도 구성요건사실이므로 원칙적으로 공소사실에 적시하여야 한다. 액수 불상이면 '액수 불상'으로 적시함이 바람직하다.

만약 공소사실이 특정되지 아니한 부분이 있다면 검사에게 석명을 구하여 특정을 요구하여야 하지 만연히 공소기각 판결을 할 것은 아니며, 그럼에도 검사가 이를 특정하지 않는다면 그 부분에 한해 공소를 기각하여야 할 것이다.[140)]

(2) 매매거래내역을 별도 저장매체에 저장하여 공소장에 첨부한 경우

이와 관련하여 불공정거래 범죄의 거래내역을 별도 CD 등 저장매체에 저장한 후 공소장에 첨부하여 기소하는 사례가 더러 있다. 출력물이 방대하기 때문에 공소장의 공소사실에는 범행의 특정에 필요한 처음과 마지막 매매거래 정도만 기재하고 나머지 거래내역은 별도의 출력물 없이 CD 등에 저장하여 공소장에 첨부한 다음 기소를 한 경우 적법한 공소 제기 여부가 문제 될 수 있다.

이에 대해 판례[141)]는, 공소 제기는 검사가 법원에 대하여 특정한 형사

---

140) 대법원 2016. 12. 15. 선고 2015도3682 판결 등.
141) 대법원 2016. 12. 15. 선고 2015도3682 판결.

사건의 심판을 구하는 소송행위로서 형사소송법 제254조 제1항(공소를 제기함에는 공소장을 관할법원에 제출하여야 한다), 동조 제3항(공소장에는 피고인의 성명, 기타 피고인을 특정할 수 있는 사항, 죄명, 공소사실, 적용법조를 기재하여야 한다), 형사소송법 제266조(공소 제기가 있는 때에는 지체 없이 공소장의 부본을 피고인 또는 변호인에게 송달하여야 한다), 형사소송법 제57조 제1항(공무원이 작성하는 서류에는 법률에 다른 규정이 없는 때에는 작성 연월일과 소속 공무소를 기재하고 기명날인 또는 서명하여야 한다) 등 제반 규정에 비추어, 검사가 작성하는 공소장은 '공무원이 작성하는 서류'에 속하므로 위 규정에 따라 공소장에는 검사의 기명날인 또는 서명이 있어야 한다는 전제 아래, "이처럼 형사소송법이 공소 제기에 관하여 서면주의와 엄격한 요식행위를 채용한 것은 앞으로 진행될 심판의 대상을 서면에 명확하게 기재하여 둠으로써 법원의 심판대상을 명백하게 하고 피고인의 방어권을 충분히 보장하기 위한 것이므로, 서면인 공소장의 제출은 공소 제기라는 소송행위가 성립하기 위한 본질적 요소라고 보아야 한다. 또한 이와 같은 절차법이 정한 절차에 따라 재판을 받을 권리는 헌법 제27조 제1항이 규정하는 법률에 의한 재판을 받을 권리에 해당한다. 따라서 서면인 공소장의 제출 없이 공소를 제기한 경우에는 이를 허용하는 특별한 규정이 없는 한 공소 제기에 요구되는 소송법상의 정형을 갖추었다고 할 수 없어 소송행위로서의 공소 제기가 성립되었다고 볼 수 없다"고 하였다.

계속하여 "검사가 공소사실의 일부가 되는 범죄일람표를 컴퓨터 프로그램을 통하여 열어 보거나 출력할 수 있는 전자적 형태의 문서로 작성한 후, 종이문서로 출력하여 제출하지 아니하고 전자적 형태의 문서가 저장된 저장매체 자체를 서면인 공소장에 첨부하여 제출한 경우에는, 서면인 공소장에 기재된 부분에 한하여 공소가 제기된 것으로 볼 수 있을 뿐이고,

저장매체에 저장된 전자적 형태의 문서 부분까지 공소가 제기된 것이라고 할 수는 없다. 이러한 형태의 공소 제기를 허용하는 별도의 규정이 없을 뿐만 아니라, 저장매체나 전자적 형태의 문서를 공소장의 일부로서의 서면으로 볼 수도 없기 때문이다. 이는 전자적 형태의 문서의 양이 방대하여 그와 같은 방식의 공소 제기를 허용해야 할 현실적인 필요가 있다거나 피고인과 변호인이 이의를 제기하지 않고 변론에 응하였다고 하여 달리 볼 것도 아니다. 그리고 형사소송규칙 제142조에 따르면 검사가 공소장을 변경하고자 하는 때에는 그 취지를 기재한 서면인 공소장 변경 허가신청서를 법원에 제출함이 원칙이고, 피고인이 재정하는 공판정에서 피고인에게 이익이 되거나 피고인이 동의하는 예외적인 경우에 구술에 의한 신청이 허용될 뿐이므로, 앞에서 본 법리는 검사가 공소장변경 허가신청서에 의한 공소장변경 허가를 구하면서 변경하려는 공소사실을 전자적 형태의 문서로 작성하여 그 문서가 저장된 저장매체를 첨부한 경우에도 마찬가지로 적용된다"고 판시하였다.

그러나 형사소송법이 공소 제기에 있어 서면주의와 요식행위를 택한 것은 심판의 대상을 명확히 하고 피고인의 방어권을 보장하기 위한 것이다. 서면인 공소장 기재 공소사실에 심판의 대상이 특정되어 있고 피고인도 심판의 대상이 무엇인지 객관적으로 알 수 있어 방어권 보장에 지장이 없다면, 매매거래내역을 공소사실에 모두 기재하지 않고 저장매체에 담아 공소장에 편철하는 방식으로 기소를 하더라도 적법한 공소 제기라고 하여야 한다.

전체 매매거래내역을 저장매체에 저장해 기소하더라도 심판의 대상은 이미 확정되어 있는 것이며, 그 자체를 피고인에게 제공하므로 매매거래내역을 빠짐없이 공소사실에 적시하지 않거나 그 출력물을 빠짐없이 첨부하지 않더라도 피고인의 방어권 보장에 차질이 발생하지 않는다. 형식적 논리의 위 판례 입장은 타당하지 않으며 종국적으로 형사소송규칙 등을 개정하여 저장매체 첨부 공소 제기방식의 근거규정을 마련할 필요가 있다고 본다.

2. 범의의 입증 : 특히 '정당한 시세조종과 헤지거래'의 구별

불공정거래 범죄가 성립하기 위해서는 객관적 구성요건요소에 대한 범의, 즉 주관적 구성요건요소가 인정되어야 한다. 주관적 구성요건요소는 객관적 구성요건상 각 불공정거래 범죄행위를 실현하려는 인식과 의사를 뜻한다고 할 수 있다. 그 입증책임은 검사가 부담한다.

통상의 경우, 미공개중요정보 이용행위나 시세조종행위 · 부정거래행위의 각 객관적 구성요건이 실현되었다면 고의는 인정된다. 확정적 고의가 아니라 미필적 고의여도 무방하고 고의 외에 다른 동기가 혼재되어 있어도 상관없다.[142] 고의는 내심의 의사이므로 드러나지 않으나 당사자가 자백을 하지 않더라도 실현된 결과와 간접증거, 정황을 종합하여 인정이 가능하다.

그런데 특히 자본시장법 제176조 제2항은 현실거래에 의한 시세조종의 주관적 구성요건요소로 고의 외에 '매매 유인의 목적'이라는 초과주관적 구성요건요소를 요구한다. 이와 같은 경우 객관적 구성요건요소에 대한 인식과 실현 의사에 더하여 매매 유인의 목적까지 인정되어야 범죄가 성립한다.

'매매 유인목적'의 인정 여부가 문제 되었던 대표적 사건으로는 도이치

142) 대법원 2012. 11. 29. 선고 2012도1745 판결 ; 서울중앙지방법원 2016. 1. 25. 선고 2011고합1120 판결 등.

증권과 대한전선 간 녹아웃(knock-out)옵션 시세조종 사건,[143] 2010년 옵션쇼크 사태,[144] 주가연계증권(Equity Linked Securities, ELS) 헤지거래와 관련된 사건[145] 등을 들 수 있다.

이 사건들의 공통점은, 사실은 시세조종을 도모하였음에도 외관상으로는 정당한 헤지거래를 가장하였고 그것이 헤지거래의 외형을 띠고 있음은 물론 헤지의 의도를 전면 부인하기도 어려워 그것이 자본시장법상 시세조종에 해당하는 불공정거래 범죄인지 여부가 명확하지 않았다는 점이라고 할 수 있다.

정당한 헤지거래라도 불가피하게 시세에 영향을 줄 수 있고 또 다른 차원에서 시세조종이라고 할지라도 오로지 시세를 왜곡할 의도만 있는 것이 아니라 거기에 헤지목적이 함께 인정되는 경우도 있을 수 있어 헤지와 시세조종을 구별하기란 말처럼 간단한 문제가 아니며, 따라서 정당한 헤지거래와 불법적인 시세조종을 구별하는 데 도움되는 판단기준이 가능한 구체적으로 정리될 필요가 있는 것이다.

정당한 헤지거래를 시세조종으로부터 구별해 보호하기 위해서라도 헤지거래와 시세조종의 구별은 분명해야 하고 또한 예측이 가능하여야 한다. 그런 관점에서 정당한 헤지거래와 시세조종은 '행위 당시의 정황+거래방식+그로 인한 이익규모' 기준을 종합하여 판별이 가능하다고 본다.

행위 당시의 정황은 곧 '범행동기'를 의미한다. 그와 같은 행위를 할 수밖에 없었던 상황을 뜻한다. '정황'이라는 간접사실을 통해 헤지 외에

143) 대법원 2012. 11. 29. 선고 2012도1745 판결.

144) 서울중앙지방법원 2016. 1. 25. 선고 2011고합1120 판결.

145) 예컨대 미래에셋증권 주가연계증권 형사사건(대법원 2015. 6. 11. 선고 2014도11280 판결), 도이치증권 주가연계증권 민사사건(대법원 2016. 3. 24. 선고 2013다2740 판결), BNP파리바은행 주가연계증권 민사사건(대법원 2016. 3. 10. 선고 2013다7264 판결) 등.

다른 목적이나 추구하는 바가 있었음이 인정된다면 시세조종의 범의가 추단된다.

'거래방식'은 시세조종 구별의 가장 중요한 판단기준으로서 헤지거래라 하더라도 시장에 미치는 영향을 최소화하기 위해 사전에 거래소의 가이드라인이나 내부 준법감시인에 의한 컴플라이언스를 따라야 한다. 이와 같은 규준을 준수하지 않은 채 합리적으로 설명되지 않은 방식의 거래를 하였다면 이로써 시세조종의 범의는 강력히 추단되는 것이다.

마지막으로 시세조종은 부당한 이익을 추구하는 범죄라서 그로 인한 '이득규모'가 통상의 헤지거래를 통해서는 달성하기 힘든 수준인 경우가 많다. 따라서 그 거래행위로 인해 취득한 부당이득(손실회피액 포함)의 규모가 정상적인 헤지거래를 통해 얻기 어려운 정도라면 시세조종의 범의는 추정된다고 보아야 한다. 다만 '이익기준'은 '동기와 방식' 기준에 비해 부수적인 결과기준이므로 '이익기준'만으로 시세조종을 단정하기는 부족하고 동기와 방식까지 모두 살펴보아야 한다.

정당한 헤지거래와 시세조종은 '동기 · 방식 · 이익' 3가지 관점에서 확연히 구별되며, 세 기준에 모두 부합하는 경우라면 그것은 정상적 헤지거래가 아니라 시세조종으로 봄이 타당하다. 이는 현실거래에 의한 시세조종에 있어 '매매 유인목적'의 판단기준과도 일치한다. 위에서 제시한 세 기준을 모두 충족하는 경우라면 시세조종의 '매매 유인목적'도 충분히 인정된다.

자본시장법상 불공정거래 범죄를 적발하고 처벌하기 위해서는 엄격한 증거가 필요하다. 그러나 현실적으로 이를 뒷받침할 직접증거는 흔하지 않다. 그것도 정상거래를 가장한 불공정거래 범죄를 판별해 내기 위해서는 위반행위자들의 내심의사를 추단할 만한 간접증거를 충분히 확보하지 않으면 안 된다. 그러므로 자본시장에서 발생하는 불공정거래 범죄의 형사책임 추궁을 좌우하는 것은 결국 위반행위자들의 범의를 추론할 수 있는 간접증거의 확보라고 해도 과언이 아니다.

간접증거 중에서도 '행위동기, 거래방식, 이익규모'와 관련된 가능한 많은 수의 간접증거를 찾아내는 것이 핵심이다. 자본시장 불공정거래 범죄의 수사는 물론이고 공판과정에서 방향을 잃지 않고 정확한 실체판단을 할 수 있기 위해서는 이러한 '동기 · 방식 · 이익' 기준과 관련된 증거의 조기 확보 및 증거판단과 사실관계 검토에 집중하여야 할 것이다.[146)]

3. 불공정거래 범죄 적발 유관기관 작성 문서의 증거능력

(1) 한국거래소 심리보고서

자본시장 불공정거래 범죄는 한국거래소(이하 '거래소')[147)] 시장감시본부의 시장감시시스템을 통해 적발되는 경우가 많다. 거래소의 자체 적발이 아니라 금융위원회나 금융감독원[148)] 또는 검찰에 불공정거래 범죄에 대한 제보가 접수되는 경우가 있는데, 불공정거래행위는 매매정보에 대한 분석 없이 확인하기 어렵고 해당 종목의 거래데이터정보[매매정보, 매매주문 IP(Internet Protocol) 등 매매행위자를 추적할 수 있는 정보 등]는 거래소에 보관되어 있기 때문에 이 경우 특별한 사정이 없는 한 그 제보는 1차 분석을 위해 거래소에 이첩된다.

146) 정당한 헤지거래와 시세조종의 구별기준에 관해 상세한 것은, 김영기, 앞의 논문(주 104), 54-116면 참고.

147) 자본시장법상 한국거래소의 법적 근거, 조직, 구성, 권한 등에 대해 상세한 설명은 한국증권법학회, 자본시장법 주석서 II, 박영사, 2015, 846면 이하 참고.

148) 자본시장법상 금융위원회, 금융감독원의 감독 및 처분권한에 대해 상세한 설명은 한국증권법학회, 앞의 책(주 147), 979면 이하 참고.

거래소의 시장감시부에 의해 적출된 이상거래자료는 심리부로 넘겨진다. 심리부는 주문자, 주문태양, 주문 양, 가격의 변동 폭 등 거래소에 수집되어 있는 매매 관련 정보, 증권사 보관정보 등을 이용해 불공정거래 범죄의 흔적을 검토해 적발한다. 금융위원회나 금융감독원 또는 검찰에 접수된 제보를 이첩받은 경우에도 같은 방법으로 불공정거래 범죄의 존재 가능성 여부를 살펴본다.

거래소의 심리결과 작성되는 보고서가 심리보고서인데 심리보고서에는 심리 착수경위, 당해 종목의 가격 변동과 주문량 추이, 주문자의 인적사항, 그 종목 내지 법인과 주문자의 관계, 주문자들 상호관계 등에 대한 분석내용과 그 결과 불공정거래 범죄 여부에 대한 거래소의 1차 판단이 기재되어 있다. 다만 거래소는 객관적인 정보를 토대로 불공정거래 범죄 여부를 살펴 그 단서를 발견할 뿐 관련자를 불러 문답조사를 할 권한이 없다. 거래소의 주된 역할은 금융감독원에 의한 문답조사, 증권선물위원회의 고발의결이나 검찰의 수사에 필요한 기초자료를 생산하는 것인데, 거래소의 분석결과가 이후 불공정거래 범죄를 형사처벌하기 위한 절차에 실질적으로 영향을 미치므로 거래소의 1차 분석은 매우 중요할 뿐만 아니라 정확하여야 한다.

검찰은 거래소의 심리보고서를 불공정거래 범죄수사에 참고하는데 기소 시 거래소에서 작성한 심리보고서를 당해 사건의 증거로 활용하기도 한다. 검찰이 거래소의 심리보고서를 형사재판의 증거로 법원에 제출하는 경우, 심리보고서의 증거능력 인정요건이 문제 된다. 거래소의 심리보고서는 전문증거이므로 이를 형사재판의 증거로 채택하기 위해서는 형사소송법이 규정한 전문법칙의 예외요건을 충족하여야 한다.

2016년 5월 29일 개정된 형사소송법 제313조는 "① 전 2조의 규정 이외에 피고인 또는 피고인이 아닌 자가 작성한 진술서나 그 진술을 기재한 서류로서 그 작성자 또는 진술자의 자필이거나 그 서명 또는 날인이 있는 것(피고인 또는 피고인 아닌 자가 작성하였거나 진술한 내용이 포함된 문자·사진·영상 등의 정보로서 컴퓨터용 디스크, 그 밖에 이와 비슷한 정보저장매체에 저장된 것을 포함한다. 이하 이 조에서 같다)은 공판 준비나 공판기일에서의 그 작성자 또는 진술자의 진술에 의하여 그 성립의 진정함이 증명된 때에는 증거로 할 수 있다. 단, 피고인의 진술을 기재한 서류는 공판 준비 또는 공판기일에서의 그 작성자의 진술에 의하여 그 성립의 진정함이 증명되고 그 진술이 특히 신빙할 수 있는 상태하에서 행하여진 때에 한하여 피고인의 공판 준비 또는 공판기일에서의 진술에 불구하고 증거로 할 수 있다. ② 제1항 본문에도 불구하고 진술서의 작성자가 공판 준비나 공판기일에서 그 성립의 진정을 부인하는 경우에는 과학적 분석결과에 기초한 디지털포렌식 자료, 감정 등 객관적 방법으로 성립의 진정함이 증명되는 때에는 증거로 할 수 있다. 다만, 피고인 아닌 자가 작성한 진술서는 피고인 또는 변호인이 공판 준비 또는 공판기일에 그 기재내용에 관하여 작성자를 신문할 수 있었을 것을 요한다. ③ 감정의 경과와 결과를 기재한 서류도 제1항 및 제2항과 같다"며 피고인 또는 피고인이 아닌 자가 작성한 진술서, 그 진술을 기재한 서류의 증거능력요건에 대해 규정한다.

거래소의 심리보고서는 형사소송법 제311조 '법원 또는 법관의 조서', 제312조 '검사 또는 사법경찰관의 조서'에 해당하지 않음이 분명하고 제315조의 '당연히 증거능력이 있는 서류'라고 할 수도 없다.[149] 결국 거래

149) 거래소의 심리보고서는 형사소송법 제315조 제1호의 당연히 증거능력이 있는 문서가 아니다. 제2호 '상업일지나 항해일지'처럼 업무상 필요에 의해 통상 작성된 문서라고 할 수도 없다. 검토하자면 제3호 '기타 특히 신용할 만한 정황에 의해 작성된 문서'에 해당할 수 있는지 여부인데, 객관적 데이터를 토대로 하는 것이라고 해도

소의 심리보고서는 '그 거래가 불공정거래 범죄 소지가 있는지 여부'와 관련하여 보고서 작성자가 해당 자료를 분석하고 그 결론을 기재해 작성한 진술서로 봄이 타당하다. 하지만 거래소의 심리보고서에는 보고서 작성자(담당자)의 이름, 휴대전화 번호만 기재되어 있을 뿐 보고서 작성자의 서명 · 날인이 없다. 이와 같은 이유로 검찰은 불공정거래를 수사하면서 심리보고서 작성자를 상대로 참고인조사를 한 후 심리보고서와 함께 그 진술조서를 증거로 법원에 제출하기도 한다.

이 경우, 보고서 작성자에 대한 참고인 진술조서는 형사소송법 제313조 제1항에 따라 진술자인 보고서 작성자가 공판준비기일이나 공판기일에 출석해 그 성립의 진정함을 인정하여야 증거사용이 가능하다. 이때 증거능력이 부여되는 것은 보고서 작성자에 대한 참고인 진술조서로서 심리보고서의 내용은 진술조서에 기재된 형태로 간접 표출된다. 법정에서 보고서 작성자를 상대로 심리보고서에 대한 진정 성립과 보고서내용을 증인신문함으로써 보고서내용을 현출한다.

(2) 금융위원회 자본시장조사단 또는 금융감독원의 문답서

금융위원회 자본시장조사단(이하 '금융위원회')은 직접 불공정거래 범죄 관련자를 불러 문답조사를 할 수 있고, 또 금융감독원에 이를 위임하여 조사할 수도 있다(자본시장법 제426조 내지 제427조의2). 금융위원회나 금융감독원의 문답조사는 위와 같이 자본시장법에 근거한 것으로 위법한 것이 아니다. 다만 그 성격은 수사가 아니라 행정수단으로서의 조사로 봄

심리보고서에는 보고서 작성자의 판단이 개입될 수밖에 없으므로 심리보고서를 '특히 신용할 만한 정황에 의해 작성된 문서'라고 하기도 어렵다고 할 것이다.

이 타당하다. 수사는 사법기관의 형사처벌을 위한 증거 수집절차인 반면, 행정수단으로서 조사는 기초적 사실관계를 확인하고 검찰고발 등 정식 형사절차로의 이행 여부를 결정짓기 위한 행정기관의 행정 활동이란 점에서 차이가 있다. 그러므로 금융위원회나 금융감독원의 문답조사 시 '범죄사실의 요지, 변호인선임권, 불리한 진술을 거부할 권리 등' 형사소송법 제244조의3에 규정된 피의자의 권리를 고지하지 않았더라도 그 문답조사가 반드시 위법하다고 볼 수는 없다.[150)]

금융위원회나 금융감독원의 문답조사에는 질문자와 답변자의 서명 · 날인이 기재된다. 그러나 작성자들은 사법경찰관리의 자격을 부여받은 자들이 아니다. 따라서 문답서의 증거능력은 형사소송법 제313조 제1항에 따라 부여된다.[151)] 즉 문답서의 진술자가 공판준비기일 또는 공판기일에 자신의 진술 부분에 대해 그 성립의 진정함을 증명한 때에 문답서에 기재되어 있는 진술내용을 증거로 사용할 수 있다. 피고인의 진술을 기재한 문답서는 공판 준비 또는 공판기일에서의 그 성립의 진정함이 증명되고 그 진술이 특히 신빙할 수 있는 상태하에서 행하여진 때에 한하여 피고인의 공판 준비 또는 공판기일에서의 진술에 불구하고 증거로 할 수 있다 (형사소송법 제313조 제1항).

최근 판례[152)]도 금융감독원 선임조사역 작성 문답서의 증거능력을 인정한 바 있다. 위 사건에서 금융감독원 선임조사역이 피고인 등을 상대로 작성한 문답서의 증거능력 유무가 문제 되었다. 피고인은 "금융감독원 선임조사역은 법률에 따라 수사권한이 인정되는 수사기관에 해당하지 않으

---

150) 다만 현실적으로는 금융감독원 문답조사 시에도 진술거부권 등을 고지하고 있다.

151) 대법원 2015. 2. 26. 선고 2014도16973 판결 ; 서울중앙지방법원 2013. 12. 5. 선고 2013고단3067 판결 등.

152) 대법원 2015. 2. 26. 선고 2014도16973 판결. 다만 이 사건에서 금융감독원 선임조사역 작성 문답서의 증거능력이 핵심 쟁점은 아니었다.

므로 선임조사역에 의해 작성된 문답서와 문답서에 기초해 수집된 증거들은 모두 위법수집증거에 해당하여 증거능력이 없다"고 주장하였다. 그러나 법원은 "금융감독원장은 자본시장법 제438조 제4항, 동법 시행령 제387조 제3항, 제426조 제2항 등에 근거해 증권선물위원회로부터 자본시장법 위반 등의 조사업무 집행을 위해 조사에 필요한 장부, 서류나 그 밖의 물건 제출은 물론 관계자의 출석과 진술을 요구할 수 있으므로 금융감독원 선임조사역의 본건 조사활동은 적법하다"며 문답서의 증거능력을 인정하였다.

금융감독원 선임조사역의 문답조사는 수사 활동이 아니라 수사 활동을 보조하기 위한 (또는 수사 활동에 선행하는) 행정조사이고 자본시장법에 근거가 마련되어 있으므로 형사소송법 제313조 제1항의 증거능력 부여요건을 충족한다면 증거능력이 인정된다.[153] 공판 준비나 공판기일에서 진술자가 성립의 진정을 부인하는 경우에는 과학적 분석결과에 기초한 디지털포렌식 자료, 감정 등 객관적 방법으로 성립의 진정함이 증명되는 때 증거로 사용할 수 있다고 할 것이다.[154]

---

153) 서울중앙지방법원 2013. 12. 5. 선고 2013고단3067 판결 ; 대법원 2015. 2. 26. 선고 2014도16973 판결 참고.

154) 이러한 진정 성립의 증명체제 도입은 '성립의 진정'을 당사자의 진술에만 의존한 나머지 객관적으로 성립의 진정이 인정되는 사안임에도 당사자가 이를 부인함으로써 증거로 사용하지 못하게 되는 폐단을 극복하고자 2016년 5월 형사소송법의 개정으로 도입된 것이다. 디지털수사가 보편화되는 추세에 맞추어 성립의 진정을 당사자의 진술에서 해방시키고 객관적 방법으로 증거사용이 가능하게 하였다는 점에서 매우 타당한 개정이라고 하지 않을 수 없다. 다만 '문답조사 시 답변자가 그와 같이 진술하였다'는 질문자의 법정증언은 여기에서 말하는 객관적인 방법이라고 하기 어렵다.

4. 불공정거래 범죄 부당이득액 산정과 전문가 진술(expert witness)

자본시장 불공정거래 범죄의 형사처벌과 관련하여서는 전문가들의 의견을 필요로 하는 사항이 적지 않다. 그중 대표적인 분야가 불공정거래 범죄로 인한 부당이득액수 산정이다.

거래소는 심리단계에서부터 해당 불공정거래의 부당이득액을 계산하여 심리보고서에 기재한다. 부당이득액이 적시된 심리보고서는 금융감독원, 금융위원회 증권선물위원회를 거쳐 검찰에 전달되어 수사에 참고된다.

검찰수사단계에서도 부당이득액수에 대한 검토가 이루어지지만 거래소의 부당이득액이나 이후 금융감독원 등을 거치며 수정 · 검토된 부당이득액을 기초로 하기 때문에 정확한 부당이득액수 판단을 위해 최초 이를 산정한 전문가 의견을 들어 볼 필요가 있다.

부당이득액수 산정에 관해 거래소 심리보고서에 기재된 내용이 충분하지 않으면 그와 같은 액수를 산정하게 된 방식, 경위 등이 별도 보고서로 작성되어 검찰수사에 제출되기도 한다. 사안이 복잡해 정확한 부당이득액수 산정이 쉽지 않은 사안이라 직접 전문가의 진술을 들어 볼 필요가 있다고 판단되면, 검찰은 부당이득액수를 산정한 전문가를 상대로 직접 부당이득액수 산정에 관한 내용을 조사한다. 그러므로 부당이득액에 관한 전문가의 참고인 진술조서는 형사소송법 제313조 제1항에 따라 진술자(전문가)가 공판 준비 또는 공판기일에 법정에 출석하여 그 성립의 진정함을 증명한 때에 증거로 사용할 수 있다.

공판단계에서 피고인의 요청 등에 따라 부당이득액수 산정을 검증할 수도 있다. 부당이득액수 산정은 외부 전문기관이나 전문가에게 위탁되고 그 결과는 검증조서형식으로 작성된다. 검증조서는 형사소송법 제313조

제3항에 따라 작성자가 공판 준비 또는 공판기일에서 그 성립의 진정함을 증명한 때에 증거로 사용할 수 있다. 경우에 따라서는 법원의 직권으로 법정에서 전문가를 증인신문하는 방식으로 부당이득액수 산정에 관한 증언을 청취할 수 있다. 법정에서 이루어지는 전문가 증언은 피고인의 반대신문이 가능한 데다가 전문진술이 아니다. 따라서 전문법칙의 예외에 해당하는지를 따질 필요가 없이 그 자체로 증거능력이 있다.

IV. 자본시장 불공정거래 범죄의 형사제재 관련 개선방안

1. 불공정거래 범죄의 구성요건 관련하여

(1) '2차 이하 정보수령자'의 형사처벌 필요

자본시장법 제174조 미공개중요정보 이용행위의 금지규정은 법문상 '내부자, 준내부자로부터 미공개중요정보를 받은 자'로 그 대상이 한정되어 있다. 이와 같은 이유로 그 필요성은 인정하면서도 죄형법정주의원칙상 엄격한 해석을 하여야 하므로 2차 이하 정보수령자는 동조 규정에 의한 처벌대상이 아니라는 견해[155]가 있다. 반면 내부자거래 규제의 실효성을 확보할 필요에서 2차 이하 정보수령자도 포함된다고 보는 반대견해[156]도 있다. 판례[157]는 전자의 입장을 취하고 있다.

---

155) 김건식 / 정순섭, 자본시장법, 두성사, 2017, 286면 ; 임재연, 자본시장법, 박영사, 2017, 847면 등.

156) 최재경, "증권거래법상 내부자거래의 형사처벌 관련문제," 법무연구 제27호(2000), 법무연수원, 55면.

157) 대법원 2002. 1. 25. 선고 2000도90 판결 ; 서울중앙지방법원 2006. 8. 28. 선고 2006

그런데 현재의 법규정상으로도 미공개중요정보 이용행위금지 규정에 2차 이하 정보수령자가 포함된다는 해석이 가능하다고 생각한다. 법문상 정보수령자의 범위를 '1차 정보수령자'로 국한하지 아니하였고 문언상 '…미공개중요정보를 받은 자…'에는 그 정보를 직접 전달받은 자뿐만 아니라 전전유통된 정보를 전달받은 자까지 포괄한다고 보이기 때문이다. 정보가 전전유통될수록 해당 정보는 미공개정보에서 공개정보로 전환될 가능성이 높아 이와 같이 해석하더라도 미공개중요정보 이용행위금지 규정의 처벌범위가 무한정 확대될 가능성은 희박하다.

현재로서 2차 이하 정보수령자의 미공개중요정보 이용행위는 자본시장법 제178조의2 제1항 시장질서 교란행위의 규제대상일 뿐이나 미공개중요정보를 내부자나 준내부자로부터 '직접 전달받았는지' 아니면 '전전하여 제공받았는지'라는 우연적 사정에 따라 직접 전달받은 경우는 형사처벌하면서 전전하여 제공받은 경우는 과징금으로 가볍게 규제한다는 것은 합리적인 이유를 찾기 어렵다고 생각한다.

자본시장법상 1차 정보수령자와 2차 이하 정보수령자의 미공개중요정보 이용행위의 불법성이 다르다고 볼만한 근거는 아무것도 없는 듯하다. 자본시장법 개정을 통해 2차 이하 정보수령자의 미공개중요정보 이용행위도 1차 정보수령자와 마찬가지로 형사처벌의 대상으로 삼아 미공개중요정보 이용행위 형사제재의 빈틈을 없앨 필요가 있다고 할 것이다.[158)]

노1559 판결.

158) 사견으로 2차 이하 정보수령자를 자본시장법 제174조 미공개중요정보 이용행위 금지의 주체로 보기 어렵다면 2차 이하 정보수령자의 미공개중요정보 이용행위는 동법 제178조 제1항 부정거래행위 금지규정으로 제재할 수 있다고 본다. '포괄적 사기금지조항'은 미공개중요정보 이용행위금지나 동법 제176조 시세조종행위 금지 형사처벌규정의 공백을 보완하는 형사처벌 규정으로서 기능하여야 한다고 본다.

(2) 시세조종상 '매매 유인목적' 요건의 존치 필요 여부

자본시장법 제176조 제2항 현실거래에 의한 시세조종에 있어 '매매 유인목적'을 법규정상 주관적 요건으로 삼는 것이 타당한지에 대해서도 견해의 대립이 있다. 일부 견해는 "입증의 어려움, 매우 빠르고 다양하게 변화하는 시세조종행위를 규제함에 있어 '매매 유인목적'을 요건으로 하는 것이 오히려 투자자 보호에 걸림돌이 된다"는 이유로 '매매 유인목적'의 삭제를 주장한다.[159] 반면 "정상적인 매매와 시세조종은 구별되어야 하고, '매매 유인목적'을 요건으로 하지 않으면 처벌대상이 확대되어 시장의 매매거래가 위축될 수 있다"며 '매매 유인목적'의 존치를 주장하는 견해도 있다.[160]

판단컨대 정상적인 거래는 시세조종과 달리 보호되어야 함이 당연하지만 반드시 '매매 유인목적'을 법률상 주관적 구성요건으로 규정해 두어야 시세조종과 정상거래를 구별할 수 있는지는 의문이다. 아울러 '매매 유인목적'이라는 주관적 구성요건요소를 존치하여야만 처벌의 범위가 무한정 확대되는 것을 방지할 수 있는지도 재검토가 필요하다고 생각한다.

현실적으로 시세조종의 동기가 매우 다양해져 '매매 유인목적'의 의미가 직간접적인 시세조종의 동기를 모두 포섭하기에 부족한 상황에 도달한 나머지 '매매 유인'에서 '유인'의 의미가 불명확해졌다고 할 것이므로[161]

---

159) 서완석, "자본시장법상의 시세조종행위 규제," 상사판례연구 제22집 제3권(2009), 한국상사판례학회, 198면. 이와 같은 입장 아래에서는 통상의 거래관행을 벗어난 매매행위로 현실거래에 의한 시세조종의 객관적 요건을 충족한다면 바로 주관적 범의까지 인정될 수 있을 것이다.

160) 임재연, 앞의 책(주 155), 860면 ; 남궁주현, "현실매매에 의한 시세조종행위의 성립요건에 관한 고찰," 증권법연구 제12권 제2호(2011), 한국증권법학회, 277면 등.

161) 앞 대법원 2012. 11. 29. 선고 2012도1745 판결에서 본 것처럼, 도이치증권과 대한전선 간 경쟁적 시세조종 사건에서 피고인들이 진정으로 의도하였던 것은 사실은 녹아

미국 1934년 증권거래법 제10(b)조[162] 또는 미국 SEC Rule 10b-5[163]처럼 '유인목적'의 삭제를 검토할 필요가 있다. 입법적으로 '매매 유인목적'을 삭제하더라도 시세의 변동을 가져오는 모든 매매가 처벌대상이 되는 것은 아니고 앞에서 헤지거래와 시세조종의 구별에서 제안한 것처럼 '행위 당시의 정황, 거래의 합리성, 부당한 이익 추구 여부' 기준에 비추어 시세조종의 범의가 인정되는 때에만 처벌이 가능하므로 처벌의 범위가 부당

웃옵션조건의 성취와 성취 방해였지 투자자들의 매매 유인이 아니었다.

162) 1934년 증권거래법(Securities Exchange Act) 제10(b)조는 '누구든지 직간접적으로 시장에 영향을 미칠 수 있는 사기적인 수단, 메일, 장치나 설비 등을 사용하면 불법의 의사가 있는 것'으로 추정하며 이와 같은 객관적인 행위 외에 별도로 '매매 유인목적'과 같은 주관적 구성요건요소의 존재를 요구하지 않는다[SEA of 1934 §10 (Manipulative and Deceptive Devices) It shall be unlawful for any person, directly or indirectly, by the use of any means or instrumentality of interstate commerce or of the mails, or of any facility of any national securities exchange — (b) To use or employ, in connection with the purchase or sale of any security registered on a national securities exchange or any security not so registered, or any securities-based swap agreement (as defined in section 206B of the Gramm-Leach-Bliley Act), any manipulative or deceptive device or contrivance in contravention of such rules and regulations as the Commission may prescribe as necessary or appropriate in the public interest or for the protection of investors].

163) SEC Rule 10b-5도 마찬가지로 '누구든지 직간접적으로 시장에 영향을 미칠 수 있는 사기적인 수단, 계획, 기교, 설비나 장치 등을 사용하면 불법의 의사가 있는 것'으로 추정하며 이러한 객관적인 행위 외에 추가로 '매매 유인목적'과 같은 주관적 구성요건요소의 존재를 요구하지 않고 있다[SEC Rule 10b-5 (Employment of Manipulative and Deceptive Devices) It shall be unlawful for any person, directly or indirectly, by the use of any means or instrumentality of interstate commerce, or of the mails, or any facility of any national securities exchange, (a) To employ any device, scheme, or artifice to defraud, (b) To make any untrue statement of a material fact or to omit to state a material fact necessary in order to make the statements made, in the light of the circumstances under which they were made, not misleading, or (c) To engage in any act, practice, or course of business which operates or would operate as a fraud or deceit upon any person, in connection with the purchase or sale of any security].

하게 확대될 염려는 없을 것이다. 객관적 구성요건요소에 대한 고의 외에 별도로 '매매 유인목적'을 존치할 이유는 없다고 본다.

2. 불공정거래 범죄의 형사처벌절차 관련하여

(1) 실태 개관

자본시장의 불공정거래 범죄는 한마디로 '치고 빠지는 특성'을 보이는 경우가 많다. 미공개중요정보 이용, 시세조종, 부정거래 등의 행위로 단기간에 막대한 이득을 챙기고서는 흔적만 남긴 채 사라지고 그 자리에는 영문을 모르는 선량한 투자자들의 피해만 남는다. 따라서 불공정거래 범죄에 적절히 대처할 수 있기 위해서는 초기에 증거와 관련자들의 신병을 확보하는 것이 어느 사건 수사에 있어서보다 중요하다. 그럼에도 현실은 그렇지 못한 것 같다. 우선 불공정거래 범죄의 수색을 담당하는 거래소의 시장감시와 심리에 수개월이 소요되고 이후 금융감독원의 문답조사에 또 수개월이 소요된다. 그 뒤 증권선물위원회의 고발의결을 거쳐 검찰에 관련 사건이 넘어올 때까지 다시 수개월이 걸린다. 이러다 보니 최초 거래소의 불공정거래 범죄 적발에서 검찰의 수사 착수 시까지 몇 개월은 보통이고 길게는 몇 년이 소요되는 사건도 발생한다. 그 결과 검찰이 수사에 착수하더라도 관련 증거를 제대로 확보하기가 쉽지 않다.

불공정거래 범죄의 발각부터 수사를 통한 증거 확보까지 이토록 오랜 시간이 요구되는 것은 '거래소 → 금융감독원 → 증권선물위원회 → 검찰'로 이어지는 구조에서 보는 바와 같이 수사 착수 이전 단계에 여러 기관이 순차적으로 관련되어 있을 뿐만 아니라 기관별 분석과 조사에도 적지 않은 시간이 요구되기 때문이다. 불공정거래 범죄에 대한 효과적 대응을 위해서는 검찰수사 착수 이전 단계를 간소화하고 효율적으로 다듬어야 할 상황이다.

(2) 신속처리절차의 보편화 필요

불공정거래 범죄 조사절차의 단순화 일환으로 2013년 9월 금융위원회 사무처장 직속의 '자본시장조사단'이 만들어졌고 '신속한 강제수사 및 공소시효 정지가 필요하거나 사회적 물의 야기로 신속한 처벌이 필요한 사건'은 신속처리절차(fast track)로 분류해 거래소 · 증권선물위원회 고발의결을 거쳐 바로 검찰이 수사에 착수할 수 있도록 조치하였다.

그러나 신속처리절차에 해당하는 사건 여부에 대한 판단이 1차적으로 거래소에 맡겨져 있어 '장기간 소요'라는 불공정거래행위 조사절차의 일반적인 문제점을 해결하기에는 부족해 보인다. 따라서 부당이득액의 규모가 일정 기준 이상인 사건은 당연신속처리절차로 분류해 거래소 적발에서 검찰 수사 착수에 이르는 시간을 단축할 필요가 있다.[164] 당연신속처리절차의 기준금액은 유관기관들의 협의로 결정하도록 하고 관련 근거 규정도 마련함이 타당하다.

시간의 단축뿐만 아니라 과정의 단축도 필요하다. 중요한 것은 자본시장의 불공정거래 범죄단서가 발견되면 바로 검찰이 수사를 시작해 관련 증거를 신속히 확보할 수 있도록 하는 것이다. 거래소, 금융감독원, 금융위원회 자본시장조사단, 국세청, 검찰 등의 주요인력을 모아 가칭 '증권범

164) 박정훈, "자본시장법상 불공정거래행위 수사시스템에 대한 비판적 고찰," 안암법학 제45권(2014), 안암법학회, 163면 이하 참고 ; 선종수, "자본시장과 금융투자업에 관한 법률상 불공정거래행위와 형사책임," 형사법연구 제25권 제2호(2013), 한국형사법학회, 337면 이하 참고.

죄조사청'과 같은 별도의 기구를 만드는 방안도 검토해 볼만하다고 생각한다.[165)]

(3) 사이버공간 불공정거래 범죄에 대한 대응능력 현실화

IT기술의 급속한 발전으로 누구나 언제, 어디에서든지 손쉽게 주문을 제출할 수 있게 되었다. 그뿐 아니라 방송이나 인터넷을 통해 종목 추천 등 홍수처럼 쏟아지는 주식 관련 정보를 끊임없이 접하게 되었다. 이러한 환경변화는 자본시장의 투자자 확대 등 긍정적 효과를 가져온 반면, 불공정거래 범죄가 시장에 더 빠르고 더 큰 규모로 침투할 수 있는 여건도 마련해 준 것이 사실이다.

HTS(Home Trading System)시대에서 MTS(Mobile Trading System)시대에 접어든 요즘, 스마트폰 · 인터넷을 활용한 사이버공간에서의 불공정거래 범죄에 효과적으로 대응하는 것이 시급한 과제로 부상되었다. 이를 위해 사이버공간에서의 불공정거래 범죄 적발시스템을 구축할 필요가 있다. 예를 들어 특정종목에 대한 매수세가 급격히 유입되는 현상이 나타난 경우 사이버공간에서 관련 종목에 대한 추천 유무, 추천자와 추천내용, 해당 종목의 최근 시세, 과거 추천사례 등 불공정거래 범죄 여부 판단에 필요한 정보가 실시간 추출되어 종합될 수 있는 체제를 갖출 필요가 있다. 검찰이나 금융감독원, 금융위원회, 거래소 등이 참여하는 정부 차원의 통합시스템을 마련해 여러 기관이 실시간 정보를 공유하면서 이에 대처할 수 있도록 하는 것이 바람직하다고 생각한다.

---

165) 사견으로 영국 금융행위감독청(Financial Conduct Authority, FCA), 프랑스 금융시장청(Autorité des Marchés Financiers, AMF) 등 유럽의 불공정거래 범죄 제재기관이 그 모델이 될 수 있을 것이다.

아울러 사이버공간에서 불공정거래 범죄자를 추적할 수 있는 단서 확보방안을 강구하여야 한다. 흔히 사용되는 추적단서는 IP, 맥어드레스(Mac address)인데 IP는 위·변조가 가능한 데다가 IP 추적결과 외국 소재 서버에 할당된 IP인 것으로 확인되는 순간부터 더 이상의 추적이 어렵고 맥어드레스 추적은 IP 추적보다 정확한 행위자 식별이 가능하나, 맥어드레스가 확인되었다고 해서 바로 그 컴퓨터나 모바일 기기의 사용자가 피의자라고 단정할 수 없어 한계가 있다. 국제모바일기기 식별코드(International Mobile Equipment Identity. 이하 'IMEI')를 활용하는 경우에도 그자가 바로 피의자라고 단정짓기 어려운 것은 마찬가지이다.

자본시장법이나 통신비밀보호법에 근거를 두고 '증권거래실명제'를 추진해 최초 증권계좌 개설 시 맥어드레스나 IMEI를 신고하도록 하고 스마트폰 기기 변경 등 사정 발생 시 변경된 맥어드레스나 IMEI를 추가 신고하며 금융투자상품거래는 신고된 모바일기기를 사용하여야만 가능하도록 함으로써 위반행위자를 적발할 수 있는 단서를 상시 확보할 수 있도록 조치할 필요가 있다고 본다.

(4) 불공정거래 범죄에 대한 국제공조 실질화

자본시장의 불공정거래 범죄는 이미 초국가적 범죄(transnational crime) 양상을 보이고 있다. 수사실무상으로도 불공정거래의 개연성 있는 주문들이 국내 증권사가 아니라 외국에 있는 증권사를 통해 거래소에 제출되는 경우가 적지 않다. 이와 같은 경우 거래행위자(주문자)의 인적 사항을 파악하기 위해서는 당해 외국 증권사의 협조가 필요하다. 그러나 '고객정보 보호' 등을 이유로 해당 외국 증권사의 자발적 도움을 받기 어렵다. 당해 국가와 형사사법공조조약이 체결되어 있다고 하더라도 그 거래가 범죄일 수 있다는 소명에 이르지 못한 상태에서 해당 국가에 사법공조를 요청하기 쉽지 않고, 설사 형사사법공조를 요청하더라도 외교채널을 통하여야 하므로 실제 관련 자료를 국내로 전달받기까지 얼마나 시간이 소요될지 알기 어려우며 때로는 자료를 전달받을 수 있을지 여부 자체가 불분명하기도 하다.[166)]

이러한 문제점을 해결하기 위해서는 국가 간 형사사법공조를 실질화하여야 한다. 아울러 사건 발생 시 외교채널 대신 우리 검찰과 외국 검찰 간 직접 협력할 수 있는 창구를 만들어야 한다. 불공정거래 범죄가 초국가적 범죄가 되었음을 명확히 인식하고 정부 차원의 국가 간 대응이 절실하다고 할 것이다.

---

166) 이런 이유로 예컨대 거래소에서 불공정거래 범죄 소지가 있는 거래를 1차적으로 분석하다가도 그 주문자가 외국 증권사를 통해 주문을 제출한 것으로 나타나면 주문자의 신원을 파악하기 어려워 더 이상 분석하지 못한 채 심리가 종결된다.

19

증권 불공정거래와 부당이득 산정*

노혁준**

I. 서론

자본시장과 금융투자업에 관한 법률(이하 '자본시장법'. 특별한 언급이 없으면 '현행법'을 가리킨다)은 미공개중요정보 이용행위(제174조)·시세조종행위(제176조)·부정거래행위(제178조)를 금지하는 한편, 이를 위반한 경우 형사처벌 대상으로 하고 있다(제443조). 특이한 점은 위 불공정거래행위에 대한 형사처벌의 법정형이 '위반행위로 얻은 이익 또는 회피한 손실'(이하 '부당이득')과 연계되어 있다는 것이다. 즉 벌금형의 법정형은 부당이득의 3배 이상 5배 이하[1)]로 정해져 있고(벌금형 연동제), 나아가 징역

---

* 이 논문은 증권법연구 제19권 제1호(2018. 4)에 게재된 글을 수정·보완한 것이다.
** 서울대학교 법학전문대학원 교수

1) 원래 부당이득의 "1배 이상 3배 이하"이던 것이 2017년 4월 18일 개정에 의하여 "2배 이상 5배 이하"로 강화되었다가, 2018년 3월 27일 개정에 의하여 다시 "3배 이상 5배

형의 법정형도 부당이득이 5억 원 이상인지 또는 50억 원 이상인지 여부에 따라 가중 여부가 결정된다(징역형 가중제). 부당이득의 액수는 과징금 산정기준과도 연결된다(제429조의2). 또한 대법원 산하의 양형위원회[2]가 제정한 자본시장법상 불공정거래 범죄에 대한 양형기준은 부당이득 구간을 세분하여 앞의 5억 원, 50억 원 이외에 1억 원, 300억 원을 구분점으로 추가함으로써 부당이득에 터 잡은 다섯 유형을 도입하고 있다.[3] 그리고 금융위원회가 불공정거래자의 형사처벌을 위해 어떤 조치를 취할 것인지 결정할 때에도 부당이득액은 상당한 영향을 미친다. 즉 금융위원회는 형사처벌 대상행위 관계자에 대해 고발 또는 수사기관 통보 조치를 해야 하는바(자본시장조사 업무규정 제24조), 그 주요 판단요소인 '법규 위반결과'에는 부당이득의 크기가 포함된다.[4]

후술하듯 불공정거래의 부당이득을 과징금 등 행정적 제재금과 연결시키는 입법례는 많지만, 이를 형사처벌의 법정형과 연계하는 방식은 우리

이하"로 인상되었다(제443조 제1항).

2) 양형위원회는 조직상으로는 대법원에 설치되지만, 그 업무를 독립적으로 수행하도록 되어 있다(법원조직법 제81조의2 제1항 및 제3항).

3) http://sc.scourt.go.kr/sc/krsc/criterion/down/standard_down.jsp 참조.

유형	구분	감경	기본	가중
1	1억 원 미만	~1년	6개월~1년 6개월	1년~2년 6개월
2	1억 원 이상~5억 원 미만	10개월~2년 6개월	1~4년	2년 6개월~6년
3	5억 원 이상~50억 원 미만	1년 6개월~4년	3~6년	4~7년
4	50억 원 이상~300억 원 미만	3~6년	5~9년	7~11년
5	300억 원 이상	5~9년	7~11년	9~15년

4) 자본시장조사 업무규정 별표 제3호에 따르면, 법규 위반결과는 (i) 사회적 물의 야기, (ii) 중대, (iii) 경미로 분류되는바, 증권·파생상품시장에 미친 영향, 증권·파생상품시장의 공정거래질서, 사회·경제 전반에 미치는 파급효과, 관련 법규를 위반한 정도 등이 그 판단기준이다.

나라 특유의 것이다. 입법적 비판은 2가지 관점에서 제기될 수 있다.

첫 번째로 법정형을 재산상 손익에 연결시키는 방식에 관한 일반적 문제제기이다. 특히 유사한 징역형 가중제에 의하는 특정경제범죄 가중처벌 등에 관한 법률(이하 '특경법') 제3조의 타당성에 대한 논의가 많다. (i) 해당 액수의 사소한 차이가 커다란 선고형 차이를 초래할 수 있고, (ii) 수많은 양형인자 중 범죄액수에 지나친 가중을 두게 되어 법관의 양형재량을 과도하게 제약하고, (iii) 이득액을 정확히 산정하기 어려운 경우가 많고, (iv) 범죄형태가 포괄일죄인 경우 이득액을 합산하는 반면 경합범인 경우 부당이득 자체를 합산하지는 못하고 경합범 가중만 가능할 뿐이므로 불균형이 발생할 수 있다는 것이다.[5)] 이에 대하여는 특히 재산범죄인 경우 피해액은 법익 침해라는 결과 불법의 핵심적 요소이므로 이를 가중처벌의 근거로 삼는 것에 큰 문제가 없다는 반론이 가능하다.[6)]

두 번째로 자본시장법상 불공정거래 규제의 보호법익이 (일반 재산범죄와 달리) 사회적 법익임에도 그 법정형을 부당이득액과 연결시키는 것에 의문이 제기될 수 있다. 실제로 자본시장법상 불공정거래 규제의 주된 보호법익이 주식 등 거래의 공정성 및 유통의 원활성 확보라는 사회적 법익이라는 점에 대하여는 큰 이견이 없다.[7)] 하지만 부당이득의 크기 자체가

---

5) 오영근, "특정범죄 가중처벌 등에 관한 법률 폐지의 당위성," 형사정책 제17권 제2호(2005), 한국형사정책학회, 43면 이하 ; 안경옥, "특정경제범죄 가중처벌 등에 관한 법률의 정비방안," 형사정책 제17권 제2호(2005), 한국형사정책학회, 15면 이하 ; 황종국, "범죄의 액수에 따라 가중처벌하는 특별법의 해석에 관한 문제," 재판자료 제50집(1990), 법원행정처, 378면 이하 참조.

6) 손동권, "부동산 재산범죄에서 이득액에 따른 법정형 가중의 문제성," 일감부동산법학 제4호(2009), 건국대학교 법학연구소, 102면 ; 한상훈, "형법 및 형사특별법상 재산범죄 가중처벌규정의 문제점과 개선방안 : 상습범, 누범 및 가중적 구성요건을 중심으로," 형사법연구 제26호(2006), 한국형사법학회, 154면.

7) 대법원 2011. 10. 27. 선고 2011도8109 판결은 "자본시장법 제176조와 제178조의 보호법익은 주식 등 거래의 공정성 및 유통의 원활성 확보라는 사회적 법익이고 주식의

자본시장의 공정성, 신뢰성 및 효율성에 대한 침해를 나타낸다고도 볼 수 있으므로[8] 위 연결이 불합리하다고 할 수는 없다. 나아가 부당이득액에 따른 단계적 처벌을 규정하는 것은 일반예방 및 법적 안정성에서 바람직한 측면도 있다.[9]

법정형에의 부당이득 반영을 긍정적으로 볼 때, 남는 문제는 이를 어떻게 합리적으로 운용할 것인지의 문제이다. 행위자 입장에서 볼 때 부당이득 산정은 책임주의원칙에 부합하도록 정교하게 이루어져야 한다(책임성의 요청). 반면 시스템 운영의 경제성 및 위 부당이득액이 단지 법정형범

소유자 등 개개인의 재산적 법익은 직접적인 보호법익이 아니므로"라고 한다(대법원 2011. 1. 13. 선고 2010도9927 판결도 같은 취지). 정순섭, "자본시장법상 불공정거래와 보호법익 : 시세조종과 부당이득을 중심으로," 상사판례연구 제25집 제1권(2012), 한국상사판례학회, 119면도 자본시장의 공정성·신뢰성·효율성이라는 사회적 법익이 보호법익이라고 보면서 투자자의 개인적 법익은 직접적 보호법익이 아니라고 본다〔조재연 / 조인호, "자본시장법 제443조에서의 '내부자거래규제 위반행위로 얻은 이익 또는 회피한 손실액' 산정방법에 대한 소고," 한양법학 제21권 제4집(2010), 한양법학회, 345면도 같은 취지〕. 김영기, "자본시장 불공정행위의 죄수와 부당이득 산정 : 대법원 2011. 10. 27. 선고 2011도8109 판결을 중심으로," 형사판례연구 제23호(2015), 한국형사판례연구회, 156면은 투자자의 재산 보호도 보호법익이라고 보고 있으나(자본시장법 제1조가 자본시장법의 존재목적으로 '투자자 보호'를 천명하고 있는 데에서 알 수 있는 것처럼 자본시장은 1차적으로 기업자금조달 외에 개인이나 법인의 재산증식 등 투자시장으로서의 2차적 기능을 수행하고 있으며 추가 상장법인수요가 한계에 다다르면 자본시장의 기능은 1차적 기능에서 2차적 기능으로 무게중심이 옮겨질 수밖에 없다는 점에서 자본시장법상 불공정거래 규제규정은 투자자의 재산 보호도 직접적 보호법익으로 한다고 보아야 한다), 이러한 기술이 사회적 법익의 주된 보호법익으로서의 지위를 부인하는 취지는 아니다〔즉 위 필자는 한국증권법학회 / 김영기(집필), 자본시장법 주석서 I(개정판), 박영사, 2015, 1187면에서 "자본시장법상 불공정거래는 피해자가 특정되는 상대매매와 달리 접속매매, 경쟁매매를 통해 이득을 취하거나 손실을 회피한다"면서 피해자별로 별개 범죄가 성립한다고 보기 힘든 구조이고, 사회적 법익을 보호법익으로 보는 것은 현실적으로 불가피하다고 설명하고 있다〕.

8) 김건식 / 정순섭, 자본시장법(제3판), 두성사, 2013, 486면.

9) 한상훈, 앞의 논문(주 7), 154면.

위를 정함에 그친다는 점을 강조하면 산정방식의 획일성 내지 예측 가능성이 중시될 것이다(예측 가능성의 요청). 이러한 상충하는 요청을 조화시키는 것이 쉬운 일은 아니다. 이 글은 현재 이루어지고 있는 부당이득 산정 관련 실무를 이론적으로 분석하고 개선방향을 제시하기 위한 것이다. 구체적으로 먼저 II.에서 부당이득 개념의 법체계상 지위를 살펴보고, III.에서 부당이득 산정의 기본적 방식을 각 불공정거래행위별로 검토한다. 이를 바탕으로 IV.에서 구체적인 실무적 쟁점과 그 대안을 제시한다. 마지막 V.는 결론이다.

II. 부당이득의 법체계상 지위

1. 자본시장법 관련 조문의 연혁과 주요내용

(1) 자본시장법 제443조의 연혁

앞에서 언급한 바와 같이 현행 자본시장법은 (i) 벌금형 연동제, 즉 부당이득액의 일정 배수가 곧바로 벌금형의 법정형으로 이어지도록 하는 방식(제443조 제1항)과 (ii) 징역형 가중제, 즉 부당이득액이 5억 원 이상 또는 50억 원 이상인 경우 무거운 징역형을 법정하는 방식(제443조 제2항)을 동시에 규정한다.

벌금형 연동제는 1991년 12월 31일 미공개중요정보 이용(당시 명칭은 내부자거래)에 대한 벌칙으로서 당시 증권거래법 제208조에 처음 도입되었다.[10] 즉 종래 '3년 이하의 징역 또는 2,000만 원 이하의 벌금'이던 법정

10) 1991년 12월 31일 법률 제4469호(1991. 12. 31. 시행).

형 중 벌금형에 관한 단서를 추가하여 부당이득액의 3배가 2,000만 원을 초과하는 때에는 그 3배수금액이 벌금형의 상한이 되도록 규정하였다. 당시 국회 개정법률안 심사보고서에 따르면 연동제의 도입은 내부자거래에 대한 벌칙을 강화하기 위한 것이었다.[11] 이러한 3배수 연동은 1997년 1월 13일 구 증권거래법 제207조의2 신설을 통해 시세조종행위로 확대되었고,[12] 2007년 8월 3일 제정된 자본시장법 제443조 제1항에도 원칙적으로 그대로 이어졌다.[13] 이후 벌금형 연동제는 세 차례에 걸쳐 더욱 엄격해졌다.[14] 2013년 5월 28일 개정 자본시장법은 벌금형의 하한선을 도입하였다.[15] 즉 기존 부당이득액 3배수라는 상한 이외에 1배수라는 하한이 도입되었다. 다음으로 2017년 4월 18일 개정은 기존의 벌금형 하한 및 상한을 부당이득 1배 이상 3배 이하로부터 2배 이상 5배 이하로 인상하였다.[16] 최근 2018년 3월 27일 개정은 벌금형 하한을 강화하여 부당이득의 3배 이상 5배 이하로 규정하였다.[17]

다음으로 징역형 가중제는 2002년 4월 27일 구 증권거래법 제207조의2 제2항에 처음 도입되었다.[18] 이는 기존 형사법 중 특경법 제3조와 형평에 맞도록 징역형을 가중한 것이다.[19] 징역형 가중제에 따르면 불공정거

11) 국회 재무위원회, 증권거래법 개정법률안 심사보고서(1991. 12. http://likms.assembly.go.kr/bms_svc/img_attach2/13/doc_20/131360_20.PDF).
12) 1997년 1월 13일 법률 제5254호(1997. 4. 1. 시행).
13) 다만 기본적인 벌금형 상한이 2,000만 원에서 5억 원으로 대폭 상향되었다.
14) 그 밖에 2014년 12월 30일 법률 제12947호(2015. 7. 1. 시행) 개정은 부당이득이 없거나 산정하기 곤란한 경우 벌금의 상한액을 5억 원으로 한다는 내용을 포함하였으나, 이는 법정형을 강화한 것이라기보다는 명확히 하는 차원이었다.
15) 2013년 5월 28일 법률 제11845호(2014. 12. 30. 시행).
16) 2017년 4월 18일 법률 제14827호(2017. 10. 19. 시행).
17) 2018년 3월 27일 법률 제15549호(2018. 9. 28. 시행).
18) 2002년 4월 27일 법률 제6695호(2002. 4. 27. 시행).
19) 국회 재정경제위원회, 증권거래법 중 개정법률안 심사보고서(2002. 3. http://likms.assembly.go.kr/bms_svc/bill/doc_20/16/pdf/161419_20.HWP.PDF).

래에 관한 징역형의 법정형은 기본적으로 1년 이상의 유기징역이지만,[20] 부당이득액이 5억 원 이상 50억 원 미만인 경우 3년 이상의 유기징역에, 50억 원 이상인 경우 무기 또는 5년 이상의 징역에 처한다. 위 징역형 가중제는 현행 자본시장법 제443조 제2항에 그대로 수용되어 있다.

벌금형 연동제에 관하여는 헌법재판소 2003. 9. 25.자 2002헌바69, 2003헌바41(병합) 결정이, 징역형 가중제에 관하여는 헌법재판소 2011. 2. 24.자 2009헌바29 결정이 각기 위헌성이 없는 것으로 판단한 바 있다.[21]

(2) 현행 불공정거래 처벌체제의 주요내용

불공정거래에 대한 과징금(제429조의2)을 별론으로 할 때, 불공정거래 처벌 조문은 앞에서 검토한 제443조 외에 제447조, 제447조의2가 있다. 두 조문 모두 불공정거래 행위자를 엄격히 제재하기 위해 2014년 12월 30일 개정되었다.[22] 자본시장법 제447조는 형벌 병과에 관한 조문이다. 종래 법원의 판단으로 징역형 또는 벌금형을 선택할 수 있었으나,[23] 개정

---

20) 자본시장법 제443조 제1항 본문. 원래는 징역형의 상한을 규정하는 방식이었다. 즉 3년 이하의 징역이었던 법정형이 1997년 1월 13일 개정에서 10년 이하의 징역으로 상향되었다[이 개정은 형법상 사기죄의 법정형이 10년 이하의 징역 또는 2,000만 원 이하의 벌금(제347조 제1항)인 점을 고려한 것이다. 김건식 / 정순섭, 앞의 책(주 9), 425면 참조]. 그러다가 2018년 3월 27일 개정에서는 징역형 하한을 규정하는 형태로 처벌의 수준을 높였다.

21) 2002헌바69, 2003헌바41(병합)의 심판대상 조문은 3배수 연동제에 관한 구 증권거래법(1997. 1. 13. 법률 제5254호로 개정되고 2002. 4. 27. 법률 제6695로 개정되기 전의 것) 제207조의2였고, 2009헌바29의 주된 심판대상 조문은 징역형 가중제에 관한 구 증권거래법(2002. 4. 27. 법률 제6695호로 개정되고 2007. 8. 3. 법률 제8635호로 폐지되기 전의 것) 제207조의2 제2항이었다.

22) 2014년 12월 30일 법률 제12947호(2015. 7. 1. 시행).

23) 구 조문에 관해 한국증권법학회 / 이환기(집필), 자본시장법 주석서 II(개정판), 박영사, 2015, 1108면은 임의병과만으로도 형의 위하적 효력이 확대된 것으로 평가한 바 있다.

법은 법원이 징역형에 처할 경우 반드시 벌금형을 병과하도록 했다. 자본시장법 제447조의2는 불공정거래를 통해 취득한 재산, 불공정거래에 제공하려 했거나 제공된 재산은 반드시 몰수·추징하도록 규정한다. 형법 제48조의 임의몰수·추징원칙에 대한 예외이다.

다음의 〈표 1〉은 자본시장법상 불공정거래행위에 대한 벌금형, 징역형을 부당이득의 크기에 따라 정리한 것이다. 법원은 벌금형만을 선택하든지 또는 벌금형과 징역형을 병과해야 한다(자본시장법 제443조 및 제447조). 어느 경우나 부당이득은 필요적 몰수·추징대상이다(자본시장법 제447조의2). 〈표 1〉에 나타나듯이 법정형은 그것이 벌금형이든 징역형이든 거의 전적으로 부당이득액수에 따라 결정된다. 부당이득의 범위에 대한 깊이 있는 연구가 필요한 이유이다.

〈표 1〉 자본시장법상 불공정거래행위에 대한 법정형

부당이득액수	벌금형 (징역형 없이 단독 부과 가능)	징역형 (반드시 벌금형과 병과)[24]
0~1억 원 미만[25] (액수 미상 포함)	하한 : 부당이득의 3배 상한 : 5억 원	1년 이상의 유기징역
1억 원 이상~ 5억 원 미만	하한 : 부당이득의 3배 상한 : 부당이득의 5배	상동
5억 원 이상~ 50억 원 미만	상동	3년 이상의 유기징역
50억 원 이상	상동	무기 또는 5년 이상의 징역

24) 자본시장법 제447조. 한편 징역에 처하는 경우, 법원은 10년 이하의 자격정지도 병과할 수 있다(자본시장법 제443조 제3항).

25) 부당이득액이 1억 원 미만인 경우, 그 5배는 5억 원 미만이므로 벌금형 상한은 5억 원이다(자본시장법 제443조 제1항 단서).

2. 다른 제도와의 비교

(1) 특경법상의 징역형 가중제

앞에서 언급한 바와 같이 불공정거래행위에 대한 징역형 가중제는 2002년 4월 27일 특경법 제3조를 참조하여 도입된 것이다. 이에 따라 5억, 50억을 기준으로 가중되고 가중결과가 3년 이상의 징역, 무기 또는 5년 이상의 징역인 점 등 유사한 구조를 갖는다. 자본시장법 제443조를 해석함에 있어 특경법에 관한 논의는 시사점을 제시할 수 있다.

먼저 특경법에서 "그 범죄행위로 인하여 취득하거나 제3자로 하여금 취득하게 한 재물 또는 재산상 이익의 가액(이득액)"은 단순한 양형요소가 아니라 범죄구성요건으로서[26] 검사가 입증책임을 부담한다[27]는 법리는 자본시장법상 "위반행위로 얻은 이익 또는 회피한 손실액(부당이득액)"에도 마찬가지로 적용된다.[28] 다만 행위자로서는 위 이득 또는 부당이득 발생에 대한 미필적 인식만 있으면 충분하다고 할 것이다.[29]

두 번째로 위 표현에서 보듯이 특경법은 명시적으로 '제3자로 하여금 취득하게 한' 이득을 포함시킨다는 점에서 자본시장법과 큰 차이가 있다. 뒤에서 설명하듯이 이러한 표현 차이로 인해, 이른바 제3자 귀속분 관점에서는 자본시장법상 부당이득의 범위가 특경법의 이득액에 비해 축소되어 있다.

세 번째로 (위 제3자 귀속분이 아닌) 본인 귀속분에 한정해 볼 때에도

---

26) 대법원 2007. 4. 29. 선고 2005도7288 전원합의체 판결.

27) 이는 엄격한 증명의 대상이다[이상원, "횡령액의 이득액과 가벌적 후행행위," 저스티스 제131·132호(2012), 한국법학원, 179면].

28) 대법원 2000. 11. 24. 선고 2000도2827 판결.

29) 김영기, 앞의 논문(주 8), 152면.

특경법상 이득액과 자본시장법상 부당이득액이 동질적인 것인지 문제 된다. 본디 전자는 피해자의 재산 또는 재산상 이익이라는 개인적 법익을 보호하기 위한 조항인 반면, 후자는 자본시장의 공정성 · 신뢰성 · 효율성이라는 사회적 법익에 터 잡은 조항이다. 전자의 '이득액'이 후자의 '부당이득액'과 완전히 동일한 것인지 의문은 남지만, 어느 정도 참조가 될 수 있을 것이다. 대법원은 특경법상 이득액을 실질적으로 파악하고 있으며,[30] 궁극적 실현 여부 또는 조건 · 부담이 붙었는지 여부는 묻지 않는다.[31] 또한 형법학계의 일반적인 견해는 특경법상 이득액에 적극적 · 소극적 이익과 영구적 · 일시적 이익을 모두 포함시키고 있다.[32] 이러한 해석은 자본시장법상 부당이득을 "…무형적 이익 및 적극적 이득뿐 아니라 손실을 회피하는 경우와 같은 소극적 이득, 아직 현실화되지 않는 장래의 이득을 모두 포함하는 포괄적인 개념"이라고 판단한 대법원의 입장[33]과 잇닿아 있다. 한편 이득액이 명확히 확정될 수 없는 경우, 특경법상의 가중된 징역형으로 처벌할 수 없다는 대법원의 입장[34]은 자본시장법 제443조 제2항에도 마찬가지로 적용될 것이다.

마지막으로 자본시장법은 벌금형과 징역형 중 후자만을 가중하는 것이므로 예컨대 부당이득액이 비정상적으로 과다한 경우 여전히 제443조 제1항의 벌금형을 선고할 수 있는 반면,[35] 특경법의 적용대상인 경우 벌금형이 불가능하다.[36] 이를 고려하면 과대평가된 이득액이 피고인에게 가

30) 대법원 1995. 6. 30. 선고 95도825 판결.
31) 대법원 2000. 2. 25. 선고 99도4305 판결.
32) 안경옥, "특경법 제3조 제1항의 '이득액' 평가에 대한 검토," 경희법학 제45권 제4호(2010), 경희대학교 법학연구소, 273면.
33) 대법원 2002. 7. 22. 선고 2002도1696 판결 외 다수.
34) 대법원 2015. 9. 10. 선고 2014도12619 판결.
35) 임재연, 자본시장법과 불공정거래, 박영사, 2014, 564면.
36) 예컨대 사기죄의 경우 형법 제347조에서 10년 이하의 징역 또는 2,000만 원 이하의

져올 불이익은 특경법에 더욱 현저할 수 있다.

(2) 과징금

과징금이란 행정법상 의무 위반 또는 불이행으로 위반자에게 경제적 이익이 발생하는 경우, 그 이익을 흡수하여 경제적 불이익을 가하는 금전적 행정제재금이다.[37] 이는 행정청에 의하여 부과되는 행정처분이므로, 법원의 재판에 의하고 엄격한 범죄사실의 증명이 요구되는 벌금에 비할 때 탄력적인 응징이 가능하다.[38] 판례, 통설에 따르면 형벌(벌금)과 과징금은 규제목적과 성질을 달리하는 것으로서 이를 병과할 수 있다.[39]

자본시장법 제443조 및 제447조는 앞에서 언급한 바와 같이 주요 불공정거래행위인 미공개중요정보 이용, 시세조종, 부정거래에 대한 제재로 형사벌을 규정한다. 나아가 2023년 개정 자본시장법[40] 제429조의2는 위 불공정거래행위에 대한 제재로 과징금을 도입하였다. 이에 따르면 과징금 상한은 원칙적으로 부당이득액의 2배이고, 부당이득이 없거나 산정 곤란한 경우 40억 원이다. 예컨대 부당이득액이 상당한 규모에 달한다고

벌금을 정하고 있는바, 이득액이 5억 원 이상인 때에는 특경법 제3조 제1항이 적용된 결과 벌금형이 불가능해진다.

37) 박영도/ 김호정, “과징금제도의 운용실태 및 개선방안,” 현안분석 2002-2, 한국법제연구원, 2002, 12면.

38) 이원우, “현행 금융감독법상 과징금제도의 쟁점과 개선방안,” BFL 제15호(2006. 1), 서울대학교 금융법센터, 59면 ; 권재열, “미국의 민사금전벌제도에 관한 비교법적 소고 : 자본시장에서의 불공정거래행위에 대한 규제와 관련하여,” 법과 기업연구 제6권 제3호(2016), 서강대학교 법학연구소, 102면은 일반적인 제재금(민사금전벌)과 형벌의 차이로서 전자는 증명이 간단하여 엄격하고 복잡한 절차를 필요로 하지 않는다는 점을 들고 있다.

39) 대법원 2007. 7. 12. 선고 2006두4554 판결 등 ; 이원우, 앞의 논문(주 39), 63면.

40) 2023년 7월 18일 법률 제19566호(2024. 1. 19. 시행).

가정할 때, 어떤 불공정거래행위가 (i) 자본시장법 제443조 제1항에 따라 벌금형을 받게 되는 경우 부당이득액의 3배 이상 5배 이하에 해당하는 액수의 제재를 받게 되고, (ii) 동법 제429조의2에 따라 과징금을 받게 되는 경우 부당이득액의 2배(예외적으로 40억 원)를 상한으로 한 액수의 제재를 받게 된다. 다만 중복 제재를 피하기 위해, 금융위원회가 과징금을 부과할 때 이미 동일 위반행위로 벌금을 부과받은 사안인 경우 이를 고려한다. 즉 벌금액 전부 또는 일부를 과징금에서 제외하거나 과징금 부과 자체를 취소할 수 있다(제429조의2 제2항).

한편 시장질서 교란행위 역시 불공정거래행위로서 그 본질은 미공개중요정보 이용 · 시세조종 · 부정거래와 동일하지만,[41] 악성(惡性)이 상대적으로 약하다는 점을 고려하여 형사처벌은 하지 않고 과징금만 부과한다(제429조의2 제4항). 이때 과징금 상한은 원칙적으로 5억 원이지만, 부당이득의 1.5배가 5억 원을 초과하는 때에는 그 1.5배에 상당한 액수이다.

어느 경우이든 부당이득액은 과징금 산정의 기초가 된다.[42] 이는 부당이득 환수적 성격을 갖는 과징금의 특성상 당연하다고 할 수 있다. 부당이득의 개념이 시장질서 교란행위이든 다른 불공정거래행위이든 다르지 않을 것이므로, 이 글에서의 부당이득에 관한 논의는 과징금 산정에도 마찬가지로 적용된다고 할 것이다.

---

41) 시장질서 교란행위는 정보이용형과 시세관여형으로 구분할 수 있다〔박임출, "시장질서 교란행위의 의의와 한계," BFL 제75호(2016. 1), 서울대학교 금융법센터, 54-55면 ; 금융위원회 / 한국거래소, 안전한 자본시장이용법, 2015, 50면, 56면 참조〕.

42) 자본시장법 시행령 별표 20의2(부당이득액의 산정방식)은 과징금(제429조의2, 제429조의3)과 징역형 및 벌금(제443조)의 기준인 부당이득의 산정방식을 일원적으로 규정한다.

(3) 몰수 · 추징제도

몰수란 범죄행위와 관련된 재산권을 보상 없이 박탈하여 국고에 귀속시키는 형사제재이고, 추징이란 몰수대상물 전부 또는 일부가 몰수하기 불가능한 때에 몰수에 갈음하여 그 가액 상당의 납부를 명하는 부수처분이다.[43] 몰수 · 추징에 관한 기본조항은 형법 제48조이지만 나아가 특별법에서 별도의 조항을 두는 경우도 있는바, 대표적인 것이 2001년 11월 제정된 범죄수익은닉의 규제 및 처벌 등에 관한 법률(이하 '범죄수익규제법')이다. 형법상 몰수는 '물건'을 대상으로 하는 반면, 범죄수익규제법이 몰수대상은 넓게 범죄수익, 범죄수익에서 유래한 재산 등을 포괄하는 점에서 더 강력하다.[44] 자본시장법상 불공정거래행위는 범죄수익규제법상의 중대범죄에 해당하므로[45] 불공정거래로 인한 범죄수익 등은 범죄수익규제법상의 몰수대상에 해당한다.

형법상 몰수 · 추징이든 범죄수익규제법상 몰수 · 추징이든 법원은 재량에 따라 그 부과 여부를 결정할 수 있다.[46] 반면 자본시장법 제447조의2는 불공정거래행위자가 "해당 행위를 하여 취득한 재산", "해당 행위를 위하여 제공하였거나 제공하려 한 재산"은 반드시 몰수 · 추징하도록 한다. 일본도 불공정거래로 취득한 재산은 필수적 몰수 · 추징대상으로 한다(금융상품거래법 제198조의2).

자본시장법상 부당이득액이 곧 범죄수익규제법상의 범죄수익이고 자

43) 박재윤 집필대표, 주석 형법 : 형법총칙(2), 한국사법행정학회, 2011, 509면, 521면.
44) 범죄수익규제법 제8조.
45) 범죄수익규제법 별표 제10호.
46) 다만 대법원 2013. 5. 23. 선고 2012도11586 판결 : "형법 제48조 제1항 제1호에 의한 몰수는 임의적인 것이므로 그 몰수의 요건에 해당되는 물건이라도 이를 몰수할 것인지의 여부는 일응 법원의 재량에 맡겨져 있다 할 것이나, 형벌 일반에 적용되는 비례의 원칙에 의한 제한을 받으며, 이러한 법리는 범죄수익은닉의 규제 및 처벌 등에 관한 법률 제8조 제1항의 경우에도 마찬가지로 적용된다."

본시장법상 필수적 몰수대상과 같은 범위인지에 대하여는 논란이 있을 수 있다.[47] 다만 뒤에서 설명하듯이 해당 불공정거래행위와 인과관계가 없는 경우 자본시장법상 부당이득액이라 볼 수 없고, 나아가 범죄수익규제법상의 범죄수익, 자본시장법상 몰수대상에도 해당하지 않는다고 볼 것이다.[48]

부당이득의 전부 또는 대부분이 몰수 · 추징된다면 굳이 다른 징역형 등은 불필요한 것인가? 부당이득의 몰수 · 추징 외에 부당이득 연동에 따른 벌금형을 부과하는 것은 이중처벌 아닌가? 실제 몰수 · 추징제도의 적극적인 활용을 전제로 과도한 징역형의 부과를 자제해야 한다는 견해도 있다.[49] 그러나 몰수 · 추징은 부가적 형벌로서 주형인 징역형 · 벌금형과 그 목적이 다르고,[50] 그 한도가 범죄 관련 재산으로 제한되는 등 한계가 있으므로 이러한 접근은 설득력이 크지 않다. 다만 어느 입장에 서든지 이 글에서의 부당이득범위 논의는 몰수 · 추징범위와도 긴밀하게 연결되어 있다.

(4) 민사상 손해배상책임

자본시장법상 불공정거래행위는 형사책임대상인 동시에 이로 인해 손해를 입은 자들에 대한 민사책임 발생원인이기도 하다. 구체적으로 미공

47) 다만 부당이득의 구성항목 중 '회피한 손실액' 역시 범죄수익규제법상 범죄수익에 해당한다는 판단으로서 대법원 2012. 1. 27. 선고 2011도14247 판결.

48) 대법원 2009. 7. 9. 선고 2009도1374 판결.

49) 김병태, "시세조종 관련 부당이득에 대한 연구," 인권과 정의 제382호(2008), 대한변호사협회, 99면.

50) 몰수는 원상회복적 성격, 형벌적 성격, 보안처분적 성격을 동시에 갖는다〔박재윤 집필대표, 앞의 책(주 44), 509면〕.

개중요정보 이용행위, 시세조종행위, 부정거래행위로 인하여 피해를 입은 자는 행위자를 상대로 자본시장법상의 손해배상청구(제175조, 제177조 및 제179조)와 민법 제750조에 의한 손해배상청구를 선택적으로 할 수 있다(청구권경합설). 형사책임에서 논의되는 부당이득의 액과 이러한 민사소송에서의 손해배상액은 동일한 것인가? 물론 두 경우 액수 산정의 목적 등에 있어서 큰 차이가 있음은 분명하다. (i) 형사책임에서의 부당이득은 주로 법정형범위를 정하기 위한 개념이므로 실무상 중요한 것은 5억 원, 50억 원 등 기준점을 넘어서는지 여부이다. 반면 민사책임의 경우 공정한 사후회복이 목적이므로 정확한 피해액이 산정되어야 한다. (ii) 형사책임의 부당이득은 불공정거래 행위자에 귀속되는 이익에 초점을 둔 반면, 민사책임의 손해액은 위 귀속 여부를 불문하고 피해자가 입은 손해에 방점이 있다. 일례로 시세조종 결과 주가가 변동하였으나 행위자에 귀속되는 이익은 없었던 경우, 부당이득이 0일 수 있지만 과다 또는 과소평가된 주가로 거래한 투자자들의 손해를 부인하기 어렵다.[51)]

하지만 민사상 손해배상책임에 관한 논의, 특히 적정주가의 산정에 관한 논의는 부당이득을 검토함에 있어서도 참조할 필요가 있다. 많은 경우에 불공정거래행위로 인한 주가가 적정주가와의 차액이 곧 민사상의 손해 또는 형사상 부당이득을 구성하는바,[52)] 무엇이 적정주가인지를 따져보는 것은 민사나 형사나 달리 접근할 이유가 없기 때문이다.

---

51) 임채웅, "주가조작 관련 범죄에 관한 법리의 연구 : 죄수론, 이익 및 손실개념의 지위 그리고 액수의 산정방식을 중심으로," 인권과 정의 제343호(2004), 대한변호사협회, 91면이 자본시장법상 이득액이 피해자의 손해총액과 일치할 필연성이 없다고 기술한 것도 결국 이러한 측면을 반영한 것이다.

52) 민법 제750조는 물론이고 자본시장법 제175조, 제177조 및 제179조 역시 손해액 산정에 관한 별도의 조항을 두지 않는다. 이 점에서 부실공시에 관해 손해액 추정조항을 두고 있는 자본시장법 제126조 제1항 등과 다르다.

3. 입법례

증권 불공정거래에 관한 형사법의 법정형을 부당이득액에 연동하거나 이에 따라 징역형을 가중하는 방식은 해외에서도 흔하지 않다. 다만 다른 행정제재를 부당이득에 연동시키는 입법례는 많다. 이때 부당이득액을 산정하는 방식에 대하여 나름의 기준을 제시하는 등 시사점을 주고 있다. 이하에서는 미국, EU와 일본의 사례를 간략하게 검토해 본다.

(1) 미국

1) 법률 조항

미국의 증권불공정거래에 대한 형사처벌상 법정형은 부당이득과 명시적 관련성을 갖지는 않는다. 즉 미국 1934년 증권거래소법(the Securities Exchange Act of 1934. 이하 '1934년법') 제32조는 1934년법 위반행위 일반에 대하여 500만 달러 이하의 벌금 또는 20년 이하의 금고(법인의 경우 2,500만 달러 이하의 벌금)에 처하고 있을 뿐이다. 미국에서는 형벌 이외에 이른바 민사제재금(civil penalty)[53]도 많이 활용되는바, 이 경우에도 일반적으로 부당이득과의 연동 없이 제재금의 상한이 법정되어 있다.[54]

---

53) 이를 민사금전벌〔권재열, 앞의 논문(주 39), 99면〕 · 민사벌(김건식 / 송옥렬, 미국의 증권규제, 두성사, 2001, 402면)로 부르기도 하나, 이 글에서는 형벌과 구분하기 위하여 '민사제재금'이라는 용어를 쓰기로 한다〔같은 용례로서 김건식 / 정순섭, 앞의 책(주 9), 425면 ; 임재연, 앞의 책(주 36), 564면〕. 이는 형사절차에서와 같은 엄격한 입증을 요하지 않는 탄력적인 제재수단이다(오성근 / 박임출 / 하영태, "시장질서 교란행위 과징금 부과기준 산정에 관한 연구," 금융위원회 용역보고서, 2015, 25면). 우리나라의 과징금과 유사한 기능을 갖는다고 할 수 있다〔권재열, 앞의 논문(주 39), 99면〕.

54) 1934년법 제21B조는 미국 증권거래위원회(Securities and Exchange Commission. 이하 'SEC')에게 1934년법 위반행위에 대하여 10만 달러(법인의 경우 50만 달러)까지의

부당이득과 제재 사이의 법률상 연동은 내부자거래에 관한 민사제재금을 규정한 1934년법 제21A조에서 찾을 수 있다. 이에 따르면 SEC는 연방지방법원에 내부자거래 관련자를 제소할 수 있는바, 이때 법원이 부과하는 민사제재금의 한도는 (i) 내부자거래를 한 자인 경우 내부자거래의 결과 얻은 이익 또는 회피한 손실(profit gained or loss avoided)의 3배이고, (ii) 위 내부자거래 당시 행위자를 직접·간접으로 지배하던 감독자인 경우 (i) 위 위법행위 결과 얻게 된 이익 또는 회피한 손실액의 3배 또는 (ii) 201만 1,061달러[55] 중 큰 액수이다. 우리나라 자본시장법 제443조의 벌금형 연동제는 1934년법 제21A조에서 연원한 것으로 보인다.[56] 1934년법 제21A조 (f)는 얻은 이익 또는 회피한 손실을 "증권의 매도 또는 매수가격과 미공개정보의 공개 후 상당한 기간(reasonable period)이 경과한 후의 거래가격에 의해 측정된 당해 증권의 가치와의 차이"로 정의한다. 미공개정보 공개 직후의 과도한 등락을 배제하기 위해 '상당한 기간'을 둔 것이지만, 이를 어떻게 판단할 것인지에 관하여는 불명확성이 있다.

민사제재금을 부과할 수 있도록 한다. 다만 위 제재금 상한은 이후 계속 인상되어 2017년 1월 18일 현재 사기적 행위로 막대한 손해 또는 손해 위협이 있는 경우 18만 1,071달러(법인의 경우 90만 5,353달러)가 되었다. 현행 기준에 관하여는 SEC, 17 CFR Part 201 Adjustments to Civil Monetary Penalty Amounts(2017. 1. 18) 참조 (https://www.sec.gov/rules/final/2017/33-10276.pdf).

55) 원래의 1934년법상 금액기준은 100만 달러였으나 이후 점진적으로 인상되어 2017년 1월 18일 이 금액으로 상향되었다(https://www.sec.gov/rules/final/2017/33-10276.pdf 참조).

56) 임재연, 앞의 책(주 36), 564면 ; 조재연/조인호, 앞의 논문(주 8), 341면 참조. 한편 미국 1934년법 제21A조의 연동제는 1984년 내부자거래 제재법(Insider Trading Sanction Act of 1984, ITSA) 제정 시 내부자거래를 엄격히 제재하기 위해 도입되었다고 한다[오성근/박임출/하영태, 앞의 보고서(주 54), 22면].

2) 연방양형기준

이러한 법률상 조항에서 더 나아가 실제 미국의 증권 불공정거래에 관한 형사처벌 실무상 부당이득은 매우 중요한 요소로 작동한다. 즉 증권 불공정거래에 관한 처벌은 미국 연방양형위원회(United States Sentencing Commission, USSC)가 제정한 연방양형기준(United States Sentencing Guidelines, USSG)[57]에 터 잡아 이루어지는 것이 보통이다.[58] 그런데 위 연방양형기준은 피해자의 손해액(loss) 또는 행위자의 이득액(gain)[59]을 가장 중요한 요소로 삼는다.[60]

연방양형기준은 2012년 11월 1일부터는 사기적 증권거래 시의 손해액에 대하여는 별도의 산정조항을 도입하였다. 즉 사기적 행위가 이루어졌던 기간의 증권가격평균과 사기적 행위가 시장에 밝혀진 후 90일 간의 증권가격평균 사이의 차액을 손해액으로 본다.[61] 이때 경제상황의 변동

---

57) 이는 1984년 양형개혁법(Sentencing Reform Act)에 의해 도입되었고 1987년 11월 1일부터 발효되었다. 그 내용은 https://www.ussc.gov/sites/default/files/pdf/guidelines-manual/2016/GLMFull.pdf 참조.

58) 원래 연방양형기준은 강제력이 없고 실질적으로 권고적(effective advisory) 성격을 가질 뿐이다[United States v Booker 543 U.S. 200 (2005)]. 그러나 실제로는 특히 경제범죄에 있어 연방양형기준은 통상적인 양형기준점이 된다[Todd K. Lester / Jeffrey B. Jensen / Matthew P. Diehr, Federal Sentencing for Economic Crimes : Are We There Yet?, 1 (16) Investigations Quarterly 11, 12 (2014)].

59) 원래 증권 불공정거래의 양형기준에서 원칙적 고려요소는 피해자의 손해액이고, 다만 이를 측정할 수 없을 때 행위자의 이득액을 기준으로 삼도록 되어 있다[USSG § 2B1.1, cmt. (n.3B)]. 다만 미공개정보 이용행위인 경우 피해자의 손해액을 측정하기 어려우므로 행위자의 이득액이 기준이 된다[USSG § 2B1.4 (b)(1)].

60) 대표적으로 미공개정보 이용에 관한 USSG § 2B1.4 참조. 이렇듯 손해액 또는 이득액을 결정적인 요소로 규정하는 접근법에 대한 비판으로 Rita Cheung, Insider Trading Sentencing : An Anglo-American Comparison, 7 J. Bus. L. 564, 578 (2014) ; Danielle DeMasi Chattin, The More You Gain, the More You Lose : Sentencing Insider Trading Under the U.S. Sentencing Guidelines, 79 Fordham L. Rev. 165, 210 (2011). 한편 증권범죄에 대한 양형기준이 너무 가혹하다는 비판으로서 Lester / Jensen / Diehr, 앞의 논문(주 59), 13.

등 외부사정으로 인한 가격변동분은 배제될 수 있다.

다만 위 조항은 손해액에 관한 것이고,[62] 이득액에 대하여는 연방양형기준 주석에 단지 "피고인 등에 의한 '증권거래를 통하여 실현된 가치의 증가분 전체(the total increase in value realized through trading securities)'"라고만 규정하고 있으므로[63] 실제 적용상 논란이 거듭되고 있다. 연방양형기준상 이득액 산정에 관한 연방법원 판례들의 입장은 크게 둘로 나뉜다. 첫 번째로 실제 피고인이 증권거래를 하여 얻게 된 모든 이익을 곧바로 이득으로 보는 방식이다(net gain approach). 제8항소법원이 무니(Mooney) 사건에서 취한 방식이다.[64] 논거로서 양형기준의 문구가 행위자의 해당거래로부터의 모든 이익을 지칭하고 있음을 든다. 이에 따르면 피고인이 불공정거래행위와 무관한 가격변동을 입증하더라도 이를 이익에서 공제할 수 없게 된다.[65] 두 번째는 해당 불공정거래가 시장에 미친 효과에 한정하여 이득액을 산정하는 방식이다(market absorption approach). 이 방식은 민사상 손해배상 책임범위를 산정하는 이론에 기초하고 있다. 제10항소법원이 나치오(Nacchio) 사건에서 채택하였다.[66] 양형기준의 취지가 불법으로부터 발생한 이익을 의미하는 것이고 거래 자체로부터 발생한 모든 이득을 가리키는 것은 아니라는 점을 논거로 한다. 구체적으로 제10항소법원은 피고인이 거래한 가격과 실제 가격, 즉 미공개정보가 시장에 공표된 이후 상당한 기간이 지난 후의 가격 간 차액이 피고인의

61) USSG § 2B1.1, cmt. (n.3F(ix)), pp.97-98.
62) Cheung, 앞의 논문(주 61), 570.
63) USSG § 2B1.4, cmt. p.113.
64) United States v. Mooney 425 F. 3d 1093 (8th Cir. 2005).
65) 이 판결에 대한 비판으로서 Alexandra A.E. Shapiro / Nathan H. Seltzer, Measuring "Gain" under the Insider Trading Sentencing Guideline Based on Culpability for the Deception, 20 (3) Federal Sentencing Reporter (2008).
66) United States v. Nacchio 573 F. 3d 1062 (10th Cir. 2009).

이익이라고 보았다.[67)]

(2) EU

EU 차원의 증권 불공정거래에 대한 규제입법으로는 원래 2003년 도입된 시장남용지침(Market Abuse Directive. 이하 'MAD')이 있었으나,[68)] 2016년 4월 16일 이를 강화한 시장남용명령(Market Abuse Regulation. 이하 'MAR')[69)]과 시장남용 형사제재지침(Criminal Sanctions for Market Abuse Directive. 이하 'CSMAD')[70)]이 도입되었다.

CSMAD는 형사처벌의 법정형범위를 불공정거래유형에 따라 규정한다. 즉 징역법정형의 상한선이 (i) 미공개중요정보의 이용자 및 시세조종 행위자의 경우 최소한 4년은 되어야 하고(제7조 제2항[71)]), (ii) 미공개중요정보의 전달자인 경우 최소한 2년은 되어야 한다(제7조 제3항[72)]). 다만

---

67) 나치오 판결에 찬성하는 취지의 평석으로, Amy Dominick Padgett, United States v. Nacchio : The Tenth Circuit's Civil Approach to Sentencing for Insider Trading, 63 Oklahoma Law Review 579 (2011).

68) Directive 2003/6/EC of the European Parliament and of the Council of 28 January 2003 on insider dealing and market manipulation.

69) Regulation (EU) No 596/2014 of the European Parliament and of the Council of April 16, 2014 on market abuse (market abuse regulation) and repealing Directive 2003/6/EC, 2003/125/EC and 2004/72/EC.

70) Directive 2014/57/EU of the European Parliament and of the Council of April 16, 2014 on criminal sanctions for market abuse. 이는 2003년의 MAD와 구분하여 MAD 2라고 부르기도 한다.

71) "Member States shall take the necessary measures to ensure that the offences referred to in Articles 3 and 5 are punishable by a maximum term of imprisonment of at least four years."

72) "Member States shall take the necessary measures to ensure that the offence referred to in Article 4 is punishable by a maximum term of imprisonment of at least two years."

CSMAD는 '지침(directive)'으로서 EU 회원국이 이를 수용하지 않을 수 있으므로(opt-out), 영국[73] 등 다수국이 이를 반영하지 않았다.

반면 MAR은 명령(regulation)으로서 회원국의 선택과 무관하게 2016년 7월 3일 발효되었다. 이에 따르면 각국은 증권 불공정거래에 대한 금전제재의 최대치가 적어도 부당이득의 3배는 되도록 규정해야 한다[제30조 제2항 (h)[74]]. 각국의 입법재량을 인정한다는 전제하에 우리나라 또는 미국과의 다소 다른 유형의 부당이득 연동제를 규정한 것이라고 할 수 있다.[75]

(3) 일본

일본도 우리와 마찬가지로 불공정거래행위에 대하여 형사벌과 과징금을 규정한다. 우리나라와 달리 형벌의 법정형은 부당이득과 관련성이 없고 예컨대 미공개중요정보 이용행위인 경우 5년 이하의 징역, 500만 엔 이하의 벌금(징역 및 벌금의 병과도 가능)으로 규정되어 있을 뿐이다(일본 금융상품거래법 제197조의2 제13호).[76]

---

73) 앞 미국의 연방양형기준과 영국의 현행 양형실무는 부당이득액뿐 아니라 그 밖에 불공정거래행위에 관한 사항을 종합적으로 고려하는 것으로 평가된다[Cheung, 앞의 논문(주 61), 578].

74) "Maximum administrative pecuniary sanctions of at least three times the amount of the profits gained or losses avoided because of the infringement, where those can be determined."

75) MAR은 미공개중요정보 이용, 시세조종에 대하여 (부당이득과 연동된 제한 이외에) 절대금액에 기초한 제한, 즉 금전제재의 최대치가 최소한 500만 유로(법인인 경우 1,500만 유로와 연간매출액의 15퍼센트 중 큰 금액)는 되어야 한다는 조항도 두고 있다[MAR 제30조 (i), (j) 참조].

76) 우리 자본시장법상 미공개중요정보 이용 · 시세조종 · 부정거래의 형사법정형은 동일한 반면, 일본은 시세조종(금융상품거래법 제159조), 부정거래(동법 제157조 및 제158조)

일본 금융상품거래법상 과징금은 2004년 당시 일본 증권거래법이 개정되면서 규제 실효성 차원에서 처음 도입된 것으로서,[77] 행위자의 부당이득 환수 관점에서 설계되어 있다. 환수대상에 관하여 일응의 산정방식을 규정하고 있는바, 이는 우리나라에서의 부당이득 산정에 관한 입법적 논의에도 도움이 될 수 있다. 일본의 과징금 산정방식의 특징은 정형적 · 형식적 기준을 적용한다는 것이다.[78] 원래 2004년 도입 당시 미공개중요정보 이용행위에 대한 과징금은 행위자가 (i) 실제 매수 · 매도한 가격과, (ii) 미공개중요정보의 공개 다음 날의 종가 사이의 차액으로 산정되었다. 그러나 특히 (ii)에 대하여는 위 정보가 하루 사이에 충분히 반영되기 어렵다는 비판이 제기되어 2008년 개정을 통하여 그 기간이 확대되었다.[79] 즉 (ii)는 미공개중요정보 공개 이후 2주일 사이에 가장 높은 가격(악재였던 경우 가장 낮은 가격)으로 개정되었다(일본 금융상품거래법 제175조 제1항 제1호 및 제2호[80]). 이러한 산식은 과징금이 규정된 시세조종 · 부정거래의 경우에도 유사한바,[81] 다만 그 판단기간이 2주일이 아니라 1개월로 연장되었다(일본 금융상품거래법 제173조 제1항 제1호 및 제2호, 제174조 제1항 제1호 및 제2호, 제174조의2 제1항 제1호 및 제2호).

의 경우 법정형이 10년 이하의 징역, 1,000만 엔 이하의 벌금으로 더 엄격하다는 점이 특징적이다(동법 제197조 제1항 제5호 참조). 다만 어떠한 불공정거래행위이든지 몰수 또는 추징은 원칙적으로 부과된다(일본 금융상품거래법 제198조의2 참조).

77) 기존의 형사처벌만으로는 입증 등의 문제로 충분한 제재가 어렵다는 문제 제기가 있었다[神田秀樹外(編) / 神作裕之(執筆), 金融商品取引法 コンメンタール4 : 不公正取引規制 · 課徵金 · 罰則, 商事法務, 2011, 320頁].

78) 神田秀樹外(編) / 神作裕之(執筆), 앞의 책(주 78), 324頁.

79) 神田秀樹外(編) / 神作裕之(執筆), 앞의 책(주 78), 321頁.

80) 한편 같은 조문에 따르면 과징금이 발동되는 것은 해당 매수, 매도가 미공개중요정보의 공개 이전 6개월 사이에 이루어진 경우에 한한다.

81) 일본 금융상품거래법 제157조는 미국 1934년법 제10(b)조를 모델로 하여 규정된 포괄적 사기 금지조항인바, 그 위반에 대하여는 형벌처벌만 규정되어 있고 과징금조항이 없다.

4. 소결론

증권 불공정거래에 있어 행위자가 누리는 부당이득은 그 사회적 해악성을 나타내는 중요한 지표이다. 각국이 어떠한 형태로든 부당이득의 크기와 행위자에 대한 제재를 결부시키는 이유이다. 다만 이를 단순한 양형 등 법원, 기타 제재기관의 재량영역에서 판단할 것인가, 부당이득 환수적 성격이 강한 행정제재의 기준으로 제시할 것인가, 나아가 법정형 요소로 자리매김할 것인지에 대하여는 다양한 선택지가 가능하다. 단순한 양형요소로 삼는 경우 탄력성은 있지만 예측 가능성, 일관성이 떨어지고 자칫 온정주의로 흐르게 될 우려가 있다. 우리 자본시장법처럼 법정형 요소로 수용하게 되면 그 반대효과가 나타난다.

현행 법제하에서 자본시장법상 부당이득을 어떻게 바라볼 것인가? 특히 민사책임상의 차액설 및 이를 위한 주가 산정방식을 그대로 수용할 것인가? 스펙트럼은 다양할 수 있다. (i) 정교한 배상이 필요한 민사책임과 달리 법정형의 범위만을 정하는 것이므로 오히려 적극적으로 부당이득 개념을 넓혀서 일률적으로 정하더라도 무방하다는 입장도 있을 수 있다. 이와 달리 (ii) 기존 민사책임상의 논리를 그대로 적용하면 족하다는 견해도 가능하다. 나아가 (iii) 오히려 민사책임의 경우보다 보수적으로 접근하여 예컨대 실현이익을 중심으로 구성해야 한다는 접근도 있을 수 있다. 앞에서 언급한 책임성의 요청과 예측 가능성의 요청에서 본다면, (i) · (iii)은 예측 가능성 측면에 장점이 있고 (ii)는 책임성 요청을 충족한다.

입법적 관점에서 볼 때, 법정형 요소로서의 부당이득이라는 잣대는 간단명료할 필요가 있다. 너무 복잡하면 미리 법정형으로 정해 둘 때의 장점인 예측 가능성과 일관성이 희석되기 때문이다. 미국 연방양형기준상의 손해액 산정방식(사기적 행위가 이루어졌던 기간의 증권가격평균과 사기적 행위가 시장에 밝혀진 후 90일 간의 증권가격평균 사이의 차액), 일본의 과징금에 관한 적정주가 산정방식(미공개중요정보 공개 후 1주일 이내의 종가 중 최고가 · 최저가기준)은 일관성과 편의성에 강점이 있다. 어떤 형태로든 부당이득의 범위를 법정하는 것이 바람직하다고 생각된다.[82)]

현행 법제를 해석론적 관점에서 살펴보면 부당이득 개념의 출발은 앞 (ii)에 따라 민사책임 법리라고 보아야 할 것이다. 이는 앞에서 본 나치오 판결[83)] 등 미국 형사 판례들의 최근 경향이기도 하다.[84)] 다만 어느 정도의 예측 가능성을 보장한다는 차원에서 입법 이전이라도 일관된 기준을 해석 · 운용상 마련할 필요가 있다.

III. 부당이득 산정의 기본방식

1. 총설

부당이득은 크게 보아 불공정거래행위로 인한 이익 내지 손실회피가 이미 실현된 경우(실현이익)와 아직 실현되지 않은 경우(미실현이익)로 나눌 수 있다. 미실현이익이 부당이득에 포함되는 것은 당연하다. 미실

---

82) 나아가 정순섭, 앞의 논문(주 8), 126면은 입법적으로는 불공정거래행위에 동원된 금액, 불공정거래행위와 관련하여 이루어진 총주문액을 기준으로 도입할 여지도 있다고 본다.

83) United States v. Nacchio 573 F. 3d 1062 (10th Cir. 2009).

84) 미국에서 이러한 경향을 보여 주는 형사 판결로서 United States v. Olis 429 F. 3d 540 (5th Cir. 2005) ; United States v Rutkoske 506 F. 3d 170 (2d Cir. 2007). 또한 Ping-Yen Lai, The Calculation of Illicit Profit in US Insider Trading Cases, J. Stock Forex Trad. 2, 105 (2013)은 민사에서 활용되는 사례연구방식(event study)이 무니 판결이 채택한 net gain approach보다는 유용함을 주장하고 있다.

현이익은 불공정거래행위 결과물인 증권 등을 그대로 보유하는 때에 발생하는바, 일단 불공정거래행위가 이루어진 이상 그후의 해당 증권 등 처분 여부에 따라 부당이득범위 자체가 바뀌는 것은 불합리하다.

각종 거래비용에 관해, 판례의 일관된 입장은 실현이익의 경우 이를 공제하지만 미실현이익인 경우 가상의 거래비용을 공제할 수 없다는 것이다.[85] 결국 부당이득 산정을 관통하는 산식은 "부당이득=실현이익(실현이익에 관한 거래비용 공제)[86]+미실현이익"이다. 거래비용에 관해 매매수수료, 증권거래세, 농어촌특별세는 포함되지만[87] 양도소득세,[88] 청약환불금,[89] 대출금이자[90]는 공제대상이 되지 않는다.

실제 실무상 운영은 자본시장법령상 구체적 산식에 따른다(자본시장법 제442조의2, 시행령 제388조의2 및 별표 20의2). 이하에서는 미공개중요정보 이용, 시세조종 순서로 실현이익과 미실현이익을 나누어 판례 및 실무상 부당이득 산정방식을 검토한다. 불공정거래 중 부정거래행위는 대체로 시세조종행위 이외의 부정한 방법으로 가격에 영향을 미치는 것

---

85) 대법원 2013. 7. 11. 선고 2011도15056 판결 : "미실현이익은 특별한 사정이 없는 한 시세조종행위가 종료될 당시를 기준으로 산정할 것이고, 이는 처분을 전제로 하지 않고 보유하고 있는 주식의 가치를 평가하여 위반행위로 인하여 발생한 위험과 인과관계가 인정되는 이익을 산정하는 것이므로, 실현이익을 산정하는 경우 실제 처분 시 소요된 거래비용 등을 공제하여야 하는 것과 달리 장래 처분 시 예상되는 거래비용 등을 공제하여 산정할 것은 아니다."

86) 대법원은 이를 유가증권거래의 총매도금액에서 총매수금액 및 거래비용을 공제한 나머지 순매매이익으로 설시한다[대법원 2006. 5. 12. 선고 2004도401 판결(미공개중요정보 이용에 관한 건) 등].

87) 대법원 2002. 6. 14. 선고 2002도1256 판결 ; 대법원 2004. 5. 28. 선고 2004도1465 판결.

88) 대법원 2003. 11. 14. 선고 2003도686 판결.

89) 시세조종행위를 위해 외부청약과정에서 청약자들에게 지급하기로 한 청약환불금을 가리킨다(대법원 2004. 5. 28. 선고 2004도1465 판결 참조).

90) 대법원 2005. 12. 9. 선고 2005도5569 판결.

이므로, 부당이득 산정의 기본논리는 시세조종에 준하게 된다.[91] 실현이익과 미실현이익은 결국 매매수량과 (추정된) 매매가격에 의해 결정된다. 그중 매매수량 산정은 비교적 용이하다. 실현이익의 경우 매매일치수량에 의하면 되고, 미실현이익의 경우 불공정거래행위 종료 시의 보유수량에 의하면 되기 때문이다. 주로 문제 되는 부분은 매매단가이고, 이는 특히 미실현이익 판단 시 논란의 소지가 많다.

2. 미공개중요정보 이용의 경우

(1) 개관

미공개중요정보 이용에서의 부당이득은 결국 정보를 미리 이용함에 따라 발생하는 것이므로 해당 정보의 가치가 결정요소가 된다. 정보의 사전적 이용 이후 '정보 공개'라는 사건이 발생하게 되므로, 이에 따른 주가변동을 관찰하면 해당 정보의 가치를 추정할 수 있다. 이 점에서 다른 유형의 불공정거래에 비해 부당이득 산정에 용이한 점이 있다.

미공개중요정보 이용과 관련하여 증권 등 가격 추정이 필요한 국면은 (i) 진정한 증권가격보다 싼 가격에 증권 등을 매수하여 그대로 보유한 경우(호재성 정보),[92] (ii) 진정한 증권가격보다 비싼 가격에 증권 등을 매도한 경우(악재성 정보)이다. 전자는 미실현이익이고 후자는 실현이익이다. 이때 위 진정한 증권가격은 어떻게 산정하는가? 부실공시로 인한 민

91) 한국증권법학회 / 김영기(집필), 앞의 책(주 8), 1203면.
92) 이를 정보공개 이전에 매도하였다면 매수가격과 매도가격의 차액을 실현이익으로 계상하게 될 뿐 추정가격이 검토될 필요는 없을 것이다.

법상 손해배상책임[93]에서의 손해액 내지 주식평가방식이 도움이 될 수 있다. 미공개중요정보 미반영에 따른 증권가격 왜곡과 부실공시로 인한 증권가격 왜곡은 본질적으로 크게 다르지 않기 때문이다. 부실기재된 감사보고서 공시에 따른 감사인의 민법 제750조상 손해배상책임에 관하여, 대법원은 "분식결산 및 부실감사로 인하여 상실하게 된 주가 상당액은 특별한 사정이 없는 한 분식결산 및 부실감사가 밝혀져 거래가 정지되기 전에 정상적으로 형성된 주가와 분식결산 및 부실감사로 인한 거래정지가 해제되고 거래가 재개된 후 계속된 하종가를 벗어난 시점에 정상적으로 형성된 주가의… 차액 상당이라고 볼 수 있다"고 판단한 바 있다.[94] 여기에서도 엿볼 수 있듯이, 결국 '미공개중요정보가 시장에 유포되었을 때의 변동 폭'이 추정매매단가[95]로 반영되어야 할 것이다.

다음에서는 실현이익과 미실현이익을 나누어 살펴보는바, 실제 그 구분시점도 분명하지 않은 점이 있다. (i) 악재성 정보인 경우는 간단하다. 매도가 정보공개 이전에 이루어졌으면 이는 곧 실현이익(엄밀히 말하자면 손실회피의 실현)이다.[96] 반대로 공개 이후에 이루어졌으면 이용행위 자

---

93) 자본시장법에 따른 손해배상책임은 그 손해액이 법정되어 있으므로(발행 공시에 관하여 제126조 ; 유통공시에 관하여 제162조 제3항), 별다른 조문이 없는 형사책임 관련 부당이득 산정으로 연결하기 어렵다. 한편 일부 하급심 판례는 별도의 손해액 조문이 없는 미공개중요정보 이용행위의 손해배상액 역시 위 부실공시 손해배상 조문에 의한다는 입장을 밝힌 바 있으나(서울지방법원 남부지원 1994. 5. 6. 선고 92가합11689 판결), 이 같은 유추적용의 논거는 확실하지 않다.

94) 대법원 1997. 9. 12. 선고 96다41991 판결. 이 판례의 평석으로는 김건식, "외부감사인의 부실감사로 인한 손해배상책임," 최기원 외, 상사판례연구 제4권, 박영사, 2000 ; 조귀장, "외부감사인의 부실감사로 인한 제3자에 대한 손해배상책임," 민사판례연구회 편, 민사판례연구 제21권, 박영사, 1999 등.

95) 실무상 간주매도단가, 간주매수단가라는 용어가 사용되지만 엄밀히 보아 이 증권가격은 다른 입증에 의해 번복 가능한 것이므로 이 글에서는 추정매매단가(추정매수단가와 추정매도단가 포함)라는 용어를 사용하기로 한다.

96) 조재연 / 조인호, 앞의 논문(주 8), 344면도 악재성 미공개정보의 경우 회피한 손실만

체가 존재하지 않는 것이므로 미실현이익 문제도 발생하지 않는다. 결국 원칙적으로 매도행위가 '정보 공개시점' 이전에 이루어진 경우에만 실현이익이다. (ii) 반면 호재성 정보인 경우 (사전적 매수행위에 이은) 매도행위가 정보 공개 이후에 이루어졌다고 하더라도 실현이익으로 인정될 여지가 많다. 호재성 정보에 근거하여 주식을 매수해 둔 다음 정보 공개로 주가가 급등한 후 매도하는 것은 미공개중요정보 이용의 전형적 패턴이다. 이 글에서는 호재성 정보에 관한 실현이익 발생의 판단 기준시점을, '정보 공개 이후 해당 정보가 증권 등 가격에 전부 반영된 시점'까지로 규정하기로 한다. 이 시점을 넘어 이루어진 주식매도는 미실현이익 법리에 따라 해결해야 한다. 인과관계 측면에서 볼 때, 그 이후의 매매차익 또는 차손은 미공개중요정보 이용과 무관하기 때문이다.

(2) 실현이익

1) 실무례

미공개중요정보 이용에 따른 실현이익을 산정하는 실무방식은 매매수량×(매도단가－매수단가)이다.[97] 매매수량에 관하여 (i) 악재성 정보 이용인 경우 정보공개 이전 매도한 수량이고, (ii) 호재성 정보 이용인 경우 매수수량과 매도수량을 비교하여 매매일치수량을 특정하면 되므로 산정에 큰 어려움이 없다. 문제는 매매단가이다. 순차로 매수·매도가 이루어진 경우, 이를 가중평균한 단가가 적용되어야 한다는 점에는 큰 이견이 없다. 먼저 호재성 정보의 매매단가를 살펴본 다음 악재성 정보의 경우를

이 문제 될 뿐 미실현이익과 실현이익의 구분 문제는 발생하지 않는다고 설명한다.

97) 조재연/조인호, 앞의 논문(주 8), 349-350면.

검토한다.

① 호재성 정보인 경우 매매단가

이 경우 추정단가를 고민할 필요는 없고 매수·매도한 증권에 관하여 가중평균한 매수단가, 매도단가를 적용하면 된다. 예컨대 행위자가 호재성 정보를 미리 입수하여 수차례에 걸쳐 금 1억 원을 투입해(A : 매수금액) 합계 200주(B : 매수수량)를 매수한 다음, 정보공개 직후 금 2억 원(C : 매도금액)에 전량(D : 매도수량)을 순차로 매도하였다면, 수수료 등 거래비용 500만 원(E)을 감안한 실현이익은 다음과 같다.

실현이익=매매일치수량(D)×{매도단가(C / D)-매수단가(A / B)} − 거래비용(E) =9,500만 원

② 악재성 정보인 경우 매매단가

이때의 실현이익은 결국 회피된 손실을 뜻한다. 이미 (가중평균) 매도단가가 나와 있는 상태에서 매수단가를 어떻게 구할 것인지 문제 된다. 행위자가 과거 지불하였던 매수단가를 기초로 하는 것이 부당함은 분명하다. 비난대상은 미공개중요정보 이용이지 애초에 (미공개정보와 무관하게) 정당한 가격으로 매수한 행위가 아니기 때문이다. 부당이득 관점에서 볼 때, 악재성 정보가 전부 반영된 가격이 얼마일지를 판단하여 그 가격과 실제 매도가격의 차이가 회피손실액이라고 봄이 타당하다. 이러한 점을 고려하여 추정매수단가를 산정하는 구체적인 방식으로는, (i) 악재성 정보 공개 후 최초로 형성된 최저종가로 판단하는 방식[98]과 (ii) 악재성 정보 공개 후 가격이 안정화된 시점의 가격으로 판단하는 방식[99]이 있다.

98) 서울중앙지방법원 2007. 5. 30. 선고 2007노347 판결 등.
99) 구법하의 것으로 대법원 2021. 10. 14. 선고 22017도19859 판결.

자본시장법 시행령은 (i)에 의한다.[100)] (i)의 방식에 따른 산정례는 다음과 같다. 즉 행위자가 원래 200주를 보유하고 있다가 악재성 정보를 알게 되자 그 공개 이전에 수차례에 걸쳐 금 2억 원(C : 매도금액)에 전량(D : 매도수량)을 순차로 매도하였다면, 수수료 등 거래비용 500만 원(E)과 공개 이후 최초형성 최저종가 50만 원(F)을 감안한 실현이익(회피 손실)은 다음과 같다.

실현이익=매매수량(D)×{매도단가(C / D)−최초형성 최저종가(F)}−거래비용(E)=9,500만 원

2) 검토

악재성 정보인 경우 회피손실을 어떻게 계산할 것인지에 대한 논란은 여전하다. (i)의 방식이 정보가치를 제대로 반영하지 못한다는 비판도 가능하다. 즉 시장이 악재성 정보 공개에 민감하게 반응하여 최초종가가 지나치게 낮게 형성되거나 반대로 이를 제대로 반영하지 못하여 최초종가가 높게 형성될 우려가 있다.[101)] (ii)의 방식은 이러한 문제를 배제하기 위한 것으로서, 앞의 부실공시에 따른 손해배상액에 관한 대법원 판결(1997. 9. 12. 선고 96다41991) 취지의 연장선에 있다고 할 수 있다. 다만 이에 대하여는 상당한 기간 및 안정화를 요구하면 제3의 원인이 개재될 가능성이 높아진다는 비판이 가능하다.[102)] (i), (ii) 모두 미공개중요정보 공개 후의 변동 폭에 초점을 맞추는 점은 동일하다. 다만 미공개정보가 정확히 반영된 시점을 언제로 볼 것인지에 대한 기술적 차이가 있을 뿐이

100) 자본시장법 시행령 별표 20의2 2. 나.

101) 다른 한편으로 정보 공개 이전에 미공개중요정보가 일부 유출된 경우, 정보 공개 이후 주가가 정보가치를 제대로 반영하지 못할 가능성이 높다는 비판도 제기되고 있다〔조재연/조인호, 앞의 논문(주 8), 349면〕.

102) 한국증권법학회/김영기(집필), 앞의 책(주 8), 1202면.

다. (i)방식에 의하는 자본시장법 시행령에 큰 문제점이 있다고 보기는 어렵다. 향후 입법적으로 미국, 일본의 예를 참고할 필요가 있다. 즉 해당 미공개정보의 공개 이후 1주 또는 1개월 등 기간을 명시하여 기간 내 최저종가(또는 평균종가)를 추정매수단가로 삼을 수 있을 것이다.

(3) 미실현이익

이는 호재성 정보에 증권 등을 매입하였다가 해당 정보가 공개되고 가격에 완전히 반영된 이후에도 계속해서 보유하고 있었던 경우이다. '정보가 증권 등 가격에 전부 반영된 시점' 이후의 등락은 뒤에서 설명하는 인과관계가 부인되는 경우이므로, 부당이득의 범위에서 배제된다. 문제는 과연 어느 때에 전부 반영된 것으로 볼 것인지이다. 미국 1934년법 제21A조 (f)가 "미공개정보의 공개 후 상당한 기간이 경과한 후의 거래가격"이라는 불확정 개념을 쓰고 있다는 점은 앞에서 살펴본 바와 같다.

악재성 정보의 경우와 마찬가지로 (i) 호재성 정보 공개 후 최초로 형성된 최고종가,[103] (ii) 호재성 정보 공개 후 가격이 안정화된 시점의 가격 등으로 보는 방식이 있을 수 있다.[104] 나아가 대법원 판례 중에는 (iii) 일부 처분 시 가격, 즉 행위자가 일부 증권을 처분하고 나머지를 보유하는 경우 위 보유분의 미실현이익을 일부 증권의 마지막 처분 시 가격으로 산정한 것이 있었다.[105] 그러나 (iii)의 방식에 의하는 경우 행위자가 증권

103) 서울중앙지방법원 2011. 4. 7. 선고 2010고합775 판결 등.

104) 구법하의 것으로 대법원 2021. 9. 30. 선고 2021도1143 판결.

105) 대법원 2006. 5. 12. 선고 2004도491 판결. 사안은 피고인이 2001년 4월 24일 미공개 중요정보를 이용하여 주식 30만 주를 양수한 다음, 2001년 6월 26일~7월 19일 사이에 16만 주를 매도하고, 2002년 4월 26일까지 12만 주를 순차로 추가 매도하였으나 2만 주를 그대로 보유한 사안이다. 위 2만 주에 대한 미실현이익 계산에 있어서 대법

을 계속 보유하는 경우와 일부라도 처분한 경우 보유분 평가방식이 달라지게 되어[106] 형평에 맞지 않는다. 자본시장법 시행령은 (i)에 의한다.[107] 악재성 정보에서 논한 바와 같이 이러한 실무에 큰 문제가 있다고 보기는 어려우나, 향후 입법적으로 미공개정보 공개 직후의 일정한 기간을 특정하여 기간 내 최고종가(또는 평균종가)를 추정매도단가로 삼을 필요가 있다. 이때 이 특정기간 내에 매도가 이루어졌다면 이는 실현이익으로 처리할 수 있을 것이다.

입법론과는 별도로 시행령에 따른 산정례를 종합하여 살펴보면 다음과 같다. 행위자가 호재성 정보를 미리 입수하여 수차례에 걸쳐 금 1억 원을 투입해(A : 매수금액) 합계 200주(B : 매수수량)를 매수한 다음, 정보공개 직후 금 5,000만 원(C : 매도금액)에 50주(D : 매도수량)를 순차로 매도하면서 거래비용 200만 원(E)이 들었다고 가정한다. 정보 공개 후 최초형성 최고종가는 120만 원이라고 할 때 부당이득(실현이익+미실현이익)은 합계 1억 2,800만 원이다.

실현이익=매매일치수량(D)×{매도단가(C / D)-매수단가(A / B)}－거래비용(E)=2,300만 원 미실현이익=잔여수량(B－D)×{최초형성 최고종가－매수단가(A / B)}=1억 500만 원

원은 2002년 4월 26일의 처분가격인 1,560원을 기준으로 하였다. 이에 찬성하는 취지로서 한국증권법학회 / 김영기(집필), 앞의 책(주 8), 1200-1201면.

106) 예컨대 미공개중요정보를 이용하여 100주를 매입한 자를 전제로 할 때, (i) 행위자가 정보 공개 직후 10주를 매도한 경우 나머지 90주에 대하여도 위 매도가격을 적용받는 반면, (ii) 행위자가 정보 공개 이후에도 계속 100주를 보유하였다면 정보 공개 후 최초 형성 최고종가를 적용받게 되어 결국 10주의 매도 여부가 부당이득 산정에 지대한 영향을 미친다.

107) 자본시장법 시행령 별표 20의2 2. 나.

3. 시세조종의 경우

(1) 개관

미공개중요정보 이용과 달리 정보공개라는 별도의 사건이 발생하지 않으므로 시세조종의 영향력을 정확히 측정하기 어려운 난점이 있다.[108] 실현이익과 미실현이익을 판단하는 시점을 어떻게 잡을 것인지도 문제이다. 행위자가 시세조종행위를 하는 시기를 '시세조종기간'이라고 할 때, 그 기간 사이에 이루어진 매매차익이 실현이익임은 분명하다. 하지만 시세조종기간이 끝난 뒤 상당 기간 증권을 보유하다가 매도한 경우, 이를 실현이익으로 분류할지 미실현이익으로 분류할지는 쉬운 문제가 아니다. 시세조종행위는 '시세조종기간'의 경과로 끝나지만 시세조종행위로 인한 주가에의 영향은 시세조종기간의 종료에도 불구하고 상당 기간 이어질 수 있기 때문이다.

시세조종은 주가를 하락시키기 위해 이루어지는 경우도 상당하다. 다만 이하에서는 전형적 '가격 상승목적 시세조종'을 전제로 설명한다.[109]

(2) 실현이익

1) 실무례

시세조종에 따른 실현이익을 산정하는 실무방식은 매매일치수량×(매

108) United States v Rajaratnam, 09 Cr. 1184 (S.D.N.Y 2011)은 미공개정보 이용에 있어서의 이득액 산정과 그 밖의 사기적 행위로 인한 이득액 산정은 전혀 다른 특성이 있음을 강조한다.
109) 자본시장법 시행령 별표 20의2는 시세하락 방어목적 시세조종을 별도로 규율한다.

도단가—매수단가)이다. 기본적 접근은 미공개중요정보 이용의 실현이익과 같다. 매매일치수량, 매도단가를 산정하는 방식도 같다. 다만 매수단가 산정법은 주의를 요한다. (i) 시세조종을 위해 증권을 사들이는 통상적인 경우라면, 실제 매수가액(가중평균)을 매수단가로 보면 된다.[110] 해당 매수가 시세조종기간 이전에 이루어진 것이든 시세조종기간 중 이루어진 것이든 마찬가지이다. 이에 대하여 시세조종기간 중의 매수인 경우 그 가격에 시세조종으로 인한 효과가 포함되어 있으므로, 이를 배제한다는 차원에서 시세조종기간 전일의 종가를 매수단가로 보아야 한다는 입장도 있다.[111] 이렇게 되면 가격 상승을 위한 시세조종사안의 경우 부당이득의 액수가 늘어나게 된다. 가격을 점진적으로 상승시키기 위한 매매는 그 자체가 시세조종의 실현을 뜻하므로 실제 거래가격을 기준으로 실현이익을 산정하는 기존 실무례가 타당하다고 생각된다. (ii) 시세조종 의도와 무관하게 기존에 보유하고 있던 증권인 경우, 시세조종기간 전일의 종가를 매수단가로 보게 된다.[112] 이 경우에 기존 보유분에 관한 원래의 매수가격은 시세조종과 무관하기 때문이다.

---

110) 대법원 2005. 4. 15. 선고 2005도632 판결. 대법원 2004. 5. 28. 선고 2004도1465 판결도 시세조종 행위자들이 주도한 신주 발행이 시세조종의 일환으로 이루어진 것이라면, 부당이득 계산에 있어서도 그 신주 발행가를 주식의 평균취득 단가로 보아야 한다고 판단했다.

111) 한국증권법학회 / 김영기(집필), 앞의 책(주 8), 1198면.

112) 자본시장법 시행령 별표 20의2 2. 다. 1) 가) (2). 대법원 2018. 10. 12. 선고 2018도8438 판결.

2) 검토

① 매도단가의 결정

시세조종기간 중 매도가 이루어진 경우 실무례는 각 매매를 가중평균하는 방식으로 실제 매도가액을 매도단가로 산정한다. 이에 대하여 실제 매도가액이 아니라 시세조종기간 중 최고종가를 매도단가로 보아야 한다는 견해도 있을 수 있다. 그러나 시세조종기간 중 매수와 마찬가지로, 이를 시세조종의 실현행위로 보아 실제 매도가액을 매도단가로 보는 것이 간명할 것이다.

시세조종기간 이후 매도가 이루어진 경우는 어떠한가? 실무적으로는 이 경우 미실현이익의 문제로 보기 때문에 뒤에서 설명하듯이 시세조종기간 종료일의 종가를 매도단가로 본다. 시세조종행위로 인하지 않은 사후적인 가격 등락 효과를 배제하려는 취지는 타당하다. 그러나 시세조종기간이 종료하였다고 하여 시세조종의 영향력이 곧 소멸한다고 보기는 어렵다. 위 실무례는 오히려 부당이득액을 너무 축소산정할 우려가 있다.[113] 적어도 시세조종행위의 영향력이 유지되고 있는 상태에서 매도가 이루어진 경우, 이를 실현이익의 문제로 보고 실제 매도가격을 매도단가로 인정할 필요가 있다.[114] 물론 언제까지를 시세조종행위의 영향력이

113) 예컨대 시세조종기간 이후에도 시세조종행위의 파급력으로 가격이 계속 상승하는 와중에 증권을 매도한 시세조종 행위자인 경우, 시세조종기간 직후 가격을 매도단가로 보는 실무례에 따르면 실제 실현한 액수보다 적은 부당이득액을 인정받게 된다.

114) 김병태, 앞의 논문(주 50), 86-87면도 같은 취지이다. 서울고등법원 2010. 6. 18. 선고 2010노514 판결(대법원 2010. 10. 15. 선고 2010도8297 판결로 확정)도 "시세조종행위 종료일로부터 비교적 단기간 내에 주식처분이 이루어져 실현이익의 산정이 용이한 경우에 있어서는 피고인이 더 높은 매도차익을 남길 수 있었음에도 매도시점을 잘못 선택하여 실제 이익액이 시세종료행위 종료일 당시를 기준으로 하는 경우에 미치지 못하였다는 점이 명확히 입증되는 등의 특별한 사정이 없는 한 시세조종행위

유지되는 시기로 볼지는 쉽지 않은 문제이다. 미공개중요정보 이용에서 검토한 바와 같이, 향후 입법적으로 시세조종기간 종료 후 1주일 또는 1개월 등 기간을 명시하여, (i) 그 기간에 매도된 경우 실제 매도가격을 매도단가로 보고, (ii) 매도되지 않은 경우 그 기간 동안의 최고종가(또는 평균종가)를 미실현이익의 산정기준으로 삼는 방식을 생각해 볼 수 있을 것이다.

② 종목 간 합산 여부

한 종목의 주가조작을 위해 다수 계좌를 동원한 경우 각 계좌의 손익을 통산하는 것은 당연하다.[115] 나아가 다수 종목의 시세조종을 시도한 경우 각 종목의 손익을 통산할 것인지가 문제 된다. 주로 한 종목에 관한 정보에 의해 거래가 이루어지는 미공개중요정보 이용행위와 달리 시세조종은 다수 종목에 걸쳐 이루어지는 경우가 흔하다.[116]

일본 금융상품거래법은 과징금 산정 시 명시적으로 합산을 규정한다. 즉 종목별로 계산한 어떤 종목에서 손실이 발생한 경우 다른 종목의 이익에서 차감한다(금융상품거래법 제174조의2 제11호). 시세조종이 일련의 상장유가증권의 매매이고 계속적인 다수 종목의 거래가 빈번하게 이루어지는 것을 근거로 한다.[117]

동일 수법과 의도로 다수 종목을 시세조종한 경우 포괄일죄를 구성하

자체가 종료된 시점이 아닐 시세를 상승시키는 행위와 상승된 시세를 통하여 이익을 실현하는 행위 사이의 시간적 계속성과 상호 연관성을 고려하여 그러한 주식의 처분이 종료된 시점을 기준으로 하여 실현이익을 파악하는 것이 합리적"이라고 판단한 바 있다.

115) 이때 직접 시세조종에 사용되지 않은 계좌인 경우라도 통산되어야 한다(대법원 2005. 4. 15. 선고 2005도632 판결). 이 경우 이익이 실현된 것은 아니므로 뒤에서 설명하는 미실현이익으로 계산될 것이다.

116) 여러 종목을 순차적으로 옮겨 다니며 시세조종성 주문을 하는 것을 실무상 메뚜기형 시세조종이라고 부르기도 한다.

117) 神田秀樹外(編) / 神作裕之(執筆), 앞의 책(주 78), 305頁.

고 종목 간 손익도 합산하는 것이 타당하다고 할 것이다. 우리나라의 실무례 및 판례도 합산설에 의한다.[118]

③ 시세조종기간의 특정 문제

앞에서 시세조종기간이 종료된 이후 시세조종의 파급효과가 미치는 기간을 어떻게 판단할 것인지 논의한 바 있다. 이와 다른 쟁점으로서 '시세조종기간' 자체를 어떻게 특정할 것인지도 쉬운 문제가 아니다. 첫 번째 예로서, 집중적인 시세조종성 주문이 이루어진 시기가 A기간과 C기간으로 다소 떨어져 있고 그사이 간헐적인 시세조종성 주문이 이루어진 B기간이 있는 경우, 이를 통산해 하나의 시세조종기간으로 잡는다면(즉 A+B+C) 부당이득 액수도 합산된다. 반면 위 예에서 A · B · C를 각기 별도의 시세조종기간으로 잡는다면, 각 부당이득은 기간별로 산정되고 (포괄일죄가 아닌) 각 죄가 성립하여 경합범 가중이 이루어지게 될 것이다. 두 번째 예로서, 특정기간에만 시세조종성 주문이 이루어진 때에도 시세조종기간을 어떻게 잡는지에 따라 부당이득범위가 크게 달라진다. 일례로 일정기간에 시세조종이 확실히 이루어졌으나 그 전후로 이루어진 주문이 사실관계상 시세조종성 주문인지 모호한 경우, 시세조종기간의 초일과 말일을 어떻게 구성하는지에 따라 부당이득에 차이가 발생하게 되는 것이다.[119]

118) 대법원 2008. 6. 26. 선고 2007도10721 판결 참조. 공범 간 부당이득은 합산해야 한다는 전제하에 "시세조종에 가담한 공범 중 일부 범인의 거래계좌에서는 손실이 발생하였다고 하더라도 다른 공범의 거래계좌에서 발생한 이익이 그 손실액을 초과하여 전체로서는 이익이 발생하였다면 손익을 정산한 전체 이익을 기준으로 하여 공범 전체가 위 조항에서 정한 법정형의 책임을 면할 수 없는 것이다"라고 판단하였다.

119) 또한 김병태, 앞의 논문(주 50), 86면은 시세조종기간의 초일을 실제 행위 개시 이후 그 직전일의 종가가 낮은 날로 임의선정하고, 시세조종기간 말일을 실제 행위기간의 종료일 이전 종가가 높은 날로 임의선정한다면 부당이득액이 과대평가될 가능성이 높다고 본다.

행위방식과 행위자의 의도를 종합하여 단일한 시세조종인지 여부를 판단하여야 하고 이는 구체적인 사안에 따라 달리 판단할 수밖에 없다. 다만 시세조종기간을 지나치게 장기로 잡거나 임의조정함으로써 행위자에게 불이익이 생기지 않도록 해야 한다. 자본시장법 시행령도 여러 위반행위가 단일하고 계속된 범위 아래 반복하여 이루어진 경우 전체 위반행위 기간 동안 발생한 부당이득을 합산하다는 입장이다.[120]

(3) 미실현이익

1) 실무례

앞에서 보았듯이 미공개중요정보 이용의 미실현이익을 계산하는 실무례는 "잔여수량×(최초형성 최고종가−매수단가)"이다. 반면 시세조종인 경우 일반적인 실무례는 "잔여수량×(시세조종기간 종료일의 종가−매수단가)"이다.[121] 매수단가 산정방식은 앞의 실현이익의 그것과 다르지 않다. 즉 시세조종을 염두에 두고 사전매입한 경우 실제 매수단가를 기준으로 하고, 시세조종과 무관하게 매입되었던 경우 시세조종기간 전일 종가가 기준이다. 문제는 추정매도단가를 어떻게 보는지이다. 항을 바꾸어 설명한다.

---

120) 자본시장법 시행령 별표 20의2 1. 라. 서울고등법원 2014. 6. 19. 선고 2012노4058, 2014노841(병합) 판결도 책임과 형벌 사이의 비례원칙이 시세조종기간을 특정함에도 적용되어야 함을 전제로, 주가 및 거래량 동향, 전후의 거래상황, 거래의 경제적 합리성과 공정성, 시장관여율 정도, 지속적인 종가관리 등 거래의 동기와 태양을 종합적으로 고려하여 시세조종기간을 특정해야 한다고 설시했다.

121) 자본시장법 시행령 별표 20의2. 대법원 2005. 11. 10. 선고 2005도6523 판결.

2) 검토 : 추정매도단가의 산정

시세조종기간 종료일 종가를 기준으로 미실현이익의 추정매도단가를 산정하는 취지는 시세조종행위 외의 원인으로 인한 가격 등락을 부당이득에서 배제하기 위함이다. 즉 행위자가 더 큰 차익을 노리다가 매도 타이밍을 놓친 탓에 오히려 가격 하락에 따른 손실을 입은 경우에도 일단 발생한 부당이득을 그대로 포착해야 한다는 것이다.[122] 한편 위 취지를 살리기 위하여는 오히려 시세조종기간 중의 최초형성 최고종가를 기준으로 해야 한다는 주장이 제기될 수 있다. 호재성 미공개중요정보 이용행위에서 추정매도단가를 '최초형성 최고종가'로 보는 것에 근거한 해석이다.[123]

이 문제는 미공개중요정보 이용행위와 시세조종행위의 차이점, 실현이익과 미실현이익의 균형 등을 고려하여 판단할 문제이다. 시세조종행위가 가격 하락을 위해 이루어진 경우와 가격 상승을 위해 이루어진 경우로 나누어 살펴본다.

먼저 가격 하락목적 시세조종행위인 경우 미실현이익은, 행위자가 원래 정상적이던 가격을 조종행위에 의해 낮춘 후 이를 매수하여 계속 보유하는 때 발생한다. 이때의 추정매도단가는 시세조종에 의하여 영향 받지 않은 가격, 즉 시세조종기간 전일의 가격에 의하면 될 것이다.

다음으로 가격 상승목적 시세조종행위인 경우, (i) 도대체 미실현 부당이득이라는 것이 있는지에 대한 반론이 제기될 수 있다. 사전 또는 시세조종기간 중 매수하였던 증권을 그대로 보유하는 경우, 시세조종으로 인

122) 대법원 2010. 6. 24. 선고 2010도4453 판결도 시세조종행위 종료 이후 피고인 등이 보유하던 주식을 매도하여 손실을 보았다고 하여 이를 고려하지는 않는다는 취지이다.

123) 한국증권법학회 / 김영기(집필), 앞의 책(주 8), 1199면, 1201면.

한 가격 상승효과가 사라진 결과 결국 정상가격으로 회복될 것이라는 점을 강조하는 접근이다. 그러나 행위자가 시세조종행위를 주도하면서 가격 및 매도 타이밍을 주도할 수 있다는 점을 고려할 때 부당이득 자체를 부인하는 것은 온당하지 않다. (ii) 한편 시세조종기간 중 '최초형성 최고종가'를 추정매도단가로 보는 견해도 찬성하기 어렵다. 미공개중요정보 이용의 경우 호재성 정보의 시장 공개라는 사건이 있으므로 이를 기점으로 가격을 측정하기 용이하나, 점진적 · 누적적으로 이루어지는 시세조종에 있어서 단지 시세조종행위의 시작을 기점으로 추정매도단가를 산정함은 적절하지 않다. (iii) 그렇다면 시세조종기간 종료일 종가를 기준으로 하는 현재의 실무례는 타당한가? 이러한 실무례가 간명하기는 하나, 위반행위의 종료시점과 부당이득의 산정시점을 꼭 일치시킬 필요는 없다[124]는 점에서 이론적 측면에서는 개선 여지가 남는다. 앞에서 시세조종행위의 실현이득에 관한 논의에서 시세조종기간 이후의 매도에 대하여 검토한 바 있다. 시세조종기간 이후에도 시세조종의 파급효과가 남아 있을 수 있기 때문에, 향후 입법적으로 시세조종기간 종료 후 1주일 또는 1개월 등 기간을 명시하여, (i) 그 기간에 매도된 경우 실제 매도가격을 매도단가로 보고, (ii) 매도되지 않은 경우 그 기간 동안의 최고종가(또는 평균종가)를 미실현이익의 산정기준이 합리적이라고 생각된다.

---

124) 김건식 / 정순섭, 앞의 책(주 9), 505면.

IV. 구체적인 실무상 쟁점

1. 인과관계의 입증과 단절

(1) 인과관계의 입증

증권 불공정거래에 있어서의 인과관계는 여러 관점에서 문제 된다. 예컨대 해당 거래가 미공개중요정보의 이용 등과 무관하게 이루어졌다면, 인과관계는 부인되고 불공정거래 자체가 성립하지 않는다. 대법원은 시세조종기간 중 피고인 회사가 자기주식을 취득하였더라도 정상적 기업활동으로 인정된다면 시세조종과 무관하다고 판단한 바 있다.[125] 미공개중요정보의 취득, 시세조종의 계획 및 착수 이전에 체결된 계약의 이행으로서 거래가 이루어진 경우 불공정거래로 보기 어렵다. 이와 달리 이하에서 문제삼는 것은 증권 불공정거래가 인정된다는 전제하에 부당이득 산정에 있어서의 인과관계이다. 즉 증권 불공정거래행위 이전과 이후의 증권가격을 비교하여 그 차액을 모두 부당이득으로 삼을 것인지 여부이다.

과거에는 직접적 인과관계는 필요하지 않으므로 다른 요소에 의한 추가상승분을 공제하지 않고 차액 전부가 부당이득을 구성한다는 견해가 있었다. 초기 판례 중 인과관계를 요구하지 않거나 넓게 본다는 취지로 해석될 수 있는 것도 있었다.[126] 그러나 지금은 책임주의원칙에 비추어 상당인과관계가 필요하다는 점에 대하여 큰 이견이 없는 것으로 보인

125) 대법원 2014. 5. 16. 선고 2012도11971 판결.
126) 헌법재판소 2003. 9. 25.자 2002헌바69, 2003헌바4(병합) 결정 ; 서울고등법원 2005. 10. 21. 선고 2005노684 판결(이후 대법원 2006. 4. 8. 선고 2005도8643 판결로 확정).

다.[127] 대법원은 부당이득이 범죄구성요건이라는 점을 강조하면서, "통상적인 경우에는 위반행위와 관련된 거래로 인한 총수입에서 그 거래를 위한 총비용을 공제한 차액을 산정하는 방법으로 인과관계가 인정되는 이익을 산출할 수 있겠지만, 구체적인 사안에서 위반행위로 얻은 이익의 가액을 위와 같은 방법으로 인정하는 것이 부당하다고 볼만한 사정이 있는 경우에는 사기적 부정거래행위를 근절하려는 구 증권거래법 제207조의2와 제214조의 입법취지와 형사법의 대원칙인 책임주의를 염두에 두고 위반행위의 동기, 경위, 태양, 기간, 제3자의 개입 여부, 증권시장 상황 및 그 밖에 주가에 중대한 영향을 미칠 수 있는 제반요소들을 전체적·종합적으로 고려하여 인과관계가 인정되는 이익을 산정해야 할 것이며, 그에 관한 입증책임은 검사가 부담한다"고 설시하고 있다.[128]

위 판례에 비추어 인과관계가 요구됨은 분명하다. 문제는 구체적인 운용이다. 특히 주가는 불공정거래행위 이외 다양한 요인에 의해 영향을 받기 때문에, 주가변동이 오롯이 불공정거래행위의 결과이고 다른 영향이 없었다는 점을 검사가 입증한다는 것은 불가능하다. 앞의 판결에서 대법원은 (i) (상당)인과관계가 필요하기는 하지만, (ii) 원칙적으로 차액 자체가 곧 인과관계가 있는 부당이득이고, (iii) 위 차액에 의함이 부당하다고 볼 사정이 있는 경우에는 제반요소를 고려하여 인과관계를 따져 보아야 한다고 설시하였다. 특히 (ii) 부분은 위 현실적 어려움을 고려한 것으로 보인다. 그렇다면 과연 (iii) '차액에 의함이 부당하다고 볼 사정'이란 무엇인가? 이는 주로 해당 증권가격에 영향을 미칠 중대한 사안의 발생이라

127) 김영기, 앞의 논문(주 8), 153면 ; 김건식 / 정순섭, 앞의 책(주 9), 496면.
128) 대법원 2009. 7. 9. 선고 2009도1374 판결. 헌법재판소도 2011년에는 "위반행위가 원인이 되어 그 결과로서 발생한 이익"이라는 표현을 사용하면서 인과관계가 필요하다고 취지로 판단한 바 있다(헌법재판소 2011. 2. 24.자 2009헌바29 결정).

고 보아야 할 것이다.[129] 대법원은 시세조종기간 국내 주식시장이 대단한 호황기였다는 점, 동종업종의 주가지수 역시 3배 상승한 점, 피고인들의 매매관여율 및 호가관여율이 높지 않았다는 점을 피고인들이 주장하면서 증거자료도 제출하고 있다고 지적하면서 원심이 인과관계를 확인하지 않았다는 이유로 파기한 바 있다.[130]

대법원은 검사가 부당이득의 입증책임을 진다고 거듭 강조한다. 그러나 (iii)의 부당하다고 볼 사정이 있는지 여부에 관하여는 실질적으로 피고인의 적극적인 주장 및 증거의 제출이 필요할 것으로 보인다.[131]

(2) 인과관계의 단절 : 계속 보유분의 미실현이익

증권 불공정거래 이전부터 이후까지 계속 보유하는 증권에 관하여 (미실현이익으로서의) 부당이득을 인정할 수 있는지가 종종 문제 된다. 이는 미공개중요정보 이용 사안에서는 문제 되지 않는다. 만약 호재성 정보라면 증권 취득이 정보와 무관한 것이어서 이용행위가 없고, 악재성 정보라

---

129) 서울중앙지방법원 2011. 4. 7. 선고 2010고합 775 판결 : "다른 요인을 모두 배제한 채 오로지 어느 특정요인에 의한 주가변동분을 객관적으로 산정하는 것은 기술적으로 곤란하므로 주가에 중대한 영향을 미칠 수 있는 요인이 추가로 발생하였다는 등의 특별한 사정이 없는 이상 불공정거래 위반행위가 개입된 거래로 인하여 얻은 이익 전체를 부당이득으로 볼 수 있다."

130) 대법원 2013. 7. 11. 선고 2011도15056 판결. 그 밖에 대통령의 수소연료전지 자동차 기술에 대한 언급으로 인한 상승분이 있는 경우(대법원 2011. 10. 27. 선고 2011도8109 판결), 주가 상승을 시작한 시기와 불공정거래행위의 시기가 일치하지 않는 경우(대법원 2010. 12. 9. 선고 2009도6411 판결), 피고인 이외의 자가 강연을 통해 주가 상승에 개입한 경우(대법원 2010. 4. 5. 선고 2009도13890 판결) 등도 단순히 차액으로 산정함이 부당한 경우라고 할 수 있다.

131) 자본시장법 시행령 별표 20의2 1. 바는 외부요인이 개입된 경우 이를 배제하고 있다. 예컨대 외부요인에 따른 시세변동이 위반행위에 의한 시세변동을 완전히 상쇄하였다면 외부요인 발생 직전까지의 시점을 기준으로 부당이득액을 산정한다.

면 주식매도가 없는바 결국 어느 모로 보나 위법이 없기 때문이다. 이하 원래 시세조종과 무관하게 증권을 보유하고 있는 상태에서 시세 상승을 목적으로 하는 시세조종이 이루어진 경우를 상정하여 설명한다.

일반적으로는 앞의 시세조종에 관한 미실현이익에 관한 설명이 적용된다. 시세조종과 무관하게 증권을 취득했던 것이므로 시세조종기간 전일 종가가 매수단가가 된다. 매도단가에 관한 현재 실무례는 시세조종기간 종료일 종가를 기준으로 하나, 입법적으로 개선할 필요성이 있다. 이러한 일반론은 모든 경우에 타당한가? 몇 가지 사안을 나누어 설명한다.

1) 시세조종기간에 보호예수되어 있던 주식

이러한 주식인 경우 시세조종으로 인한 이익을 누릴 수 없다고 볼 것이므로, 원칙적으로 인과관계가 단절되고 부당이득 산정에서 제외되어야 할 것이다. 시세조종을 무한 지속할 수는 없고 시세조종효과가 사라지면 정상주가가 회복된다고 볼 것이다. 시세조종기간 이후 계속보유분에 대하여 미실현이익을 계산하는 것은, 행위자가 시세조종효과가 지속되는 기간에 이를 매도하여 이익을 실현할 수 있었음에도 불구하고 (더 큰 차익 등 기대로 인해) 이를 실행하지 않았다는 점을 고려한 것이다. 처음부터 처분 가능성이 없었고 정상주가로의 회복이 당연시되는 분량에 대하여는 인과관계가 단절된다고 봄이 타당하다. 실무도 이러한 입장인 것으로 보인다.[132] 이러한 점에서 볼 때 시세조종효과가 지속되는 기간 중의 '처분가능성'이 중요한 요소로서 감안된다고 하겠다.

다만 이렇듯 인과관계의 단절이 인정되는 것은 시세조종기간에 처분가능성이 없었다는 점이 명확한 경우에 한한다고 볼 것이다. 따라서 단지

132) 김병태, 앞의 논문(주 50), 84면.

시세조종기간 중 소유권 분쟁이 있다는 것만으로는 부족하다고 하겠다.[133)]

2) 지배권 주식

회사 지배권을 행사할 정도의 주식을 보유한 지배주주가 시세조종에 나서는 경우이다. 시세조종에 직접 활용된 주식들의 거래분이 실현 또는 미실현이익으로서 부당이득에 포함됨은 당연하다. 문제는 지배권 주식은 시세조종과 무관하게 그대로 보유하고 있는 상태에서, 추가적 매수 · 매도를 통해 시세조종을 한 경우이다. 앞의 원칙을 적용하면 설사 시세조종과 무관하게 취득한 주식들(즉 지배주식)이라 하더라도 시세조종기간 전일 종가를 매수단가로 하여 미실현이익이 계산되므로 부당이득 규모가 매우 커진다. 이 때문에 경영권 유지 등 경영상 목적으로 매수하여 계속 보유하는 자산인 경우 부당이득에서 배제하는 것이 타당하다는 견해도 제기되고 있다.[134) · 135)] 생각건대 행위자가 누리는 실질적 이익과 처분 가능성을 종합적으로 고려해야 할 것이다. 사안을 나누어 보면 다음과 같다.

먼저 지배주주가 단순히 추가매수 · 매도를 통해 시세차익을 얻으려고 한 경우이다. 지배권 주식의 처분 가능성이 없었던 경우라면 지배권 주식에 대하여는 인과관계가 단절된다고 봄이 타당할 것이다. 다만 위 처분 가능성 부존재는 엄격히 판단할 필요가 있다.

---

133) 나아가 김병태, 앞의 논문(주 50), 84면은 계약상 처분제한이 있는 경우에는 확실한 기준이 없다는 점을 지적한다.

134) 김건식 / 정순섭, 앞의 책(주 9), 491면.

135) 한편 가격 상승 시세조종행위를 한 자가 (매수인이 아닌) 매도인인 경우, 실제 이익의 귀속주체는 매수인이 되어 뒤에서 설명하는 이익 귀속주체를 어떻게 볼 것인지 문제가 발생하게 된다. 이 경우 매도인에게 부당이득을 인정하여 가중처벌하는 것이 부당하다는 입장으로서 김병태, 앞의 논문(주 50), 86면.

다음으로 지배주주가 시세조종을 통해 시세를 상승시킴으로써 경영권을 방어하고자 한 경우이다. 마찬가지로 처분 가능성의 부존재가 입증된다면 인과관계가 단절된다. 경영권을 방어하고자 하는 사안이므로 처분 가능성이 없다고 볼 여지가 많다. 하지만 이 경우에는 단순 매수, 매도와 달리 '경영권 방어'라는 무형적 이익을 부당이득으로 인정할 여지가 없지 않다. 즉 시세조종이 아니었더라면 경영권을 상실했을 것이라는 점이 입증되는 경우인바, 실제 이러한 입증이 쉽지는 않을 것이다.

2. 이득의 귀속

불공정거래 결과 행위자와 무관한 일반투자자들이 이익을 얻을 수 있다. 우연히 시세조종기간 초에 증권을 샀다가 차익을 남긴 투자자가 그러하다. 이러한 이익을 부당이득으로 볼 수도 없고 행위자의 부당이득에 합산할 수도 없다. 반면 다수인이 공범으로서 불공정거래를 한 경우 각자의 부당이득을 합산해야 할 것이다.[136] 이러한 접근법은 미국도 마찬가지이다.[137] 대법원도 "위반행위로 인한 이익은 당해 위반행위로 인하여 행위

---

136) 다만 자본시장법 시행령 별표 20조의2 1. 마는 '과징금' 부과를 위해 부당이득액을 산정할 때에는 위반행위자 별로 분리 계산하도록 한다.

137) 미국의 미공개중요정보 이용에 관한 연방양형기준은 피고인과 함께 행동하는 자, 피고인으로부터 정보를 제공받은 자의 이익을 합산하도록 규정한다(... by the defendant and persons acting in concert with the defendant or to whom the defendant provided inside information). USSG § 2B1.4, cmt. p.113. 나아가 연방양형기준은 재산범죄 행위 전반에 관하여 relevant conduct라는 개념을 도입하여 공범의 이익을 합산하고 있다. relevant conduct의 범위에 관한 상세한 논의에 대하여는 W.W. Wilkins / J.R. Steer, Relevant Conduct : The Cornerstone of the Federal Sentencing Guidelines, 3 South Carolina L. Rev. 495 (1990) ; Cheung, 앞의 논문(주 61), 569.

자가 얻은 이익을 의미하고, 여러 사람이 공동으로 시세조종 등 불공정거래의 범행을 저지른 경우 그 범행으로 인한 이익은 범행에 가담한 공범 전체가 취득한 이익을 말하는 것일 뿐, 범행에 가담하지 아니한 제3자에게 귀속되는 이익은 이에 포함되지 아니한다"고 판시하고 있다.[138] 공범 이외의 제3자 귀속분은 원칙적으로 부당이득에 포함되지 않으므로, 행위자가 본인의 자금과 제3자의 자금이 혼재되어 있는 계좌를 이용하여 시세조종을 하였다면 본인에 귀속되는 이익을 특정하여야 한다.[139]

문제는 공범 이외에 제3자에게 이득이 발생하는 모든 경우를 부당이득 산정 시 배제할 것인지 여부이다. 이하에서는 법인대표자의 행위로 법인에 이득이 귀속되는 경우, 미공개중요정보 이용에 있어서 정보수령자에 이득이 귀속되는 경우, 시세조종에 있어서 고객에게 차익이 귀속되는 경우를 차례로 살펴본다.

(1) 법인대표자의 이득과 법인의 이득

법인대표자의 불공정거래로 개인적인 이득 5억 원 이외에 법인에도 10억 원의 이득이 발생하였다고 가정한다. 먼저 대표자의 부당이득 산정

138) 대법원 2011. 10. 27. 선고 2011도8109 판결 등 다수. 한편 포괄일죄인 시세조종 중간에 가담한 공범, 이탈한 공범인 경우 부당이득의 범위에 관하여는 형사법의 일반이론에 의한다. 즉 전자의 경우 "포괄일죄의 범행 도중에 공동정범으로 범행에 가담한 자는 비록 그가 그 범행에 가담할 때에 이미 이루어진 종전의 범행을 알았다 하더라도 그 가담 이후의 범행에 대하여만 공동정범으로서 책임을 진다"(대법원 2005. 1. 28. 선고 2004도6805 판결). 따라서 위 시기 이후에 발생한 시세차익에 대하여만 그 책임을 부담한다. 후자의 경우 "피고인이 포괄일죄의 관계에 있는 범행의 일부를 실행한 후 공범관계에서 이탈하였으나 다른 공범자에 의하여 나머지 범행이 이루어진 때 피고인이 관여하지 않은 부분에 대하여도 죄책을 부담"한다(대법원 2011. 1. 13. 선고 2010도9927 판결).

139) 대법원 2011. 2. 24. 선고 2010도7404 판결.

시에 법인 귀속분을 합한 15억 원이라고 볼 것인가? 대표자와 법인의 법인격을 엄밀히 분리하여 판단한다면 대표자의 부당이득은 5억 원에 그치게 된다. 하지만 판례는 이를 합산한 15억 원을 부당이득으로 본다.[140] 통설도 (i) 법인에 독립적 행위능력이 없을 뿐 아니라 법인의 부당이득 결과 대표자 역시 간접적인 재산상 이익을 취하는 점,[141] (ii) 법인은 대표자를 통해 불법행위능력을 가지므로 법인을 범행에 가담하지 않은 제3자로 볼 수 없는 점[142] 등을 들어 판례에 찬성하고 있다.

다음으로 법인의 부당이득 산정 시 대표자 개인 귀속분을 합한 15억 원이라고 볼 것인가? 법인의 부당이득이 문제 되는 것은 양벌규정이 적용되는 경우이다. 즉 법인의 대표자[143] 등이 그 법인의 업무에 관하여 불공정거래행위를 한다면 그 대표자 이외에 법인에게도 벌금형이 부과되는바(자본시장법 제448조), 이때 부당이득액수에 따라 벌금형 연동제가 적용되는 것이다. 양벌규정 적용 시에 부당이득의 귀속주체는 문제 되지 않는다는 입장도 있으나,[144] 대표자 개인 귀속분을 '법인의 업무에 관한' 불공정거래행위라고 해석하는 데 논란이 있을 수 있다. 종래 판례는 "법인이 대표자의 위반행위로 인하여 얻은 이익 또는 회피한 손실액을 기준으로 그 상한이 정하여진다"는 입장이었다(앞의 예라면 법인 귀속분인 10억 원에 한정). 다만 자본시장법 시행령은 이를 합산하라는 취지로 보인다.[145]

---

140) 대법원 2017. 12. 22. 선고 2017도12649 판결 등.
141) 김건식 / 정순섭, 앞의 책(주 9), 500면.
142) 임재연, 앞의 책(주 36), 611면.
143) 대법원 2013. 7. 11. 선고 2011도15056 판결에 의하면, 양벌규정 적용에 있어서 법인 대표자란 그 명칭 여하를 불문하고 당해 법인을 실질적으로 경영하면서 사실상 대표하고 있는 자도 포함한다.
144) 임재연, 앞의 책(주 36), 617면.
145) 자본시장법 시행령 별표 20의2 1. 다. 참조. 대표자의 부당이득 산정 시와의 균형

(2) 미공개중요정보 이용에 있어서 정보전달자와 정보수령자의 이득

내부자로부터 미공개중요정보를 전달받은 1차 수령자가 이를 이용하여 10억 원의 부당이득을 얻은 경우, 정보전달자인 위 내부자 역시 10억 원의 부당이득을 얻은 것으로 볼 것인가? 마찬가지로 1차 수령자의 부당이득에는 2차 수령자가 얻은 부당이득도 포함될 것인가? 이하의 논의는 내부자, 1차 수령자, 2차 수령자 사이에 공범관계가 인정되지 않는 것을 전제로 한다.[146)]

정보수령자의 부당이득을 정보전달자의 부당이득에 포함시켜야 한다는 주장은 미공개중요정보 이용행위의 구성요건에서 도출될 수 있다. 즉 자본시장법 제174조 제1항은 내부자가 정보를 이용한 행위뿐 아니라 타인에게 이용하도록 한 행위 역시 규제대상으로 삼고 있다. 이처럼 구성요건 자체에서 '이용하도록 한' 행위를 포괄하는 이상, 그 결과 발생한 정보수령자의 부당이득은 곧 정보전달자의 부당이득에 해당한다는 것이다.

그러나 법정형에 관련된 부당이득범위를 해석할 때에는 문언에 충실하여야 할 것이다. 자본시장법 제443조 제1항은 단지 "위반행위로 얻은 이익 또는 회피한 손실액"이라고 규정할 뿐이다. 앞에서 지적하였듯이 특경법 제3조가 명시적으로 "제3자로 하여금 취득하게 한" 이득을 포함시킨 것과 큰 차이가 있다.[147)] 이를 고려할 때 정보전달자의 이득에 정보수령자의 이득을 포함시킬 수는 없다.[148)] 하급심 판례도 마찬가지 입장이

상 합산이 타당하다는 취지로 김건식 / 정순섭, 앞의 책(주 9), 501면.

146) 대법원은 원칙적으로 2차 수령자가 1차 수령자로부터 미공개중요정보를 전달받아 이용한 행위가 일반적인 형법 총칙상의 공모 · 교사 · 방조에 해당한다고 하더라도, 2차 수령자를 1차 수령자의 "이용하게 한 행위"의 공범으로 처벌할 수 없다는 입장이다(대법원 2002. 1. 25. 선고 2000도90 판결).

147) 특경법 제3조는 가중 전 형법상 구성요건에서 이미 제3자의 이득을 위한 경우를 규정하였음에도(예컨대 형법 제347조 제2항) 제3자의 이득을 다시 명시하고 있다.

148) 김건식 / 정순섭, 앞의 책(주 9), 498면 ; 임재연, 앞의 책(주 36), 608면 ; 한국증권법

다.[149] 자본시장법 제174조 제1항은 범죄구성요건에 관한 것이므로, 법정형에 관한 자본시장법 제443조 제1항과 반드시 일치하여야 하는 것도 아니다.[150] 다만 입법적으로는 자본시장법 제443조 제1항을 특경법 제3조와 마찬가지로 제3자로 하여금 취득하게 한 이득을 포함시킬 필요가 있다.[151]

(3) 시세조종에 있어서 고객에 귀속되는 이득

증권사 직원이 고객의 계좌를 일임매매하면서 시세조종을 하여 고객계좌에 10억 원의 수익이 발생하고 본인은 수수료 및 성과급 등으로 1억 원의 수익을 얻었다면 이 직원의 부당이득을 얼마로 볼 것인가? 법원은 일임매매 사안에서 비록 해당 계좌가 피고인이 관리하였던 것이기는 하지만 그 수익이 고객에게 귀속된다는 점을 들어 직접적인 수익인 1억 원에 한정된다는 입장이다.[152] 한편 일본 금융상품거래법의 과징금 산정방식을 보면, 금융상품 거래업자가 그 고객 등의 계산으로 매매를 한 경우에는 당해 매매 등에 관한 수수료, 보수, 그 밖의 대가의 액을 기준으로 한다(제174조 제1항 제4호 및 제175조 제1항 제3호 등).

해석적으로는 본인 귀속분에 한정된다고 할 것이므로 고객에게 돌아가는 수익을 불공정거래 행위자의 부당이득으로 보기는 어렵다. 그러나 이러한 결과는 다음의 점에서 문제가 있다. 첫째로 자본시장에 미치는 악영향의 측면에서 볼 때 시세조종 행위자가 고객의 계좌를 이용하든 스스로

학회 / 김영기(집필), 앞의 책(주 8), 1195면.

149) 서울고등법원 2014. 7. 24. 선고 2014노1034 판결(대법원 2015. 2. 12. 선고 2014도10191 판결로 확정).

150) 김건식 / 정순섭, 앞의 책(주 9), 498면도 같은 취지.

151) 김건식 / 정순섭, 앞의 책(주 9), 498면.

152) 서울고등법원 2008. 11. 26. 선고 2008노1251 판결.

의 계좌에 의하든 큰 차이가 없다. 법정형을 정할 때 일관성을 유지할 필요가 있다. 두 번째로 고객을 위한 시세조종은 투자의 유지 및 확장, 장기적 신뢰관계 형성 등을 목적으로 하는 경우가 많은바, 이러한 무형적 이익은 계량화하기 어려우므로 행위자의 부당이득이 과소평가될 위험이 있다. 마지막으로 이익환수적 성격이 강한 과징금의 경우 일본 금융상품거래법의 조항과 같이 본인 귀속분에 한정하는 것이 타당할 수 있으나, 법정형의 기준으로서의 부당이득은 더 탄력적으로 규정할 필요가 있다.

결국 제3자에게 귀속되는 부분도 부당이득에 포함시키는 입법적 보완이 필요하다고 하겠다.[153]

3. 비전형적 이득 : 기업인수 · 합병과 유상증자 등

(1) 개관

불공정거래행위와 인과관계가 있는 이상 부당이득은 폭넓게 해석되어야 할 것이다. 특정증권을 대상으로 시세조종을 하면서 이에 관련된 증권예탁증권 · 전환사채 · 교환사채 · 파생상품을 거래한 경우, 해당 특정증권에 관한 부당이득 외에 위 연관된 증권에 관한 부당이득도 합산되어야 한다.[154] 매수계약이 체결되어 있는 상태에서 계약대상 증권을 시세조종

153) 정순섭, 앞의 논문(주 8), 154면도 같은 취지.

154) 김건식 / 정순섭, 앞의 책(주 9), 490면. 대법원 2003. 12. 12. 선고 2001도606 판결도 "피고인 현대증권이 얻은 이익은 현대증권 자신이 자신의 자산으로서 보유 중이던 현대전자 주식의 매매를 통하여 얻은 이익과 잔존주식에 대한 시세조종행위 종료시점의 평가이익, 그리고 현대증권이 자신의 자산으로서 보유 중이던 현대전자 전환사채의 가치 상승으로 인하여 얻은 평가이익 등이 모두 포함된다고 할 것"(밑줄은 필자 추가)이라고 판시한 바 있다. 다만 위 관련 증권의 부당이득이 곧 시세조종의 직접 대상인 증권의 상승분과 동일하다고 단정할 수는 없다. 예컨대 시세조종으로 주가가

한 경우도 마찬가지이다.[155)]

기업의 경영권 취득, 회사 내에서의 지위 상승 등 무형적 이익은 부당이득의 범위에서 배제된다는 견해도 있으나,[156)] 이를 부당이득 개념에서 원천 배제할 근거는 없다. 증권의 매매차익, 평가차익으로 부당이득을 한정한다면 형평에 맞지 않을 수 있다. 대법원도 "유가증권의 처분으로 인한 행위자의 개인적이고 유형적인 경제적 이익에 한정되지 않고 기업의 경영권 획득, 지배권 확보, 회사 내에서의 지위 상승 등 무형적 이익 및 적극적 이득뿐 아니라 손실을 회피하는 경우와 같은 소극적 이득, 아직 현실화되지 않은 장래의 이득도 모두 포함하는 포괄적인 개념"으로 풀이한다.[157)]

문제는 위 비전형적 · 무형적 이익을 구체화하기 어려운 경우가 많다는 것이다.[158)] 부당이득이 인정되기는 하지만 그 액수를 특정하기 어려운 경우 벌금형 연동제, 징역형 가중제를 적용할 수 없다. 따라서 5억 원 이하의 벌금 또는 10년 이하의 징역에 처하게 된다. 즉 이득액이 불특정된 경우 이득액이 0~1억 원 미만인 구간과 동일하게 취급된다. 그 결과 비

상승하더라도 전환사채 등의 가치는 행사가격, 행사조건 등에 따라 그 상승분을 전부 반영하지 못하는 경우가 있을 수 있다〔김병태, 앞의 논문(주 50), 85면 참조〕.

155) 다만 이때 부당이득액 산정의 매수단가는 시세조종 전일 종가로 보아야 하고 매매계약상의 단가는 아니다. 가령 당사자 간 교섭력에 의해 시가보다 싸게 매매계약을 체결한 부분까지 부당이득으로 볼 수는 없기 때문이다〔서울중앙지방법원 2010. 10. 7. 선고 2009고합1489, 2010고합345 판결 참조(2007. 6. 9. 6,650원에 매수계약을 체결한 자가 2007. 7. 2. 시세조종을 시작한 사안에서 매수단가를 시세조종 직전일의 종가인 9,700원으로 계산한 사례)〕.

156) 정순섭, 앞의 논문(주 8), 138면.

157) 대법원 2002. 7. 22. 선고 2002도1696 판결 및 대법원 2010. 5. 13. 선고 2010도2541 판결 등. 자본시장법 시행령 별표 20의2 1. 나. 1)도 위반행위자가 유리한 합병비율을 얻기 위해 위반행위를 한 경우 부당이득이 발생함을 전제한다.

158) 김영기, 앞의 논문(주 8), 154면.

전형적 이익의 경우 과소처벌의 가능성이 높다.[159]

특정하기 어려운 부분을 배제한 나머지 액수만으로도 벌금형 연동제, 징역형 가중제 발동에 충분하다면 그 적용이 가능함은 물론이다. 나아가 경영권 취득, 방어인 경우 구체적인 실현, 미실현 매매차익 이외에 경영권 프리미엄 등도 합리적 방식으로 이를 측정하여 부당이득액에 합산함이 타당할 것이다.[160] 실무적으로는 기업인수 · 합병, 유상증자 등에 즈음한 시세조종, 부정거래행위인 경우 비전형적 이익이 많이 문제 되는바, 이에 대하여 차례로 살펴본다.

(2) 기업인수 · 합병에 관한 부당이득

합병, 지배주식의 양수도 등에 관한 미공개정보를 이용한 경우 일반적인 미공개중요정보 이용 관련 부당이득 이론에 의하면 된다. 문제는 시세조종 또는 부정거래행위를 통해 주가를 낮추거나 높인 상태에서 각종 기업구조조정행위를 자신의 의도대로 진행한 행위자에 대하여 어떤 범위에서 부당이득을 인정할 것인지 여부이다.

---

159) 과소처벌의 위험성은 비전형적 이익 이외에 인과관계의 불분명, 즉 증권가격 등락에 외부요인이 개입되어 있는 것으로 보이기는 하는데, 그 외부요인에 따른 증감분을 특정하기 어려운 경우에도 발생한다[서울남부지방법원 2014. 10. 2. 선고 2014고단1821 판결 참조(피고인의 시세조종행위로 인한 주가 상승분 이외에 다른 주가변동요인이 있음에도 이를 분리 · 산정하기 어렵다고 하여 결국 부당이득액수 불명으로 판단한 사례)].

160) 경영권 프리미엄 산정에 관하여 비슷한 업종, 규모의 기업에 관한 지배주식거래 시 어느 정도의 프리미엄이 수수되었는지를 감안하여 보수적으로 산정하는 방식을 생각해 볼 수 있다.

1) 우호적 인수 · 합병인 경우

① 합병의 경우

당사회사 간 합병계약에 따른 합병의 경우에도 일방 당사회사의 경영진 등이 일방적으로 또는 상대방 당사회사 경영진과의 논의를 거쳐 각 회사의 주가를 이른바 '관리'할 가능성이 있다. 특히 우리나라의 합병은 주로 기업집단의 계열사 사이에서 이루어지는바, 지배주주의 이익을 최대화하는 방향으로 합병당사회사의 주가가 관리될 가능성이 다분하다. 이러한 '관리'에 대해 자본시장법을 엄격히 적용하여 '시세조종'으로 판단하는 경우 부당이득은 어떻게 산정할 것인가? 합병당사회사의 주가가 왜곡된 경우 부당이득은 크게 다음 두 측면에서 문제 된다. (i) 먼저 주가 왜곡은 합병비율 불공정을 초래한다. 경제적 관점에서 그 이득은 유리한 합병비율을 적용받은 합병당사회사의 주주들에게 귀속된다. 다만 법적인 관점에서 부당이득의 귀속주체가 누구인지에 대하여는 추가적 고찰이 필요하다. (ii) 또 다른 측면으로서 주가 왜곡은 주식매수청구권의 범위에도 영향을 미친다. 과대평가된 주가는 주식매수청구권을 행사하는 반대주주의 부당이득을 초래하는 반면, 과소평가된 주가는 주식매수대금을 지불하여야 할 회사에게 부당이득을 안겨 줄 수 있다.[161)]

이하에서는 논의의 편의상 '소멸회사의 주가를 하락시키는 시세조종'이 이루어진 경우를 중심으로 설명한다.

---

161) 나아가 시세조종으로 일방 당사회사의 주가가 낮아진 결과 비로소 합병이 가능해진 것으로 본다면 이렇듯 합병이 가능하게 된 것 자체가 무형적 부당이득의 하나라고 보는 견해도 있을 수 있다. 그러나 이러한 해석은 부당이득의 범위를 너무 넓게 확장하는 것이다.

(i) 합병비율 불공정에 따른 부당이득

존속회사의 지배주주 또는 대표이사가 소멸회사 주가를 하락시키는 시세조종을 한 결과 정상적인 합병비율은 1대 3(소멸회사 1주당 존속회사의 합병신주 3주 배정)임에도 불구하고 1대 1의 합병비율에 의한 합병이 이루어졌다고 가정한다(별첨 1의 가상사례 참조). 먼저 존속회사 지배주주 또는 대표이사에게 과연 부당이득이 있었는지 여부가 문제 된다. ㉠ 합병은 소멸회사의 이사회 승인, 주주총회 특별결의를 통해 이루어지는 것인바, 이사회 및 주주총회가 승인한 이상 설사 실질적으로 불공정한 합병비율이더라도 부당한 이득은 없다는 견해도 있을 수 있다.[162] 그러나 회사법상 별도의 절차요건이 있다고 하여 시세조종행위의 위법성이 소멸한다고 볼 수는 없다. ㉡ 특히 존속회사 지배주주인 경우 기존 보유분인 지배주식을 합병 이후에도 그대로 보유한다면 적어도 이러한 계속 보유분에 대하여는 별도 부당이득이 없다는 주장이 제기될 수 있다. 앞에서 살펴본 지배주식 계속보유분에 관한 인과관계 단절론을 원용하는 것이다. 그러나 합병 결과 기존 지배주식에 대한 평가가 달라지게 되므로 시세조종과 무관하다고 보기 어렵다고 하겠다. 반면 (위 가상사례와 달리) 시세조종행위에도 불구하고 실제 합병비율에 아무런 영향을 미치지 못한 것으로 판명된 경우, 적어도 합병비율 불공정에 다른 부당이득은 인정하기 어려움은 물론이다.[163]

존속회사 지배주주의 부당이득은 소멸회사 주식에 대한 시세조종성 거

162) 예컨대 서울중앙지방법원 2012. 12. 28. 선고 2011고합414 판결은 시세조종에 따른 부당이득의 인과관계와 관련하여 합병절차는 이사회결의, 주식매수청구권, 채권자 보호절차 등이 필요하고 이들 중 하나라도 흠결하면 합병이 불가능하다는 점을 강조하고 있다.

163) 서울중앙지방법원 2012. 12. 28. 선고 2011고합411 판결(합병주가가 시세조종행위 이전에 이미 외부기관의 평가에 의해 결정된 사례).

래 자체로 인한 실현이익, 미실현이익 이외에 '불공정한 합병에 따른 지배주주 지분의 가치 상승분'을 포함한다고 볼 것이다. 위 가치 상승분은 정상적인 합병비율에 의할 때의 지배주주 지분가치와 불공정한 합병비율에 의한 실제 지배주주 지분가치를 비교하여 결정하여야 할 것이다.[164] 만약 단순히 합병 이전과 이후의 지분가치를 비교한다면, 정상적인 시너지 효과로 인한 증분까지 부당이득으로 간주하는 문제점이 발생하기 때문이다.[165] 구체적으로 시세조종이 이루어지기 이전 당사회사 주가들에 기반한 합병비율에 의해 합병이 이루어졌다고 가정한 지배주주의 지분가치를 실제 합병 결과와 비교하는 방식에 의하면 될 것이다(실제 사례인 '별첨 2 론스타 사기적 부정거래 사건' 참조).

한편 존속회사 대표이사의 경우는 어떠한가? 앞에서 살펴본 바와 같이 회사의 부당이득은 그 대표이사에 귀속되는 것으로 볼 수 있다. 정상적 합병비율이라면 소멸회사 주식 1주당 합병신주 3주를 발행했어야 할 것을 1주만 발행한 점이 '존속회사'의 부당이득인지 문제 된다. 대법원은 신주의 제3자에 대한 저가 발행인 경우 회사의 손해를 인정한 바 있다.[166] 그 논리를 확장하면 합병신주의 소멸회사 주주에 대한 고가 발행인 경우 존속회사의 이득을 인정할 여지가 없지 않다.[167] 다만 존속회사의 대표이사와 지배주주가 공범관계인 경우 (공범의 부당이득은 합산한다는 일반원칙에도 불구하고) 어느 하나의 부당이득에 의해야 할 것이다. 존속회사의 이득이 결국 지배주주의 이득으로 이어지는 탓에 중복계산 문제가 발

164) 별첨 1 가상사례의 지배주주의 부당이득에 관한 갑설 참조.
165) 별첨 1 가상사례의 지배주주의 부당이득에 관한 을설 참조.
166) 대법원(전합) 2009. 5. 29. 선고 2007도4949 판결.
167) 위 판결에 논리에 의하면 구체적인 산식으로서 합병신주(존속회사 주식)가격에 합병신주 감소수량을 곱하는 방식 등을 생각해 볼 수 있다('별첨 1 가상사례의 존속회사의 부당이득' 참조).

생하기 때문이다.[168)]

(ii) 주식매수청구권 관련 부당이득

존속회사의 지배주주 또는 대표이사가 소멸회사 주가를 하락시키는 시세조종을 한 결과 정상주가가 2만 원임에도 주식매수청구권 행사기준 주가는 1만 원이 되었다고 가정한다. 주식매수청구권이 행사된 주식이 1만 주라고 할 때 정상주가였더라면 2억 원의 매수대금이 지급되었을 것이 1억 원으로 줄어든 것이므로, 반대주주들은 1억 상당의 손해를 입었다고 볼 여지가 있다. 이와 관련하여 몇 가지 따져 볼 문제가 있다.

첫 번째로 그 이득은 누구에게 귀속되는가? 법리적으로는 매수대금의 지급주체인 소멸회사에 1차적으로 귀속하고 이를 포괄승계한 존속회사에 2차적으로 귀속된다고 보아야 할 듯하다. 판례 중에도 존속회사가 부정거래행위(허위의 감자계획 발표)에 의해 소멸회사 주가를 하락시킨 사안에서, 존속회사는 주식매수청구권이 낮아진 만큼 합병비용을 절감하는 재산상 이익을 누렸다고 판단한 사례가 있다(별첨 2 참조). 존속회사의 부당이득이 인정되면 실제 시세조종행위를 한 존속회사 대표이사의 부당이득으로 볼 수 있음은 앞에서 논의한 바와 같다. 그러나 존속회사 지배주주가 시세조종행위를 한 경우 존속회사의 부당이득이 곧 그 지배주주에게 귀속된다고 볼 것인지 논란의 소지가 있다. 입법적으로 제3자의 이익을 위한 불공정거래행위인 경우에도 부당이득액에 포함시켜야 할 이유이다.

두 번째로 부당이득의 구체적 범위를 어떻게 볼 것인지 여부이다. 위 예에서 ㉠ 주식매수청구권의 실제 행사수량 × (정상주가 − 왜곡된 주가)

---

168) 엄밀히 보면 지배주주 지분가치 상승분에 의함이 타당하나, 존속회사의 부당이득을 계산하는 것이 더 간편할 수 있다.

방식으로 계산하면 1억 원이 곧 부당이득액이다. 시세조종이 없었더라면 정상주가에 근거하여 매수대금이 산정되었을 것이라는 점에 초점을 맞춘 방식이다. 한편 ㉡ 주식매수청구권 행사의향수량 × (정상주가 − 왜곡된 주가)로 산정하는 방식도 생각해 볼 수 있다. 시세조종이 없었더라면 적정한 매수대금이 산정되었을 것이고 더 많은 주주가 주식매수청구권을 행사하였을 것이라는 점에 초점을 맞추고 있다. 실제로 검찰이 실제 행사수량이 아니라 반대의사를 통지한 주식 수를 기초로 부당이득액을 산정하는 사례가 종종 있었다.[169] 생각건대 ㉠의 방식이 타당할 것이다(별첨 2 참조). 반대통지만으로 주식매수청구권 행사규모를 정확히 측정하기 어렵다. 또한 주식매수청구권을 실제로 행사하지 않은 반대주주인 경우 결국 불리한 합병비율을 적용받는 경우인바, 이 부분은 앞에서 언급한 합병비율 불공정에 따른 부당이득에서 다루면 족하다고 생각된다.

② 지배주식의 인수인 경우

실제로 기업인수 · 합병 중 일반적인 것은 합병보다는 지배주식의 양수도이다. A회사 보유 X회사 주식을 B회사가 양수하는 사안에서 X회사 주식의 시세조종이 이루어졌다고 가정한다.[170]

먼저 양도회사(A)가 X회사 주식의 시세를 조종하여 가격을 올린 다음

---

169) 서울고등법원 2011. 6. 9. 선고 2010노3160 판결(이후 대법원 2011. 10. 27. 선고 2011도8109 판결로 확정) 참조. 이 사안에서 서울고등법원은 "피고인 1이 증권예탁원으로부터 주주들이 약 102억 2,227만 8,621원 상당의 주식을 매수청구할 예정이라는 취지의 '이사회 결의사항 반대의사 통지서'를 송달받았다고 하더라도 실제 매수청구권의 행사규모가 얼마가 될지 여부는 확정된 것이 아니므로 위 금액 전부에 대하여 매수청구권이 행사되었을 것이라는 가정하에 위반행위로 인한 이익 등의 액수를 산정하는 것은 부당하다"고 판단하였다.

170) 양도회사(A회사) 주식의 시세를 조종하는 것은 지배주식의 인수거래와 큰 상관이 없고, 양수회사(B회사) 주식의 시세를 조종하는 것은 지배주식 인수의 대가가 양수회사 주식이라면 인수거래와 관련성이 발생하나, 이때에는 앞에서 본 합병 시 일방당사회사 주식의 시세조종 법리와 크게 다르지 않다.

정상가격보다 비싼 가격에 양수회사(B)에 매도하는 경우이다. 이때 시세조종에서의 일반적 부당이득 법리와 크게 다르지 않지만, 이른바 경영권 프리미엄에 대하여는 주의할 필요가 있다. 시세조종에도 불구하고 지배주식 매매를 통해 어차피 경영권 프리미엄이 넘어간다는 측면에서 보면 별도의 고려가 불필요하다고 할 수도 있다. 그러나 경영권 프리미엄이 지배주식 시가의 몇 퍼센트 할증 등으로 정해진다면, 경영권 프리미엄의 과대평가분 역시 양도회사의 부당이득이라고 하겠다.

한편 양수회사(B)가 X회사 주식의 시세를 조종하여 가격을 낮춘 다음 정상가격보다 싼 가격에 매수하는 경우에도 위 양도회사에서의 논의가 그대로 적용될 수 있을 것이다.

2) 적대적 인수 · 합병인 경우

① 공격자에 의한 주가 하락조종

시세조종, 부정거래행위를 통해 주가를 하락하도록 조작한 후 염가로 주식을 매집하여 경영권을 취득하는 경우를 상정할 수 있다. 이때 시세조종, 부정거래행위의 직접적인 결과로서의 실현이익과 미실현이익은 앞에서 살펴본 바와 같이 정상주가와 왜곡된 주가의 차액으로 판단될 수 있다. 나아가 경영권의 확보가 시세조종으로 인해 비로소 가능해졌다는 점이 입증된다면 해당 기업의 경영권 프리미엄도 부당이득액에 포함될 여지가 있다.[171)]

171) 반면 하급심 판례 중에는, 적대적 인수 · 합병은 주식 매집을 본질로 하므로 매수한 주식을 경영권 유지를 위해 그대로 보유하고 있는 경우까지 위 논리를 관철한다면 지분 취득목적 주식 전체를 불법이익의 원천으로 보게 되는 부당한 결과가 발생한다는 점을 들어 시세조종으로 인한 부당이득을 부인한 예가 있다(서울중앙지방법원

② 방어자에 의한 주가 상승조정

반대로 방어자의 입장에서 적대적 인수·합병을 막기 위해 주가를 인위적으로 상승조작하는 경우도 있을 수 있다. 앞에서 언급한 바와 같이 위 조작이 없었던 경우 경영권을 방어하기 어려웠다는 점이 입증된다면 경영권 프리미엄이 부당이득으로 인정될 여지가 있다.

(3) 유상증자와 부당이득

시세조종의 유상증자에 영향을 미치는 형태는 크게 2가지로 유형화할 수 있다. 첫 번째로 시세조종 결과 주가가 상승하여 높은 발행가액이 가능해진 경우이다. 자본시장법령상 일반공모 또는 제3자 배정방식의 유상증자 발행가액은 청약일 전 과거 제3~5거래일까지의 가중산술평균주가를 기준주가로 하여 일정 할인율을 정하여 결정된다.[172] 시세조종을 통해 위 기준주가 산정시기의 주가를 조작하면 더 많은 증자대금을 받을 수 있다. 이때의 부당이득은 발행회사에 귀속된다. 구체적으로 '(시세조종 결과 정해진 발행가액－정상적인 발행가액)×발행수량'으로 산정하면 될 것이다. 정상적인 발행가액에 대하여는 전문가 감정 등을 통해 합리적으로 산정해야 한다.[173]

두 번째 유형은 시세조종 결과 비로소 유상증자를 통한 자금 유치 자체가 가능해진 경우이다. 발행회사의 열악한 재무구조에도 불구하고 시세조종 결과 비로소 투자자 유치가 가능해진 경우 부당이득은 유상증자액 전체로 보는 것이 실무례이다. 다만 이때에는 시세조종이 없었더라면 자

2006. 1. 12. 선고 2005고합420 판결).

172) 증권발행공시규정 제5-18조.

173) 서울고등법원 2015. 1. 12. 선고 2014노1579, 2014노3421 판결.

금 유치 전액이 불가능했음이 입증될 필요가 있다고 본다.[174] 생각건대 이러한 경우에도 회사가 증자대금에 대한 반대급부로서 주식을 교부하는 것이므로 발행주식의 가치를 평가하여 공제함이 타당하지 않나 싶다.

V. 결론

이 글에서는 증권 불공정거래에서 발생한 부당이득에 관한 법리를 살펴보았다. 증권 불공정거래에 따른 부당이득은 규제 위반행위의 해악성을 나타내는 중요한 지표이므로 이를 행위자에 대한 제재와 어느 정도 결부시키는 것은 당연하다. 다만 우리나라는 이를 양형 등 재량요소가 아닌 법정형요소로 규정한다는 점이 특징적이다.

입법적 관점에서 볼 때 법정형 요소로서의 부당이득이라는 잣대는 한편으로는 행위자의 불법성을 제대로 반영하면서도(책임성), 다른 한편으로는 간단명료할 필요가 있다(예측 가능성). 이러한 관점에서 볼 때, 부당이득의 산정에 관해 다음 입법적 보완이 필요하다. (i) 미공개정보 이용에 따른 부당이득인 경우, 해당 미공개정보의 공개 이후 일정 기간을 특정하여 기간 내 최고(최저)종가 또는 평균종가를 추정매매단가로 삼을 필요가 있다. (ii) 시세조종(부정거래행위도 마찬가지)의 경우, 시세조종기간 내에 증권매도가 이루어지지 않았다면 시세상승을 위한 시세조종기간 종료 이후 일정한 기간을 특정하여 마찬가지로 추정매도단가로 삼을 필요가 있

174) 서울동부지방법원 2014. 12. 23. 선고 2014노1025 판결은 부정거래행위가 없어서 발행회사 주식이 관리종목으로 지정된 경우, 유상증자를 통한 자금 유치 전액이 불가능하다는 점에 대한 입증이 없다는 이유 등을 들어 부당이득을 산정할 수 없는 경우라고 판단하였다.

다. (iii) 제3자를 위한 증권 불공정거래가 이루어진 경우, 해당 제3자에게 귀속되는 부분 역시 행위자의 부당이득에 산입되어야 한다.

나아가 이 글에서는 기업인수·합병과 유상증자 등에 따른 각종 비전형적 이득을 어떻게 산정할 것인지도 검토하였다. 특히 계열사 간 합병을 앞두고 합병당사회사 간 주가 관리가 이루어지는 경우, 이는 자본시장법상 불공정거래로 의율될 가능성이 다분하다. 이때 전형적인 개별 주식거래로 인한 이득이 아니라 하여 액수미상으로 처리하는 것은 행위의 부정적 파급효과를 고려할 때 타당하지 않다. 예컨대 합병의 경우 불공정한 합병비율로 인한 지배주주 및 합병당사회사의 이익, 주식매수청구권 행사에 따른 매수대금 축소에 따른 합병당사회사의 이익 등을 부당이득의 범주에 넣어 계산해야 할 것이다.

〈별첨 1〉 가상사례(합병비율 불공정에 따른 부당이득)

■ 전제

- 존속회사 : 1인주주 A. 회사가치는 10억 원(1만 주 발행×1주당 10만 원)
- 소멸회사 : 1인주주 B. 회사가치는 30억 원〔1만 주 발행×1주당 30만 원 (단 시세조종으로 합병 당시에는 1주당 10만 원으로 가격왜곡)〕
- 합병비율 1대 1 적용(공정한 합병비율은 1대 3)
- 합병 이후 통합법인의 회사가치 : 2만 주×1주당 100만 원=200억 원

■ 지배주주 A의 부당이득

- 갑설(50억 원) : 타당

  불공정한 합병비율에 의한 지분가치－공정한 합병비율에 의한 지분가치[175)]=1만주×{1주당 100만 원－50만 원(공정한 합병비율에 의했을 때의 주가)}
- 을설(90억 원) : 부당

  합병 이후 지분가치 100억 원－합병 이전 지분가치 10억 원

■ 존속회사의 부당이득

- 원래 3만 주 발행했어야 하는데 1만 주만 발행한 것이므로 20억 원(2만 주×10만 원)을 절감한 부당이득 인정 여지

---

175) 이는 "불공정한 경우와 공정한 경우의 지분율 차이×통합법인의 시가총액"과 동일하다. 즉 (50%－25%)×200억 원=50억 원.

〈별첨 2〉 론스타 사기적 부정거래[176] 사건[177]

■ 사안의 판결들 : 서울중앙지방법원 2008. 2. 1. 선고 2007고합71 판결 ; 서울고등법원 2008. 6. 24. 선고 2008노518 판결 ; 대법원 2011. 3. 10. 선고 2008도6335 판결[178] ; 서울고등법원 2011. 10. 6. 선고 2011노806 판결 ; 대법원 2012. 2. 9. 선고 2011도14248 판결.

■ 사실관계 : 외환은행은 그 대주주인 엘에스에프·케이이비 홀딩스 에스시에이(이하 '론스타펀드 측')가 파견한 이사들의 주도하에 실제 감자 의사 없으면서도 외환카드의 감자를 검토하는 것처럼 발표. 위 발표로 외환카드 주가가 하락하자, 외환은행은 별도의 감자 없이 외환카드를 유리한 조건으로 합병.

■ 법원의 판단 : 파기환송심(서울중앙지방법원 2008. 2. 1. 선고 2007고합71 판결 및 서울고등법원 2011. 10. 6. 선고 2011노806 판결[179])

---

176) 본건은 구 증권거래법(2007. 8. 3. 자본시장법 부칙 제2조에 의하여 폐지되기 이전의 것) 제188조의4 제4항 제1호의 사기적 부정거래, 즉 "부당한 이득을 얻기 위하여 고의로 허위의 시세 또는 허위의 사실, 기타 풍설을 유포하거나 위계를 쓰는 행위" 중 특히 '위계를 쓰는 행위' 여부가 문제 되었다. 위 조항은 현행 자본시장법 제178조 제1항 제1호(부정한 수단, 계획 또는 기교를 사용하는 행위) 또는 제2항(풍문의 유포, 위계의 사용, 폭행 또는 협박)에 해당할 것이므로 이 판결의 해석론은 현행법상으로도 여전히 의미가 있다. 구 증권거래법 제188조의4 제4항에 대한 해석으로서, 최영익 / 이재우, "증권거래법 제188조의4 제4항의 위계의 적용," BFL 제25호(2007. 9), 서울대학교 금융법센터 참조.

177) 이 사건에서는 사기적 부정거래 이외에 법인세 포탈, 배임 등도 문제 되었으나 이하에서는 사기적 부정거래에 따른 부당이득 산정에 초점을 맞추기로 한다.

178) 원심은 사기적 부정거래의 점을 무죄로 보았으나 대법원은 이를 파기하였다. 이 판결에 대한 평석으로서, 권순일, "상장법인의 감자검토 계획발표와 사기적 부정거래," 자유와 책임 그리고 동행(안대희 대법관 재임기념), 2011 ; 김성진, "자본시장법과 구 증권거래법상 위계에 해당하는 사기적 부정거래에 관한 연구," 경영법률 제24권 제3호(2014), 한국경영법률학회 참조.

179) 고등법원 판결은 대법원 2011. 3. 10. 선고 2008도6335 판결의 취지에 따른 파기환송심이다. 이 고등법원 판결은 이후 대법원 2012. 2. 9. 선고 2011도14248 판결로 확정되었다. 실제로는 원래의 제1심 판결(서울중앙지방법원 2008. 2. 1. 선고 2007고합71

(i) 합병비율 불공정에 따른 지배주주(론스타펀드 측)의 이득액

- 외환은행의 최대주주인 론스타펀드 측은 유리한 합병비율을 적용받아 지분이 덜 희석되는 재산상 이익을 누림. 즉 합병효력이 발생하는 2004년 2월 28일(합병기일)자로 외환은행에 대한 지분율이 0.22퍼센트[2003. 11. 28. 합병결의를 하여 보유하게 된 지분율 50.53%(주식매수청구권 행사수량 고려하여 산정)−2003. 11. 24.[180] 합병결의를 하였을 경우 보유하게 되었을 지분율 50.31%(주식매수청구권 행사수량 고려하여 산정)]만큼 덜 희석되는 재산상 이익을 누림.
- 구체적으로는 100억 250만 원임 : 2004년 2월 28일 시가총액 4조 5,465억 원[6억 4,490만 6,826주(기발행 주식수 6억 3,892만 4,931주+합병신주 598만 1,895주)×합병신주 상장일인 2004. 3. 16. 종가 7,050원]의 0.22%.

(ii) 주식매수청구권 관련 존속회사(외환은행)의 이득액

- 외환은행은 소멸회사(외환카드)의 합병 반대주주들에 대한 주식매수청구권 가격이 낮아진 만큼 합병비용을 절감하는 재산상 이익 누림.
- 구체적으로 123억 7,577만 원임 : 주식매수청구권이 행사된 주식수 885만 2,485주×(2003. 11. 24. 합병결의했을 경우의 매수가격 5,402원 −2003. 11. 28. 합병결의함에 따른 실제 매수가격 4,004원).

판결)상의 부당이득 산정방식이 그대로 수용되었다.

180) 검사는 합병추진일인 2003년 11월 20일 합병결의가 가능했음을 이유로 이 날짜를 비교대상으로 삼아야 한다고 주장하였다. 그러나 법원은 이 사건 감자 발표가 2003년 11월 21일(금) 증권시장 종료 후에 이루어졌다는 점을 들어 2003년 11월 21일까지 주가 하락분은 부정거래행위의 영향을 받은 것으로 보지 않았다. 나아가 외환은행에서 월요일인 2003년 11월 24일 합병결의하여 2003년 11월 21일 종가를 기준으로 주식매수청구권 등 가격을 결정하는 것까지는 법적으로 허용된다는 점을 지적하였다. 결국 법원은 실제 합병결의일인 11월 28일의 결과와 11월 24일 합병결의했다고 가정할 때의 결과를 비교하였다.

찾아보기_사항

〈ㄱ〉

가장매매 36, 37, 48, 52, 54, 62, 66, 70

강제조사권 41, 53

객관적 귀속 360

거래 관련 불법행위 166, 167, 170

거래비용 413, 418

거래인과관계 141, 158, 173~176, 193, 199, 200

공동가공의 의사 326, 333

공매도 규제 4원칙 112

공매도자 압박(short squeeze) 125

공모관계의 성립 330

공모관계의 이탈과 승계 331

공범의 부당이득 산정 334

공소기각 판결 367

공소사실의 특정 정도 366

공소 제기 366~369

공정거래질서 저해행위 48, 60, 75, 76, 102, 104, 135

과징금 24, 30, 31, 39~46, 49, 50, 53~55, 61, 65, 66, 68~71, 79~90, 92~93, 96, 99~101, 390, 395, 399~400, 404, 409, 410, 412, 424, 434, 438, 439

구성요건 착오 322~325

금융감독원 선임조사역 작성 문답서의 증거능력 377

금융상품거래법 31

금융서비스시장법 26

금전적 제재수단 24, 30, 49
기능적 실행행위 326
기업인수 · 합병 439, 441, 442, 446, 450

〈ㄴ〉
녹아웃(knock-out)옵션 370

〈ㄷ〉
단일하고 계속된 범의 345, 346, 349, 353
단주매매 46, 92~94
대표 당사자 248, 250, 254, 257, 259, 265~268, 270, 271, 276, 278~283

〈ㅁ〉
매매 관련성 155, 174, 199
매매 유인 370, 382
매매 유인목적 370, 372, 382~384
매수인 · 매도인요건 147, 151~155, 157~159, 175
매점(cornering) 125
목적요건 38, 39, 47, 48, 52, 61, 64
몰수 · 추징제도 396, 401, 402
문답서 322, 376~378, 384
문답조사 374, 376~378, 384
미공개중요정보 146, 177, 181
미실현이익 40, 43, 68, 412~416, 419~421, 423, 424, 426~428, 431~433, 444, 447
미필적 고의 370
민사제재금(civil panalty) 27, 29, 30, 49, 404, 405

〈ㅂ〉
벌금형 연동제 389, 393~395, 405, 436, 440, 441
범의의 단일성 344, 346, 347, 349, 352
범죄수익규제법 401, 402
범죄일람표 368
법정적 부합설 323
보호예수 432
본질적 상쇄기준 362~364
부당이득 반환방식 225, 226, 236
부정한 수단, 계획, 기교 350
분배계획 272, 276, 277
분배관리인 248, 265, 271~280
분배절차 248, 249, 270, 280, 281
불공정거래 범죄와 공범 325
불공정거래 범죄의 죄수 343, 344
불공정거래 조사 74, 78, 79
블록딜 43, 44, 91~93
비신분범체계 52

〈ㅅ〉
사례 연구(event study) 361
상당인과관계 141, 142, 144, 145, 153, 160~168, 170, 178, 182, 185, 186, 191~195, 198, 199, 359
상상적 경합범 348, 349, 351, 352
선입선출법 291~293, 296, 297, 308~314
성도이엔지 122, 123
성립의 진정함 375~379
소답요건 303~305
소송 허가결정 244, 252, 255, 257~259, 263~270, 283

소송 허가절차 287, 296, 300, 301
손실회피액 355, 372
손익 이전 37, 38, 61
손해배상액 202, 223~227, 229, 233~238, 242, 245
승계적 공동정범 332, 337
시세관여형 시장질서 교란행위 35, 38, 39, 42, 46, 48, 52, 60~63, 65, 66, 70
시세조종기간 60, 62, 65, 337, 421~428, 431~434, 449
시장감시 74, 75, 103, 384
시장남용명령 27
시장남용행위 23, 25~27
시장정보 34, 43, 46, 56
시장조성자 75, 96~99, 104
신뢰 156, 167, 169~171, 174~176, 179, 187, 192, 196
신속처리절차(fast track) 385
실체적 경합범 344, 349, 353
실현이익 119, 411~418, 420~424, 426~428, 444, 447

〈ㅇ〉

알고리즘거래(algorithmic trading) 66, 67, 114, 133, 134
양벌규정 340~342
양형기준 390, 407, 409
업무 관련성 339
연방양형기준 406, 409, 411, 434
영업행위규칙 59
원상회복방식 225, 226, 236
위계 343, 348, 350~352
위계 사용 29, 38, 46
유동성공급자 97, 98
유상증자 42, 84, 85, 124, 265, 285, 286, 288, 289, 290, 292~295, 308,

311~314, 361, 439, 441, 448~450
이용기준 57~59
이원화체계 53
이익의 실질적 귀속관계 335, 336
일원화체계 53

〈ㅈ〉
자본시장조사 심의위원회 81, 239
쟁점의 공통성(요건) 290, 295, 299, 305~307, 316
적대적 인수 · 합병 447, 448
적합성(요건) 291, 295, 299, 308, 316
전득자 48, 56
전문가진술(expert witness) 379
전문법칙의 예외요건 374, 380
전문증거 374
전자적 형태의 문서 368, 369
정당한 시세조종과 헤지거래 370
정보수령자 32, 33, 42, 43, 45, 48, 52, 54, 56, 57, 59, 329, 435, 437
정보의 비대칭 51, 107
정보이용형 시장질서 교란행위 32~35, 41, 47, 48, 51, 52, 55~59, 66, 323
정보전달자 437
정보전달행위 55, 56
정책정보 34, 48
제3의 원인 358, 362~364
조세 회피 37, 38, 61
종목 간 합산 424
죄형균형, 책임주의 및 인과관계 356~358
주가연계증권(Equity Linked Securities, ELS) 160, 216, 371, 373~375, 377, 378, 380
주가 형성 359, 361~363

주식매도스왑 91, 92
주식매수청구권 197, 442, 443, 445, 446, 450, 453
주가변동요인 361
준내부자 32, 42, 45
증거능력 322
증권선물위원회 24, 41, 42, 44, 46, 50, 54
지배권 주식 433
지정 금융투자상품 33~35, 47, 51, 57, 58
직무 관련성 90
진술서 374~376
집단인가요건 304, 305
징역형 가중제 390, 391, 393~395, 397, 440, 441
징역형과 벌금형의 병과 334, 340

〈ㅊ〉
차액설 223~230, 411
참고인 진술조서 376, 379
청구인적격 147, 148, 151~153, 155~159, 161, 178, 181, 185, 198
초과주관적 구성요건요소 370
초단기 시세유인 93
총원기간 251~253, 255, 256, 260, 288, 291~294, 309~312, 314
총원범위 293~295, 309, 310, 312, 313, 317
추정매도단가 415, 420, 426~428, 449, 450
추천행위 56

〈ㅌ〉
통정매매 35~38, 46, 48, 61, 66, 70
특정경제범죄 가중처벌 등에 관한 법률 391

〈ㅍ〉

포괄사기 금지조항 47, 53, 71
포괄일죄 344~347, 352, 353, 366
풍문의 유포 325, 348, 350

〈ㅎ〉

하위총원 254, 255
한국거래소 심리보고서 373~376, 379
합병비율 불공정 442, 443, 451, 453
행위 당시의 정황 371, 383
행위지배설 326
행정제재 73, 100
허위호가 35, 36, 46, 48, 62~67, 70
현대금속 우선주 공매도 124, 128
회사내부자 32
회원제재금 76, 102
효율성(요건) 291, 295, 299, 316

〈기타〉

1차 정보수령자 326~330, 337, 381
2차 이하 정보수령자 380, 381
2차 정보수령자 326~330
2차 정보수령자의 공범 판단 326
2010년 옵션쇼크 사태 371
CD 등 저장매체 367
DMA 126~128, 131
in dubio pro reo 357
SEC Rule 10b-5 30

찾아보기_판례

대법원 1997. 9. 12. 선고 96다41991 판결 419
대법원 2000. 3. 28. 선고 98다48934 판결 233
대법원 2002. 7. 22. 선고 2002도1696 판결 440
대법원 2004. 5. 28. 선고 2003다69607, 69614 판결 232
대법원 2004. 6. 11. 선고 2000다72916 판결 230
대법원 2006. 9. 8. 선고 2006다21880 판결 224
대법원 2007. 10. 25. 선고 2006다16758, 16765 판결 261
대법원 2007. 11. 29. 선고 2006다3561 판결 224
대법원 2008. 11. 27. 선고 2008다31751 판결 261
대법원 2008. 4. 24. 선고 2006다30440 판결 241
대법원 2010. 5. 13. 선고 2010도2541 판결 440
대법원 2011. 3. 10. 선고 2008도6335 판결 452
대법원 2012. 2. 9. 선고 2011도14248 판결 452
대법원 2015. 4. 9.자 2013마1052, 1053 결정 161
대법원 2015. 5. 14. 선고 2013다11621 판결 231
대법원 2016. 11. 4.자 2015마4027 결정 254, 259, 284
대법원 2018. 7. 24. 선고 2018다215664 판결 240

편저자 약력

》 정순섭

1987년 서울대학교 법과대학 사법학과 졸업

2002년 호주 멜버른대학교(Ph. D.)

2007~현재 서울대학교 법학전문대학원 교수

주요 논문 및 저서

「금융감독기관의 감독배상책임에 관한 연구」(상사법연구, 2013)

「자본시장법상 불공정거래와 보호법익 : 시세조정과 부당이득을 중심으로」(상사판례연구, 2012)

「금융시장환경의 변화와 금융규제체계의 정비(상)」(증권법연구, 2001)

『은행법』(2017)

『자본시장법』(2013)

》 노혁준

1994년 서울대학교 법과대학 공법학과 졸업

2002년 서울대학교 법학박사(Ph. D.)

2007년~현재 서울대학교 법학전문대학원 교수

주요 논문 및 저서

「주식회사와 신탁에 관한 비교 고찰 : 재산분리 기능을 중심으로」(증권법연구, 2013)

『글로벌 법제 논의의 현황과 전망』(2018)

『회사법』(공저, 2018)

『BFL 총서 1 지주회사와 법』(공저, 2015)

『BFL 총서 8 회사분할의 제 문제』(편저, 2013)

보정판 **BFL 총서 15**

증권 불공정거래의 쟁점(제2권)

초　판 1쇄 발행 | 2019년 6월 5일
보정판 1쇄 발행 | 2024년 7월 10일

지은이 | 정순섭 · 노혁준 편저
발행인 | 고화숙
발행처 | 도서출판 소화
등록 | 제13-412호
주소 | 서울시 영등포구 버드나루로 69
전화 | 02-2677-5890
팩스 | 02-2636-6393
홈페이지 | www.sowha.com

ISBN 978-89-8410-514-0 94080
ISBN 978-89-8410-284-2 (세트)

값 30,000원

이 도서의 국립중앙도서관 출판예정도서목록(CIP)은
서지정보유통지원시스템 홈페이지(http://seoji.nl.go.kr)와
국가자료종합목록 구축시스템(http://kolis-net.nl.go.kr)에서
이용하실 수 있습니다. (CIP제어번호 : CIP2019020320)